多元一体
高原兄弟民族交融史

李静 著

商务印书馆
The Commercial Press

本书系
国家社科基金重点项目
"甘肃藏区民族交往交流交融历史、现状及其机制研究"
（项目批准号：16AZD040）的研究成果。

序

在中华大地这片宽广而厚重的历史舞台上，中华民族各族人民及其先祖相互接触、互动交往，形成了你中有我、我中有你的关系。我们辽阔的疆域是各民族共同开拓的，我们悠久的历史是各民族共同书写的，我们灿烂的文化是各民族共同创造的，我们伟大的精神是各民族共同培育的[①]，新时代的"四个共同"奠定了铸牢中华民族共同体意识的历史、文化和现实基础。

在这样一个背景下，我们对生活于甘肃省的藏族及周边民族进行了有关民族交往交流交融的历史与现实的研究。藏族与周边汉族、回族、土族、蒙古族等民族，因历史上长期的政治、经济、文化、生活等的互动往来、互嵌共生，早已结成了兄弟般的情谊，共同书写了中华民族交往交流交融史，彰显了高原民族的和合之美。我们研究他们在居住、生计、生活、社会及婚姻等方面的互动、交往及相融的历史事实，以微观视角展示中华民族交往交流交融史观。当我们循着历史的足迹，走进高原，来到马牙雪山之下，一幅图景展现在我们面前：居住于甘肃境内的藏族同胞，从高原到平原，从平原到高原，从高原到高原，绘就了与周边民族和谐共处、文化交融的和合之美。马帮、牛队等架设起了汉族、藏族、回族、蒙古族、土族等民族在日常生活、生计生产、婚丧嫁娶、习俗信仰等方面交流往来的重要通道。青藏高原边缘地带各民族往来不断、商旅不绝，民族互嵌、文化相融渐趋浓郁。这里是洮岷地区通往西南边陲的茶马古道，是马牙雪山走向河西

---

① 习近平：《在全国民族团结进步表彰大会上的讲话》，《人民日报》2019 年 9 月 28 日。

走廊的通道，不同民族及其文化在这里相互交融、求同存异，书写了相互尊重、共同发展的繁荣史诗，积淀了以互利合作、开放包容、互学互鉴、共生共荣为核心的中华民族精神。

2014年，习近平总书记以"五个并存"来总结我国社会主义市场经济和改革开放背景下民族工作的阶段性特征。① 这五个阶段性特征，从不同侧面影响着我国的社会建设、民族交往交流交融、铸牢中华民族共同体意识等事业的发展，是我们不能忽略的客观现实。在这样的大背景下，我们选择居住于甘南藏族自治州、武威市天祝藏族自治县的藏族及其与周边民族交往交流交融的历史与现实为研究对象，在调查研究、厘清现象的基础上，深入分析其内生逻辑，阐明当地民族交往交流交融的机制；同时，结合甘肃涉藏地区民族交往交流交融的客观现实，从民族心理层面提出促进其高质量发展的路径。本书旨在为该地区的民族交往交流交融、铸牢中华民族共同体意识工作提供依据，亦为我国中华民族共同体建设提供借鉴。甘南州与天祝县均属于青藏高原边缘地区，大部分为牧区或半农半牧区，逐水草而居、依田地而生是该地居民的生计，促经济联动、补物资互需是该地居民的营生。

甘南藏族自治州是甘肃省辖自治州，黄河、长江的水源涵养区和补给区，国家确定的生态主体功能区、生态文明先行示范区。截至2023年3月，全州辖1个市、7个县，总面积4.5万平方公里。② 根据第七次人口普查数据，截至2020年11月1日0时，甘南州常住人口为691 808人。③ 甘南州地处甘肃省西南部，青藏高原与黄土高原过渡地

---

① 中华人民共和国国家民族事务委员会：《深刻把握民族工作"五个并存"的新特征》，https://www.neac.gov.cn/seac/c100518/201411/1086916.shtml。
② 甘南藏族自治州人民政府：《走进甘南·自然地理》，http://www.gnzrmzf.gov.cn/zjgn/gngk/zrdl.htm。
③ 甘肃省统计局、甘肃省第七次全国人口普查领导小组办公室：《甘肃省第七次全国人口普查公报（第二号）——地区人口情况》，http://tjj.gansu.gov.cn/tjj/c109465/202105/18d7185cc69f4cb6bc4047a5ab0b3449.shtml。

带的甘、青、川三省接合处，黄河及其支流洮河、大夏河以及长江的二级支流白龙江横贯全境，东南部气候较温和，宽阔肥沃的河谷地带孕育了辉煌的史前农业文化，西北部草原辽阔，适宜发展畜牧业。约6000年前，仰韶文化中晚期先民成为甘南州的最早开拓者。汉代以后，这里一直是游牧文化与农耕文化的过渡地带，亦是游牧民族和农耕民族交流融合的地区，更是许多少数民族政权活动的大舞台。特殊的地理位置使甘南州成为中原通往青藏高原的交通咽喉，先后形成了汉代的羌中道、魏晋时期的吐谷浑道以及唐代的唐蕃古道。悠久的历史、特殊的地理位置以及多彩的文化样貌，使甘南州的地域文化成为中华文明不可或缺的一部分。

天祝藏族自治县是甘肃省武威市辖自治县，藏语称"天祝"为"华锐"，意为"英雄的部落"。1950年设立天祝自治区（县级），1955年改为天祝藏族自治县，是周恩来总理亲自命名的全国第一个少数民族自治县，也是新中国成立后第一个实行民族区域自治的地区。截至2023年5月，天祝县下辖14镇5乡、178个行政村、20个居委会，有藏、汉、土、回、蒙古等28个民族。[①] 根据第七次人口普查数据，天祝县常住人口为151 031人。[②] 天祝县地处河西走廊东端、青藏高原东北边缘，素有"河西走廊门户"之称。乌鞘岭横亘东西，是古丝绸之路咽喉要塞。天祝文化底蕴深厚，夏至汉初先后为戎、羌、月氏、匈奴等民族驻牧地，唐代后逐步形成以吐蕃为主体民族的多民族聚居地。

生活在这两个区域的藏族与其他民族，在生活、经济、信仰等方面相互融合、相互联动，形成了共生互补、命运与共的协和关系，值

---

① 天祝藏族自治县人民政府：《走进天祝·天祝县情》，http：//www.gstianzhu.gov.cn/art/2023/5/12/art_3510_944271.html。

② 天祝县统计局、天祝县第七次全国人口普查领导小组办公室：《天祝县第七次全国人口普查公报》，http：//www.gstianzhu.gov.cn/art/2022/1/17/art_3514_566836.html。

得深入研究。我们以这两个具有"通道"特点的区域来研究民族交往交流交融的历史与现实，既能研究多民族共处的历史，亦能研究多民族共荣的现实；既能看到多民族在区域内的往来互动，亦能看到多民族在"通道"中的进进出出。作为"五个并存"阶段性特征之一，我们的研究对深刻把握民族工作中的各民族交往交流交融趋势具有一定的理论与现实意义。

我们以甘南州、天祝县多民族交往交流交融的历史与现实情况为研究对象，在调查研究、厘清现象的基础上，深入分析同一区域不同民族和合共生的内生逻辑，展现多民族和合共生的兄弟情谊，阐明民族交往交流交融的历史、现状及机制，从民族心理层面提出促进各民族交往交流交融及本地区高质量发展的路径。2020 年 8 月，习近平总书记在中央第七次西藏工作座谈会上鲜明提出新时代党的治藏方略的"十个必须"，其中一个就是"必须促进各民族交往交流交融"①，本书希望能为这一目标的实现尽一份绵薄之力。

循着祖先的足迹，我们重走先辈之路。驻足回首，我们似乎看到生活在这里的先辈，在物资与人员的流动中推动着文化的交流交融，带动着不同民族互动往来、繁衍生息。千百年来，这里的人们互通有无、不分彼此，共同建设自己的美好家园。他们在日常生活中共生互通，在语言文化上多维互嵌，在经济活动里互利互惠，在信仰习俗中多元共享。更为有意义的是，他们在心理高度凝结了和合之美、兄弟之情，这是中华民族共同体之根，它植根历史，面向未来。

站在铸牢中华民族共同体意识的历史起点，各民族应继续加强交往交流交融，在此过程中相互激荡、相交相融，达到更加团结共荣、命运与共的和合之美。高原民族共同书写的中华民族史，为本地区民

---

① 《习近平在中央第七次西藏工作座谈会上强调：全面贯彻新时代党的治藏方略，建设团结富裕文明和谐美丽的社会主义现代化新西藏》，《人民日报》2020 年 8 月 30 日。

族交往交流交融、铸牢中华民族共同体意识工作提供了依据，亦为中华民族共同体建设提供了历史与现实个案。基于此，我们以学术行动全面贯彻新时代党的民族政策，行固本之举。

李 静

2022年5月12日于金城

目 录

导 论 ·· 1
一、交往交流交融的历史事实：主题的选择 ························· 2
二、他者的研究：几种理论的视角 ···································· 7
三、甘南与天祝：作为研究的田野点 ································· 19

第一章 步步深入：民族交往交流交融历史 ·························· 27
一、民族走廊早期的民族交往交流交融 ····························· 27
二、明朝治边策略下的民族交融互嵌 ································ 42
三、明清各民族的交往交流交融 ······································ 59
四、近代的民族交往交流交融 ··· 78

第二章 共生互通：日常生产生活中的民族交往交流交融 ········ 101
一、空间交错：居住格局 ··· 101
二、集体协作：生产活动中的民族交往交流交融 ················· 120
三、共同娱乐：闲暇生活中的族际互动与交融 ···················· 135

第三章 多维互嵌：民俗共享与血缘交融 ····························· 148
一、族际互动中民俗文化交融的符号表达 ·························· 149
二、建筑文化的交融 ··· 158
三、族际婚姻中血缘交融的地方实践 ································ 164

第四章 语言交融：从语言互借到国家通用语言文字 ············· 179
一、多民族语言格局 ··· 180

二、族际互动中的语言文化交融 ………………………… 186
　　三、教育与民族语言文化的传承 ………………………… 195
　　四、国家通用语言文字的推广与民族文化交融 ………… 200

第五章　经济联动：互利互惠的民族经济交往 ………… 206
　　一、区域经济的互补性与传统生计中的互动 …………… 207
　　二、经济变迁与族际经济互动 …………………………… 216
　　三、经济交往推动下的族际关系 ………………………… 239

第六章　信仰共享：宗教和谐中的民族交往交流交融 … 261
　　一、宗教信仰的多元共生格局 …………………………… 263
　　二、宗教生活中的跨族群交往 …………………………… 276
　　三、民间仪式活动中的民族互动 ………………………… 294

第七章　民心相通：民族交往交流交融和谐发展的内在路径 … 314
　　一、影响民族交往交流交融的因素 ……………………… 315
　　二、民族交往交流交融与族群边界的模糊化 …………… 332
　　三、促进民族交往交流交融的心理路径 ………………… 347

结　语 ……………………………………………………… 365
　　一、历史上民族交往交流交融的机制 …………………… 366
　　二、新时代民族交往交流交融的机制 …………………… 370
　　三、在民族交往交流交融中铸牢中华民族共同体意识 … 376

参考文献 …………………………………………………… 381
后　记 ……………………………………………………… 386

导　论

我国是一个统一的多民族国家，这是我国社会发展的一大有利因素。在数千年的历史发展中，我国各民族共同缔造了伟大的祖国，共同创造了多元一体的中华民族，共同开创了光辉灿烂的中华文化，共同谱写了波澜壮阔的中华历史，共同维护了各民族共有的精神家园。历史上各民族在迁徙、互动、交往中，实现了民族文化交流与民族心理交融，共同创造了中华民族多元一体格局。现阶段我国民族交往交流交融持续推进，中华民族共同体意识不断铸牢。尤其是随着我国社会主义市场经济水平的提高、社会主义新型民族关系的确立和发展，各民族在共同团结奋斗中共享国家、社会发展的成果，走向共同繁荣，中华民族的一体性更加明显。这些因素共同构成了我们在新时代走向国家富强、人民幸福、民族复兴的有利条件。

2022年，习近平总书记在党的二十大报告中指出，要以铸牢中华民族共同体意识为主线，加强和改进党的民族工作。基于此，我们以甘南藏族自治州、武威市天祝藏族自治县为田野调查点，对当地藏族与周边民族交往交流交融的历史与现实展开研究，旨在为党和国家在该地区民族工作的推进提供现实依据，也为在新时代更好地推动中华民族共同体的建设提供有效进路。

一、交往交流交融的历史事实：主题的选择

通过详细周密的史料挖掘和调查研究，我们更加细致深刻地了解我国民族交往交流交融的历史和现状，不断明确其中的深层逻辑。发现客观问题，能够促进我们更好地推动民族交往交流交融的继续深入；同时，对于建设各民族共有精神家园、铸牢中华民族共同体意识也具有积极意义。本书一方面以顺应新时代我国民族工作发展的客观需要为前提，另一方面则基于我国民族交往交流交融客观事实、重要价值及发展趋势，同时也以促进相关学术研究继续深入为目的。

（一）顺应我国民族工作发展的客观需要

在科学总结的基础上，以习近平总书记为核心的党中央对新时代民族工作做出了一系列科学论断，为正确理解和处理新时代民族关系、民族工作，促进民族交往交流交融等问题提出了更高的要求和新的指引。党的十九大报告指出，要"铸牢中华民族共同体意识，加强各民族交往交流交融"[①]。在2021年中央民族工作会议上，习近平总书记再次强调："要促进各民族交往交流交融。要充分考虑不同民族、不同地区的实际，统筹城乡建设布局规划和公共服务资源配置，完善政策举措，营造环境氛围，逐步实现各民族在空间、文化、经济、社会、心

---

① 习近平：《决胜全面建成小康社会夺取新时代中国特色社会主义伟大胜利》，《人民日报》2017年10月28日。

理等方面的全方位嵌入。"①

促进民族交往交流交融,铸牢中华民族共同体意识,是我们党关于加强和改进民族工作重要思想的两项重要内容,是对中华民族发展规律的科学总结,也是对社会主义新型民族关系发展趋势的科学预测,为新时代民族工作的开展提出了更高的要求。在新时代促进民族交往交流交融继续深入发展,不断铸牢中华民族共同体意识,需要对民族交往交流交融的历史和现状进行全面、系统、深入的梳理,从而对其历史必然性、极端重要性和现实针对性形成科学认知,为在民族工作各领域、全过程中的科学实践奠定基础。

进入新时代,我国已经进入全面建设社会主义现代化国家、向第二个百年奋斗目标进军的新发展阶段,这也是实现中华民族伟大复兴的重要阶段。在新的发展阶段中,人民群众的主体地位是必须坚持的基本前提,各民族共同发展、实现共同繁荣的基本发展方向是必须坚持的,这也是一直以来平等、团结、互助、和谐的社会主义新型民族关系的基本要求之一。

基于党关于加强和改进民族工作重要思想、各族人民群众主体性地位的基本要求,自下而上地开展有关民族交往交流交融的调查研究,厘清民族交往交流交融的机制,有利于我们更加科学地认识和解决新发展阶段中的民族关系问题,有利于铸牢中华民族共同体意识。

(二)各民族长期交往交流交融的历史事实

民族交往交流交融,在历史上就一直是推动我国多民族国家持续稳定发展的重要力量,也是中国特色社会主义民族关系不断深入发展

---

① 《以铸牢中华民族共同体意识为主线推动新时代党的民族工作高质量发展》,《人民日报》2021年8月29日。

的重要动力,更是铸牢中华民族共同体意识的重要途径。

我们研究的地区,是藏族与其他民族共同生活的民族区域自治地区。从行政区划上看,主要分布于甘南藏族自治州和武威市天祝藏族自治县。从地理位置上看,这里沟通着青藏高原、黄土高原和内蒙古高原,也是联结"西北民族走廊"和"藏彝民族走廊"两大走廊的重要地带。从生态上看,该地区位于黄河流域与长江流域的上游地区,是重要的水源涵养区和生态功能区,是我国青藏高原生态安全屏障的核心组成部分之一。从文化与民族分布上看,这里历来是多民族共同生活的地区,目前生活着包括藏族、汉族、回族、蒙古族、土族、裕固族等在内的众多民族,民族构成多样,多元文化并存,民族关系是当地社会关系的主要内容之一。民族构成与分布、文化多元性、战略地位重要性等特征,使得当地涉及民族的问题直接关系到民族团结、各民族共同繁荣发展、社会稳定以及国家安全等重要问题;作为我国社会主义民族关系的重要组成部分,对我国民族关系整体格局的影响亦不可忽视,在我国的整体发展战略中具有重要的价值。

从历史上来看,这里各民族交往交流交融从未中断,其范围、频率、程度都在不断扩大、增长和加深,不断增强凝聚力,共同缔造了多元一体的中华民族。中华人民共和国成立之后,各民族实现了真正的平等;随着社会主义新型民族关系的确立和发展,民族交往交流交融的事业不断深入。改革开放之后,社会主义市场经济体制持续完善,我国各项事业不断取得新成绩,各民族在经济社会中的活跃程度越来越高,人口流动越来越频繁,民族交往交流交融的广度、深度达到了空前的规模。进入新时代,随着我国经济、政治、文化、社会、生态"五位一体"的文明建设不断发展,各民族交往交流交融持续加深,共同性、凝聚力不断增强,在持续交往交流交融中共同推进了中华民族共同体建设。

（三）研究民族交往交流交融的重要性

甘肃藏族与周边民族交往交流交融具有悠久的历史。伴随着社会发展的进程，各民族在社会主义发展阶段共同团结奋斗、繁荣发展，在交往交流交融中不断增强一体性。在新阶段新形势下，甘肃的社会整体发展水平已经有了更大的进步，在多元发展的同时，各民族社会经济不断发展，生活水平不断提高，民族交往交流交融亦呈现出新的特征。尤其是在新发展阶段，藏族及周边民族与全国人民一起，在中国共产党的领导下，共同为实现中华民族的伟大复兴而努力奋斗，民族关系和谐发展，民族交往交流交融继续深入，铸牢中华民族共同体意识的重要性进一步凸显。

民族交往交流交融是我国社会发展的重要动力来源之一，是各民族实现共同富裕、共建共享社会主义事业的重要条件，也是铸牢中华民族共同体意识、实现中华民族伟大复兴的必要因素。通过引导各民族群众共同维护和发展和谐的社会主义民族关系，引导各民族理性面对社会、经济、文化等领域的发展变化，引导各民族继续共同团结奋斗，共同实现新发展阶段的战略目标。因而，基于历史和现实对民族交往交流交融展开研究，既能为促进其继续发展提供经验总结，也能为提升民族团结，使各族人民群众"像石榴籽一样紧紧抱在一起"，为铸牢中华民族共同体意识、凝聚力量共同实现中华民族的伟大复兴提供支撑。

我们也要注意到，在我国民族交往交流交融持续深入发展、中华民族共同体意识不断加强的同时，一些地区、一些领域中仍客观存在着不利因素的影响，"各民族交往交流交融趋势增强和涉及民族因素的矛盾纠纷上升并存"①。甘肃各民族在不断拉近心理距离、发展和谐民

---

① 《中共中央、国务院印发〈关于加强和改进新形势下民族工作的意见〉》，《人民日报》2014年12月23日。

族关系的同时，也客观存在着因经济利益不均衡而产生的疏离感，因刻板印象而产生的交往认知偏差，因民族文化差异而产生的狭隘交往意识，以及因具体事件而产生的较偏激的交往行为等，这些负面因素客观地影响着当地民族交往交流交融的深入发展，需要引起足够的重视。

（四）对现有学术研究的反思

近年来，社会各界对民族交往交流交融的关注程度越来越高，尤其是学术界围绕交往交流交融展开的理论与实证研究日趋丰富，有关交往交流交融的理论框架也日趋完善。相对而言，在众多研究成果中，理论讨论多于实证研究，历史研究多于现实分析。从现实需求角度以及学术研究的未来发展来说，深入开展实际调查研究，实事求是地分析我国民族交往交流交融的现实情况，将会有更大的裨益。

正如前文所说，习近平总书记在2021年中央民族工作会议上强调，要"逐步实现各民族在空间、文化、经济、社会、心理等方面的全方位嵌入"，进一步明确心理因素在民族工作、民族关系发展等问题中的作用。民族交往交流交融、铸牢中华民族共同体意识等相关议题，其深层因素均指向心理层面，尤其体现为民族成员之间、各民族之间以及各民族对伟大祖国、中华民族、中华文化、中国共产党、中国特色社会主义等的认同和在此基础上的强大凝聚力。从现有研究成果来看，从民族心理角度开展的系统研究仍相对较少。因此，本研究在综合考察历史和现实之后，分析影响甘肃藏族与周边各民族交往交流交融的民族心理要素，触及更加深刻的心理层面，从民族心理视角对现有研究进行补充。

二、他者的研究：几种理论的视角

本书所关注的地区，是各民族在长期互动过程中共同构建的，其概念本身就蕴含着各民族在长期交往交流交融过程中不断增强彼此认同、不断拉近心理距离、不断提升凝聚力、不断增强一体性特征，最终形成多元一体区域民族共同体的内涵。在发展中国特色社会主义事业的大背景下，甘肃作为多民族共同生活的地方社会，为当地各民族的交往交流交融提供了和谐共生的社会文化空间。这种社会文化空间，一方面以国家在场为宏观前提，另一方面又以地方社会文化秩序、地缘性的族际互动、密切的族际社会纽带和不断加强的共同体意识为微观表征。

结合研究对象与研究主题的特征，在系统梳理前人研究成果的基础上，本书选择以马克思主义民族交往理论、中华民族多元一体理论、民族认同理论，以及学界关于民族交往交流交融的理论阐述作为理论架构的出发点。有学者提出"中国民族学意义上的文化交融理论"，其主要内容包括：

> 以促进各民族对中华文化的认同，铸牢中华民族共同体意识为总体目标；以各民族在文化上共创、共传、共享、同源异流、相互吸收、相互借鉴等规律的成因、具体表现、社会意义和社会作用等为主要研究对象；以各民族文化间的比较研究为核心方法；主张整体意义上的文化相对论；在文化事项族属难定的前提下，可从共创、共传、共享、同源异流等角度展开研究；在文化事项

族属相对可辨的前提下，主张中华文化的交融性主要体现为"少数民族吸收汉族文化、汉族吸收少数民族文化、各少数民族文化相互吸收"的辩证统一；提倡发展跨族际交融型文化。①

这一理论阐述，丰富了中国民族学的理论体系，对我们理解民族交往交流交融同样具有积极的指导意义。

（一）马克思主义民族交往理论

马克思、恩格斯、列宁、斯大林等马克思主义经典理论家的共同论述，推动了马克思主义民族交往理论的形成和发展。纵观马克思主义民族交往理论的发展历程，其中贯穿着人们对交往、民族交往现实的不断认知。

马克思主义交往理论认为，交往是社会生产的重要前提，构成社会发展的内在动力，民族交往的扩大能够促进社会生产力的进一步发展。欧洲工场手工业发展的例子便说明："某一个地方创造出来的生产力，特别是发明，在往后的发展中是否会失传，取决于交往扩展的情况。"② 生产的发展决定民族之间的交往程度，民族交往的程度又直接影响民族关系的状况。"各民族之间的相互关系取决于每一个民族的生产力、分工和内部交往的发展程度。这个原理是公认的。然而不仅一个民族与其他民族的关系，而且这个民族本身的整个内部结构也取决于自己的生产以及自己内部和外部的交往的发展程度。"③

在马克思、恩格斯看来，民族交往扩大之后，民族融合的条件便

---

① 李世武：《转向文化交融理论：论文化同化理论的缺陷与出路——以姚安芦笙乐舞为例》，《云南师范大学学报》（哲学社会科学版）2021年第4期。
② 《马克思恩格斯全集》第3卷，人民出版社1960年版，第61页。
③ 《马克思恩格斯选集》第1卷，人民出版社1995年版，第68页。

有可能更加成熟。两人尤其主张,生产力水平较低的民族,往往会融合于生产力水平较高的民族之中。如马克思所言:"野蛮的征服者总是被那些他们所征服的民族的较高文明所征服,这是一条永恒的历史规律。"① 恩格斯则提出:"在长期的征服中,比较野蛮的征服者,在绝大多数情况下,都不得不适应征服后存在的比较高的'经济情况';他们为被征服者所同化,而且大部分甚至还不得不采用被征服者的语言。"②

在马克思、恩格斯之后,列宁和斯大林在继承马克思民族交往理论的基础上,结合苏联实际,进一步对其加以发展。③ 如列宁提出,随着资本主义的发展,"民族间各种联系之发展和频繁"④,为民族隔阂的消除创造了条件,其最终目的则是实现民族融合。为实现这一目的,需要在充分实现民族平等的前提下,通过建立民族自治地方等措施,促进各民族之间的交往。斯大林则将交往视为民族形成的前提:"只有经过长期不断的交往,经过人们世世代代的共同生活,民族才能形成起来。"⑤ 此外,斯大林根据其民族交往理论,认为苏联已经解决了民族问题,人为强行推进民族融合,对苏联民族关系的发展造成了非常严重的错误影响。

马克思主义民族交往理论传入中国后,在历代领导集体的共同努力下,中国共产党人不断对其加以创新和完善,并在新时代提出促进民族交往交流交融、加强民族交往交流交融、铸牢中华民族共同体意识等理念,用于指导我国的民族工作和民族社会发展,取得了一系列的成果。

从中国共产党民族交往理论的阶段性特征来看,以毛泽东同志为

---

① 《马克思恩格斯全集》第9卷,人民出版社1961年版,第247页。
② 恩格斯:《反杜林论》,吴黎平译,人民出版社1970年版,第180页。
③ 田烨:《马克思主义民族交往理论及在中国的创新发展》,《中共云南省委党校学报》2016年第1期。
④ 列宁:《关于民族问题的批评意见》,张企译,外国文书籍出版局1954年版,第16页。
⑤ 《斯大林选集》上卷,人民出版社1979年版,第62页。

核心的第一代中央领导集体着重强调民族平等在民族交往中的重要作用。以邓小平同志为核心的第二代中央领导集体在强调以民族平等促进民族团结的基础上，更加强调民族交往对民族团结的促进作用，同时突出推动少数民族发展以促进民族交往的发展。面对新形势，以江泽民同志为核心的第三代中央领导集体进一步提出以民族交往促进民族关系和谐发展，提出"汉族离不开少数民族，少数民族离不开汉族，少数民族之间也相互离不开"①的重要思想，通过西部大开发推动民族交往的发展。党的十六大以后，以胡锦涛同志为总书记的党中央第一次把"有利于民族交往交流交融"作为衡量民族工作成效的重要标准之一，再次充分肯定了民族交往的作用②，并把民族交往交流交融与民族团结联系在一起，促进各民族群众相互交流。进入新时代，以习近平同志为核心的新一代中央领导集体进一步强调"促进各民族交往交流交融"，突出"主动推动"的内涵，同时提出加强民族交往交流交融的相关措施。"以习近平同志为总书记的党中央民族交往理论，符合民族发展的客观规律，对我国的民族工作具有重要的指导意义。"③

马克思主义民族交往理论是本书的基本理论出发点之一。在中国特色民族交往理论指导下，新时代甘肃藏族及周边各民族继承历史上民族交往交流交融的宝贵遗产，尊重多元民族、多元文化的现实，在共生互嵌的社会格局中，通过脱贫攻坚与乡村振兴等一系列措施加快民族发展，共享社会发展成果，不断夯实民族交往交流交融的物质基础。同时，依靠构筑各民族共有精神家园促进民族团结，不断拉近各民族之间的心理距离，增进各民族之间的相互认同，增进各民族对伟大祖国、中华民族、中华文化、中国共产党以及中国特色社会主义的

---

① 中共中央文献研究室综合研究组、国务院宗教事务局政策法规司编：《新时期宗教工作文献选编》，宗教文化出版社1995年版，第180页。
② 《中共中央国务院召开第五次西藏工作座谈会》，《人民日报》2010年1月23日。
③ 田烨：《马克思主义民族交往理论及在中国的创新发展》，《中共云南省委党校学报》2016年第1期。

认同,在不断铸牢中华民族共同体意识的过程中增强一体性,从心理层面进一步促进民族交往交流交融。从本质上说,甘肃民族交往交流交融的过程遵循马克思主义民族交往理论的基本规律,体现在各民族共创的多元一体民族文化格局中,也体现在各民族为共同实现社会发展的共同奋斗过程中。

(二)中华民族多元一体格局理论

1988年,费孝通先生立足马克思主义民族史观、经典人类学社会发展理论以及中华民族发展历史事实和思想基础,提出中华民族多元一体格局理论。经过30多年的发展,不断有学者对费孝通先生的学说进行解释,丰富了中华民族多元一体格局理论的内涵。"30余年来,中华民族多元一体格局不仅成为了中国民族问题研究的主流理论范式,也为中国共产党所吸纳并发展为民族理论与民族政策话语体系的有机构成部分。"[①] 习近平总书记在2014年中央民族工作会议、2019年全国民族团结进步表彰大会等场合,曾多次谈到"多元一体"格局及其对我国民族社会发展、民族工作的重要意义。

费孝通先生认为,中华民族是包括中国境内56个民族的"自觉的民族实体",其中:"五十多个民族单位是多元,中华民族是一体。"中华民族的"主流是由许许多多分散存在的民族单位,经过接触、混杂、联结和融合,同时也有分裂和消亡,形成一个你来我去、我来你去,我中有你、你中有我,而又各具个性的多元统一体"。对于中华民族格局的特点,费孝通先生总结了六点:第一,"中华民族多元一体格局存在着一个凝聚的核心";第二,少数民族聚居地区"占全国面积一半以

---

① 谢春、郝亚明、蒲长春:《如何理解中华民族多元一体格局与中华民族共同体意识的关系?》,《学习时报》2021年10月18日。

上",而且少数民族中"有很大一部分人从事牧业";第三,从语言上说,只有个别民族"用汉语作为自己民族的共同语言",其他少数民族"可以说都有自己的语言";第四,"导致民族融合的具体条件是复杂的";第五,"组成中华民族的成员是众多的,所以说它是个多元的结构";第六,"中华民族成为一体的过程是逐步完成的"。费孝通先生还预言"中华民族将是一个百花争艳的大园圃"。①

陈连开进一步将中华民族多元一体的主要论点概括为:第一,中华民族是包括中国境内56个民族的民族实体,不是把56个民族加在一起的总称,因为这些加在一起的56个民族已结合成相互依存的、统一而不能分割的整体,在这个民族实体里所有归属的成分都已具有高一层次的民族认同意识,即共休戚、共存亡、共荣辱、共命运的感情和道义。在多元一体格局中,56个民族是基层,中华民族是高层。中华民族称民族,56个民族也称民族,在科学上和政治上都是可以成立的。第二,形成多元一体格局有一个从分散的多元结合成一体的过程,在这过程中必须有一个起凝聚作用的核心。汉族就是多元基层中的一元,它发挥凝聚作用,把多元结合成一体。第三,高层次的认同并不一定取代或排斥低层次的认同,不同层次可以并存不悖,甚至在不同层次的认同基础上可以各自发展原有的特点,形成多语言、多文化的整体。所以高层次的民族实质上是个既一体又多元的复合体,其间存在着相对立的内部矛盾,是差异的一致,通过消长变化以适应多变不息的内外条件,从而获得共同体的生存和发展。②

作为中华民族的重要组成部分之一,甘南与天祝各民族发展的历史同样具有多元一体的典型特征。这种多元一体性的形成与发展,与

---

① 费孝通:《中华民族的多元一体格局》,《北京大学学报》(哲学社会科学版)1989年第4期。
② 陈连开:《怎样理解中华民族及其多元一体》,载费孝通主编:《中华民族研究新探索》,中国社会科学出版社1991年版,第406—424页。

各民族在历史上不断迁徙流动具有重要的联系。中华人民共和国成立之后，随着社会主义新型民族关系、市场经济体系的确立，各民族人口的跨区域流动进一步改变了我国传统的民族居住格局，"大杂居"的民族分布状态更加明显，各民族在各方面的交往交流交融快速深入发展，中华民族在"多元"基础上的"一体性"进一步增强，为铸牢中华民族共同体意识提供了更加坚实的基础。①

民族交往交流交融是促成中华民族多元一体格局形成和发展的重要因素，费孝通先生所强调的"经过接触、混杂、联结和融合""你来我去、我来你去，我中有你、你中有我，而又各具个性"等，正是对民族交往交流交融的形象表述。作为中华民族的组成部分之一，甘南与天祝各民族以及当地民族社会格局的发生发展，同样体现并印证着中华民族多元一体格局的特征与趋势。各民族共同在青藏高原东北缘这一地理空间生存发展，共同开发自然环境，形成互补的生计方式；在经济、文化、政治、社会等层面的互动中创造了丰富的文化成果，实现民族文化的交融汇集；尤其是在元明清时期，随着儒家文化和大量移民的进入，当地的社会文化结构进一步整合，跨民族的、更高层次的族际认同和地域认同逐渐产生；中华人民共和国成立之后，随着社会主义民族关系的确立，各民族进入发展新时代，民族交往交流交融更加深入，多元一体格局更加稳固，一体性更加明显，"五个认同"深入发展，铸牢中华民族共同体意识的实践持续前进。在新时代背景下考察甘南与天祝两地民族交往交流交融的历史、现状及心理机制，中华民族多元一体格局的理论范式是一个行之有效的重要参考。

---

① 赵罗英：《论新中国成立70年来的人口流动与民族交往交流交融》，《西北民族大学学报》（哲学社会科学版）2019年第6期。

（三）民族认同理论

民族认同理论所强调的，是民族成员的社会认同和自我身份认同。起源于西方学界的民族认同理论，可以分为原生论、建构论、关系论、边界论以及调和论五大类。原生论强调族群认同来自共同祖先及其引起的一致传统和族群内情感，与群体或个体基于利益做出的选择无涉，如格尔兹所谓的原生性归属感，它作为一种先赋性社会存在，维系着族群内部成员之间的关系，对于族群的内聚来说，"有时且是压倒一切的力量"[①]。建构论又有工具论、文化建构论、政治建构论和极端历史论的区分，它是众多族群认同理论的集合体，其核心思想均包含反对原生论，认为族群认同是主体在具体社会情境中建构出来的，且随着情境的变化而变化。持关系论者认为族群认同是一种关系，而且无法对族群性做出普遍性的定义。[②] 巴斯是边界论的集大成者，他提出族群认同和族群边界的生成，与具有不同文化取向的人群之间的社会互动相联系，具有互补性的族群互动过程能够建立在族群认同的基础上，族群认同能够促进族群的交往。[③] 调和论既承认原生纽带的作用，又以工具论观点对客观存在的族群认同变迁加以解释，被视为对原生论和工具论的调和，王明珂从历史记忆角度展开的族群认同研究即归于此类，如其所谓"文化亲亲性"。国内学界的民族认同理论研究，多以某一族群认同理论为指导，依托实证研究对既有理论进行论证或反思。

回顾前文提到的马克思主义民族交往理论和中华民族多元一体格

---

① 克利福德·格尔兹：《文化的解释》，纳日碧力戈等译，上海人民出版社1999年版，第295页。
② Ted Lewellen, *The Anthropology of Globalization: Cultural Anthropology Enters the 21st Century*, Westport: Greenwood Publishing Group, 2002, p. 108.
③ 弗雷德里克·巴斯主编：《族群与边界：文化差异下的社会组织》，李丽琴译，商务印书馆2014年版。

局理论,我们可以发现其同样强调"认同"。从现实角度来说,无论是民族交往交流交融,还是铸牢中华民族共同体意识,"认同"都在其中发挥着重要的作用。现阶段我们所强调的"以铸牢中华民族共同体意识为新时代党的民族工作的主线,推动各民族坚定对伟大祖国、中华民族、中华文化、中国共产党、中国特色社会主义的高度认同,不断推进中华民族共同体建设","必须坚持正确的中华民族历史观,增强对中华民族的认同感和自豪感"①,更是突出了"认同"。

考察甘南与天祝地区,"认同"亦是当地民族交往交流交融不断发展的重要推动力。从历史的角度来说,民族内部的认同是维系民族延续和发展的基础,各民族在互动中不断加深的族际认同则推动着民族之间的互动往来,并且促进着民族交融的发生,使各民族的凝聚力不断加强。从现实的角度来看,中国共产党领导下的社会主义新型民族关系不断深化,新时代各项民族工作的开展,直接推动着各民族在地方社会文化结构中不断深化"五个认同",不断铸牢中华民族共同体意识,不断增进对中华民族的自觉认同,夯实我国民族关系发展的思想基础,推动中华民族成为认同度更高、凝聚力更强的命运共同体。

中华民族发展壮大的历史过程和现实情况不断证明,民族交往交流交融的深入发展,强化了各民族之间的联系和认同。无论是我们在田野调查中看到的各民族对伟大祖国、中华民族、中华文化、中国特色社会主义的高度评价,还是各民族同心协力,共同抗击新冠疫情,又或者是各民族团结奋斗,努力实现脱贫攻坚的全面胜利,都是各民族在交往交流交融过程中增强民族凝聚力、中华民族认同的生动体现。对民族交往交流交融的研究,有助于我们正确认识和处理社会主义民族关系发展中遇到的问题,有助于提升各民族的中华民族认同。

---

① 《以铸牢中华民族共同体意识为主线推动新时代党的民族工作高质量发展》,《人民日报》2021年8月29日。

不过，我们也需要看到，现有的民族认同理论均存在各自的缺陷，梳理已有的民族认同研究和民族交往交流交融的事实，我们无法用某种单一理论完整解释认同的具体情况。因此，我们在从文化人类学视角展开分析的同时，引入了民族心理学、社会心理学理论，综合研究社会、文化以及心理诸要素在其中的作用。从认知心理学的角度来看："交往交流交融是民族在互动过程中的信息加工过程，同时形成民族交往交流交融心理机制。这个心理机制包括民族接触、文化碰撞、趋利避害选择、文化心理相融等心理过程产生的刺激、同化、顺应和吸收等信息加工过程。"① 这样一个信息加工的过程，其实也是民族认同产生的过程，即各民族基于对民族交往交流过程中的各种因素的心理认知，通过感觉、记忆、思维等方式将初步的感性认知上升为理性认知，形成对交往情境、交往对象、交往过程以及自身状态的理性判断，并在固有价值观的影响下形成对相关对象的认同意识。

（四）民族交往交流交融及其层级结构

作为一个统一的多民族国家，在漫长而复杂的历史中，通过不断的交往交流交融，我国各民族间的关系日趋密切，共同推进了社会经济发展，共同创造了灿烂丰富的中华文化，共同创造了中华民族共同体。"中国多民族国家的发展和保持，是中国特有的内外历史条件所促成的，是中国各民族共同缔造中华的结果。""为世界创造了灿烂的人类文明，为人类的发展走出了各有特点的光辉道路。"② 民族交往交流交融作为构成民族关系的重要内容，体现着从历史中走来的中华各民

---

① 李静、于晋海：《民族交往交流交融及其心理机制研究》，《西北师大学报》（社会科学版）2019年第3期。

② 杨建新：《中国古代多民族国家形成、发展与西欧大国发展道路的比较研究》，《兰州大学学报》（社会科学版）2016年第2期。

族的民族关系，体现着社会主义新型民族关系发展的本质和趋势。无论是历史上各民族交往交流交融的事实，还是现实中存在的民族交往交流交融的案例，都是中华民族漫长历史过程的真实写照，都是推动中华民族认同发展、铸牢中华民族共同体意识的宝贵资源。

当前我国的民族交往交流交融，以中华民族多元一体格局、习近平新时代中国特色社会主义思想以及中华民族伟大复兴的现代化建设过程为背景，在共同的社会生活中，各民族成员不断吸收彼此的生产方式、生活习惯和文化精髓，学习吸收对方的长处和优点，尊重彼此之间的差异，增进民族之间的共同性因素①，"指示了民族关系的层级与进程"，"是民族关系的具体体现"②。民族交往交流交融的过程，使得各民族在多样性的基础上增强彼此的共性与联系，通过血脉相通、文化相连不断增强中华民族的凝聚力。

民族交往交流交融是一个整体，具有逐层递进的紧密关系，这是目前学术界的共识，如金炳镐先生有关具体形式、具体内容和本质要求的区分。③ 有学者提出民族交往交流交融体现了各民族友好相处、共同发展的历史过程和现实状态，交往、交流、交融是递进关系，具体表现为交往程度逐渐深化，交往范围逐渐扩大，交往频次逐渐频繁："三个层面逐次推进提升，构成了一个有机统一的整体。"④ 就其递进关系而言："现阶段民族交往交流交融的过程中，民族交往居于关系发展进程中较浅层次的物理空间，是交流交融的前提和基础；民族交流居于关系发展进程中较高的文化空间层次，是民族关系提升并向纵深发展的重要阶段，是较深层、正向的交往交融；民族交融居于交际理论

---

① 王希恩：《民族的融合、交融及互嵌》，《学术界》2016年第4期。
② 李静、于晋海：《民族交往交流交融及其心理机制研究》，《西北师大学报》（社会科学版）2019年第3期。
③ 金炳镐、肖锐、毕跃光：《论民族交流交往交融》，《新疆师范大学学报》（哲学社会科学版）2011年第1期。
④ 陈宗荣、张云、格桑卓玛等：《关于民族交往交流交融的学理思考》，《中国藏学》2021年第1期。

中高位的精神文化空间层次，是社会主义阶段民族交往交流的本质，是零距离、入心的交往交流。"① 民族交融不同于民族同化，其所指涉的是不同民族之间相互接纳、吸收、包容和认同的状态。② 在这个递进关系中，我们可以将民族在政治、经济、文化、社会生活等方面的交往交流交融相应地分为三个层级："由生活性交往、地缘性交往及结构性交往等构成的民族交往层面，由语言交流、信息交流及资源交流等构成的民族交流层面，以及由血缘交融、习俗交融、信仰交融及心理交融等构成的民族交融层面。"③

考察学术界对民族交往交流交融的关系和层级划分，我们能够发现不同学者的观点各有区别，但究其根本，都反映出"民族在政治经济文化等方面的接触与互动的方式、内容及动态过程"④，而且"是一个涵盖人类社会各层面的立体式族际互动过程"⑤。在这个过程中，心理层面是其根本，"这是一个与民族心理活动相关的，从外部效度进入内部效度的心理过程"⑥。

民族交往交流交融的过程及其内涵所体现出的民族心理交融，是民族关系的心理根基。从民族心理学原理出发分析民族交往心理的结构，其中主要包括民族交往的需要动机、交往各方的认知特征、交往过程中的情感体验、体现出的民族交往意识以及作为外在表征的民族交往方式五大要素。⑦ 民族交往心理的五大要素在彼此影响、相互作用

---

① 马瑞雪、李建军、周普元等：《论民族交往交流交融》，《新疆师范大学学报》（哲学社会科学版）2019年第2期。
② 王希恩：《民族的融合、交融及互嵌》，《学术界》2016年第4期。
③ 李静、于晋海：《民族交往交流交融及其心理机制研究》，《西北师大学报》（社会科学版）2019年第3期。
④ 李静、于晋海：《民族交往交流交融及其心理机制研究》，《西北师大学报》（社会科学版）2019年第3期。
⑤ 陈宗荣、张云、格桑卓玛等：《关于民族交往交流交融的学理思考》，《中国藏学》2021年第1期。
⑥ 李静、于晋海：《民族交往交流交融及其心理机制研究》，《西北师大学报》（社会科学版）2019年第3期。
⑦ 李静：《民族交往心理的跨文化研究》，中国社会科学出版社2010年版，第102页。

的过程中,作用于民族交往交流交融的各方面,影响着民族关系的走向。这也是本书强调对民族心理因素加以关注的原因,正如习近平总书记所说:"解决好民族问题,物质方面的问题要解决好,精神方面的问题也要解决好。"①

三、甘南与天祝:作为研究的田野点

田野调查是民族学研究的基础,其深度和广度决定了研究的深度和广度。本书的田野调查地点位于甘南、天祝这两个州县,是涉藏省区的入口处,在地理位置上具有重要意义。在这些地区生活的主要民族有藏族、汉族、回族、土族、撒拉族、东乡族、满族、蒙古族、裕固族、朝鲜族等,具体分布情况依地区而异。在综合考察整体情况的基础上,本书选择甘南州合作市、玛曲县、临潭县、卓尼县以及武威市天祝县作为调查研究的主要区域。通过问卷调查、深度访谈、住居体验、参与观察等具体方法获得了大量真实材料,结合质性研究与量化研究,互相验证所获得的田野资料,不仅确保了第一手资料的真实性,而且能够进一步提高研究的深入程度,保证了研究资料的信度和效度,提高了研究结果的科学性。

(一)甘南田野点基本样态

甘南州是我国十个藏族自治州之一。从行政区划上看,甘南地处

---

① 《中央民族工作会议暨国务院第六次全国民族团结进步表彰大会在北京举行》,《人民日报》2014 年 9 月 30 日。

甘肃、青海、四川三省的交界地带，位于甘肃省西南部，南部与四川省阿坝羌族藏族自治州相连，西南部与青海省黄南藏族自治州和果洛藏族自治州接壤，东部、北部沿逆时针方向分别与甘肃省陇南市、定西市、临夏回族自治州相连。从地理上看，甘南州处于青藏高原和黄土高原接壤地带，具有典型的过渡特征，境内大部分地区海拔超过3000米，最高海拔4920米，最低海拔1172米，草原面积广阔。从地势上看，甘南州呈现出明显的西高东低特征，地形复杂，境内积石山、岷山、太子山、西倾山等山脉均为东西走向。从地貌上看，甘南州可分为高原山地区、高山森林区、丘陵低山区等典型景观，这些景观分别对应着甘南州的高山牧场、林区和饲养业、种植业产区。甘南州年平均气温约1.7℃，无霜期短，日照时间长，是典型的大陆性气候。①甘南州下辖七县一市，共有人口75.22万人，其中藏族人口约占总人口的56.8%。②

甘南州地理位置优越，既是连接西北民族走廊、藏彝民族走廊的交界地带，藏、汉两大文化区的过渡地带，多元民族共存，又是古代茶马互市、丝绸之路的重要通道，是不同民族间物资、文化往来的关键节点之一。长期以来，各民族在此接触、交往、交流、交融，"你来我往、我来你去、我中有你、你中有我"，伴随着社会的不断发展，逐渐形成多元民族文化交汇、共生、互补，传统和现代文化并存的局面。正是因为这种枢纽性地位，我们可以通过甘南州更好地认识地方社会、经济、文化各领域的发展情况，从而为更好地推动当地各项社会事业的发展打下基础，这也是我们选择甘南州作为重点调查区域的重要原因。

---

① 甘南藏族自治州人民政府：《走进甘南·自然地理》，http://www.gnzrmzf.gov.cn/zjgn/gngk/zrdl.htm。

② 甘南藏族自治州人民政府：《走进甘南·甘南概况》，http://www.gnzrmzf.gov.cn/zjgn/gngk.htm。

1. 合作市

合作市是甘南州的政治、经济和文化中心，也是本书主要田野调查地点之一。合作市地处甘南州北部，沿顺时针方向依次与东部卓尼县、南部碌曲县、西部夏河县以及北部临夏州和政、临夏两县相连。合作市地理位置独特，区位优势明显，在历史上就是连接中原地区、四川西北部与安多地区的重要枢纽。

"合作"一词系藏语音译，原译为"黑错"，意为"羚羊出没之地"，1955年设镇时，取"团结、互助、合作"之意，以其谐音改为"合作"。合作市海拔多在3000—4000米，地势呈现北高南低的特征。境内最高峰为海拔4332米的太子山主峰，最低点为南部的勒秀镇，海拔约2400米。合作市属于典型的高寒湿润型气候，冬季时间长，夏季时间短。合作市境内主要河流为洮河及其支流博拉河、格河及其支流扎萨河、德吾录河及其支流美武河等。

合作全市现辖6乡4街道、39个村民委员会、8个社区、249个村民小组，有藏、汉、回等18个民族，总人口约11.26万，其中藏族人口约占55%。[①] 在长期共同的生产生活中，合作市各族群众共同创造了丰富多彩的民族文化、宗教信仰。合作市所辖区域内，可以看到佛教、道教、伊斯兰教、基督教等宗教信仰并存。

我们在合作市的重点调查区域位于当周街道，下辖两个社区（卓尼路社区、知合玛路社区）和一个行政村（南木娄村）。卓尼路社区地处合作市南郊，东起峡村电站，南至森林公园，西起州人社局，北接念钦路。知合玛路社区地处合作市南郊城乡接合部，东起多河，南至森林公园，西到知合玛村，北接念钦路。

[①] 甘南藏族自治州人民政府：《走进甘南·县市概述·合作市情简介》，http://www.gnzrmzf.gov.cn/info/1014/1052.htm。

2. 玛曲县

玛曲县位于甘南州西南部，地处甘青川三省接合部，与碌曲县、若尔盖县、阿坝县、久治县、河南蒙古族自治县等地相邻。玛曲县下辖2个乡、6个镇、1个场（河曲马场）、1个站（阿孜畜牧兽医试验站）、41个行政村。①

玛曲县民族分布相对简单，藏族人口占当地人口的绝大多数，汉族、回族等民族在人口规模上相对较小，被部分当地人戏称为"当地的少数民族"。截至2020年，玛曲县共有人口约5.72万，其中藏族人口占比90%以上，牧业人口约占全县总人口的四分之三。②

从生计方式来看，畜牧业生产至今仍是当地绝大多数居民的主要生计来源。从民族文化来看，这里的传统文化保留相对完整，也较多地保留了基于游牧生计及其文化的民族心理特征。此外我们也看到，近年来玛曲县社会经济快速发展，城镇化速度加快，传统与现代之间的文化碰撞以及随之而来的社会变迁快速发展，对当地民族文化和民族心理带来冲击，民族文化、民族心理在不同程度地发生解构。

我们在玛曲县的田野调查，重点围绕尼玛镇尼玛社区展开。尼玛社区是位于玛曲的中心城镇，是玛曲县民族交往交流发生密集程度最高的地区；同时，这里作为玛曲县牧区的一部分，民族生计的构成、民族文化的保留、民族心理的特点、地区发展的趋势、流动人口的存在等，使这里成为玛曲地区社会发展、民族交往交流交融的缩影。

尼玛社区是玛曲县比较年轻的社区，成立于2003年11月，辖区总面积约1.5平方公里，位于格萨尔路以南，东至赛马场，西至县公安局。尼玛社区辖区内总住户3071户，11 358人③，其中藏族人口约占总

---

① 玛曲县人民政府：《玛曲概况》，http://www.maqu.gov.cn/gk.htm。
② 玛曲县人民政府：《玛曲概况》，http://www.maqu.gov.cn/gk.htm。
③ 玛曲县人民政府：《政府信息公开·尼玛社区简介》，http://www.maqu.gov.cn/info/2229/18597.htm。

图 0-1 玛曲县的田野工作

人口的 68%，汉族约占 26%，回族约占 6%。

3. 临潭县

临潭，古洮州属地，位于甘肃省南部，在我国一、二阶梯过渡地带的东北缘。截至 2020 年，临潭本地居民约 16.12 万人，以汉族、回族和藏族为主，在三个主体民族内部，汉族占比约为 74%，回族占比约为 17%，藏族人口较少，占比约为 9%，此外还包括少量蒙古族、东乡族、土族、满族、苗族、黎族、撒拉族等，少数民族人口约占当地总人口的三分之一，属于典型的多民族聚居县。从行政区划看，临潭共有 11 个镇、5 个乡，下辖 141 个行政村。①

从临潭县各乡镇的民族分布来看，回族主要集中在临潭县城所在的城关镇，人口比例超过六成；汉族在临潭县的分布较为广泛，遍布每一个乡镇；藏族主要集中分布在洮河沿岸的术布乡，在其他各乡镇均有零星分布。

---

① 临潭县人民政府：《魅力临潭·走进临潭·临潭简介》，http://www.lintan.gov.cn/mllt/zjlt/ltjj.htm。

从经济文化类型来看，临潭县大部分乡镇以农业为主，术布乡具有丰富的森林、水利、旅游、草场、矿产等资源，经济文化类型比较多样。总体而言，临潭地区的地理环境呈现出复杂多样的农牧过渡型特征。

在综合考察临潭各乡镇的情况后，本研究选择了城关镇、新城镇、术布乡和古战镇四处作为主要的田野调查点。

城关镇为临潭县治所在地，地处县域西部，是临潭县经济、政治与文化中心，也是洮州旧城，曾是茶马古道上重要的商贸集镇。城关镇共有 12 个行政村，共有人口 31 536 人，农业人口约占人口总数的 53%。从民族分布来看，当地以回族人口居多，约占全镇总人口的65%，是全县回族的主要聚居地；其次是汉族，约占总人口的 31%；另有约 4% 的东乡族、撒拉族、满族、苗族等其他民族。[①]

新城镇位于临潭县中部，县城以东，距离县城约 35 公里，东接店子乡，南接流顺乡、洮滨乡，北与石门乡、卓尼县恰盖乡接壤。全镇辖 20 个村委会、2 个社区、89 个村民小组，6276 户，29 538 人，其中农业人口约占总人口的 68%。[②] 汉族人口占大多数，约占总人口的 84%，其次是回族（约 9%）、藏族（约 7%）。

术布乡位于县城西南侧，距县城 20 公里，全乡地处山谷地带，以藏族人口居多，其次是回族和汉族。术布乡农牧民群众的经济收入以种植业、畜牧养殖、劳务输出与转移支付为主。

古战镇位于临潭县城以西，主要人口为汉族、回族和藏族。古战村是古战镇政府所在地，靠近 213 省道，地势较为平坦，交通十分便利，人口居住集中。

---

① 临潭县人民政府：《魅力临潭·走进临潭·行政区划·城关镇》，http://www.lintan.gov.cn/info/1056/2534.htm。

② 临潭县人民政府：《魅力临潭·走进临潭·行政区划·新城镇》，http://www.lintan.gov.cn/info/1056/2533.htm。

4. 卓尼县

卓尼县位于甘肃省南部，甘南藏族自治州东南部，是青藏高原向黄土高原的过渡带、黄河上游重要水源涵养区和补给区、农耕文明和游牧文明的交汇点、藏汉文化的交融区。截至 2020 年，卓尼县辖 15 个乡镇、100 个行政村、461 个村民小组，总人口 10.6 万人，其中藏族人口占比 63%，此外还有汉、回、土、满、蒙、东乡、保安等 14 个民族。①

卓尼县的主要田野调查点为县境北部的勺哇土族乡、西北的申藏镇两地。其中勺哇土族乡位于卓尼县北山地区，由于当地多山，居民多居住在半山或山顶地势相对平坦的地带，是典型的民族杂居乡。申藏镇距卓尼县城 32 公里，是一个藏族、汉族、回族杂居的地方，人口以藏族为主，回族人口则居卓尼县各乡首位。申藏村是申藏镇政府所在地，民族构成为汉藏杂居。藏族人口为从事农业生产的三格帽藏族，也称为觉乃藏族，语言与安多藏语有很大差别，汉语掌握程度较好，但仍然注重传统文化。

（二）天祝县田野点基本样态

天祝，藏语称"华锐"，是甘青交界，青藏高原、内蒙古高原、黄土高原以及河西走廊交界、过渡的地带，地处西北民族走廊的关键节点，素有河西走廊"门户"之称。天祝县区位优越，南接兰州，东靠景泰，北邻古浪，西邻青海，西北与肃南接壤。

截至 2020 年，天祝县本地居民约 15.1 万人，分布有藏、汉、土、回、蒙古等 28 个民族，少数民族人口占总人口的 38.84%，藏族人口占

---

① 卓尼县人民政府：《五彩卓尼·卓尼概况·卓尼简介》，http://www.zhuoni.gov.cn/info/1145/9509.htm。

少数民族人口的81.46%。① 天祝县自古以来就是多民族共同驻牧、生活的地区，各民族在长期的交往交流过程中，相互吸收、相互融合，形成了多元一体的地域文化。

在天祝县境内重点调查的华藏寺镇是县政府驻地，为一座具有藏族特色的新型现代化县城。藏族等少数民族人口约占当地总人口的35%，长期的共同生活，使得境内各民族逐渐形成了交错杂居的互嵌格局，民族间往来频繁，民族关系日趋密切。华藏寺镇基础设施相对优越，依靠自身区位优势吸引了大量来自周边牧区和农区的流动人口。伴随着华藏寺镇城镇化发展速度的加快，当地经济、社会、文化、基础设施等各方面的条件都在不断发展，民族人口流动的频率和深度都在不断增加，地方居民与外界的交往交流日渐频繁，传统的民族界限日渐开放。

作为多民族长期共生、不断开展民族交往交流的地区，甘南及天祝是涉藏省区的入口，是西藏、青海、甘肃、四川以及云南等地区整体民族交往交流交融的一个缩影。我们所选择的几个典型调查区域，是考察民族互嵌、民族交往交流交融的具体实例。

---

① 天祝藏族自治县人民政府：《走进天祝·历史人文·人口情况》，http://www.gstianzhu.gov.cn/col/col3514/index.html。

第一章
步步深入：民族交往交流交融历史

民族是人类社会发展到一定阶段的产物，在其发展过程中，民族交往交流交融的现象时有发生。历史上活跃于甘青地区的各民族集团，在交往交流过程中不断交融，促进了本地各民族从族体到社会文化各方面的发展，最终共同形成了当地民族社会多元一体的特征。这种密切的交往，铸就了中华民族你中有我，我中有你，彼此离不开的局面。[①] 进入新时代，随着我国社会经济的不断发展，各民族人口流动的频率越来越高，民族交往交流日渐频繁，民族交融不断加深。

一、民族走廊早期的民族交往交流交融

"半月形文化传播带"东起大兴安岭南段，经长城沿线至甘青交界的河湟、洮岷地区，然后沿青藏高原东缘南下至云南西北部一线。[②] 甘南、天祝两地即处于"半月形文化传播带"，而且我们的研究区域正位于这条传播带的关键节点。作为农牧交错地带的流动边界，历史上不

[①] 杨建新：《中国少数民族通论》，民族出版社2009年版，第114页。
[②] 童恩正：《试论我国从东北至西南的边地半月形文化传播带》，载文物出版社编辑部编：《文物与考古论集》，文物出版社1986年版，第17—43页。

同的政权在这里角逐,不同的民族在这里互动,拉开了两地民族交往交流交融的序幕。当时各民族间互动虽然频繁,诸如血缘交融、文化互鉴等现象时有发生,但更多的仍是物质层面的交往交流。

(一) 从文明孕育到"羌戎之地"

早在新石器时代,甘肃就已经有了人类活动的痕迹,广泛分布于甘南黄河流域、白龙江流域、洮河流域、大夏河流域的马家窑文化、齐家文化、辛店文化和寺洼文化遗址,就是中华民族先民在此活动的有力证据。

1. 早期文明的发展

仰韶文化向西延伸发展,在黄河支流洮河、大夏河、湟水流域形成了马家窑文化(前3300—前2050)。当时,今临潭、卓尼地区的先民以农业为生,兼有渔猎、畜牧,以氏族部落的形式过着定居生活。在稍后的齐家文化(前2000—前1600)时期,甘肃进入青铜时代。齐家文化晚期,作为新的生产单位,家庭的经济力量开始壮大,以公有制为基础的氏族社会开始瓦解。距今4000年左右的寒冷冰期对本地气候、生态造成了巨大影响,草原和荒漠草原占比增加,导致地域经济文化类型发生转变,生计方式由原始锄耕农业为主转向畜牧业为主。

在齐家文化之后,甘南等地进入辛店、寺洼文化时期,羌戎诸族的先民逐渐形成。从经济文化角度来看,羌戎诸族拥有相似的生产方式和经济文化,是中原农耕地区对"半月形文化传播带"从事畜牧或半农半牧族群的泛称。

羌戎诸族自先秦时期就广泛活跃在我国西部地区,游牧是其主要的生计方式,"所居无常,依随水草。地少五谷,以产牧为业"(《后汉书·西羌传》),与如今河湟地区安多藏族的生计方式较为相似。

古代羌戎诸族部落众多,彼此之间名称不同,联系相对较弱。秦汉时期,羌戎诸族仍处在由原始社会向阶级社会过渡阶段,社会结构以氏族部落为基础。《后汉书》记载,羌族先民"不立君臣,无相长一,强则分种为酋豪,弱则为人附落","大者万余人,小者数千人,更相抄盗,盛衰无常"(《后汉书·西羌传》)。与匈奴相比,羌戎诸族在盛衰无常中彼此攻伐、劫掠,没有统一的国家形态,没有稳定集中的政治秩序,以灵活务实的形式寻求本民族的发展;虽然部落间也存在短暂的联盟与依附,但是缺乏凝聚力,很容易发生冲突与瓦解。在以血缘关系为纽带的"分支性社会结构"中,大大小小的层级性羌戎诸部落之间仅保持松散的统属关系,没能发展出有效的国家伦理观念,也没能形成真正的国家组织,这种情况一直持续到东汉甚至更晚。[①]

2. 羌戎诸族与秦汉政权的互动

羌戎诸族所在的青藏高原东北部,地处连接中原、西南、西北的重要交通孔道,丝绸之路途经此处,为羌戎诸族吸收各民族文化提供了先天优势,为民族交往交流交融打下了良好基础。羌人部落先秦时期即已与中原王朝发生联系,《诗经·殷武》所言"昔有成汤,自彼氐羌。莫敢不来享,莫敢不来王",正是对殷商时期氐羌民族臣服于商朝、向商朝进贡的描述。春秋时期,随着秦国的发展壮大,羌戎诸族发展受阻,开始向外迁徙。战国时期,秦国崛起,秦献公西征羌地,羌人不敌,为避其锋芒,羌人分别向东、南、西三个方向迁徙:向西迁徙的一支,进入今西藏境内,形成了发羌;向南迁徙的一支,进入今四川境内,形成了越嶲羌;向东迁徙的一支,则进入今陇南武都境

[①] 王明珂:《游牧者的抉择:面对汉帝国的北亚游牧部族》,广西师范大学出版社2008年版,第179—191页。

内。在漫长的岁月中，羌族先民逐渐迁徙到岷江、西汉水以及白龙江一带，一部分甚至迁徙到长江上游地区，与当地氐人集团生活在一起，为后世当地各民族的起源和发展奠定了基础。南下的羌族与当地部落融合，形成了白族、彝族、纳西族和普米族等汉藏语系民族的先民。另外，仍有一部分羌人留居在黄河流域、湟水流域、大通河流域的"三河间地区"，后来逐渐与从青藏高原迁来的吐蕃、从大兴安岭迁来的鲜卑吐谷浑部落融合。

秦始皇统一六国后，派大将蒙恬驱逐匈奴、诸羌人，以稳定西北边疆地区。在此过程中，今甘南东北部地区纳入陇西郡，秦始皇采取派兵驻防和移民实边的方式维护地区安定，汉族先民不断进入边境地区，与当地少数民族生活在一起。西汉多次在甘青地区用兵，并不断将汉族人口迁入当地，如将北方灾民迁徙至临洮等地实边。汉族移民把先进的生产技术和文化带到这一地区，部分羌人也开始发展农业经济，实现由游牧到定居的转变，促进了当地经济生产与社会文化的发展。例如，西汉政府在今甘南州夏河县甘加乡设置白石县，大约是汉族人口大规模移入甘南的开始。在甘加乡八角城周围，至今仍能发现汉代梯田遗存。

羌戎诸族松散的社会组织形态也给中原帝国带来了麻烦，各个分散的小集团不断结盟、分裂，他们会一拥而上地归附，也会出其不意地叛离。东汉时期，边民与羌人竞争农牧资源导致羌乱频发，对地区经济生产造成了破坏。最终，部分内置的羌人开始发展农业经济，融入农耕文化中。[①] 总的来看，当时中原王朝的统治者还是难以完全控制河湟洮岷地区的羌戎诸族，后者大部分依然处于不相统合的松散状态。

秦汉交替之际，羌人为躲避匈奴侵扰不断内迁，进一步增加了羌人集团与汉人集团之间的接触。进入汉朝之后，生活在甘青一带的羌

---

① 杨建新：《中国西北少数民族史》，民族出版社2009年版，第166页。

人部落有数十个，如史书中记载的先零羌、烧当羌、罕开羌等都是其中较大的部落。西汉初年，匈奴强大，羌族成为匈奴人力物力的重要来源。因此，隔绝羌族与匈奴的联系，便成为汉朝政府对羌政策的重要内容。① 甘肃是汉代羌族活动的主要地区之一，汉景帝时，羌人留何"率种人求守陇西塞，于是徙留何等于狄道、安故，至临洮、氐道、羌道县"（《后汉书·西羌传》），羌族先民从此进入今岷县、临洮一带活动，与当地汉人杂居。

汉武帝时期，为了加强对羌族的有效管理，设立了"护羌校尉"一职，后取消，东汉政府复设。护羌校尉的职责是"持节领护，理其怨结，岁时循行，问所疾苦"（《后汉书·西羌传》），但在实践层面却导致边将对羌人的肆意屠杀和强迫迁徙。② 内迁的羌人受到剥削，田地和牧场遭到汉朝士兵蚕食，引发了汉羌之间的冲突与矛盾。对羌族的迁徙及与汉人杂居，一是为了分散羌族的力量，二是为了切断羌人与匈奴的联系。这种做法打破了羌族固有的部落社会结构，客观上提升了羌汉之间的互嵌性，促进了羌汉的交往交流。随着羌族向东迁徙，到了汉代中期，羌族与中原汉族的联系不断加强，羌族社会逐步进入阶级社会，甚至有些羌族社会已与中原相差无几。东汉末年，在羌族反抗豪强压迫、政府暴政的起义军中，就有大量汉族参与。

在王明珂看来，东汉魏晋时期被称作"羌"的人群广泛分布在青藏高原东部边缘和北部边缘，形成了一个包括天山南麓附近、青海东北部（河湟）、甘肃南部、四川西部、云南北部的南北狭长的"带状羌人区域"，"氐""羌""戎"等称呼作为不断变迁的地理人群概念，反映了汉族形成过程中西方族群的地理边缘变化。③ 羌戎诸族就像"族群

---

① 杨建新：《中国西北少数民族史》，民族出版社2009年版，第160—162页。
② 杨建新：《中国西北少数民族史》，民族出版社2009年版，第163页。
③ 王明珂：《羌在汉藏之间：川西羌族的历史人类学研究》，中华书局2008年版，第143—150页。

的融合剂",在拓展生存空间的过程中不断流动,与四面八方的族群交流融合,逐渐形成了今天藏族、白族、彝族、纳西族和普米族等汉藏语系民族的先民。

(二)吐谷浑西迁后的民族交往交流交融

魏晋南北朝时期战乱频繁、政权更迭、社会动荡,西北地区各民族也出现了大迁徙、大动荡、大融合局面。中原地区很多汉族为了躲避战祸,迁徙至包括甘南在内的西北各地。"在这一时代背景下,民族间的交融亦以激烈碰撞的方式展开"①,成为我国民族交往交流交融深入发展的关键时期之一。

1. 吐谷浑西迁及其政治互动

曹魏时期,慕容鲜卑主要活动于今辽东地区。西晋初期,慕容鲜卑进入今辽宁省义县一带活动,首领为慕容涉归。慕容涉归死后,由嫡长子慕容廆继位,庶长子慕容吐谷浑率领所部另立部落。不久,慕容廆部与吐谷浑部发生矛盾,慕容吐谷浑不敌,于是率部西迁(《隋书·吐谷浑传》)。根据《北史·吐谷浑传》所说,吐谷浑部西迁的路线是:"西附阴山,后假道上陇……从上陇,止于枹罕。"即由其原驻牧地一路向西,迁徙至今大青山一带;生活一段时间之后,约在4世纪初,又沿着阴山南下至今六盘山一带驻牧。《宋书·吐谷浑传》记载:"(吐谷)浑既上陇,出罕开、西零。西零,今之西平郡。"枹罕在今临夏东北,罕开、西零在今临夏以西的河湟地区。北魏《十三州志》记载:"广大阪在枹罕西北,罕开在焉。昔慕容吐谷浑自燕历阴山西驰,

---

① 胡静、李健胜:《河湟地区民族交融历史进程及其内在因素探微》,《青海民族研究》2018年第3期。

而创居于此。"简单来说,慕容吐谷浑由陇山继续向西,进入今青海境内的河湟地区。至此,吐谷浑以此为根据地,不断征服周围的羌族部落,积极向河湟地区发展势力,其领地包括今青海东南部、甘肃临夏及甘南、四川西北一部分的广大地区。① 吐谷浑主要以畜牧业为生,逐水草而居。经过近百年的发展建设,在击败原生活于此的羌人集团之后,吐谷浑部落逐渐获得稳定的生存环境,在此生息繁衍,开发建设,建立起强大的民族政权。在慕容吐谷浑的统治下,鲜卑部落融合了羌、氐、汉、匈奴、高车、突厥等民族,形成新的吐谷浑民族共同体,民族的交往交流交融促进了吐谷浑王国的繁荣。

吐谷浑自身人口规模发展壮大的过程,体现了民族交往交流交融对于族体的巨大促进作用。吐谷浑原有人口规模有限,《宋书》《魏书》记载吐谷浑在辽东时人口仅"七百户",《晋书》记载其人口为"一千七百户",虽然出入较大,但其人口规模有限却是明显的。进入甘青地区之后,吐谷浑的人口规模不断扩大,除了人口自然增长外,融合当地民族也是很重要的方式。如其曾"招集秦、凉亡业之人,及羌戎杂夷众至五六百落,南通蜀、汉,北交凉州、赫连,部众转盛",亦曾一次性降服多达"一万三千落"的其他民族人口(《北史·吐谷浑传》)。最终,西迁至此的吐谷浑,借助通婚、战争、招抚等方式,逐渐与周边民族融合,其民族特性也不断发生改变,形成了一个新的民族共同体"吐谷浑族"。

公元 329 年,吐谷浑首领叶延正式以"吐谷浑"为其政权命名,标志着吐谷浑政权的建立。吐谷浑政权建立之后,积极与周边政权交流,如遣使与前秦通好,献马纳金,接受苻坚的册封。405 年,树洛干继任首领,自称可汗,不断完善政治制度,吐谷浑逐渐形成稳定的政治经济中心。后在北魏的压制下,吐谷浑被迫臣服。490 年,伏连筹即

---

① 杨建新:《中国西北少数民族史》,民族出版社 2009 年版,第 183 页。

位，北魏改变对吐谷浑的强硬政策，通过册封与吐谷浑修好。伏连筹充分利用这段时机，"内修职贡，外并戎狄"，逐渐恢复势力，"准拟天朝，树置官司，称制诸国"（《北史·吐谷浑传》）。伏连筹的儿子夸吕即位后，吐谷浑的实力再次强大，疆域"东西三千里，南北千余里"（《北史·吐谷浑传》），再次自称"可汗"。时值南北朝时期，中原地区政权交替，夸吕根据自身实力，以灵活多变的政策，或和或战，在各政权间周旋，谋求自身发展。随着与中原政权联系的加深，吐谷浑受中原文化影响也逐渐加深，例如夸吕便按照中原官制设立官职。

吐谷浑到隋朝逐渐衰落，到唐朝时双方或和或战，其间还有过和亲经历。例如贞观九年（635）诺曷钵继位可汗后，吐谷浑便完全依附唐朝，次年李世民以弘化公主下嫁诺曷钵。唐高宗继位之后，以诺曷钵为驸马都尉，以宗室女二人分别嫁予其长子、次子。7世纪吐蕃兴起，占据吐谷浑统治的大部分地区，不愿归附吐蕃的吐谷浑部落则向东、向北迁徙。在此过程中，有的吐谷浑部落进入河西、河东地区。从此，吐谷浑作为一个民族逐渐消失，其成员逐渐在与周边民族的互动中成为藏族、汉族、党项族的一部分。

吐谷浑政权依靠汉族知识分子，积极学习儒家文化。吐谷浑可汗身边有不少汉族大臣参赞军政，如司马薄、司马乞、赛苞等人，他们教授汉文、传播汉族政治理念是自然的事情。吐谷浑政权中的氐、羌族大臣，其汉文化程度一般也很高。尤其是前秦、后秦、后凉等政权灭亡之后，大批臣僚为避难逃入吐谷浑，其中很多人成为吐谷浑的各级官员，对吐谷浑政治生活产生了重要影响。

在延续慕容鲜卑政治传统的基础上，吐谷浑统治初期对羌戎诸族采取了类似羁縻制度的统治，形成了以吐谷浑部为主导的"酋邦部落联合"。酋邦社会是一种前国家社会的民族政治形态，是一个阶级森严、世袭制的社会，通常以一个拥有绝对权威的酋长为主，并以贵族官僚为统治机器。① 与之前羌戎诸部的松散合作相比，吐谷浑统治下的羌戎部落社会相互关系更加紧密，对吐谷浑有着一定的向心力。从树洛干、阿豺的统治时期开始，吐谷浑的地方政治体制开始经历从酋邦部落制向宗族部落制的漫长过渡阶段，在伏连筹、夸吕统治时逐渐进入汗国宗族部落时期。② 但吐谷浑并没有摆脱部落体制，各部落彼此之间的统属关系并不明确，这也制约了部落的进一步交融。"（吐谷浑是）一个吐谷浑族联合西羌酋豪而形成的国家，人口占少数的吐谷浑是统治民族，吐谷浑的迅速强大与借助西羌势力息息相关，不过，吐谷浑的民族属性并未因统治人口占多数的羌人而改变，西羌民族也未被同化为吐谷浑。"③

吐谷浑政治制度的调适主要是为了适应游牧的经济形态。除了"好射猎，以肉酪为粮"，吐谷浑人"亦知种田，有大麦、粟、豆"（《北史·吐谷浑传》），进行着一些农业生产活动，并且"事惟贾道"（《宋书·吐谷浑传》），在丝绸之路南道的商业活动中发挥着重要作用。

西羌的一支——党项羌，则是鲜卑、吐谷浑等民族融合的产物。党项羌兴起于南北朝后期，最初活动于析支地区（今玛曲及周边地区），隋朝后其活动范围明显扩张，"东接临洮、西平，西拒叶护，南北数千里，处山谷间"（《北史·党项传》）。吐蕃兴起后，党项不断内迁，后建立西夏王国。仍留在原地的党项人，在史书中被称为"弥药"，之后也被吐蕃征服。679 年，吐蕃"尽收羊同、党项及诸羌之地"（《旧唐书·吐蕃传上》），甘青地区的党项被吐蕃兼并融合。唐朝建立前的数百年间，甘肃西南地区的氐羌部落与鲜卑、吐谷浑、汉等民族长期共处，在不断的交往交流中实现了族体和民族文化上的相互

---

① 王希恩：《民族过程与国家》，甘肃人民出版社 1998 年版，第 56—59 页。
② 李文学、王希隆：《吐谷浑地方统治制度的演变》，《民族研究》2005 年第 5 期。
③ 胡静、李健胜：《河湟地区民族交融历史进程及其内在因素探微》，《青海民族研究》2018 年第 3 期。

融合，各民族也缔结了兄弟般的情谊。

2. 吐谷浑西迁后的文化交融

民族迁徙客观上带动了民族文化的传播、交流与交融。鲜卑吐谷浑部在西迁之前，就在与辽东汉族的接触中吸收了大量汉族文化；进入甘南、天祝等地之后，吐谷浑人也将汉文化带到当地，对周边民族产生了深远影响。吐谷浑逐渐在与当地民族融合的过程中形成了新的民族共同体，在经济生活、社会文化等方面与鲜卑以及当地其他民族有了明显的区别。① 在吐谷浑长达350年的统治时期，羌民部落与鲜卑人、汉人逐渐同化、结合，形成地域性共同体，因而有学者认为甘青地区藏族先民早期的主要族源是党项羌。

图1-1 临潭县古战镇"牛头城"（491）遗址

此时的吐谷浑不再使用鲜卑旧称，而以领袖之名"吐谷浑"为部族之名，反映出其民族认同的变化，已经将自己视为与鲜卑有明显区别的新的民族。所有这些，都是吐谷浑与周边氐羌部落长期交往交流交融的结果，其文化已较鲜卑文化发生了重大变化。不过其使用的鲜

---

① 杨建新：《中国西北少数民族史》，民族出版社2009年版，第183—184页。

卑语由于本身的"巨大稳定性,并没有因为其他社会生活、民族成分的变动而发生根本变化",而且"由于原来的鲜卑族的成分在这个新的民族共同体中占统治地位",鲜卑语仍是吐谷浑这个新民族共同体的官方语言。① 今天青海、甘肃等地的土族,因与吐谷浑有较大渊源,其语言亦有鲜卑语的部分成分。

(三)吐蕃兴起与隋唐时期的民族交往交流交融

在很长一段时间内,甘肃的甘南、天祝等地被吐谷浑所控制,即便隋唐统一,中央王朝在此重新设立行政建制之后,这里仍然经常受到吐谷浑的侵扰。如唐武德五年(622)六月,"吐谷浑寇洮、旭、叠三州,岷州总管李长卿败之"(《新唐书·高祖本纪》)。受吐谷浑的控制和策反,一些羌戎部落经常叛乱,如唐贞观九年(635),"春,正月,党项先内属者皆叛归吐谷浑。三月,庚辰,洮州羌叛入吐谷浑,杀刺史孔长秀"(《资治通鉴·唐纪十》)。

吐蕃兴起后,其势力不断向北扩张,与唐王朝展开了一个世纪的对峙,甘南、天祝等地被唐与吐蕃反复争夺。贞观十二年(638),松赞干布向唐朝求嫁公主遭拒。吐蕃以此为借口,于次年发兵北上,侵入吐谷浑、党项活动的地区,兵锋直至今甘南西部,最终吞并吐谷浑。吐蕃按照自己的方式管理被征服的地区,编制部落,输入文化,派兵驻防,迁移人口,使吐蕃人、吐谷浑人与当地其他民族进一步融合。在此过程中,当地的部落组织逐渐打破了原有以血缘、亲缘关系为纽带的形式,地缘关系成为主要纽带,地域共同体的性质进一步加强。

至唐高宗显庆五年(660),吐蕃再次北侵吐谷浑,占据今青海大部分地区以及今甘肃玛曲县境,并以此为跳板继续向东侵袭。670年,

---

① 杨建新:《中国西北少数民族史》,民族出版社2009年版,第184页。

唐朝以薛仁贵统兵征讨吐蕃，以失败告终，此后多次征讨亦多以失败告终。至公元680年左右，吐蕃的势力进一步发展，占领了青海湖以东至今甘肃迭部、夏河之间的大部分地区，生活于此的民族均受其统治。与吐蕃不断向北、向东的发展相适应，吐蕃人也不断迁入其占据的相应地区。随着吐蕃在上述地区建立起统治地位，不少氐、羌、吐谷浑、汉等民族逐渐被同化，奠定了如今安多藏族的基础。

武则天时期，由于内外双重原因，吐蕃在西北地区的活动遭受一系列沉重打击：对外，西域四镇被唐朝收复；对内，权力斗争导致兵戎相见，吐蕃实力被大大削弱。这些都使得吐蕃不得不放慢向河西、陇右的扩张，转而采取向唐朝求和、求婚的策略以缓解危机。中宗景龙年间，唐朝以雍王守礼之女嫁于吐蕃赞普为妻，同时将"河西九曲之地"（今青海海南、黄南境内黄河两岸地区）让给吐蕃，作为此次和亲的嫁妆。此后，唐朝与吐蕃的关系发生了很大的改变，河西、陇右诸地在很长时期内能够免于吐蕃的侵扰。玄宗开元二年（714），唐朝与吐蕃达成盟约，这也是双方在青海、陇右地区保持良好关系的顶峰。这一年，吐蕃宰相坌达延致书唐朝宰相，提出："两国地界，事资釐定，界定之后，然后立盟书。"唐朝政府遂派左散骑常侍解琬为代表，与吐蕃将相会盟于河源（《册府元龟·外臣部·盟誓》）。

政治结盟是对等或对立政权实体在谋求共同关切与各自需求的基础上结成的利益共同体，表现在政治上彼此呼应、军事上共同进退。这是多方政治势力角逐、出现实力均衡局面时常见的现象，其作用是最大限度地壮大自己的力量，改变不同政治势力之间的力量对比。[①] 吐蕃与唐朝之间的历次会盟，在一定程度上反映了双方在甘青地区的实力对比。双方友好关系的保持，很大程度上稳定了当地的局势，为各

---

① 马啸：《试论清朝治理蒙藏地区的模式——以中央政府与民族地方政治互动为视角》，《青海民族大学学报》（社会科学版）2013年第3期。

民族的族际互动创造了相对稳定的条件。

开元十九年（731），唐朝政府批准与吐蕃在赤岭（今青海日月山和拉脊山一带）进行贸易（《资治通鉴·唐纪二十九》）。开元二十一年（733），唐蕃双方以赤岭为界竖立界碑，此后双方在西北地区保持了很长时间的友好关系，使得生活在甘青一带的各族人民能够享有相对稳定的生活，促进了族际互动的发展。此后，唐朝与吐蕃甚至一度在赤岭一带"各去守备"，吐蕃牧民也得以在此放牧，"畜牧被野"，呈现出少有的和平局面。但也就是在这一年，吐蕃侵入勃律（今克什米尔地区），唐朝政府斡旋失败，双方再起嫌隙。卓尼羊巴城出土的《八棱碑》①，记载了天宝八年（749）发生的唐蕃石堡城战役。

随着中原地区的再次统一，从隋朝至唐朝中期，中央政权不断稳固，重新稳固与周边少数民族地区的关系，便成为中央政权的重要任务。青藏高原东北缘的河湟、岷洮地区作为与吐谷浑、吐蕃等政权的交界地带，扼守通向中原的要道，隋朝在对吐谷浑的战争胜利之后，便大量向此地移民屯田，驻兵戍守。以汉族为主的大量屯田士卒和其他移民不断进入当地，成为上述地区重要的人口构成部分。唐朝时期汉族已经在甘南各地，尤其是临潭地区形成了一些较大的聚居区，人口大增。吐蕃东进之后，甘南地区的汉族除了一部分逃亡内地，大部分沦为吐蕃奴隶主的奴隶，生活方式亦逐渐吐蕃化，汉族在甘南几乎消失。"这一时期由汉族移民主导的民族文化交融也主要在先进农业生产技术的传播等层面展开，在中原政权'从俗而治'的策略背景下，各民族的交融仍停留在文化浅表层面。"②

安史之乱后，吐蕃逐渐控制了今青海全部、陕西西部、甘肃大部

---

① 唐天宝八年为哥舒翰攻克石堡城而建的石碑，碑文题名《石堡战楼颂》。因碑为八棱，当地居民惯称《八棱碑》。1919 年，美国传教士将《八棱碑》窃运出国，现存美国芝加哥菲尔德自然历史博物馆。

② 胡静、李健胜：《河湟地区民族交融历史进程及其内在因素探微》，《青海民族研究》2018 年第 3 期。

以及川西北、滇西北高原等地区，并在河陇地区设立节度衙①等行政管理机构。吐蕃将青藏高原东缘的羌人、吐谷浑人、党项人、汉人、回纥诸族等民族纳入节度衙下设的部落体制中，尤其是其"强迫同化的政策"②，使其治下各民族被迫融入吐蕃，加快了各民族的交融。"和以往民族融合往往处于文化交流的浅表层面不同，吐蕃实施的强制同化政策是通过改易服色、语言及信仰，达成其他民族融入吐蕃进而在文化上消解被统治民族的过程。"③ 在吐蕃东渐过程中，这些从卫藏地区迁来的吐蕃屯戍部落后裔、当地吐蕃化的外族人以及元明以后形成的新部落，在民族交融中构成了今天甘青地区藏族的族源，也形成了这一区域此后的藏族分布格局。

9世纪中叶，吐蕃因内乱而分裂，许多人口迁移各地。大量未能返回吐蕃本土的将士留在了甘南、天祝等地，成为这些地区藏族族源的重要组成部分。甘南、天祝等地的吐蕃部落，因远离政权核心，所以相对稳定，在与当地其他民族的长期交往交流交融中，逐渐形成了现在甘肃尤其是甘南境内的藏族。据我们在甘南的调查研究，今舟曲、卓尼的部分藏族，便是吐蕃时期从西藏工布、彭波等地迁徙而来的，至今这部分藏族同胞的藏语发音中仍保留有原居住地居民的口音。

吐蕃势力瓦解后，11世纪初，河湟地区形成了宗哥的李立遵、邈川的温逋奇、河州的耸昌厮均等互不统属的地方大部落。拥有赞普后裔身份的唃厮啰被李立遵、温逋奇挟持到廓州，以此控制河湟地区部族。随着年龄的增长和势力的壮大，唃厮啰逐渐摆脱了这些部族首领的控制，建立了青唐唃厮啰政权。宋仁宗景祐五年（1038），党项首领

---

① 朱悦梅：《吐蕃中节度考》，《民族研究》2010年第3期。
② 汶江：《吐蕃治下的汉人》，《西藏研究》1982年第3期。
③ 胡静、李健胜：《河湟地区民族交融历史进程及其内在因素探微》，《青海民族研究》2018年第3期。

李元昊在兴庆府（今宁夏银川）称帝，宋夏关系急剧恶化。为制衡西夏，北宋调整了对河湟地区各部族的政策，加封唃厮啰为保顺军节度使，给予赏赐，施行羁縻政策，使其配合制衡西夏。宋神宗时，唃厮啰政权开始衰落，北宋对河湟、洮岷地区实施武力开边政策，设置熙河路加深开发。为应对金朝压力，宋朝无暇顾及这一区域，在加封唃厮啰后裔为安华郡王后便逐渐退出了河湟区域。① 在宋金的争夺中，洮州被划入金朝版图，洮州地区的通佑、铁城两座堡寨驻防了金兵。金朝被蒙古所灭之后，洮州地区又被蒙古所统治。蒙古统治者继续对甘青地区因俗而治，对今天藏族的宗教格局产生了很大影响。在元朝包容的民族政策中，各族群间也加强了融合。

虽然不同的势力在这片土地上你来我往，但很难实现对当地部族长期稳定的统治，因为羁縻政策或其他因素兴起的少数民族政权主要对当地部族进行威慑，进而实现间接性、象征性统治。很长一段时间内，青藏高原东北缘"羌戎诸族""西番诸族"依然是类似"酋邦部落联合"的松散部族社会结构。与北方蒙古高原的游牧人群相比，青藏高原东缘与黄土高原交汇处的羌戎系游牧部族，很难凝聚在基于国家的政权组织下，来自中原王朝或青藏高原的政治势力对此地的统治也经常是短暂和不稳定的，很难改变其社会组织结构。从早期的"羌戎诸族"，到吐蕃化后的"西番诸族"，这一地区的部族虽然经历了连续不断的民族血缘、文化上的交融，但是生计方式、经济结构、社会特征基本没有发生太大变化。

"羌戎诸族"的生计方式兼容高原游牧与河谷经济，在季节性游牧的基础上进行着狩猎、农业、贸易、掠夺等辅助性的生计活动。在长期的历史发展中，相互攻伐的不相统属状况是这些部族社会的常态。羌戎部落之间充满了仇恨和猜忌，结盟时都需要重新解仇、交换人质

---

① 杨文：《北宋经略河湟吐蕃民族政策研究》，中国文史出版社2013年版，第56—67页。

并通过发毒誓来达成盟约。根据埃克瓦尔（Robert Ekvall）的记载，20世纪上半叶，青藏高原东缘甘青川一带的藏族部落间还存在频繁的劫掠、冲突和仇杀现象。①

青藏高原东北缘高山纵横、地形破碎，自然资源相对有限，一定程度上制约着当地人的生产生活与互动。如王明珂认为，河湟羌人所生活的环境资源相对匮乏，区域的高山、河谷地形造成了一定程度的封闭性，使得他们难以通过发展对外关系来获取遥远地方的辅助性生活资源。② 外部交通受阻、内部资源有限的局面，使得生活在这一地区的各民族陷入不断的内部竞争之中，为争夺资源和生存空间而攻伐不断，只有在外部政权介入或者诸部族临时结盟时才能维持一定程度的平衡。

直到明朝依靠一系列军事行动与治理策略，才实现了对青藏高原东北缘民族走廊区域的有效军事控制，建立了西北地区重要的防御体系，并对当地松散的部族社会进行整合，不断强化对中央王朝的向心力。在明朝的经略之下，甘南、天祝各民族继续在互动过程中实践着交融互嵌。

二、明朝治边策略下的民族交融互嵌

甘南、天祝等地在明朝西北边防中有着重要的地位，今临潭、卓尼等地所在的洮州与彼时分布于甘青地区的河州、西宁、岷州，并称

---

① Robert Ekvall, "The Nomadic Pattern of Living among the Tibetans as Preparation for War", *American Anthropologist*, Vol. 63, No. 2, 1961, pp. 1250-1263.
② 王明珂：《游牧者的抉择：面对汉帝国的北亚游牧部族》，广西师范大学出版社2008年版，第194页。

"西番诸卫"①。特殊的军事战略位置、复杂的族群关系问题以及残元势力的隐患,使明朝对这一区域格外重视。洮州不仅是西北防线的重要环节,也是内地与涉藏地区经贸往来、文化交流的窗口,对周边涉藏地区也具有一定的辐射能力,因此明朝立国之初就十分注重对洮州地区的治理与经略。明朝通过移民屯边以及土流参治等策略,改变了甘南、天祝等地的民族人口结构,促进当地经济社会发展,推动民族互嵌型社会秩序的发展。民族分布格局与互动的加深、儒家文化的大规模传入以及中央政权因俗而治、移风易俗的政策,促使各民族不断加深对彼此的认同,民族交往交流交融深入发展。由于明朝治边策略在当地民族交往交流交融中的重要作用,我们从明朝对洮州的经略展开,深入分析这一时期藏族与周边民族的交往交流交融。

(一) 明朝的军事策略与地区稳定

河湟多民族走廊上的族群在吐蕃东扩过程中逐渐吐蕃化,形成了今天安多藏族的雏形,即《明史》所谓"西番诸族"。"西番,即西羌,族种最多,自陕西历四川、云南西徼外皆是。其散处河、湟、洮、岷间者,为中国患尤剧。"(《明史·西域传二》)与早期的"羌戎诸族"相比,元末明初的"西番诸族"与"羌戎诸族"所处自然生态环境、生计方式相似,属于同一种经济文化类型,即在游牧的基础上进行一些辅助性生计活动。因此,"西番诸族"社会组织的特点也是不相统合的松散部落形态,很容易被残元势力利用,其叛服无常给明朝的边地稳定带来了挑战。

元朝曾设立三大宣慰司都元帅府管理藏族居住、生活地区的军政

---

① 杜常顺:《从"西番诸卫"看明朝对甘青藏区的统治措施》,《青海师范大学学报》(哲学社会科学版) 1989 年第 4 期。

事务，明朝很大程度上继承了元朝的军政管理系统。洪武三年（1370），元朝末代吐蕃等处宣慰司宣慰使、宣政院使何锁南归顺，明朝顺利地将其治下的各族招抚。同年，原洮岷地区吐蕃宣慰副使王星吉巴归附，授百户职；不久后，元洮州元帅府世袭达鲁花赤虎舍那藏布也率部归属。① 洪武四年（1371），明置洮州军民千户所，属河州卫管辖。洪武六年（1373），"置洮州常阳十八族等处千户所六、百户所九、各族都管十七，俱以故元旧官辍辍等为之"（《明太祖实录·洪武六年二月庚辰》）。安多与中央王朝的联系比卫藏、康藏更紧密，在中央王朝与乌斯藏等其他涉藏地区之间发挥着纽带作用，对这一区域"西番诸族"的招抚为明朝在边地的统治奠定了重要基础。

由于"西番诸族"部族的社会特征以及残元势力影响，洮州等战略要地仍存在一定隐患。如洪武六年（1373），"洮州三副使阿都尔等以出猎聚众约故元岐王。朵儿只班等遂率众驻大通山黑子城，入寇河、兰二州。西宁卫千户祈者公孙哥等领兵击之，斩其知院满答立等百余人，千户伦达力战死，寇遂解去"（《明太祖实录·洪武六年七月己巳》）。洪武十一年（1378），"西番诸族"叛乱加剧，西平侯沐英受命"率都督佥事蓝玉、王弼将京卫及河南、陕西、山西马步官军征之"（《明太祖实录·洪武十一年十一月庚午》）。洪武十二年（1379），"洮州十八族番首三副使汪舒朵儿、瘿嗉子、乌都儿及阿卜商等叛，据纳邻七跕之地"（《明太祖实录·洪武十二年正月甲申》）。明朝予此次叛乱以沉痛打击："征西将军沐英等兵击西番三副使之众，大败之，擒三副使、瘿嗉子等，杀获数万人，获马二万，牛羊十余万，遂班师。"（《明太祖实录·洪武十二年九月己亥》）在沐英征讨叛军的同时，朝廷又派曹国公李文忠"整治城池，督理军务"（《明太祖实录·洪武十二

---

① 武沐、金燕红：《13—19世纪河湟多民族走廊历史文化研究》，中国社会科学出版社2017年版，第35页。

年二月戊戌》），在东笼山下的南川与金朝兴一起督工修筑了洮州卫城，并将河州左卫调守洮州（《明太祖实录·洪武十二年三月庚午》）。洮州卫建立后，明朝政府设立洮州卫军民指挥使等职，以流官任之，实行"土流参治，以流管土"的政策。

一连串的军事行动和政治措施，基本消除了洮州地区的残余势力，给"西番诸族"带来了强有力的震慑。在平定叛乱之后，虽然李文忠认为镇守洮州"馈运甚艰，民劳不便"，但朱元璋意识到"西控番夷，东蔽湟陇"的洮州一直以来都是备边要地，如对其弃之不守则会带来边患，遂坚持将士戍守，并将平叛中所获的牛羊分给军队作为两年的军饷（《明太祖实录·洪武十二年三月庚午》）。此后，明朝以洮州卫城为中心向四方各重要之处增修关隘、军堡。"镇守洮州都指挥使李达奏，洮州大岭山路通河州，而去洮州城远，番寇往往潜伏其间，窥伺抢掠，请于大岭山北，增设关堡，以旗军二十人守备。"（《明宣宗实录·宣德五年九月甲子》）鉴于洮州地区军事建设不断加强，遂于成化九年（1473）实行军政分置，设立州一级的行政单位，改军民指挥司为卫。至明嘉靖年间，洮州卫已有堡寨28处。① 由于重要的地理区位优势，洮州成为嵌入涉藏地区的重要卫所。

明代对甘肃地区的政策，仍以防卫为主。洪武三年，邓愈为了抵御游牧民族的劫掠，保护该地区居民，在河州卫边境建筑了多座关隘，后人称这些关隘为"明代二十四关"。嘉靖九年（1530），政府下令在甘南修建陡石关以及相应边墙。万历六年（1578），洮岷副总兵驻屯洮州，继续加固边防，在境内大沟小汊修筑了星罗棋布的堡寨。② "明代二十四关"的构筑，对甘南和周边地区的安防起着重要作用，客观上

---

① 武沐、金燕红：《13—19世纪河湟多民族走廊历史文化研究》，中国社会科学出版社2017年版，第98页。
② 陈世明：《明代甘肃境内二十四关考略》，《西北民族大学学报》（哲学社会科学版）1990年第1期。

减少了当地居民受游牧民族的侵扰,保证了他们的安居乐业。

明廷一系列策略的实施,不仅使西北防线得到了有效控制,并且成功建立了西北地区重要的防御体系。更重要的是,通过这些卫所,明朝中央政权得以将甘青分割成几个不相统合的区域,在一定程度上阻隔了各地藏族势力的联合,限制了藏族土司势力的壮大,加强了对河湟洮岷区域的统治,一定程度上奠定了甘肃不同民族互嵌格局的基础。明朝的治边策略改变了当地的民族格局和文化生态,开始了新秩序的建构,推动着当地民族社会的发展和民族交往交流交融。

(二)移民屯边与洮州地区的开发

根据明朝的军屯政策,"临洮、岷州、宁夏、洮州、西宁、兰州、庄浪、河州、甘肃、山丹、永昌、凉州等卫军士屯田,每岁所收,谷种外余粮请以十之二上仓,以给士卒之城守者"(《明太祖实录·洪武二十五年二月庚辰》)。于初期承担洮州地区屯田任务的,是从内地派到洮州卫任职的流官及其部下、家属,迁徙而来的汉、回随军民户等。这些军屯移民战时为兵,平时守城屯田。明朝十分鼓励移民垦荒行为,"凡沿边地有能佃种者,无论军民、籍贯、顷亩,悉与为业,永不起科"(《明世宗实录·嘉靖二十一年十二月丁酉》),明确规定民户所开田地为私产,可免去税粮。移民屯田不仅为戍边军民提供了粮食补给,也加强了洮州地区的土地开发。

史籍中暂未发现有关甘南地区戍边移民来源与规模的记载,主要是当地人口耳相传的历史记忆。结合临潭、卓尼等地遗留的明朝民俗和当地人的历史记忆,江淮文化对洮州移民社会的影响是深远的。[①] 今

---

① 晏波,《明初洮岷河湟地区的江淮移民研究——基于移民群体类型、来源地和数量的考察》,《兰州学刊》2012年第12期。

洮岷一带的民间俗语、民歌、衣着服饰等方面仍保留有许多苏、皖古俗。① 地方志所记载的卫所官员中有很多来自江淮地区，如指挥佥事李达"原籍凤阳府定远县昌义乡人"，指挥佥事金朝兴"原籍南京纻丝巷人"，指挥佥事宋忠"原籍直隶二乡屯头村人"，千户所千户范应宗"原籍直隶庐州合肥县人"，百户刘贵"原籍直隶庐州府六安州人"。② 明朝将领沐英率领的一部分"'江左''淮泗'和南京的回回军士"也留在了洮州进行屯田，之后便落籍为民③，留下了"草原深处江淮人家"的遗风。

永乐元年（1403），李达受明成祖之命"镇洮州，抚安军民，招番纳贡……督屯租、练军马、修城墩、建卫学"④，为洮州的社会安定与社会发展做出了一定的贡献。李达去世后安葬在洮州城西二里的石岭山下，其后代兴旺发展，如今遍布洮州多地。临潭、卓尼等地的汉族、回族群众中，至今仍广泛流传着其祖先从南京纻丝巷迁徙而来的传说。正如每年春节期间，当地民众社火表演的唱词中描述的："正月里来是新年，我的老家在江南。自从来到洮州地，别有天地非人间。"顾颉刚1938年考察洮州时在日记中写道："此间汉回人士，问其由来，不出南京、徐州、凤阳三地，盖明初以戡乱来此，遂占地为土著……若赵、若马、若杨皆自谓南京纻丝巷人，此间有民歌曰：'你从哪里来？我从南京来。你带得什么花儿来？我带得茉莉花儿来。'洮州无茉莉花，其为移民记忆中语无疑也。"⑤

洮州地区屯戍移民的来源地也是多元的，除了江淮移民，还包括

---

① 柯杨：《苏皖古俗在甘肃洮河流域的遗存》，《江苏社会科学》2000年第3期。
② 张彦笃主修：《洮州厅志校注》，包永昌总纂，张俊立校注，中国文史出版社2013年版，第285—293页。
③ 郭厚安、李清凌主编：《西北通史》第3卷，兰州大学出版社2005年版，第380页。
④ 张彦笃主修：《洮州厅志校注》，包永昌总纂，张俊立校注，中国文史出版社2013年版，第260页。
⑤ 顾颉刚：《西北考察日记》，甘肃人民出版社2002年版，第217—218页。

其他地区不同时期的随军家属、犯屯、逃户、流民与商人等。《大明会典》卷一五五《起解》规定："有妻在籍者，就于结领内备开妻室氏名、年岁，著令原籍亲属送去完聚。"大批随军家属进入屯戍地区，解决了屯军心理和情感上的挂念，加强了移民社会的稳定。在洮岷地区，有些农村女性责骂男人时会说"你这个军犯"，责骂孩子时则说"你这个军犯娃"，被认为是洮州移民中因罪充军的遗痕。此外，不同时期逃荒至此的人口，也是洮州移民的来源之一，如明朝中期受土地兼并、赋役剥削和自然灾害影响，流民大规模爆发，一些流民、逃户进入洮州等地。通过茶马贸易以及其他民间贸易往来，也有一些商人在此安家落户。明朝对此地的开发以及鼓励性的政策，补充了洮州地区的农业劳动人口，使嵌入牧区的农业经济带得以形成，农牧交错地带也在不断扩展。

（三）多民族互嵌的政治秩序

明初"西番诸卫"叛乱频发，因此明朝对这一区域的政治秩序进行重整，将故元官吏、部落首领以及有影响力的僧侣重新纳入有效的统治序列和管理体系中。明朝通过"因俗而治"的招抚方式推动藏族部落首领、政教势力的归附，实施"土流参治"的政治策略。如达鲁花赤王星吉巴于洪武三年（1370）归附，"从征瘿嗉子、朵尔只族、哈龙三幅使、搭鱼沟、叠州……皆有功，授洮州世袭百户"[①]。洮州昝土司始祖底古族头目昝南秀节，于洪武十一年（1378）率部归附曹国公李文忠，洪武十二年（1379）参与了洮州卫城的督修，洪武十九年随

---

① 张彦笃主修：《洮州厅志校注》，包永昌总纂，张俊立校注，中国文史出版社2013年版，第286页。

指挥马烨征伐叠州,"以功授本卫世袭中千户所百户之职"①。永乐二年(1404),卓尼杨土司始祖些地"率领叠番达拉等族献地投诚。永乐十六年,以功授世袭指挥佥事兼武德将军"②。卓逊杨土司"始祖杨寿系洮州卫番人,于前明嘉靖间以功授世袭副千户,中马守边,管理土务"③。

"土流参治"是在民族地区"因俗而治"基础上建立的管理系统,主要涉及军事卫所建设、戍边屯田、土官制度和僧纲制度等方面。"土流参治"体系以流官机构为主,土官机构为辅,正职由汉族流官担任,少数民族土官担任副职;土官机构设于流官性质的卫所机构中,即土官机构在卫一级流官机构之下保持相对独立。④"土流参治"延续了元朝对甘南、天祝等地的"因俗而治",承认世居土官、酋豪的世袭地位,将这些少数民族僧俗势力纳入国家统治序列。这一以流管土、以土治番的政治模式,加强了藏族社会对中央王朝的向心力,推动了多民族互嵌社会的进程。

1. "土流参治"下的秩序整合

西北土司制度可以上溯至秦汉时期,秦始皇统一六国之后,建立起郡县制等一系列政治制度。秦时郡县制内各民族已被纳入"华夏之民"序列,郡县之外各民族则属于"四夷"之列、"部落之众",由典属国"掌蛮夷降者"(《汉书·百官公卿表上》)。至两汉时期,中央政府对少数民族采取羁縻政策,基本做法是以少数民族首领统治本族人

---

① 张彦笃主修:《洮州厅志校注》,包永昌总纂,张俊立校注,中国文史出版社2013年版,第413页。
② 张彦笃主修:《洮州厅志校注》,包永昌总纂,张俊立校注,中国文史出版社2013年版,第403页。
③ 张彦笃主修:《洮州厅志校注》,包永昌总纂,张俊立校注,中国文史出版社2013年版,第415页。
④ 武沐、金燕红:《13—19世纪河湟多民族走廊历史文化研究》,中国社会科学出版社2017年版,第138—147页。

民①,这一政策在唐代达到顶峰。直到元代,甘南、天祝等地的土司制度初步形成,明代土司制度最终确立,职官制度日渐完善。

土司制度的特征,体现着民族政治互动的结果。从元朝一直到明清时期,土司都需要中央王朝授予诰敕、印章,即由中央政府来确认各土司的统治权,如"世袭官职""世守其土""世掌其民"等,其职官、承袭、考核、贡赋等亦来自中央政府。甘肃、青海各级各类藏族土司,文献可考的,从"土指挥使"到"土百长",共171家;此外,有汉、蒙古、撒拉等族土司31家。土司制度的设立,意味着中央王朝承认并保护土司的社会与政治地位,土司辖地成为与流官辖区有别的"自治地区"。②

"土流参治"是土司制度的重要组成部分,即土司辖地的行政机构中同时存在土官和流官,二者既治理编入中央政府户口的"编户",也治理"土民"。明代甘肃地区的藏族土司,基本上受流官节制,这体现着甘肃地区土司对中央王朝的忠诚度较高。例如1369年,徐达在征讨西北逼近甘肃时,临洮藏族土官赵琦投降,徐达便通过赵琦等地方首领遣使诏谕藏族僧俗首领。明军攻占河州之后,原来忠于元朝的藏族首领、元朝官员纷纷向明朝投降,受到明朝的接纳和封赏。明朝在降服地区设立各级土司机构,委任归降的首领、元朝土官以各级官职。如《明太祖实录·洪武四年春正月辛卯》当中记载:"以何锁南普为河州卫指挥同知,朵儿只、汪家奴为佥事。置所属千户所八:曰铁城、曰岷州、曰十八族、曰常阳、曰积石州、曰蒙古军、曰灭乞军、曰招藏军;军民千户所一:曰洮州;百户所七:曰上寨、曰李家五族、曰七族、曰番客、曰化州等处、曰常家族、曰爪黎族;汉番军民百户所二:曰阶文扶州、曰阳呱等处。仍令何锁南普(等)子孙世袭其职。"

---

① 高士荣:《西北土司制度研究》,民族出版社1999年版,第1页。
② 贾霄锋:《藏区土司制度研究》,青海人民出版社2010年版,第82—101页。

元代脱思麻宣慰司管辖的地区，藏、回、蒙古、汉等各民族交错杂居，明朝有针对性地设置河州、洮州等卫，直接由陕西行省管理。

在"土流参治"的制度之下，卓尼杨土司、卓尼昝土司、卓逊小杨土司等世袭土官统帅其部族，执行朝贡、守卫与征调的任务。① 这些土官推动藏族僧俗势力投靠并接受了明朝政府的册封，协助明朝政府安抚地方，在维护地方安定的事务中扮演重要角色。在明朝治边策略的影响下，洮州地区的"西番部落社会"得到了一定的整合，实现了民族社会的稳定与发展，对边地秩序的维护产生了积极作用。

在"土流参治"的政治设置之下，朝廷委派的流官、军人领袖与当地少数民族首领共同治理洮州地方社会，汉、回、藏、蒙古等民族共同参与管理地方事务，实现了政治秩序层面的民族互嵌。在这一政治秩序中，洮州卫发挥了治理"西番部落"社会、解决部落争端、维持地方秩序稳定的作用，如：永乐十九年九月，"西番马儿藏等族头目阿束等劫掠沙剌族，事闻。命都指挥李达遣人谕之，令悉还所掠，各守疆界。如执悉不悛，发兵征之"（《明太宗实录·永乐十九年九月壬申》）。宣德元年（1426）六月，行在兵部奏："比者陕西洮州思曩日族番人屡窃思曩日、沙剌族牛羊等物，已有旨命陕西三司及守洮州都指挥李达体审是实，就谕以祸福，令还所窃。"（《明宣宗实录·宣德元年六月丁亥》）

总体而言，甘南、天祝等地"土流参治"是比较成功的，在中央或地方政府的调遣下，土司及其治下的部众为维护国家统一做出了巨大贡献。如何锁南及其子孙，在明清之际为维护中央政府在西北地区的稳固统治，立下了卓著的功劳（《明史·四川土司一》）。从明清时期的整体情况看，甘南、天祝等地的地方管理机构，无论土官还是流官，都起到了增强中央政府在当地管理的功能，对地区社会稳定、社会经

---

① 丁汝俊：《论明代对西北边陲重镇洮州卫的经营》，《西北民族研究》1993年第2期。

济文化发展与民族交往交流交融起到了积极作用。

除"土流参治"模式之外，以僧纲体系为代表的"政教合一"模式，也是甘肃藏族土司制度的重要组成部分，体现着中央行政管理与民族地方实际的结合。这里所说的"僧纲体系"即卓尼杨土司。永乐十六年（1418），卓尼番族头领些地被明朝政府授予洮州卫卓尼土千户之职，在其统领的地区成立土千户所，这便是卓尼的"土司衙门"——当地最早的地方政权机构。长官集政治、军事、民政各项权力于一身，实行世袭集权专制。从第一任卓尼土司些地算起，到中华人民共和国成立时最后一任卓尼土司杨复兴为止，土司统治卓尼长达530年，历20任。与其他正规千户所相比，卓尼土千户所的内部机构有所不同：土司是辖下各地的最高统治者，虽然名义上由洮州卫军民指挥使司管辖，但实际上却直接接受朝廷的册封与管辖，在其辖境内实施"自治"。些地接受册封成为土司的同时，其弟傲地成为卓尼禅定寺寺主。此后，自从仁钦龙布成为禅定寺世袭僧纲，总管禅定寺大小事务之后，卓尼地区僧俗事务的管理便形成了惯例，即由土司的长子世袭土司职位，次子担任禅定寺堪布，即僧纲。若土司之子为单传，则由其兼任土司与僧纲；如果土司没有直系子嗣，则在家族中按照顺序承袭。

经过土官势力的此消彼长，以及部分土官向洮州卫实职的转化，甘肃境内逐渐形成了"三土司五僧纲"的格局："三土司"即卓尼杨土司、卓尼昝土司、卓逊小杨土司；"五僧纲"即侯家寺僧正、禅定寺僧纲、牙当寺赵僧纲、麻奴寺（麻尼寺）马僧纲、卓洛寺都纲。卓尼杨土司、卓尼昝土司、卓逊小杨土司等土官势力的壮大与他们配合中央王朝推动僧俗势力归附和立下战功有着重要的联系，他们由此获得世袭军职。甘南、天祝的僧纲相当于僧职土司，以寺院为中心，不仅领有土地，还辖治相当数量的土民，甚至还拥有少量士兵。洮州地区的僧纲担任着分守关隘和招中茶马的职责，还参与明朝的一些军事政治活动，主要是通过僧侣的名望为明廷招降一些反叛部落，使这些部落不战而屈。①

历史上藏传佛教的影响已经深入到藏族生活的方方面面，宗教的神圣性对普通民众的控制成为政教合一制度的重要支柱。这也是卓尼僧纲衙门能够实现政治统治的重要原因，在直接管理区域内各寺院事务的同时，通过宗教对僧人、信众的控制，僧纲衙门实现了对土司所辖地区所有属民的统治。卓尼土司衙门和僧纲衙门共同构成了政教合一制度下的两大支柱，是两个并存的实体。

2. 各民族共同维护边地社会稳定

"正德四年，蒙古部酋亦不剌、阿尔秃厮获罪其主，拥众西奔。"（《明史·西域二》）随着蒙古土默特部俺答汗的势力向河湟地区迁移，边地的安定受到一定影响。"西海虏正德初为小王子仇杀，率其余党假息西宁，春夏逐水草驻牧，收冬踏河冰掠洮、泯。"（《明世宗实录·嘉靖四年八月戊子》）万历十八年（1590），"虏酋火落赤等入境攻围旧洮州古尔占堡，四散抢番。洮岷副总兵李联芳分兵追逐"（《明神宗实录·万历十八年六月甲申》）。这些蒙古部落势力抢掠影响到了河湟洮岷地区各民族的正常生产生活，也给边地的安定带来威胁。

在"因俗而治"和"土流参治"的政治策略之下，洮州地区的各少数民族首领被纳入土官系统，成为中央设置的地方军政机构的分支，一部分隘口也由少数民族负责把守。通过多民族共同参与管理、防御体系，洮州地区汉族与少数民族之间的合作与联系得到了加强。

抚属番，以重藩篱，住牧番族系进贡属夷，正宜抚驭，以资

---

① 武海龙：《明代洮州卫僧纲司研究》，《宗教学研究》2013年第2期。

协力。其平素顺服张中桑思把等族、黄金榜等族、怕剌宛等、柴隆剌麻等族、西纳国师等族，通计六七千人，纪名在官，就彼鼓舞，量给赏犒，立约分把关隘。虏犯某族，则某族应援；虏犯内地，统调拒堵。(《明神宗实录·万历四十二年八月丙戌》)

由于卓尼土司在抵御俺答汗势力的扰乱中发挥了重要的作用，因此受到安抚，卓尼土司五代世孙旺秀入朝觐见明武宗时被赐姓杨名洪。卓逊土司杨寿于嘉靖年间也在维护洮州的地方安定中获袭副千户一职。在杨洪的发展下，其势力范围不断扩大，还收容了一些洪武初到洮州地区屯军、屯田的汉人，将其开垦的部分土地收为"兵马田"。此外，卓尼昝土司与卓逊杨土司也收容了一些濒临溃散的营田汉人。①

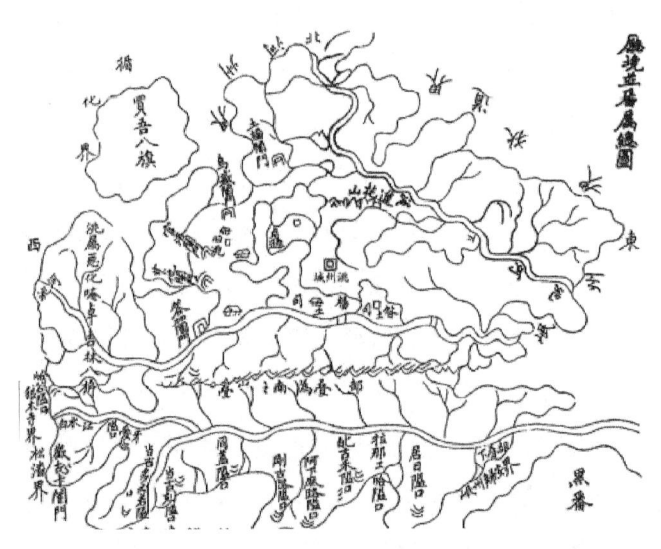

图1-2 光绪《洮州厅志》载"洮州厅境并番属总图"

通过汉族与其他少数民族的合作，甘肃藏族与周边各民族形成了"你中有我，我中有你"的民族互嵌型社会秩序，加强了边地少数民族

---

① 杨士宏：《卓尼杨土司传略》，四川民族出版社1990年版，第32页。

对中央王朝政权的认同及行政归属感;同时,在政治、经济、社会的共生互补语境下,缔结了浓浓的兄弟之情。随着俺答汗与格鲁派领袖索南嘉措的会晤、结盟,蒙古族社会开始广泛接受藏传佛教,蒙藏文化的交流也达到了很高的程度,中央王朝利用藏传佛教领袖控制了蒙古族部落势力[①],当地社会趋于稳定。

明万历年间,卓尼第七代土司杨葵明又控制了小板子、纳浪、朝勿、禾多、大峪沟、上下日扎、善扎、迭当什欧化、塔扎、车巴沟等地的藏族部落。明清交替之际,边备松弛,洮州地区的术布、欧化、卡加、迭部等24部不参与中茶纳马的藏系部落发生反叛,烧杀掠夺,劫持汉藏商客,影响了地方安定。卓尼第九代土司杨朝梁出击平定,收复了上迭部的亦哇、哇巴曼麻卡等旗,与明永乐时归顺的达拉等下迭部落连成了整体统一的地域。[②] 归顺清朝的卓尼杨土司、昝土司等势力不仅维护着甘南涉藏地区的地方安定,还多次参与清朝的平叛行动,如平定了临夏吴长毛迎合"三藩事变"的叛乱。

> 康熙十四年六月丙子,靖逆将军甘肃提督侯张勇等疏报,自逆贼叛变以来土官杨朝梁及子杨威,矢忠报国。率本部土兵,并各族土官赵弘元、昝承福等,勠力助战。于阶州、巩昌、临洮、岷州屡败贼寇,功绩最著。(《清圣祖实录》卷五六)

卓尼第十一代土司杨汝松与蒙古阿拉善王爷摩达颜之女结亲后,卓尼土司家族与阿拉善王爷家族开始了多代的联姻关系。阿拉善王爷与清朝皇室关系密切,因此卓尼土司与清朝的纽带也在一定程度上得到了加强。康熙四十八年(1709),西固(舟曲)山后武坪24部反叛

---

① 秦永章:《甘宁青地区多民族格局形成史研究》,民族出版社2005年版,第181—184页。

② 杨士宏:《卓尼杨土司传略》,四川民族出版社1990年版,第43页。

清朝，杨汝松率兵平息，从此开始管辖黑番四旗①，再次为洮州地区的民族社会营造了稳定的局面。第十五代卓尼土司杨宗业（旦增仁钦青嘉）于清乾隆四十五年（1780）承袭土司之位，因参与平定河州之乱，"以功奉尚给三品顶戴，并赏戴花翎，领受兵部号纸"②。

卓尼杨土司的势力不断扩展，最终形成了"十六掌尕和四十八旗"的格局和秩序，其中十六掌尕又分为十二掌尕和外四掌尕。旗指的是普通藏族的编制划分，掌尕是指富有统治势力的藏族的编制划分。卓尼地区有句俗语："四大家，八小家，还有二十四个穷富家。""四大家，八小家"指的是"十二掌尕"，其属民均居住于卓尼城内；"二十四个穷富家"指的是"外四掌尕"，其属民居于邻近卓尼城的十个村落。每个掌尕都由属民推选德高望重的长者担任小头目。掌尕的小头目也称"茶马督司"，随时听命土司的差遣。"十六掌尕和四十八旗"构成了卓尼土司管辖范围内的基层组织；掌尕的规模相当于一个自然村；"四十八旗"的每一个旗相当于一个乡。"四十八旗"包括：暗门内十八旗和外十二旗，合称"前山三十旗"；上迭六旗和下迭八旗，合称"山后十四旗"；还有靠近武都一带的黑番四旗。

卓尼虽然有"四十八旗"，但其实只是形式上的说法。光绪《洮州厅志》所列举的各旗名称只有41个，而按派有旗长的单位计算，实际上只有23个旗。旗长也称长宪，由卓尼土司委任，长期住在旗里，督促头人或总管贯彻土司的军政命令。属于掌尕的藏族与属于旗的藏族在权利与义务上显著不同，旗的属民均有出兵马、支乌拉和贡赋的义务；各旗的旗长只能在属于掌尕的藏族中选派，而各旗的属民至多只

---

① 中国人民政治协商会议临潭县委员会文史科教委员会编：《临潭简史》，内部资料1991年版，第121—122页。

② 张彦笃主修：《洮州厅志校注》，包永昌总纂，张俊立校注，中国文史出版社2013年版，第404页。

能充当总管，不能当旗长。①

在卓尼土司所辖的各旗中，朱扎七旗所辖的村落和住户数量最多。"七旗"与前述"四十八旗"一样，是一种虚称，实际上指同一个旗单位（含九个小旗），只不过因辖地过大，卓尼杨土司派了两名旗长管理。朱扎七旗的辖地范围包括洮河干流从奋盖林至鞑子多的两岸村落（长约25里），还包括洮河支流卡车沟从鞑子多到卡车间的两岸村落（长约40里）。朱扎七旗与其他旗在组织与职权上有很大不同，虽然卓尼土司派有旗长，但朱扎七旗有自己的大总承直接办理旗内公务，每个小旗又设一名小总承和两名总管，旗长负责传达杨土司与朱扎七旗大总承之间的命令。② 各旗的总管大多由卓尼土司任命，上迭部六旗与达拉沟的九个总管则世袭。③ 清光绪年间，除了杨土司、昝土司和卓逊小杨土司外，买吾八旗、恶化五旗、俺着族、麦细族、吉札族、石藏族、双岔族、阿辣族等八族大小村庄90余处藏族村落直接归洮州厅管辖。④

王树民先生在《陇游日记之二洮州日记》中描述了卓尼"四十八旗"属民与土司衙门远近亲疏的关系：

> 卓尼四十八旗，依相沿习惯及其位置所在，可分为八大部，曰：七旗下，四什哈，北山，上叠部，下叠部，黑番，洮上各旗及洮下各旗，七旗下在卓尼附近，四什哈在旧城附近，均为与土司关系最密切者。其次，洮河上游及下游各旗关系亦尚较密。北

---

① 谷苞：《卓尼藏区的土司制度》，载李正元主编：《故土新知》，商务印书馆2019年版，第46—58页。
② 谷苞：《卓尼藏区朱扎七旗的总承制度》，载李正元主编：《故土新知》，商务印书馆2019年版，第59—64页。
③ 谷苞：《卓尼藏区的土司制度》，载李正元主编：《故土新知》，商务印书馆2019年版，第46—58页。
④ 张彦笃主修：《洮州厅志校注》，包永昌总纂，张俊立校注，中国文史出版社2013年版，第421页。

山在四什哈之北，叠部（俗作铁布）在南方叠山与白水江之间，自西而东，分上、下二部。此三部与土司之关系已甚疏，而其人则极为强悍。"黑番"在东南方，夹处于武都、西固、文县及四川松潘之间，距离为最远，关系亦最疏，本为岷县多纳赵土司之属民，赵氏亡后拨归杨土司，人民亦较柔顺，故无多事可称。①

历史上洮州社会有着复杂和多元的族群文化，不同区域或部落在生计、语言、服饰、风俗等方面有差别，而且各旗、各部落之间的关系也错综复杂，有些部落间还存在频繁的劫掠、冲突和仇杀。卓尼土司与部落之间也由于亲缘、地缘或历史等因素，存在远近亲疏的差序关系，有些关系较远的部落亦会发生叛乱，也有些强悍的部落会到农区或其他牧区进行抢掠。在调研中我们了解到，今卓尼、临潭地区的人们还保留着祖辈流传的关于迭部地区部落北上劫掠的历史记忆。

每年年终，土司衙门要向朝廷报步骑兵名额二千，需要调兵时，由土司根据情况抽调，最多时达到四五千人。卓尼土司管辖的兵常年防守着洮州地区的四大暗门和25处隘口②，协助洮州厅保护洮州地区各民族，防止个别边远部落的叛乱、劫掠或其他势力的侵扰，守护着地方安宁。洮州地区多民族互嵌的政治秩序维护了地方社会安定，加强了洮州地区各民族对中央王朝的向心力，也为多民族共同生活场域的形成提供了重要的社会基础与社会秩序。

---

① 中国人民政治协商会议甘肃省委员会文史资料研究委员会编：《甘青闻见记》，甘肃人民出版社1988年版，第174页。
② 中国人民政治协商会议卓尼县委员会文史资料研究委员会编：《卓尼文史资料选辑》第1辑，内部资料1984年版，第10页。

三、明清各民族的交往交流交融

明朝形成的"因俗而治"与"土流参治"政治策略、多民族共同参与的防御与治理体系,加强了汉族与少数民族的交往与合作,也使各民族在生产、经济、文化等领域的联系更加紧密。从明至清,随着交往交流交融不断加深,甘肃甘南、天祝等地逐渐形成了各民族共创共享的集体生活场域。

(一)各民族共同参与的农业生产

在西羌诸族活动的时期,洮州地区的河谷地带就有作为辅助性生计的种植农业。中原王朝控制洮州时期,往往也是当地农业不断拓展的时期。李安宅先生在对甘肃、四川藏族生活地区考察时就曾发现:"甘肃临潭的江卡寺……梯田的遗迹,也是只要留心便随地可见的,当初已经种田,有了定居的生活,藏民占了以后就利用草地,从事游牧生活了。"[①] 在明朝屯垦之前,洮州地区河谷地带虽然也有藏族从事农业种植,但是规模有限。汉、回移民的戍边屯垦,使得先进的农业技术在甘南、天祝地区得到广泛传播和推广,当地农业生产得到了前所未有的发展,洮州地区成规模的农业经济带开始形成。

在明朝"寓兵于农"政策下,迁入洮州卫的汉、回屯民根据需要,驻守在以洮州为中心的地区,战时为兵,平时守城屯田,逐渐发展成

---

① 李安宅:《川、甘数县边民分布概况》,载《李安宅藏学文论选》,中国藏学出版社1992年版,第72—107页。

为甘南、天祝地区的定居农户。随着流民、军犯、难民以及自愿归附移民的不断迁入，本地的农业人口规模不断扩大。

卓尼杨土司、卓尼昝土司和卓逊小杨土司对其管辖范围实行"上马为兵，下马为民"的兵马田制，以所属旗或村为单位，将土地分配给个体户租种。兵马田制规定土地归卓尼土司所有，属民对土地只有使用权，没有买卖权。卓尼地区的藏族在土司统治时期不需要给国家交粮纳税，只向土司进贡纳粮，民众的田地都是"兵马田地"或寺院田地。上文提到的被卓尼土司、资堡土司、卓逊土司等收容的"营田汉人"，与当地藏族一起，构成了兵马田制下的主要劳动力。

最初，来自内地的汉、回移民主要在洮州城镇、堡寨附近开垦农田，周边地区的藏族则在卓尼土司兵马田制下进行农业生产。随着汉、回屯民逐渐适应当地的生产生活，社会局面渐趋稳定，人口规模不断扩大，固有范围内的耕地潜力已经无法满足需求，人地矛盾加剧。因此，部分汉、回农民开始向周边地区扩散，逐渐与藏族的耕地相邻，汉、回、藏各族交错杂居、共同开发的局面更加明显。

当时笃信宗教的部分藏族因害怕触犯神灵，并不直接耕种，而是将土地租给邻近的汉族或回族种植，自己仍从事畜牧业。① 藏族传统文化中，有"拉""念""夺""萨达"和"鲁"五类神灵。其中，"萨达"与人们生活的大地息息相关，地上的树木、花草、动物、人类以及地下的矿藏都归其掌管。与其他四类神灵相比，"萨达"与人类的距离最接近，因而容易受到人类的打扰，也更容易被激怒。在藏族的传统观念中，开垦、播种以及建房等与挖掘有关的行为都有可能打扰"萨达"，并且招致"萨达"的不满和报复。为了避免因耕作导致的报复，甘南等地就出现了"每汉人过河耕种其地，及其秋成，十归其一"

---

① 贺卫光：《中国古代游牧文化的几种类型及其特征》，《内蒙古社会科学》（汉文版）2001年第5期。

(《宋会要辑稿·蕃夷五》)的"蕃租"现象。此外，也有回、汉农民租种藏传佛教寺院的田地。如临潭县术布乡的普藏什村是一个回、汉、藏族杂居的村落，临潭敏姓的回族最早在这里耕种藏传佛教麻奴寺（麻尼寺）的田地，定期向寺庙纳粮。后来，苏、马、丁姓的回族也来此务农，在自购田产之后才脱离了与寺院的土地租赁关系。也有一些贫民愿意种寺院的土地，因为寺院百姓不受当地行政官吏的管辖。①

卓尼地区有很大一部分从事农业生产与半农半牧生产的藏族，如着三格帽服饰的觉乃藏族②，以及穿提提玛的提提玛藏族等，他们被称为"戎哇"；主要从事牧业的卓巴藏族也会从事辅助性的农业生产。卓尼耕种的田地在土司管辖时期被分为四类，即衙门田、章珠田、丈尕田和兵马田。衙门田是土司租与汉藏农户、年收一定租粮的田地；章珠田是所有权属于喇嘛寺院的田地，佃户将一定比例的收获交给寺院；丈尕田是卓尼城周围的田地，可以自由买卖，与内地田地的情形相同；所有权属于土司的兵马田占所有类型田地的大多数，兵马田下的藏族种户只有对土地的使用权，并承担对土司的一些义务，如纳粮、纳钱、纳柴草、当兵、当乌拉等。

因战乱、饥荒等影响，大量来自岷县、漳县、临夏等地的汉族难民先后进入卓尼土司辖境，逐渐在当地定居，以乞讨、小手工、佃农、雇农等方式为生。其中，很多人获得积蓄后会寻找合适的机会以"吃田地"的方式"购买"当地藏族的土地。③ 所谓"吃田地"，即卓尼地区藏族出让兵马田的行为。由于兵马田制下的耕地均归土司所有，不能买卖，所以"吃兵马田"只是田地和所住房屋使用权的让渡。对于

---

① 中国人民政治协商会议临潭县委员会文史科教委员会编：《临潭简史》，内部资料1991年版，第126页。
② 2001年7月11日，在卓尼县大峪沟召开的"甘南藏族自治州藏族文化与甘南旅游产业研讨会"上，将"三格姆"定名为"觉乃藏族"，此后"觉乃藏族"便成为当地藏族常见的称谓。
③ 谷苞：《卓尼藏区的汉番》，载李正元主编：《故土新知》，商务印书馆2019年版，第65—69页。

偷卖兵马田的行为，土司将收回契约和所有耕地，查封住户，没收住户财物，甚至将之逐出村。

据谷苞先生考察，"尕房子"的户数约占兵马田地人家总户数的五分之一到四分之一：

> 在卓尼，尤其是洮河主流与支流的两岸各村落，有一种住户曰尕房子，所谓尕房子便是指没有直接耕种着兵马田地的人家，在洮河主流与支流沿岸的各村落，据我个人粗略的估计，尕房子的户数约占兵马田地人家的总户数的五分之一到四分之一，譬如洮河边的加当村有兵马田地人家十五户，有尕房子三户，拉小沟村有兵马田地人家三十五户，有尕房子八户，纽子村有兵马田地人家十五户，有尕房子五户，麻的尕有兵马田地人家十一户，有尕房子三户。这种人家完全是由岷县临漳和临夏移来的汉人，他们的职业是农工，小商人，水手，兼业是工农，所种的田地都是向种着兵马田地的人家租佃来的，这种人不但对土司没有任何力役与财赋的义务，而且还是吃番民兵马田地的等候人。①

从实际效果来看，让渡兵马田实现了相关藏族、汉族的双赢，藏族通过出让田地获得收入以清偿债务，汉族则获得稳定的收入来源，进入当地社会。土司制度下的普通藏族，在负担土司纳钱粮和"乌拉"等官差之外，还须承担念禾经、祭山神、纳雨粮②和打索车③等神差。洮州土地贫瘠，农业产出低，藏族承担的任务造成沉重的财务负担，不得不向寺院举债，在无法清偿债务时，出让兵马田便成为最终的选

---

① 谷苞：《汉人怎样的定居于卓尼番区》，《西北论坛》1947年第1期。
② 寺院分区保障各地田禾免遭冰雹，收获后农民便向活佛纳雨粮，数量由一二升至两三斗不等，各随心愿。
③ 收获后一种报答天恩的宗教仪式。

择。逃荒而来的汉族,虽然经济基础差,但他们不需要担负神差、官差,在善于经营的前提下,总能积攒起一定的资产。

让渡兵马田的过程,从当事双方协商开始,由出让者所在村的"十人"(村民组织)同意后,前往土司衙门领取"尕书"(官方承认的契约文书)。一般情况下,只要"吃田者"声誉较好,通常都能够获得"十人"的同意,其原因在于"十人"须避免因拒绝带来的债务牵连。受让者在获得"尕书"后,须向土司衙门交纳谢礼,以酒食宽带"十人",请人当众于"尕书"上写明受让两方自愿交易、出让价格等内容,作为"吃田地"者永久耕种土司兵马田地的凭据。①

通过"吃田地",大量汉族定居在藏族社区,形成民族互嵌的居住格局,不同民族在平日里一同劳动、生活。今申藏镇上甘藏村等地汉族的祖辈,便在民国时期通过"吃田地"的方式定居当地。据当地村民回忆,最初进入当地的汉族是"王姓和李姓,有叔伯关系的一家子",后逐渐发展至20多户。

通过土司的收容、租种寺院或藏族的土地以及"吃田地"等方式,汉族、回族等民族逐渐进入临潭、卓尼等地,洮州的农业种植地区基本上形成了汉、回、藏、土等民族在地理空间中的交错杂居,形成了共同开发的农业生产格局。同时,各民族也在日常的生产生活场域中逐渐形成了亲密的互动与往来。

(二)"茶马互市"中的经济互补

由于地理相对封闭、海拔较高、自然资源有限以及交通不便等,甘南、天祝等地人们所需的生活资源相对匮乏,仅仅依靠本地资源难以满足日常需求,因此商品和资源的流通就显得十分必要。基于内地

---

① 谷苞:《汉人怎样的定居于卓尼番区》,《西北论坛》1947年第1期。

农耕民族与边疆游牧民族之间的经济结构差异，互补性的经济往来在满足民族生计需求的同时也繁荣了西北民族的贸易。甘南、天祝所处的特殊地理位置，使其成为连接青藏高原与中原地区，西北、西南地区与东部地区贸易往来的重要通道，是通往涉藏省区的重要入口。农牧业经济在此交汇，不同生计方式的民族在此交错杂居，使得民族之间的社会交往和经济往来成为现实。农耕民族的产品与畜牧民族的产品在这一带进行贸易，农业与畜牧业的互补性则在贸易过程中表现得非常明显。通过这些经济活动，中原农耕地区生产的粮食、布帛和金属工具等进入边疆游牧地区，边疆游牧地区的马匹则满足了中原的需求。历代茶马贸易、贡赐贸易等经济策略，在加强中央王朝对青藏高原地区经济控制的同时，也促进了内地与青藏高原之间市场空间的发展。在官方贸易的推动下，民间自发的私营贸易也得到了一定的推动，进一步推动着民间自发的民族交往交流交融的发展。

"茶马贸易"起源于早期的"贡赋贸易"和"绢马贸易"。从唐朝开始，茶马贸易便逐渐取代后两者，成为当时西北地区各民族间贸易往来的主要形式，但后二者并未完全退出历史舞台，在某些时期甚至成为茶马互市的主要特征。①

北宋是茶马贸易发展完备的重要时期，茶马贸易在西北地区的规模迅速扩大，成为此时西北民族间贸易的主要形式。

明朝中央政府对青藏高原地区的朝贡非常重视、宽容和鼓励，回赐物非常丰厚，也容许边民从事有限度的贸易活动。在朝贡制度实施过程中，大量庞大的朝贡使团往来，围绕朝贡的贸易活动也在大规模的物资运销中展开。《明史·西域二》记载："西宁十三族、岷州十八族、洮州十八族之属，大者数千人，少者数百，亦许岁一奉贡，优以

---

① 魏明孔：《西北民族贸易研究：以茶马互市为中心》，中国藏学出版社2003年版，第7—8页。

宴赉。"

明朝甘青藏族居住地区参与贡赐贸易的群体，主要是少数民族首领和上层僧人，如史料记载："鸡鸣寺番僧端行领占、洮州卫千户赵诚，奉命往八郎等族诏谕眼即多匝族、马儿匝族、思曩日族、潘官族、哈伦族、头目桑耳结巴、阿思巴等来朝贡马。"(《明太宗实录·永乐四年九月壬戌》) 洮州地区有 13 个藏族寺院（洮州地区藏族寺院约有 20 个）和 53 个藏族部落（人口约占洮州藏族的三分之二）参与了朝贡。① 《大明会典·给赐三·外夷下》规定："从洮、河州起送来者，到京每人折衣彩缎一表里、纻丝并绫贴里衣两件。留边赏同……具食茶五十斤、靴袜钞五十锭。""潜带金银，候回日市买私茶等货。"(《明英宗实录·正统十四年四月辛亥》) 这些赏赐品被朝贡者带回当地市场进行交换，从而促进了边地的贸易交流。朝贡贸易下内地与藏族居住地区之间的物资交流，促进了明朝的政治、经济整合，也在一定程度上加强了边地民间贸易的基础。

明朝西北地区的茶马贸易进入全盛时期，藏汉双方或以茶易马，或以马易茶，"洮地高寒，稻粱不生，布帛丝麻之类，皆来自他邦"②。明朝仿效唐宋时期中原王朝与吐蕃的茶马互市，建立了官办茶马贸易制度，通过茶叶对藏族生活地区进行经济控制，从而维持藏边社会的稳定，并为明朝军队换取匮乏的马匹资源。与之前相比，明朝的茶马贸易当中，无论是双方互市的规模，还是管理机构的人员配置、健全程度，都有了明显的提高。

虽然这一时期的茶马互市主要由官府直接组织和经营，但是随着封建经济领域内商品经济的相对活跃，民间互市迅速发展起

---

① 武沐、金燕红：《13—19 世纪河湟多民族走廊历史文化研究》，中国社会科学出版社 2017 年版，第 267 页。

② 凤凰出版社编选：《光绪洮州厅志》第 1 卷，凤凰出版社 2008 年版，第 181 页。

来，并且不断对官商构成侵蚀，逐渐成为西北地区民族贸易的主体。①

随着茶马贸易深入发展而来的，是各民族在经济交往中的族际互动与对地区社会稳定的促进，因此其社会效益也是非常显著的。

明朝洪武年间，中央政府在秦州（今天水）、河州（今临夏）、洮州（今临潭）、雅州（今雅安）设立茶马司，其职责即管理西北的茶马贸易，以四川、陕西汉中等地的茶叶，换取青海、甘南、河西等地的马匹。洪武七年（1374）设立的河州茶马司、洮州茶马司，是管理甘肃茶马贸易的主要机构，后者于洪武十六年（1383）一度被裁撤，改由河州茶马司总领，洪武三十一年（1398）后恢复。明代之所以如此重视茶马贸易，除经济因素之外，对西北少数民族的羁縻政策和军事需要是更主要的原因，这也是明朝政府不允许民间参与的症结所在。

与宋朝茶马贸易中的羁縻从属政策不同，明朝在经济策略中通过金牌信符制度，将政治象征与经济控制结合起来。如当时规定："洮州火把藏、思囊日等族，牌四面，纳马二千五百匹。"②明朝的这一经济策略与经济控制在更深程度上，强化了中原王朝与涉藏地区之间的直接统属关系。明朝的茶马贸易由国家垄断，对私茶的处罚非常严厉。"有以私茶出境者斩，关隘不觉察者处极刑。"（《大明会典·马政四·收买》）

但由于茶马贸易的高额回报，仍有民间商人私自与少数民族直接进行交易，上至达官显贵，下至贩夫走卒，走私在明朝茶马贸易中屡禁不止。洪武之后，明朝部分达官贵族、官豪势要、当地驻军、行商

---

① 魏明孔：《西北民族贸易研究：以茶马互市为中心》，中国藏学出版社2003年版，第198页。

② 张彦笃主修：《洮州厅志校注》，包永昌总纂，张俊立校注，中国文史出版社2013年版，第426页。

小贩参与到茶叶走私中,部分少数民族宗教首领、进贡者也违制携茶,茶马贸易出现失衡,金牌信符逐渐开始废弛。对少数民族来说,私茶比从互市机构中购入的官茶价格更低,而且走私商人的服务态度好,信誉度高,购买方便,所以十分欢迎走私茶。这也是私茶贸易一直无法杜绝的原因。①

明弘治年间,都御史杨一清结合前人经验与实际调查,引入商人资本,开创了"官督商运""官督商销"的新模式。在这一新模式下,商人收购茶叶前要向政府纳税领取茶引,之后再将茶叶运输到西北边地。运到边地的茶叶,一部分交由政府收购销售,另一部分由商人在茶马司当地销售。②杨一清的新策略在解决茶叶运输困境的同时,也使茶马贸易的正常秩序得到了很大程度的恢复。"官督商运""官督商销"新模式还使商人合法地参与进汉藏边地的茶马贸易中,私营经济得到刺激再次活跃起来。

清朝建立之后,专制王权进一步加强,我国多民族国家的局面也得到了进一步巩固,民族间交往更加频繁。伴随着资本主义在中国的萌芽,由政府垄断茶马互市的局面日渐动摇,最终演变为民间自由经商贸易的形式,政府则通过征收税赋的形式进行控制和管理,茶马贸易的形式更加灵活。自此,甘南地区的商业发展不断加强。

茶马贸易历史悠久,从唐宋时期兴起到明清时兴盛,长达千余年。茶马贸易是游牧民族与农耕民族之间以物易物的特殊贸易形式,是一种互补型经济交往,在我国商贸史和民族史上占有非常重要的地位。③双方所提供的主要商品,都是对方的生产生活缺乏甚至无法生产的,因此,这样的互通有无,对于各自的经济生产和社会生活都是有益的

---

① 魏明孔:《西北民族贸易研究:以茶马互市为中心》,中国藏学出版社2003年版,第207—230页。
② 金燕红、武沐:《明初茶马贸易衰败原因的再辨析》,《西藏研究》2014年第1期。
③ 魏明孔:《西北民族贸易研究:以茶马互市为中心》,中国藏学出版社2003年版,第7页。

补充。

　　茶马互市在甘南、天祝等地民族交往交流交融的历史进程当中发挥了重要作用，不仅加强了中央政府对民族地方的管理，也通过在不同民族之间建立起商品交换互通的流畅渠道，创造了民族之间良性交往的客观环境，促使不同民族在经济交往的互惠互利当中逐渐建立起良好的族际关系，为多民族交流互动打下了深厚的根基。通过茶马贸易建立起的民族经济交往，各民族在经济上形成了相互补充、相互支撑的局面，不同民族在生活习俗、民族文化等方面增进了了解，为和谐民族关系的建立奠定了基础。

　　茶马贸易各方共同推动了甘肃的民间贸易，开拓了当地的族际市场空间，并在更大程度上拓展了以川藏道、滇藏道和青藏道为主线的商贸路网体系。明朝的茶马贸易等经济策略使西北边区的茶叶交易量达到前所未有的规模，再加上洮州茶马司的设立和民间私营贸易的发展，临潭、卓尼所在的洮州逐渐成为西北民族贸易中一个重要的商品物流集散地。

　　明朝在边地治理中的经济策略促进了甘南、天祝等地市场空间资源的整合，并加强了当地的族际经济互动。在边地市场空间中，藏族寺院和藏族部落参与到茶马贸易的交换中，形成了汉藏贸易资源流动链条；当地土官配合政府流官，在经济互动中也发挥着一定的协调、沟通与管理作用。流官、土官、藏族寺院和藏族部落相互之间关系密切，均在汉藏边地的茶马贸易和市场空间中扮演着一定的角色，构成了在同一个政治序列下相互依存的经济共同体。

　　杨一清的改革和治理，使汉藏边地的茶马贸易重新焕发生机，由过去的政府垄断变成政府与商人共同经营的局面。在秩序的重整中，政府的参与维持了中央王朝对涉藏地区的经济控制，维系了民族地区对中央王朝的行政归属；而商人的参与则活跃了地方市场，促进了私营贸易的发展,加深了族际经济交往交流。这种局面与明朝政府对西北少数民族的怀柔政策不无关系,如明永乐十三年(1415)明成祖朱棣敕令洮州卫都指挥李达,明确表态:"今天下太平,四海一家,各处商旅往来者,听从其便。今陇答卫,番人来洮买卖交易,亦听其便,彼此并不许生事。"①

"西宁、河州、洮州地方,土民切邻番族,多会番语。各省军民流聚巨万,通番买马,雇倩土民,传译导引,群附党援,深入番境,潜住不出。"(《明经世文编·杨石淙奏疏》)很多屯民后代长期与当地藏族接触,较为熟悉藏地语言与环境,他们深入涉藏地区,参与当地民间贸易和商业运输活动,活跃在涉藏地区商贸路网上,形成了洮商群体的雏形。

洮州卫设立之后,各种移民群体不断迁入,使洮州地区的商业、手工业以及服务业得到了一定发展,促进了城镇聚落的兴盛。如临潭的纺织业,据称始于明太祖年间。身处"番境"的临潭,在移民进入之前,其"服装原料仅羊皮一种",当地人并不掌握纺织技术,最初为镇守临潭而迁入的"屯丁","以安徽凤阳人居多",而且"皖人习纺织",在这批"屯丁"的传播下,当地的纺织技术"乃渐传渐广",临潭的纺织业逐渐得到发展。②

在族际市场空间中兴盛起来的民间贸易,加强了内地与甘南高原、祁连山麓的资源交换,满足了各族人民的日常生产生活需求。来自内地、甘肃本土以及其他地区的商人,附近甘青川的游牧民族、农耕民族,在这里进行频繁的商贸交易和交往交流,在互惠共生中建立起族际经济纽带的基础,在社会文化领域的交往交流交融也不断加深。至清朝末年,洮商已形成了连接内地与草原深处的庞大商业贸易网络。

---

① 张彦笃主修:《洮州厅志校注》,包永昌总纂,张俊立校注,中国文史出版社2013年版,第344页。
② 甘肃省银行经济研究室编:《甘肃之工业》,甘肃省银行总行1944年版,第35页。

藏族、回族、汉族在经济活动中互通有无，共同协作，使这里成为甘青乃至整个西北地区重要的经济区块之一，是各民族共同开发祖国经济的重要组成部分。民族商业贸易的发展，进一步促进了甘南、天祝等地的经济发展、文化交流与民族交融。

（三）民间社会文化的交融

甘南、天祝等地的各民族，长期在共同区域内生产生活、社会互动，使当地表现出区域性的社会规则；在国家政权以及儒家文化影响下，该地区的地方社会文化秩序又与国家层面的文化秩序产生互动，形成动态平衡，促使地方社会形成国家认同，促进民族之间交往交流交融。在国家与地方文化的共同作用下，逐渐形成各民族共享的、区域性的民间社会文化空间，各民族在互动中不断调适自身的生产生活，建构地方社会和区域文化共同体。明清时期，甘南、天祝等地民间社会文化的交融，主要体现在以下方面。

1. 制度文化塑造下的地方民族交融

明朝在甘肃设立洮州卫之后，在实施军政管理和农业生产开发的过程中，建立了城池、公署、驿站、寺观、坛庙、学校、集市、渡口和桥梁，并设立了包括堡寨、边墙、塘汛、墩台、马厂等在内的兵防系统。行政建制的设立，使洮州所管辖的地域围绕军政管理、军事防御、屯田劳作、商贸交易等形成了统一的集体行动单位。① 因此，在卫所的行政体制下，洮州地区不仅被纳入了中央行政体系，也形成了一定空间范围内的地方社会系统，使地方社会得以正常运转。在行政建

---

① 张彦笃主修：《洮州厅志校注》，包永昌总纂，张俊立校注，中国文史出版社2013年版，第139页。

制影响下的地方社会空间中，人们通过频繁的官方交流、民间交流，加强了在军事行动、农业生产、商业贸易、民间交往中的日常联系，逐渐产生了地域性的方言体系、民间风俗与文化认同。通过系统的制度文化，洮州卫辖下的区域一方面产生了符合中央行政体系的行政结构与制度文化的象征结构，一方面又与地方社会风俗相契合，表现出地方性特征。

民间社会文化秩序包括一系列规律性的农事活动、民间祭祀和民俗文化活动，协调着社会生产生活的正常运行，是一种国家在场与民间生产生活结合所产生的民间文化。民间社会文化与当地日常的农业生产生活密切相关，同时具有一定的包容性与开放性，不断吸收其他少数民族文化，促进了各民族的共同参与。甘南、天祝各民族在日常生产、生活中长期交往交流，文化风俗与民族性格也在相互交融，如洮州藏族"颇染汉风，其俗务、稼穑、习工、作事、畜牧、高楼、暖炕皆与汉无异"①，汉族"第民间丧尚浮屠，婚论财贿，颇染边风"②。"在民族交融过程中，出现改变民族身份认同的现象往往与地方政权实施的强制同化政策有关，也与中央王朝的易风化俗政策相关，其最终结果往往是一些少数民族融入汉族，也有个别汉族群体融入少数民族的现象。"③

以洮州"新城"（原洮州卫城，今临潭新城镇）与"旧城"（原洮州旧城，今临潭城关镇）为例，二者曾是洮州地区的两个中心。洮州新城作为洮州地区的行政中心，在历史上承担行政管理功能的同时，也具有重要的文化象征意义——代表帝国正统的威仪和中央行政体系

---

① 张彦笃主修：《洮州厅志校注》，包永昌总纂，张俊立校注，中国文史出版社2013年版，第422页。
② 张彦笃主修：《洮州厅志校注》，包永昌总纂，张俊立校注，中国文史出版社2013年版，第10页。
③ 胡静、李健胜：《河湟地区民族交融历史进程及其内在因素探微》，《青海民族研究》2018年第3期。

的秩序。洮州旧城在历史中一直保持着商业中心的地位，"其俗重商贾、善居积，洮地精华聚于是焉"①。当临潭县的行政机构从原洮州新城迁至今城关镇以后，新城镇的文化语境从原有的"政治中心"转换成了地域性的地方民间文化象征。每年端午节，原洮州各路的人们都会汇集在新城的城隍庙进行龙神赛会等民俗活动。

洮州以新城为中心，按方向分为"东路""西路""南路""北路"四个军事布防区域。虽然洮州的卫所制度早已不存在，但最初用作军事用途的"四路"，在地方文化中依然有迹可循——今临潭县域仍被划分为"四路"，"四路"之外又有"东南路""东北路""西南路"和"西北路"的区分——但这种划分仅为地理空间概念。

> 我们临潭县城就属于洮州，洮州这个地方早一点属于新城嘛。我们就是洮州西门以外的，是西路，恰盖那一带就属于新城北门，迭部这边过来就是上西路、下西路。（BZX，男，56岁，藏族，务农兼务工，甘南州临潭县申藏镇）

洮州新城定期举行"十日一会"的"跟营"（定期集市），东路王旗村和北路冶力关镇则有"五日一会"的"小营"，勺哇、康多等地的藏族、土族便前往冶力关镇的集市进行贸易。洮州南路新堡乡一带不设营，当地汉族和藏族一般去新城跟营。洮州西路的旧城营在繁荣民族过程贸易中发展成了固定市场，"其间积货通商可称繁富者，惟旧洮堡一处"②，吸引周边地区各族群众前往贸易。

明清时期洮州以新城、旧城、各路、跟营以及各堡寨、村落为构

---

① 张彦笃主修：《洮州厅志校注》，包永昌总纂，张俊立校注，中国文史出版社 2013 年版，第 122 页。

② 张彦笃主修：《洮州厅志校注》，包永昌总纂，张俊立校注，中国文史出版社 2013 年版，第 122 页。

造，不仅构建出洮州地区的地理空间概念和社会空间架构，也在社会空间中为各民族社会互动构筑了交往交流的日常生活场域。

2. 军屯文化中的民族交往交流交融

受明清以来军事农业文化的影响，军屯在转为民屯之后，其军屯文化在历史惯性的作用下依旧对甘肃各民族的生产生活产生着影响，反映着当地民族的交往交融。

卫所军户体制造就了明朝以来地方社会的两大体系，即军户和民户。直到清末民初，甘南、天祝民众亦多流传自己祖上是军户的说法，通过强调自己"内地汉人"的身份来证明其土地财富的合法性[1]，今临潭、卓尼地区的"老辈们"也常在口头上区分军屯姓、民屯姓。在军屯转变为军事农业文化场域中的文化资源之后，当地人对其加以整合、利用，作为身份认同的标志和获取资源的手段。在军事农业文化场域形成的过程中，军屯的军事化管理制度与农业生产相结合，给地方社会的文化形态带来一定影响，留下了与军屯文化有关的历史烙印。今临潭、卓尼等地，很多地名带有明显的军屯色彩，以"堡""寨""旗"命名村镇的方式很常见，如刘旗、陈旗、冯旗、张旗、李旗、石旗、朱旗、候旗、王旗等，被认为是以当地驻守军官的姓氏命名的地区。这些具有军屯文化色彩的地名构建起了洮州地区的地理文化坐标，也在洮州地区的社会互动中强化了军屯文化的历史记忆。具有军事农业文化色彩的传说与民间叙事，在经过各民族的共同建构与认可之后，也构造了洮州社会文化空间中的集体记忆与想象，营造了由各民族共享的军事农业文化氛围。

如在临潭尕路田村，至今仍保留着由各民族共同参与的军屯文化

---

[1] 赵世瑜：《在空间中理解时间：从区域社会史到历史人类学》，北京大学出版社2017年版，第68—69页。

遗俗——每年正月十五晚上，全村老幼共同上演一场热闹的"要馍馍"仪式。在仪式中，全村人共同参与，挨家挨户"要馍馍"，在每家门口同时呼喊"阿尼仓，告仓，不给馍馍仓"。在"讨馍"时，家户的大门关闭着，当人们呼喊一阵后，这一家的家庭主妇便端着装有小块面饼的簸箕，从梯子爬上门头，在人们的欢呼声、起哄声中拖延一段时间，然后抛撒簸箕中的面饼，下方一干人则开始满地抢馍。"要馍馍"一直持续到深夜，挨家挨户进行。"抢得"馍馍多的人，被认为会在新的一年里交好运。

据当地人解释，"要馍馍"是为了纪念当地军屯户集体讨饭渡过难关的历史。在当地人的历史叙事中，明朝军屯过程中，军士袁文华等15人将家属随迁至当地定居，屯耕戍边。若干年后，自然灾害的侵袭使军户们难以为生。为了讨生活，贫苦的军屯户便在当地藏族富户阿尼仓家"打工"。按照当地老人的叙述："阿尼仓非常吝啬，家中有许多存粮，但他只给干活的人管饭，不给任何报酬。"在又一次大灾荒来临之后，饥饿已经严重威胁到贫苦村民的生命，军屯户们便于正月十五的晚上集体到阿尼仓家门前起哄、讨要食物。起初，阿尼仓还以刀剑恫吓驱赶，双方陷入僵持，最后门外的人们高喊："阿尼仓见死不救，我们烧掉你的家。"阿尼仓害怕引火烧身，便命家人向人群中抛撒食物，缓解了人们的饥饿。之后，袁文华拜访阿尼仓，希望能够借粮，以15户人家共同为其提供劳务作为利息，阿尼仓则担心连年灾害收不回粮食未能同意。后在当地都司、阿尼仓的头人马僧纲的担保和协调下，阿尼仓最终同意借粮。

尕路田村的这一风俗和相关传说，反映了当地的军屯开发、土流参治、"租种番地"等族际互动的历史背景，并以纪念性仪式将其延续至今，通过共同的仪式过程加强各民族之间的情感纽带。除此之外，临潭羊沙乡的纸马舞仪式、陈旗乡和维新乡共同的龙神祭祀等民俗活动,都具有同样的象征意义。纪念仪式的重演特征,具有塑造群体记忆的作用。① 通过象征性的民俗仪式展演,人们强化了军屯移民的历史记忆与文化归属感,将民间社会叙事置于与其社会生活场景相关的历史背景中。在操演当中,明确的分类和行为准则倾向于被视为自然,以至于它们被记忆成习惯。② 在象征性仪式展演的群体认知中,军事农业文化场域中的文化互动产生了嵌入在社会生活中的生产生活节奏,强化了各民族社会行动资源的文化基础。各民族共同参与这一仪式,不断强化对军屯的历史记忆与理解,也使各民族之间的联系得以加强。

3. 共同空间中的文化交融

明朝是甘南、天祝等地民间社会文化格局形成的关键时期。在明朝治边策略影响下,民族互嵌的格局成为该地区多民族社会的显著特征。民族互嵌是民族交往过程中一种深层次的结构性嵌合,经历了经济上的交换与互补、文化上的交流与接纳、社会上的互惠与合作,以及情感上的相亲相依和心理上的认同。如在临潭、卓尼等地,广泛流传着"三石一顶锅"的俗语,用以形容当地汉、藏、回之间的民族关系。这则俗语本身来源于藏族的一种支锅方式,即用三个石头形成的稳定性支撑起一口大锅,当地藏语称"巴嘎"。在当地各民族共同的认知中,"三石一顶锅"的话语背后隐藏着民族交往交流交融的象征意义与互动逻辑,即各民族共同支撑起了当地社会,共同推动着当地社会的发展,各民族缺一不可。

伴随大量来自江苏、安徽等地的汉族、回族军民进入甘南,汉文化在甘南地区传播进入新的高潮期。随西征而来的军士把江南的先进

---

① 保罗·康纳顿:《社会如何记忆》,纳日碧力戈译,上海人民出版社2000年版,第70页。
② 保罗·康纳顿:《社会如何记忆》,纳日碧力戈译,上海人民出版社2000年版,第108页。

生产技术和文化带到草原地区，促进了当地社会文化的发展。与西北地区的自然环境相适应，迁居西北的移民对原有的传统文化进行了适应性改造，如社火表演中原有的"江南采莲船"演变为洮州地区的"跑旱船"，江南水乡的龙舟竞赛逐渐与"十八龙神"信仰相结合，形成当地特有的庙会文化。

明代江苏、安徽等地汉族人口的大量进入，带来了丰富的江淮文化因素，以至于今日临潭的传统服饰、日常用语、节日庆典、信仰仪式、民间民居等，均体现出明代江淮文化的特征。如临潭"十八龙神"信仰，便是江淮文化与当地民族文化结合的产物。顾颉刚先生曾言："临潭十八乡有十八龙神，其首座曰'常爷'，即常遇春，其他亦并明初将领；但有足迹未涉洮州者，而如沐英之立大功于此者转无有。盖此间汉人皆明初征人之后裔，各拥戴其旧主为龙神，以庇护其稼穑，与主之职位大小、立功地域无与也。"[1] 著名史学家王树民先生也在《陇游日记》中说："明初于洮、岷一带曾大举屯田，其中当多常、胡之部下，积久遂潜移默变为与地方具有休戚关系之龙神。"[2] 龙神信仰在甘南地区的广泛传播，与明朝政府利用宗教强化其控制关系密切。在此背景下，道教在临潭、卓尼等地广泛传播，与当地藏族等民族的宗教文化相互碰撞、交流、融合，影响当地各民族的生产生活、风俗习惯与精神世界。

临潭、卓尼地区汉族的服饰、方言、节庆、民俗等都具有江淮文化的遗风。与汉族相关的非物质文化遗产非常丰富，如临潭民间的秧歌、社火、剪纸、竹编、油漆、画棺艺术等，石门乡的纸马舞、正月十五的灯会，长川乡冯旗村的打切刀，临潭东路的木板窗花，新堡乡资堡的抢年果，陈旗乡王旗村的烤擦擦，扁都的哈尔滩烟火，长川乡

---

[1] 顾颉刚：《西北考察日记》，甘肃人民出版社2002年版，第223页。
[2] 王树民：《曙庵文史续录》，中华书局2004年版，第409页。

羊升村的提灯会，古战的打施食等，也是典型代表。

回族在文化上与汉族、藏族存在较大差异，但在当地文化空间中，回族与其他民族的文化仍存在广泛的交融。如当地传统回族家族文化便有机融合了伊斯兰教文化与儒家文化，历史上甘南、天祝等地的回族男子积极参加科举考试、参与地方公共事务、弘扬孝悌文化等便是其体现。此外，发源于临潭的中国伊斯兰教三大教派之一的西道堂，既是文化交往交流交融的产物，也是文化交往交流交融的践行者。西道堂倡导以中国传统文化来阐述伊斯兰教理，在伊斯兰教早期"乌玛"思想的影响下，鼓励并组织教民合伙经商、务农，以共同经营的集体生活为特征。从民族构成来看，西道堂成员除回族外，亦包括汉族、藏族、东乡族、保安族等，体现了多民族共同参与生产生活的特征。此外，西道堂还倡导文化教育，注重儒家文化，设立小学，为教民子女提供到外地上中学和大学的机会。在伊斯兰教文化和中国传统哲学的结合中，西道堂形成了一个具有经济文化共同体性质的跨民族"乌托邦"小社会，被誉为"东方乌玛"。

总体上，甘南、天祝各民族对以儒家文化为主的民间社会文化的接纳，体现着明清以来当地社会文化秩序的共同认同，体现着民族文化的交融。各民族在共同生活场域、族际经济纽带基础上，在文化交融与情感交融中不断加强民族和谐共生的情感基础与认同基础，产生了具有共同性与包容性的多民族文化空间。特定空间中的社会文化，对当地的族际互动产生了积极影响，推进了汉、藏、回、土等民族精神文化的沟通和交流。明清时期的文化整合，使各民族逐渐在族际互动中吸收彼此的文化元素，越来越多的文化元素被当地各民族接纳和共享。各民族长期共同的生产生活，使甘南、天祝等地的本土文化、军屯文化、移民文化、藏族文化、汉族文化、回族文化、土族文化等文化相交融，塑造了跨地域、跨民族的联结纽带，汉、藏、回、土等民族在生产生活交往、文化交流和情感交融的基础上表现出多元一体的地域文化共同体特征。

四、近代的民族交往交流交融

近代以来,当地的民族交往交流交融在历史基础上进一步深化,受到近代中国社会剧烈变迁的影响,兼具时代性与地方性双重特征。

(一)拉卜楞寺兴起后的民族社会互嵌

近代甘肃各民族交错分布、民族文化交融的现象进一步发展,如埃克瓦尔等记录的洮河流域地理空间中汉藏文化交融的层次特征:

> 沿洮河上游行进,河谷的特征渐次不一。我们经过一个又一个分野明显的文化模式,穿村走寨,其中有些村落处于中间的过渡阶段。因此,行七八十英里的路程就可以带你走进一个真正的实验室,观察到文化的变迁过程,而文化变迁的每一步都有标签和例证。在第一个村庄里,汉族人文化占主导地位,藏族文化的痕迹仅隐约可寻。继续前行,藏文化特色越来越浓,直到两种文化达到均衡。至此,汉族人的特色开始减少,一直到最边远的村庄,其生活方式和风俗习惯纯粹是藏族特色。[①]

[①] 罗伯特·埃克瓦尔、波塞尔德·劳费尔:《藏族与周边民族文化交流研究》,苏发祥、洛赛编译,中央民族大学出版社2013年版,第43页。

甘南、天祝各民族文化交融的层次特征，体现出当地差序性的生计方式格局。如果以当地农耕区为核心，其中的人口以汉族和回族为主，民族交融所形成的农耕文化向四周辐射；在农区周边的农牧交错地带，开始出现汉、藏、回杂居的村落；越往远处，牧业所占比重越大，藏文化特征也越明显；而最外围的纯牧区，便以游牧藏族的文化区为主。王树民也描述了农牧交错地带的汉藏比例变化：

> 北部曰冬禾索旗，辖四村，自北而南为多坝、拉鲁、霖江下及出蛇。总管驻多坝。南部曰大峪沟旗，有十村，曰杀烈沟、札那、其车、占占、卡部、塔古、丙古、奇部、札力及丫角，总管驻札那。自多坝至丫角凡六十里，住民汉、藏各半，比例约为北部汉七藏三，南部反是，中部则相停。①

从甘南、天祝的农区、半农半牧区、牧区之间的关系来看，不同区域之间具有很强的经济互补性，尤其是游牧经济对农耕经济的依赖性，"藏族游牧区域，向无手工业可言，土人一切日用物品，虽一帚一席之微，均皆仰给于外"②。该地区农业空间的发展促进了该地区农牧经济之间的相互影响，农区与牧区形成了互补性的经济结构，逐渐发展起以资源流动网为基础的共生关系。以互补、互惠与互助的经济关系为基础，社会层面的互嵌格局也在不断发展。如民国时期，洮州农区的经济中心临潭旧城，是周边及更大范围牧区对外的畜牧业转口市场，卓尼每年经临潭转口输出羊皮、狐皮、猞猁皮、羊毛、木材、马

---

① 中国人民政治协商会议甘肃省委员会文史资料研究委员会编：《甘青闻见记》，甘肃人民出版社1988年版，第185页。
② 甘肃省银行经济研究室编：《甘肃省各县经济概况》第1集，甘肃省银行经济研究室1942年版，第84页。

匹、牛等物品，经临潭转输卓尼杂粮、青盐、布匹、杂货等货物。① 以农牧为分野的甘南、天祝等地的市场空间，满足了牧区藏族对日常生活用品和农副产品的需要，牧区交易而来的牛羊马骡等牲畜和畜产品，也为农区提供了农业生产、交通运输工具以及其他物资来源。

在民族文化的交融空间中，汉、藏、回、土等民族在衣食住行等物质上相互借用，民族语言也在传播与互借；在家庭方面，有民族通婚和藏族收嗣的现象，即历史上藏族家庭收养汉族人或回族人的孩子；在人口迁移方面，其他民族人口通过避难、"吃田地"等方式进入涉藏地区社会，形成多民族杂居的村落社区；在宗教信仰方面，不同的宗教文化相互交织、互相包容尊重与和谐共生。②

藏传佛教兴起后，世俗的部落制度与宗教结合，逐渐建立起政教合一的政治制度，围绕寺院形成众多经济文化圈，寺院拥有数量不等的属地和属民。拉卜楞寺亦是如此。随着拉卜楞寺的兴起，拉卜楞地区逐渐形成了以"丛拉"为主的商贸活动③，并发展成甘南地区重要的商品贸易基地。茶马互市的兴起，大大促进了甘南高原与祁连山麓汉藏贸易的兴盛，也带动了拉卜楞等地族际贸易的发展。清朝后期至民国阶段，拉卜楞已经成为安多地区重要的贸易集散中心。如张其钧在《夏河县志》中所载："拉卜楞为汉藏贸易之一重镇……每年出口货值五十万元。"④

茶马贸易的发展，带动河州、洮州等地回族和汉族商人进入拉卜

---

① 王志文：《甘肃省西南部边区考察记》，甘肃省银行经济研究室1942年版，第87—89页。

② 马磊：《共生与融合：民国洮河上游河谷汉藏生计模式与文化关系——以埃克瓦尔的〈甘肃汉藏边界的文化关系〉为例》，《兰州学刊》2017年第12期。

③ "丛拉"经济是青藏高原特有的经济存在形式，依藏传佛教寺院的创建、发展而兴起，是藏区早期的集市、初级市场，承担着商品交换、物资集散的市场功能。随着寺院的壮大，"丛拉"也随之扩大并逐渐成熟。可以说，寺院的层级与"丛拉"的规模呈正比例关系。

④ 凤凰出版社编选：《光绪洮州厅志》第2卷《民国夏河县志稿》，凤凰出版社2008年版，第481页。

楞地区，向内输入茶叶、布匹、绸缎、粮食、瓷器等商品，换回涉藏地区的牛、羊、马匹等牲畜以及皮毛、酥油、药材等产品。

18世纪后期，拉卜楞地区的人口规模不断扩大，依附于寺院的"塔哇"人口迅速增加，市场需求扩大，"丛拉"的规模也不断扩张。每逢宗教法会期间，尤其是正月、七月法会期间，贸易非常繁荣。

> 平时拉卜楞寺前设有"丛拉"（即市场），遇到宗教法会活动，香客云集，贸易繁荣，尤以正月、七月两次"大法会"为最。沿寺边大路两旁"囊欠"（佛邸）的院内都建有许多客房，以备牧区和其他地区来夏河经商的商队居住，每间客房可住一个"瓦卡"（商队中的一个伙食单位）。由"囊欠"的"瓦日瓦"（经纪人）介绍当地市价和行情，介绍顾客、帮助出售货物，从中抽取一定的佣金。佣金的抽取，不论牲畜大小，1头抽取1元，羊毛1驮2元，羔皮1张1角、牛皮1张2角。一个"囊欠"有时住十几个"瓦卡"，按出售土特产品数量的多寡收取费用。①

道光二十八年（1848），为了促进拉卜楞地区的经济发展，满足当地民众的生产生活需求，三世嘉木样活佛派人从河州请来回族、汉族商人各四家，使其在拉卜楞的"丛拉"落户经商，他们的生意由拉卜楞寺提供保护，资金上的缺口也由拉卜楞寺解决。从此，外来商人与拉卜楞寺上层建立联系，此后外来商人进入拉卜楞在"丛拉"经商，均需要先获得拉卜楞寺上层的许可。

> 凡初赴藏地经商者，须有熟人为导，认定其中一家为主人曰

---

① 甘南藏族自治州地方史志编纂委员会编：《甘南州志》上卷，民族出版社1999年版，第828页。

"认主家",致送相当礼物曰"按茶"。主家既经结认,以后即可自来,卖买均由主家介绍,极为方便,惟不可相欺,违则见绝于主家,而他家亦即不再受其认矣。礼物以茶、布等为上品,数量视情形而定,不必过多。①

自从三世嘉木样活佛请来回、汉商人之后,回、汉商人逐渐成为拉卜楞商户的主力。拉卜楞寺规定,早期进入当地的回、汉商人不允许携带家眷,但允许娶当地藏族妇女为妻。"民国十六年以前,拉卜楞地区屠户买贱卖贵,获利甚厚,颇事征逐,故本地藏族妇女与腹地人士配婚者,多系屠夫。"②从"不允许携带家眷"到"藏族妇女与腹地人士配婚",反映了拉卜楞寺上层以及民间对族际互动态度的变化,前者为了避免注入"腹地人士"之类的他者在拉卜楞寺扎根定居,而通婚的出现则说明各民族在互动过程中交往交流交融的加深。

同治元年（1862）,太平军一部进入陕西,少数民族人民纷起响应。③部分回族为躲避战争进入甘南夏河地区,夏河政府大力保护,允许其从事商业和农业等行业。民国以来,一部分汉族也作为商人和机关公务人员留居夏河一带,形成了如今拉卜楞镇回、汉居住地的雏形。④

1928年,军阀马仲英起兵反抗国民军,围攻河州,引发一连串战乱,此后数年甘宁青新等地战火不断,死伤数十万人,甘南、天祝等地区也深受其害。河湟事变后,河州大量回族和汉族为了躲避战祸,逃到拉卜楞地区,在当地以经商为生。"寺院附近之居民区曰甲科……绝大部分皆为汉、回人,而十七八年间逃来之难民,计在四十户以上,

---

① 中国人民政治协商会议甘肃省委员会文史资料研究委员会编:《甘青闻见记》,甘肃人民出版社1988年版,第183页。
② 丁明德:《拉卜楞之商务》,《方志》1936年第3—4期。
③ 杨建新:《中国西北少数民族史》,民族出版社2009年版,第463页。
④ 张庆有:《试论拉卜楞地区各民族之源流》,《甘肃民族研究》1996年第2期。

来自旧城者有十二户,多为回民,来自河州者有三十余户,多为汉民,皆以作小生意或充脚户为生。"①

纵观历次"河湟事变",无数群众流离失所。拉卜楞寺区域的活佛一直保持着开放包容的态度,接受了回族和汉族难民的投奔。迁入的难民带来的农业新技术和商业新资本大大提高了农业的生产效率,开拓了当地农业发展的新路径,极大带动了拉卜楞寺区域的发展。如夏河地区种植业的变迁,小麦、豌豆等成为人们大量种植的农作物,耕作的方式也从历史上的粗放式逐渐转向精耕细作。从民族关系角度看,这是一种"友好的接触开启友好关系,并导致友好关系不断升级"②的过程。

此后,在拉卜楞地区经商的河州回族商户逐渐达到200余户,尤其是在每年收购羊毛的旺季(3月、9月),回族商客蜂拥至拉卜楞地区寻求商机,最多时超过400家。1937年,拉卜楞丛拉周围的商户有百余家,其中回族、汉族商户各半,以河州帮的商户实力最强,资本最多的则是皮毛商人。

长期在拉卜楞地区经商的回、汉商人,大多能说流利的藏语,与拉卜楞寺的僧人,尤其是上层活佛、喇嘛关系密切。至1949年前夕,拉卜楞丛拉的商铺涉及20多个行业,700余商户,其中汉族商户约200户,其余为回族商户。无论回、汉,其经营都与拉卜楞寺有密切关系。拉卜楞寺的做法既为当地各民族的经济、文化交流提供了良好的平台,又体现了管理者包容、开放的心态,也吸取了不同群体的成功经验和先进知识。

---

① 中国人民政治协商会议甘肃省委员会文史资料研究委员会编:《甘青闻见记》,甘肃人民出版社1988年版,第232页。
② 徐黎丽:《接触与非接触——影响西北少数民族地区民族关系的客观变量分析》,《中国民族学》2009年第1期。

（二）近代回商的经济活动与民族交往交流交融

近代西北各地在商贸发展中形成了大量的坐商、商号与流动的商帮、商队，以包头、银川、河州（临夏）、兰州、西宁等城市为枢纽，联结各层级的商贸集镇，辐射青藏高原、蒙古高原、河西走廊和新疆等边地，形成了跨地区的商品交换、运输网。元朝时回族先民们的商业经营以香料、珠宝等奢侈品为主，自明朝以后则转向了生活必需品，主要是牛羊肉、动物皮毛、皮革制品以及茶叶、盐、粮食、布匹等日用百货。[①] 居住在城镇及周围的回商主要经营短途贩运、餐饮、杂货零售、皮货加工、牛羊屠宰等行业，或在畜牧贸易中充当"牙客"（经纪人），而被称为"脚户"的行商则在商贸路网上发挥着商品运输和转手贸易的功能，形成了青藏高原上的牛帮商队和远到蒙古高原、新疆地区的运输驼队。

1. 近代回商的兴起及其主要商业活动

19世纪中期，资本主义势力侵入中国，在各地开办洋行占领中国市场。光绪二十六年（1900），甘肃有大小不等的外国洋行30家，其中河州有9家，经营范围以羊毛、皮货为大宗，此外还有诸如大黄、麝香等名贵药材及木材等。近代回族商人最初主要从事本小利薄的行商收购业务，资金和规模有限，因此在甘南等地协助洋行开展相关收购业务的商人以北京、天津、山西等地商人为主。为了解决资金问题，部分回族商人通过"进庄"介绍和担保，以类似贷款的方式，从洋行支取现金，进入青藏高原以及蒙古高原的牧区收购羊毛；或充当中间商，从更大的批发商手中先行赊货，然后深入上述地区换取土特产后

---

① 赖存理：《回族商业史》，中国商业出版社1988年版，第152页。

转运到城镇倒卖，再将本息还给批发商；也有部分回商得到寺院活佛的信任和担保，在资金周转困难之时向寺院借款。①

20世纪20年代，随着政府对洋商免税优惠政策的废除，加上西北地区军阀混乱，社会动荡，洋行纷纷退出拉卜楞地区，撤庄回天津。回商抓住机遇，趁机占领市场，相继成立八家专门以皮毛贸易为主的商号，逐渐垄断拉卜楞地区的畜产品，在这一时期贸易网络的发展中达到了实力鼎盛阶段。"此外，还经营杂货业，至民国十七年前后，有十九家比较盈实有名的杂货铺专营各种日常生活用品以及民族特需用品，深受藏族同胞的欢迎，经济效益很好。"②拉卜楞地区以畜牧业生产为主，兼营少量农业，丰富的畜牧业使得"每年毛产额平均二百三十万斤以上……营此业者，临夏回商占十之八……毛商因多系临夏回民官绅之资本，多财善贾，生意较为兴隆"③。早期回汉商人的实力相当，至民国中后期，回商势力不断增强，"三马"集团基本垄断了甘青宁地区的商业。

随着洋行的撤出，回商在皮毛行业有了更充足的发展空间，坐商与行商相互依靠和补充，向内地拓展商业网点，逐渐在市场中占据主宰地位。在其带动下，民间中小商人得到发展，促使羊毛收购、择晒、打包、驮运、筏运等与皮毛贸易相关的行业兴盛起来。④根据民国三十年（1941）的相关统计，临潭旧城一地有商业资金银洋647 000元，资金在2000元以上的商号有38家。⑤清末民初，临潭作为内地与涉藏地区物资交流的重要集散地，发展形成了"天兴隆""万盛西""德盛马""义兴恭""天顺城""永泰和""复盛通""永兴泰"和"瑞华

---

① 袁纣卫：《包头回族皮毛贸易（1879—1945）》，《回族研究》2007年第3期。
② 高旭龙、李娜、房继荣：《民国时期拉卜楞地区回商贸易交往刍议》，《青海民族大学学报》（社会科学版）2014年第2期。
③ 丁明德：《拉卜楞之商务》，《方志》1936年第3—4期。
④ 马平：《近代甘青川康边藏区与内地贸易的回族中间商》，《回族研究》1996年第4期。
⑤ 王志文：《临潭经济考察记》，《西北问题论丛》1941年第1期。

兴"等数十家实力较强的个体商号，洮商的贸易网络连接了兰州、西宁、西安、张家口、成都、北京、松潘、昌都、汉口等二十几个城市。

回商在甘南地区的大量存在，客观上促进了当地社会经济的发展。在经商过程中，回商参与民族经济交往交流交融，首先表现在物资的流通与贸易往来中。一方面，以畜牧业生产为主要生计方式的藏族群众，无法完全通过畜牧业生产满足自身的生产生活需要，他们需要从外界获取茶叶、粮食等必备的物资；另一方面，回族商人为了自己的生计，进入甘南乃至川西北等地，将商品输入涉藏地区，换取牲畜、皮毛制品、药材等商品，从中获利。从经济生产的门类上来看，二者的互动在经济结构上形成了良性的互补。

表 1-1 民国时期临潭旧城与涉藏地区之间的主要交易品

输入	输出
布匹：红标、市布、府布、套布、丝绸、直贡缎、人造丝等	毛皮：羊、猪、水獭、虎（较少）、猞猁、狐、狼、扫雪、鼬、草猫、鹿、熊、獾、狸子、狘子、豹、沙狐、番狗等
铜器：铜锅、铜勺、铜壶	药材：鹿茸、麝香、羚羊角、藏红花、牛黄、豹骨、虎骨（很少）、贝母、秦艽、冬葱、山药、大黄、甘草、党参
其他日用品：针、线、灯、面粉、瓷器（多细瓷）、颜料、念珠、临洮黄烟、铁器、鞍辔、玩具等	牲畜：以马、牛、羊为主，羊包括绵羊、山羊，牛包括黄牛、牦牛和犏牛

资料来源：中国人民政治协商会议甘肃省委员会文史资料研究委员会编：《甘青闻见记》，甘肃人民出版社1988年版，第207—208页。

作为内地与草原深处经济交流空间中的重要节点，洮州旧城与甘南地区的商业联系密切，形成了往来于内地与草原之间物资交换体系中的资源流动，"以其所需之物往，而易其所产之物归"①。民国西北商

---

① 中国人民政治协商会议甘肃省委员会文史资料研究委员会编：《甘青闻见记》，甘肃人民出版社1988年版，第207页。

贸繁盛时期，临潭旧城有京帮、陕帮、鄂帮、豫帮等外省商帮20家左右，甘肃省内岷县、临洮、兰州等外地商帮数十家，本地商帮数百家。顾颉刚也谈道："故旧城商务，东至陕西，更沿江海而达津、沪，西赴青海，南抵达川、康，北及内外蒙。"① 由内地输入临潭的货品包括府布、套布、粗斜布、细斜布、大米、青盐、蜂蜜、辣椒、府茶、松潘茶、糖、黄表纸、黄香、黄烟、耕犁、瓷器、火柴、洋货等；由涉藏地区经临潭输入内地的货品主要包括皮毛、牲畜、药材、木材、马鸡翎、猪鬃等。②

其中，临潭的木材主要由兰州、狄道两帮木客运至兰州。生皮毛主要运至张家口进行加工，熟羊皮销往四川。此外，骡马走陕西，猪毛走汉口，羊肠走天津，麝香发河南，药材发陕西三原，牛售岷县、渭源一带。③ 由此，围绕着内地与涉藏地区之间物资交换交流的需求，产生了大规模的商贸活动。与外省商客、省内外县、本地的汉人商业群体相比，包括临潭回商在内的甘青回商在青藏高原的商业空间中具有一定的优势，其商业活动范围深入涉藏地区，凭借一定的文化资本、社会资本在内地与甘南、天祝的经济交流空间中发挥着中间人的作用。历史上的甘青回商不仅将牧区收购的牲畜、皮毛和药材等商品运至内地出售，还将牧区藏族人所需的茶叶、丝绸、布匹、食糖、瓷器等生活用品输送至今甘肃甘南、青海西宁等地的市场，更多的则是直接进入藏族居住的牧区、半农半牧区进行商品交换。

以临潭西道堂为例。"每年春秋二季，西道堂商队一批批向草地进发，到处都有他们活动的市场，商队归来时，就是洮州旧城皮毛市场最活跃的时候。"④ 西道堂以其严密的宗教组织、雄厚的经济实力为后

---

① 顾颉刚：《西北考察日记》，甘肃人民出版社2002年版，第228页。
② 中国人民政治协商会议甘肃省委员会文史资料研究委员会编：《甘青闻见记》，甘肃人民出版社1988年版，第223—226页。
③ 顾颉刚：《西北考察日记》，甘肃人民出版社2002年版，第228页。
④ 明驼：《卓尼之过去和未来》，《边政公论》1941年第1期。

盾，立足旧城，面向涉藏地区从事坐商和行商活动，遍及甘南各地和与甘南接壤的四川、青海地区。经营方式上，藏族民众的牛羊出售、屠宰以及皮毛、药材等土特产的出售多由回族完成，而回族商人又从外界带进藏族所需的生产生活工具。在所经营商品中，主要有茶、布匹、绸缎、铜器、米面、油糖、调料、药品等藏族民众的生活用品，收购的土特产有野生皮张、珍贵药材、羊皮毛等。①

"生产结构的互补和经济生活的互需是回藏交往的基本动力，说明经济活动是人们日常交往的重要内容。"② 商品贸易的不断发展，使得不同民族间的生计方式互为补充，得到补充后的民族生计则获得了进一步发展的活力，双方在共生的前提下相互促进，共同发展，以此为前提，"回藏民族在社会交往、文化交流等方面保持着一种良性的民族关系并一直延续着"③。

2. 共同经济活动中的族际互动

青藏高原市场空间中的商品贸易具有很强的流动性，以物易物是其中重要的交换方式。内地与草原深处物资交换体系中的资源流动，正是依托于这些大规模的商品货物流动、长途跋涉的规律性季节商队。青藏高原毗邻地区的回族与牧区藏族中的商业群体，依托各自的地缘优势和资源条件开展商贸活动。

在这一市场空间中，临潭回族商人通常组成小规模商队深入涉藏地区部落，除有一定规模组织的西道堂外，均为"搭帮不合股的单帮"。由于藏族农业区供应的粮食有限，藏族商人也会前往农牧边界地

---

① 马燕：《历史上河湟地区回族与藏族的经济交往》，《青海民族学院学报》2007年第4期。
② 马进虎：《两河之聚：文明激荡的河湟回民社会交往》，甘肃民族出版社2006年版，第306页。
③ 高旭龙、李娜、房继荣：《民国时期拉卜楞地区回商贸易交往刍议》，《青海民族大学学报》（社会科学版）2014年第2期。

区①，向那里的汉、回农民换取粮食。藏族商队一般由同一部落成员组成，几乎每家帐篷都会派一个代表参与商队，人口太少或有困难的家庭则会请朋友帮忙驱赶牛羊进行交易。藏族商队的规模往往很大，并且具有自发的、高度一致的纪律性。由于夏季牧民在离农区较远的地方不断迁移，因此驻扎在冬季营地时藏族部落的商队才得以组建出发。② 与回商不同，藏族商队的行动主要是满足日常生活的必要需求。在不同需求驱使下开展的民族经济交往，带动的是各民族间更加深刻的经济和社会关系的发展，在经济交往的同时，民族之间的物资交流、文化交融等频繁发生。

表1-2　民国时以临潭为起点的主要商贸路线

北线与西北线	① 旧城—合作—临夏—银川—包头—呼和浩特—张家口—北京 ② 旧城—合作—临夏—同仁—共和—西宁—乌兰—茶卡—都兰—德令哈—格尔木 ③ 旧城—郭木梁—和政—广河—兰州
南线与西南线	① 旧城—碌曲—郎木寺—阿西—尕日台子—川珠寺—樟喇—松潘—成都 ② 旧城—碌曲—迭部（上迭、下迭）—白龙江流域沿线—舟曲—武都—文县—四川地区 ③ 旧城—碌曲—郎木寺—若尔盖、玛曲—甘孜—果洛达日—称多—玉树—囊谦—类乌齐—昌都 ④ 称多—石渠 ⑤ 旧城—碌曲—郎木寺—若尔盖—松潘—茂县—汶川—成都 ⑥ 若尔盖—红原—阿坝—马尔康—松潘—茂县—汶川—成都 ⑦ 马尔康—黑水—金川—丹巴—康定—泸定—西昌—云南 ⑧ 昌都—丁青—巴青—索县—那曲—当雄—拉萨 ⑨ 拉萨—拉孜—定日—聂拉木—尼泊尔
东线	旧城—岷县—陇西—礼县—天水—宝鸡—西安—郑州—北京、天津、上海、武汉、成都、广州等地

由于特殊的自然地理环境和以牧业为主的生产方式，青藏高原地区形成了牧区空间下的道路网络与市场体系。在复杂的地理环境和落

---

① 黄举安：《进步中的果洛》，《中国边疆》1943年第10—12期。
② 罗伯特·埃克瓦尔、波塞尔德·劳费尔：《藏族与周边民族文化交流研究》，苏发祥、洛赛编译，中央民族大学出版社2013年版，第68—75页。

后的生产条件下,历史上甘南与天祝等地道路交通条件不便,更多的是牧民日复一日行进踩踏形成的小径。道路网上驮运路线交错重叠形成具有层次性的市场空间,将甘肃、青海与邻近地区联通:以临潭、拉卜楞、合作、河州等贸易集散中心为原点,向西南通往今青海省果洛、玉树、黄南等地区,向南通往四川省西北部的阿坝、松潘、红原等地区,由临潭顺洮河经岷县通向临洮、兰州、陇西和宝鸡等地。①

临潭新、旧城及其周围的米拉沟、千家寨、太平寨、汪家嘴、喇嘛川等地聚居着众多回族,商业活动特别活跃。②洮州地区的洮商群体以临潭回商为主,奔波于内地与涉藏地区之间,是一支对区域商贸流通发展、族际文化交流传播有积极影响的商业群体。这一商业群体因地缘优势和文化特性,参与到内地与涉藏地区农牧互补的交换体系中,在贸易路网上充当着"内引外联""东联西引"的中间人角色。

被称为"牛马商贩"的行商驮队,主要承担着旧时甘青川藏边区跨区域贸易路网上的货物商品运输与流动,促进着区域的商业贸易。商队在长期的商贸往来中形成了规律性的节奏:牛帮驮队一般每年冬季中期出发(约为农历十一、十二月),每天行程25—30公里,经过12天可以到达阿坝地区,经过15天可以到达甘孜地区。行商驮队的行程一般都会多达几个月,晚春和初夏为牛马买卖的黄金时间,经历寒冬的掉膘,商人们更容易分辨出牛马的耐力体格。驮队一般于夏季大雨降临前或初秋牧民前往农区贸易之前返回。

牛帮驮队出发时,单帮的规模在十到上百人之间,在商队中通过用餐的"锅"来划分小组,每个"锅子"规模为10—15人。小组长被称为"锅哇",其在与部落头人的交涉过程中发挥重要作用。通常会有几十个"锅"一起出发,以此来应对土匪的袭击。商队用犏牛驮运各

---

① 甘南藏族自治州地方史志编纂委员会编:《甘南州志》上卷,民族出版社1999年版,第692页。
② 邱树森主编:《中国回族史》,宁夏人民出版社2012年版,第447页。

种物资，包括商品、商队的帐篷、口粮等以及用于自卫的武器弹药等。回族商帮在到达藏族部落的交易点后，就通过其在该地区的跨民族社会资本网络投奔各自的"主人家"，这使得回族商人可以顺利地进行交易，并在藏族社区停留的时间内得到了很大程度的关照。商队的帐篷往往支在其藏族"主人家"所属部落的帐篷圈或近处，扎好帐篷后就会立马受到邀请到"主人家"的帐篷中用餐，回族商人也在这个时候向藏族"主人家"赠送礼品。"主人家"不仅保护回族商人，还为其介绍生意，建立回族商人与其他部落之间的联系，为其做担保，甚至在纠纷中充当保护者和调解人的角色。"主人家"是两个民族间建立的一种特殊亲缘关系，是民族间扩大了的亲属圈。回族商人返回时无须像出发时那样结成大帮，带回的货物主要为皮毛和牛群，轻便了不少，一般结成两三个"锅"就能成行。据王树民的记载，从旧城每走一次甘孜、玉树等地，"千元资本约可趁五百元之利云"①。

临潭旧城的盐帮驮队则在每年夏、冬两季前往青海茶卡盐湖贩盐。据统计，民国时期临潭旧城的盐帮驮队有70余家，共有驮牛15 000多头，每年可贩运约50万公斤盐。②

民国时期，由于时代延续下来的区域间跨民族社会资本，临潭回商们与安多地区的土司、部落头人们的关系密切。其中包括一些著名的土司，如黑河沿的旺杰姆、嘉绒地区的十八土司、郎木寺的格尔迪色赤、阿坝的麦其土司（麦家土司）。麦其土司更是为临潭回族商队分发写有藏文的白色"通行旗"，以便其在土司所属领地顺利通行。具有一定组织力量的西道堂更是与许多藏族部落建立了深厚的友谊，如拉勒关所属的唐古儿、舍海地、尕秀、群古儿四部落和藏南十二头（包

---

① 中国人民政治协商会议甘肃省委员会文史资料研究委员会编：《甘青闻见记》，甘肃人民出版社1988年版，第223页。
② 临潭县志编纂委员会编：《临潭县志（1991—2006）》，甘肃人民出版社2008年版，第799页。

括四川涉藏地区）的头目,并且与阿坝、康定、甘孜、昌都、玉树、同德等地方的藏族人都建立了广泛的联系。①

民国三十二年（1943）,李安宅、于式玉夫妇在四川藏边地带的黑水河地区考察时,便被头人的太太安排与回商们住在一起。于式玉先生在《黑水民风》中谈到,黑水地区人们家中用的器具、身上戴的饰品还有很多值钱的东西都是由西北回商输入而来的。② 黑水边民与临潭回商之间密切的社会互动,反映了这种族际经济往来所形成的社会纽带,也是跨区域贸易路网中族际互动的一个缩影。在考察临潭、卓尼一带时,李安宅、于式玉夫妇发现了西道堂设立的"边民招待所",两次经过时都见到六七十位藏族群众在此吃饭。③ 临潭的商人到这些藏边地区时,也会受到互惠的待遇与支持,后者向其提供歇脚之地和交易场所。

回商们从临潭、拉卜楞、河州等地出发,经阿坝到达黑水之后,通常住进头人的衙门。当地藏族部落的头人通常会在回商的交易、起居和饮食等方面尽可能地给予帮助；作为回报,回商会相应地送头人们以"大礼"。于式玉记载了几位回商送给头人的礼物,其中：一位姓丁的铜器商带来的是两身做成的缎面羔子皮袄,一身送给头人,一身送给头人的太太；卖布匹的王姓商人送头人缎子十方；卖珊瑚的马姓商人送了头人两条地毯和数枚珊瑚。④ 由于饮食习惯不同,头人在饮食方面只提供给商人所需的白面、糌粑、洋芋、油盐和柴等,由商人自己动手做饭。商人在黑水与边民进行交易时,由头人评估好货物的价钱,然后通知边民前来购买。边民欠赊的情况较为普遍,因此头人在

---

① 子亨：《中国伊斯兰教西道堂史略》,载青海民族学院民族研究所等编：《西道堂史料辑》,西安第三印刷厂1987年版,第1—74页。
② 于式玉：《于式玉藏区考察文集》,中国藏学出版社1990年版,第249页。
③ 于式玉：《于式玉藏区考察文集》,中国藏学出版社1990年版,第145页。
④ 于式玉：《于式玉藏区考察文集》,中国藏学出版社1990年版,第252页。

中间做担保并帮助商人催账。① 于式玉在芦花衙门里与一位临潭王姓卖布回商的聊天中还了解到,其与黑水头人苏永和为世交,王姓回商的岳父就与黑水头人们有十分亲密的往来。在黑水头人发生大小内乱的时代,苏永和的长兄苏永清曾两次逃到临潭避难,第一次和其父亲在王姓回商的岳父家住了五年,第二次在临潭又住了三年。②

通过跨区域贸易路网的经济往来与社会互动,西北回商与藏族部落头人建立起了互惠的经济社会网,促进了青藏高原市场空间中的商品货物流通,也加强了民族间的社会交往交流,形成了民族之间深厚的情感基础。

在内地与甘南、天祝等地的经济交流空间当中,回、藏两大民族虽然文化与信仰不同,但却因地缘结构上的渗透、经济上的互补关系发生着稳定性、长久性的频繁互动。③ 在历史上,以游牧经济为主的青海、西藏、内蒙古、新疆等边疆地区,与以农耕经济为主的内地之间构成了农牧互补的商品物资交换系统。回商通过跨地域的经济活动,将边疆的游牧文明与内地的农耕文明联系起来,成为农耕文明与游牧文明交流的中间人。游牧经济与农耕经济具有一定的结构互补性,在长期的历史发展过程中,农耕社会与游牧社会不断发生着交流、冲突、碰撞与融合,在互补性的经济结构张力之下维持着一种共生与依存的社会平衡。自明清以来,回商通过商业贸易活动和广泛的商业网络促进了跨区域的商品贸易流通,促进了内地农耕社会与边疆游牧社会两大商品物资交换系统的互动。回商在促进地域间商品交换的同时,也在一定程度上推动了内地与边疆之间的民族互动和文化交融。

---

① 于式玉:《于式玉藏区考察文集》,中国藏学出版社1990年版,第253页。
② 于式玉:《于式玉藏区考察文集》,中国藏学出版社1990年版,第200页。
③ 杨文法:《关于青藏高原地区回藏贸易体系的人类学探讨》,《青海社会科学》2011年第1期。

3. 商业往来中的民族交往交流交融

回商在民族交往领域的行动，并不仅仅局限在经济领域。通过贸易往来，牧区生产生活中所需的各种生产生活资料得到了满足，大宗外来商品的输入也促使当地农牧民的消费结构发生改变，生活水平得到提高，外界文化借助经济贸易的渠道逐渐传入当地；与之对应的，后者的产品、文化、风土民情等，亦借助商人向外传播。"因与汉回人经常接触之结果，藏人女子亦渐习于修饰，如洗脸、洗澡、施用脂粉等事。"① 回族商人在该地区经商时，也大多喜欢着藏袍、穿藏靴。

甘肃藏族，尤其是临潭、卓尼、天祝等地的藏族，与汉族、回族等民族的交往交流更加频繁，在日常交往中双方的语言互通现象更为普遍。乾隆《循化志》载："凡切近河洮岷州，内地番人与百姓杂处者向通汉语。"② 穆斯林商人与藏族在经济上的密切联系，使得历史上回藏双方在语言上的互通与借用亦十分普遍，其中尤以回族、汉族商人学习藏语为多。顾颉刚先生在《西北考察日记》中不止一次提到双方语言互通的事例：

临潭、黑错途中（民国27年6月17日）。今日过闇门后遇一人，以汉语相酬答；既而自陈为番民，曾诵《三字经》及四书，则番民之居近汉地者，故非有不读汉书之成见也。③

夏河（民国27年6月25日）。下午到藏民小学参观。此间汉人小学中有藏人，藏人小学中亦有汉人，可见两族之融和。晚，应杜主任之宴，到防疫处。饭后至一番女家访问。此女前曾为妓，能操汉语，今嫁一商人，见予等至，自谦曰："诸位到我们西番屋

---

① 范长江：《中国的西北角》，四川大学出版社2010年版，第50页。
② 龚景瀚编：《循化志》，李本源校，青海人民出版社1981年版，第24页。
③ 顾颉刚：《西北考察日记》，甘肃人民出版社2002年版，第231页。

里来是看不得的。"然其家整洁实甚,架上器皿日加拂拭,光色照人,壁上裱糊德国花纸,亦复艳丽,一室之内,物有定所,地上不置杂器;即此可见番民文化之高也。①

根据顾颉刚先生考察日记所记载,合作、夏河等地的藏族对儒家文化、汉族习俗乃至国外装饰等事物均有所接受,夏河学校中汉族、藏族学生于同校就读,民族之间的文化交流交融在很多层面都有所体现。又如最初回、汉商人进入拉卜楞经商,须履行"认主人家"仪式,即与当地上层相识并馈赠厚礼,建立密切联系,从而获得允许经商的许诺和保护。"认主人家"虽然具有功利性,但双方在此过程中建立起良好的社会关系,对当地民族关系的发展、民族交往交流交融的深入,都起到了客观的推动作用。在"认主人家"的过程当中,在拉卜楞地区做生意的回族商人都能够说流利的藏语,与当地寺院、僧人、活佛往来密切。

由于文化传统、价值观念以及个体差异等,汉族商人与穆斯林商人在与藏族民众开展经济活动的过程当中,虽然以相互尊重、相互学习、相互交流的和谐关系为主,但双方也存在一定的矛盾冲突。如部分商人违背商业道德,采取不等价交换或欺瞒、倾销、以次充好等方式开展商业活动,影响了各民族之间正常的经济贸易秩序,对民族间的团结友好局面造成了负面的影响。顾颉刚先生在其《西北考察日记》中亦曾提道:

又与蒙人作贸易,向惟赖能说蒙、番话之汉、回商人,而此类商人唯利是图,事不厌诈,毫无国家观念,曾闻其谚曰:"知番话,值银子;知鞑话,值金子。"谓番民较识外情,不若蒙民之远

---

① 顾颉刚:《西北考察日记》,甘肃人民出版社2002年版,第236页。

隔无闻，可随情欺谩也。①

这里所谓的"番"是时人对藏族的不当称谓，回族、汉族商人中的"唯利是图者"的个体行为，影响着藏族群众对商人群体乃至回族、汉族群体的整体认知，从而影响着各民族之间正常互动的开展，影响民族团结心理的发展。

当时藏族牧民中存在的劫掠、盗窃等行为，同样对族际经济互动产生着负面影响。光绪《洮州厅志》记载："（洮地）无论生番，跳梁野性，诚不易驯。即熟番居近川口者，亦毳帐轻迁，桀骜难制，往往以劫财窝盗为地方害，商旅苦之。"② 从牧区群众的角度而言，一些偷盗、抢劫回族商人的行为，尤其在一些重大自然灾害发生、牧民蒙受巨大的损失之后，陷入贫困的牧民劫掠过往商人的行为屡有发生，而这些也影响着当地正常的经济往来。③

甘南、天祝等地的商业活动以回族和汉族商人为主，他们充当着联系藏族和其他民族以及外部区域的纽带。其中主要有两种商业路径，一种是贸易者从临潭和拉卜楞区域购买涉藏地区急需的物品，携带自身需要的物品组成商队进入相应地区，同牧民互通有无。早期贸易一般以以货易货的形式进行，并辅以银圆进行差价补贴。这种贸易活动具有利润高的优点，但也具有时间长、贸易过程危险的缺点。另一种就是内部向外地出口的贸易活动，主要以临潭和夏河为原始起点。通过这些不辞辛劳传播经济产品和文化的商旅，藏族的文化和原材料得以向外传播，外部的先进产品和文化也慢慢流入藏族地区，经济和文

---

① 顾颉刚:《西北考察日记》，甘肃人民出版社2002年版，第239页。
② 张彦笃主修:《洮州厅志校注》，包永昌总纂，张俊立校注，中国文史出版社2013年版，第432—433页。
③ 马磊:《清代民国时期甘青藏区回商、市场与族际互动》，兰州大学博士学位论文，2013年，第187—190页。

化的交往交流交融在这个过程中不断升华。

值得注意的是,在这些商业活动当中,交往双方更多的是对自身利益的关切,在很大程度上独立于族群[1],这种基于个体利益的跨民族交往方式持久而频繁,有利于促使双方在频繁的交流中保持良好的关系,并对作为群体的民族之间的关系起到积极的促进作用。在经济层面,无论是自然的经济行为,还是有组织的商贸活动,回商、汉商在当地的经济活动,都使得各民族之间能够互通有无,推动了当地经济贸易的发展。在族际交往层面,民族间经济互动在地区间和民族间架起了互相沟通的桥梁,进一步加强了原本处在相对封闭环境中的甘南、天祝社会的开放性,经济上的互补性密切了藏族与周边其他民族的联系。

青藏高原的人文生态,是多民族共存、多元文化共生的生态和文化系统。[2] 通过一系列的商贸活动,藏族居住地贸易路网上的基层市场、贸易集散地、商业重镇、商业城市被联系了起来,各种县乡定期市场、牧区临时市场、寺院市场、庙会和花儿会也兴盛发展起来。贸易路网和市场空间不仅满足了涉藏地区人们的日常生活和物资需要,为内地的生产生活提供了重要的资源,更重要的是沟通起了各族人民开展互动、实现交往交流交融的通道。地方商业群体的生计发展依托内地与当地两大物资交换系统的资源需求与吸引,而回商的贸易商队与贸易活动为内地与藏族生活地区建立了经济交往与文化交流的纽带。区域间的生产生活需求和经济、文化交流形成了文明互动的强大推力。在长期的族际互动中,地方商业群体的商业活动使其在贸易流动中拓展族际社会网络,建立了跨族群与跨区域的社会资本,推动了民族交

---

[1] 马戎、周星主编:《中华民族凝聚力形成与发展》,北京大学出版社1999年版,第369页。

[2] 刘志扬:《青藏高原及其周边地区的民族构成与文化互动》,《民族研究》2017年第2期。

往交流交融的发展。

（三）各民族共同参与本地民主革命

各族人民为了生存与发展，一次次举起反抗、斗争的旗帜，反抗压迫与剥削。道光二十五年（1845），黑错牧民因屡受清兵劫掠，在其首领素努脱巴（索南知化）、昏卜刚究的率领下起兵反抗。次年四月，时任陕甘总督布彦泰搜捕二人，派兵渡过黄河，向黑错地区进军。清军连日排查，并未发现"贼番"。黑错四沟的藏族群众不堪骚扰，在素努脱巴等人的率领下，发动武装起义，集中步骑1800余人奋起反抗，消灭清军官兵数十人。后清政府继续调集兵力，最终于当年七月完全镇压此次起义，并在甘南、青海各涉藏地区实施更加严厉的统治措施，但也遭到了持续的反抗。

民国十四年（1925），为了反抗军阀马麟及宁海军的残暴统治，拉卜楞地区的藏族僧俗群众和美武（今佐盖曼玛）、双岔（今碌曲县境）等部落，调动藏兵1万余人，与马麟部激战于甘加等地，给宁海军以沉重打击。

卓尼土司延续至杨积庆（罗桑丹增南杰道吉）时，正值辛亥革命对封建社会带来巨大冲击的时期，民族解放运动蓄势待发。在这样的背景下，杨积庆积极参与其中。虽然杨积庆不曾迈出卓尼地界，但他阅读全国各地的大小报纸，以及与设在上海、天津等地卓尼商行往来的书信，了解国内外形势，思想先进，敢于接受新事物，推广先进技术和文化。为了维护地区社会稳定，杨积庆率领本部士兵与洮州回族、汉族共同防御外敌侵扰，抵挡美国基督教神召会传教士的文化掠夺。辛亥革命后，教育开始在民众中普及，杨积庆在原有藏汉文化教育的基础上，创办柳林小学、卓尼喇嘛教义国文讲习所，大力促进本地区文化教育的发展。

1935年9月和1936年8月，红一方面军和红四方面军长征先后经过甘南迭部、临潭、卓尼、玛曲等县，与当地各民族进行了友好互动。1935年9月11日，红一方面军在毛泽东、周恩来及党中央的带领下，长征到达迭部县达拉沟；9月12日党中央在俄界召开了政治局会议，发布了《为执行北上抗日告同志书》；9月17日攻克天险腊子口，为红军北上打开了最后一道天险。1936年8月，红四方面军在朱德、徐向前的率领下经过甘南，8月9日攻占腊子口，8月14日占领临潭县城（今临潭新城），在此召开了著名的"洮州会议"。洮州会议之后，红四方面军决定北上与已经到达陕甘宁边区的中央红军会合，同时在临潭县组织当地群众成立临潭苏维埃政府。中国工农红军两次过甘南，尊重当地少数民族风俗习惯，纪律严明，给当地藏、汉、回等各族人民留下了不可磨灭的印象，播下了革命的种子。

红军路过土司辖区时，杨积庆命令下属"如果红军来了，不要堵击，开仓避之"①，实则在变相资助路过的红军。红军抵达迭部之后，杨积庆部下暗中开仓接济红军，为红军提供休整场地。见识到红军的严明军纪和民族宗教政策之后，杨积庆更是亲笔书信，派亲信到红军指挥部慰问。红军路过杨土司辖区期间，土司士兵多撤离远避，正面遇上红军则放空枪避之。最终，红军顺利通过当地，并且得到了很好的休整。②

1949年，杨积庆之子杨复兴通电起义，投身社会主义事业。1950年，卓尼成立自治区，杨复兴任自治区行政委员会委员，建立区、乡两级基层人民政权，终结了土司制度。当年10月，周恩来总理亲自致信杨复兴，对当年杨土司"让道济粮"的贡献表示感谢。1994年10

---

① 中国人民政治协商会议甘肃省卓尼县委员会文史资料委员会编：《卓尼文史资料选辑》第7辑，内部资料2003年版，第100页。
② 杨士宏：《卓尼土司历史文化》，甘肃民族出版社2007年版，第66—68页。

月，甘肃省人民政府追认杨积庆为革命烈士。

1940年，甘肃南部发生灾荒，但民国政府的捐税却有增无减，各地的反抗斗争此起彼伏。1943年3月23日，卓尼县水磨川寺（今康多寺）年轻的金巴加木措活佛（俗称肋巴佛），带领当地僧侣和各族群众，在临潭冶力关宣布起义，明确提出反蒋抗日和"为饥民而战"的口号，反对国民党统治，积极与共产党进行接洽。3月29日，起义军攻克临潭。4月6日，起义军抵达渭源，与临洮起义军王仲甲等人会合，成立"西北各民族义勇军"。此后，起义军在甘南、临夏、陇南境内转战，对国民党在当地的统治予以沉重打击。肋巴佛更是在牙含章的介绍下加入了中国共产党。

杨积庆"让道借粮"协助红军过境、肋巴佛起义、杨复兴起义，都是甘肃藏族人民积极投身民主革命的典型案例，对于本地区的政治民主化、现代化做出了积极的贡献。从民族互动的角度来说，各民族共同参与民主革命的过程，也是民族交往交流交融的过程。各民族共同组成革命队伍，为了共同的目标艰苦奋斗，在反抗压迫、追求民主的过程中结下了深厚的革命友谊，大大拉近了彼此之间的心理距离，结成了荣辱与共、不可分割的命运共同体。

第二章
共生互通：日常生产生活中的民族交往交流交融

甘肃各民族在长期互动过程中形成了政治、经济、文化、社会等层面的互嵌格局，并在此基础上形成了民族和谐交往的心理空间。通过日常生活中的交往与交流，各民族在共生共存的基础上形成了多方位的互补、互助、互惠、互信。在日常生产生活场景中，各民族通过多种形式的互动，使民族交往从工具性的"互通有无"扩展到具有情感色彩的社会生活的交流，形成了"你中有我，我中有你"的族际非正式群体社会网络。在这一网络联结下，各民族通过共居、共学、共事、共乐等一系列社会生产生活的实践，推动了民族交往交流交融的发展，并且促使各民族联结成为中华民族共同体区域基础的一部分。

一、空间交错：居住格局

民族交往交流交融的展开，需要满足一定的空间要求。居住于甘南、天祝的各民族，在长期共同生活中创造了为各民族所共享的生产生活空间，这既是民族交往交流交融的结果，也为更加深入的交往交流交融创造了前提。随着社会开放程度的大幅度提高，他们曾经因地理区隔、居住空间异化等原因产生的交往障碍已然消失，民族之间在社区环境和社会结构中的互嵌性特征日趋明显，民族成员间增进理解、加深交往、推进认同、实现交融成为现实。

按照分布区域的范围，我们可以将民族的居住格局分为宏观、中观和微观三个层面，即各族群人口在一个国家或地区的地理区域分布、各民族人口在一个地区中的城乡分布、各民族在一个社区内的居住分布。① 本章重点以天祝藏族自治县华藏寺镇以及临潭、卓尼毗连地区的民族互嵌分布情况为例，分别从微观、中观层面讨论多民族的民族互嵌社区、民族互嵌地区以及不同层面的民族交往交流交融情况。

（一）民族共生社区的居住格局

在考察民族互嵌型社区环境的嵌入性问题时，可以从地域、人口、社区组织、文化以及社区心理方面来展开，其中地域与人口情况通过居住格局直观地表现出来。社区成员心理的互嵌是社区情感的表现，具体可以表现为社区成员的居住意愿。② 作为天祝县的首府，华藏寺镇近年来经历了快速的发展过程，基础设施建设不断加快，人口流动日趋频繁，社会文化发展水平不断提高，民族交往交流逐渐加深。华藏寺镇常住居民以藏族、汉族、回族和土族为主，当地社区的民族互嵌程度、民族互嵌对民族交往的影响作用，可以通过当地社区各民族的居住格局、交往意愿、交往频率得到反映。

通过在华藏寺镇的调查我们发现，当地几乎不存在由单一民族组成的社区，民族交错杂居的格局呈现出随机分布的特点。我们的问卷

---

① 马戎：《民族社会学：社会学的族群关系研究》，北京大学出版社2004年版，第161页。
② 闫丽娟、孔庆龙：《民族互嵌型社区建构的理论与现实基础》，《新疆师范大学学报》（哲学社会科学版）2015年第6期。

调查同样证实了这一发现：当地绝大多数（77%）的被访者均明确表示自己有其他民族的邻居，15%的被访者邻居是本民族成员，另有大约8%的被访者未关注邻居的民族状况。可见，当地民族交错杂居的现象是比较普遍的。从不同民族的角度来看，与总体情况相对吻合。其中，蒙古族的被访者均居住在民族杂居社区，都有来自其他民族的邻居；回族由于进入当地相对晚近，而且人口数量相对有限，并没有发展出"围寺而居"的寺坊型居住格局，呈现出相对分散的特点。

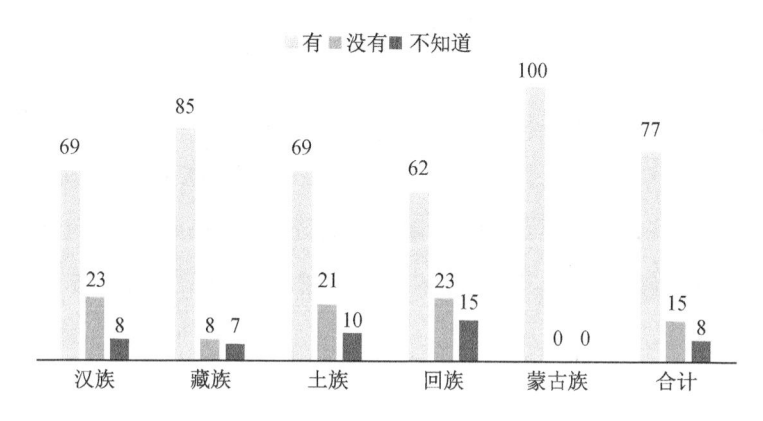

民族	有	没有	不知道
汉族	69	23	8
藏族	85	8	7
土族	69	21	10
回族	62	23	15
蒙古族	100	0	0
合计	77	15	8

图 2-1　邻居中是否有其他民族（%）

随着近年来华藏寺镇的城镇化建设不断加速，城镇规模不断扩大，其能够容纳的人口数量愈来愈多。通过自发的人口流动、城镇外扩、吸纳周边人口等途径，华藏寺镇不断吸引着不同民族的居民。因华藏寺镇的地缘优势，近年来天祝县下辖各个乡镇的各族居民不断迁入县城居住，根据个人的经济能力和发展意愿，选择购房或租住他人房屋。旧城改造进一步打破了华藏寺镇原有的居住格局，原本居住在同一社区的居民分散居住至县城的各个区域，民族散杂居的情况继续发展。当地民族互嵌式的居住格局，为各民族居民的族际互动提供了良好的空间环境，有利于民族交往交流交融的发生。

从居住意愿的主观选择方面来看，近七成（67%）的被访者明确表

■ 愿意 ■ 不愿意 ■ 无所谓

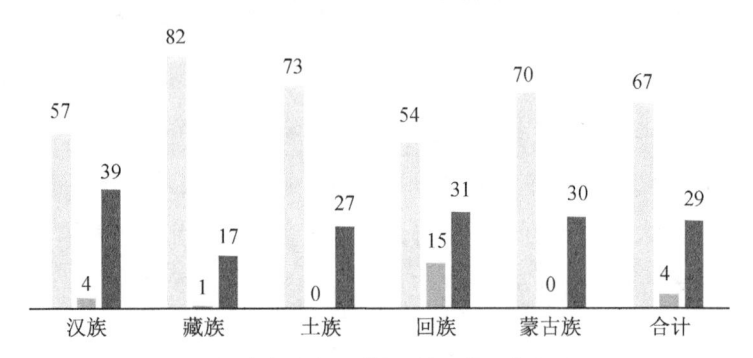

图 2-2 被访者在多民族混居社区的居住意愿（%）

示愿意居住在多民族混合社区当中，另有29%的被访者表示"无所谓"，其中亦透露出"并不介意与其他民族居住在一起"的意味。因此，被访者中接受多民族混合居住的人口比例是很高的。分民族来看，土族、蒙古族被访者均不反对与其他民族共同居住在一个社区当中，回族"不愿意"的被访者比例（15%）略高，其次是汉族（4%）和藏族（1%）。

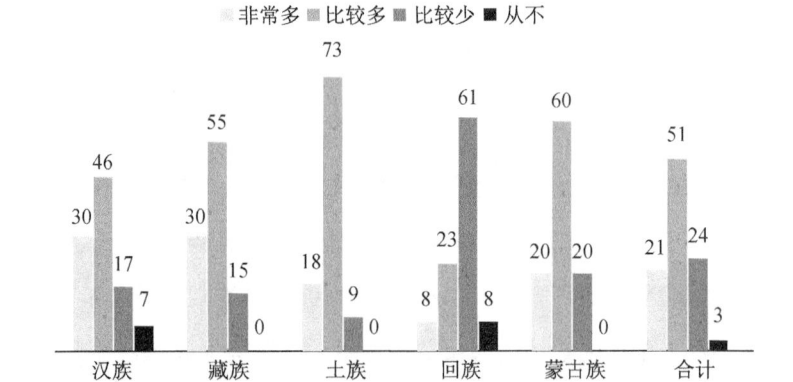

■ 非常多 ■ 比较多 ■ 比较少 ■ 从不

图 2-3 各民族的族际交往频率（%）

在族际交往频率方面，约五分之一的被访者表示自己与其他民族的交往"非常多"，51%的被访者表示"比较多"，可见当地总体上的跨民族交往交流是经常发生的，且多集中在工作交往、经济交往、邻里交往以及以此为基础而建立起来的朋友交往中。不同民族之间,藏族、土族、蒙古族中并未发现不与其他民族交往的情况,汉族(7%)和回族(8%)则有少量被访者表示"从不"与其他民族交往。

> 我们这楼里住的,藏族、土族、汉族都有,大家的生活习惯也都差不多。像过春节,大家都过,在这个楼上你去看,家家都贴对联,有些藏族人家贴的是藏语的对联,有些藏族人家也贴汉语的对联。一开始,一个楼里住的可能都是一个民族的,至少一个民族的人更多一些。最近这几年,楼房里面住的人慢慢也杂起来了,买房子、租房子的,看的都是房子好不好,也不管你邻居是哪个民族。特别是像那些租房子的,今天来了,过几天又走了的都有呢。活跃一点的么,跟左邻右舍的还能熟悉一些,一般的人其实也不咋打交道。跟以前在乡下住的时候比,现在楼里的人都不咋来往了,特别是年轻人,好像都不怎么说话,我们这些上了年纪的还跟楼里的邻居打打交道。可能是习惯不一样吧。(GBJ,男,51岁,汉族,经商,武威市天祝县华藏寺镇)

华藏寺镇的民族交错杂居现象明显,为不同民族之间的互动提供了必备条件。各民族之间的交往频率不断提高,交往范围不断扩大,交往深度逐渐深入,民族之间的相互了解、认同程度也在逐渐提高。这些都有利于促进民族之间的交融与民族团结的发展,有利于维护地区社会稳定。

"民族间存在的社会结构性差异对于民族地区民族关系的稳定与和谐具有重要的意义。民族间的社会结构性差异反映的是各民族社会发展过程中产生的不平衡状况。"[①] 对于民族互动来说,民族社会结构性

---

① 李静:《民族交往心理的跨文化研究》,中国社会科学出版社2010年版,第235页。

差异以及相应的社会环境，构成了民族交往交流交融的现实基础；同时，民族社会结构性差异的情况也会对民族交往交流交融的情况与发展造成影响。如长期客观存在的城乡二元社会结构，曾在很大程度上限制着我国的人口流动，也因此限制着民族交往交流的发展。随着不同民族的人民群众交往交流需求的提高、实践的增多，原有的城乡二元结构正在被不断破除。甘南、天祝的汉、藏、回、土等各民族人民，在不断的民族交往交流交融过程中，共同开发这块土地，从渔猎、游牧到农耕生计，不断发展出新的经济形态，在经济生活领域形成互补互济、互利互惠和相互依赖的关系。基于经济上持续密切的联系，各民族在社会文化、民族心理等方面逐渐产生强大的凝聚力，形成当前各民族和谐交往、关系密切的物质、文化和心理基础。

不同民族在互嵌共生居住格局基础上的和谐互动和密切交往，逐渐拓展至不同的社会层面，形成了社区层面的民族互嵌格局，各民族以生动的社会生活共同创造了当地民族互嵌的实际内容。以互相尊重、互相包容为前提，各民族通过共居、共学、共事、共乐，手足相亲、守望相助，在交往交流中不断加深对彼此的了解，在缩短居住空间距离的同时，拉近彼此的心理距离。各民族同胞和睦相处、和衷共济、和谐发展，为交往交流交融创造了一个美好的社会氛围。

"构建民族互嵌型社区体现了中央政府对社区性质及社区发展规律的深刻认识……这一战略举措为我国的社区建设指明了新方向，在构建平等、团结、互助、共荣、和谐的民族关系，促进各民族之间的交往交流交融，模塑各民族的中华民族认同和中华民族共同体意识方面的作用不容忽视，也是深化民族工作的一次积极大胆的尝试。"[①] 随着我国政治经济文化的不断发展，城市里的民族分布越来越多元，少数

---

① 闫丽娟、孔庆龙：《民族互嵌型社区建构的理论与现实基础》，《新疆师范大学学报》（哲学社会科学版）2015年第6期。

民族人口数量逐年增加，民族互嵌的程度不断加深。将来会有更多少数民族群众进城，各民族同胞在城市里学习、生活、工作在一起，将成为一种新常态。民族互嵌的社区环境则从社区层面为这种新常态的继续发展奠定了基础，对于实现中华民族的团结具有重要的意义。

（二）中观视野中的地区民族互嵌

多民族地区（一个城市、一个村庄）各个民族的大多数成员在日常活动中相互交往的客观条件，是我们在调查和研究族群关系时需要注意的一个非常重要的方面。① 在日常生活和工作中，为了保证各民族成员能够与其他民族成员开展广泛的社会交往，需要为之提供族际接触和交往的客观机会，因此社会居住格局就成了一个不可忽略的重要考察对象。

临潭、卓尼位于甘南州东部，东部与陇南岷县、漳县接壤，北部与康乐、和政为邻，南部与甘南州迭部县、四川省若尔盖相连，西部与合作市、碌曲县相连。从行政区划上看，临潭被卓尼所包围，二者边界犬牙交错，反映了临潭和卓尼自历史上形成的密切关系。当地的民族分布格局，为我们理解地区视野中的民族互嵌提供了典型案例。

从地理空间上来看，临潭、卓尼地区的回族主要分布在临潭县城及其周边的乡村地区；除县城外，汉族还广泛分布在临潭和卓尼的农区；藏族则主要分布在洮河沿岸以及北山、车巴沟等纯牧区。从地区来看，卓洛乡、长川乡的回族居住格局相对集中；术布乡的普藏什村和古战镇的尕路田村为回汉杂居村落；此外还有一些纯回族聚居村落散落在汉族村落和汉藏杂居的村落之间，如古战镇的拉直村、甘尼村，

---

① 马戎：《民族社会学：社会学的族群关系研究》，北京大学出版社2004年版，第399页。

城关镇的下左拉村,申藏镇的下甘藏村,等等。临潭西路的城关、古战、术布、长川一带,多为汉、藏、回三个民族杂居地区。临潭西路和北路,汉族所占比例逐渐增加,如北路的冶力关镇和八角乡是单一的汉族聚居区。临潭地区的藏族大多与汉族杂居,而牧区多为单一藏族居住区。洮河沿岸以及阿子滩、申藏地区的藏族多为觉乃藏族(三格帽藏族),纯牧区的藏族为安多藏族。北山恰盖等地的族群分布比较多样,既有安多藏族,也有觉乃藏族,还有土族。土族分布在卓尼县的勺哇土族乡,尤其是白石山的山腰地带,部分与汉、藏民族杂居。

图 2-4 申藏村的汉族(左一)、藏族(右一、中)老人

总的来说,临潭、卓尼地区呈现出典型的"大杂居、小聚居"的居住格局,而且各民族交错杂居的多样化居住格局日趋发展,"小聚居"正在被日趋发展的民族交错杂居所消解。在以民族交往交流交融来铸牢中华民族共同体意识的整个过程中,各民族相互嵌入的社会结构和社区环境是不可替代的重要环节。[①]但民族互嵌不能等同于民族"混居",也不能等同于民族"交错杂居",而是在居住格局基础上政

---

① 郝亚明:《民族互嵌与民族交往交流交融的内在逻辑》,《中南民族大学学报》(人文社会科学版)2019 年第 3 期。

治、经济、文化、心理各方面的交往交流交融，不过居住格局在其中的基础性地位却是不言而喻的。

区域文化通过一定区域内不同文化的相互作用而形成并不断扩展，当扩展到一定的时空条件时又和其他区域的文化产生相互作用，最终形成新的地域性文化体系。①临潭、卓尼互嵌式的民族分布格局、多元一体的民族文化空间，是各民族在长期历史发展过程中逐渐形成的，是长期民族交往交流交融的结果。

如前所述，临潭、卓尼在历史上属古洮州地界，明朝政府为稳定当地社会，从江淮地区迁徙大量汉族、回族民众至此，改变了当地的民族分布格局。如临潭古战镇拉直村，当地目前共有116户、600余人。在当地人的历史记忆中，早在明朝初年，便有几户回族人家迁至拉直山上开垦田地，以农业为生，兼有畜牧业。据称，最早迁入当地的是马姓、黎姓回族，其中马姓人家来自陕西，黎姓人家则随军从广州而来。民国十八年（1929）兵变，拉直村部分村民遇难，生者逃亡外地。1934年后，部分村民返回故乡重建家园，在生息繁衍中与周边村落的各民族友好交往，在互动中实践文化交融。在尕路田村，目前居住着汉族、回族和藏族共42户、200多人，其中回族21户、102人。据村民介绍，最早在当地定居的是肖姓回族和李姓汉族，其他姓氏以及藏族群众均为后期逐渐迁入。当地西道堂在20世纪30年代来到此处购地置业，逐渐融入当地社会。此外，位于尕路田村以西的九日卡村、巴舍村和大尕村，均为汉、藏两族混合居住的村落，而在20世纪50年代，当地村民仍均为藏族，民国时期属杨土司管辖下的包吾什旗，村中的汉族则在集体公社时期陆续从今古战镇迁移而来。

民国时期军阀割据，对临潭、卓尼的民族分布格局和民族关系造

---

① 潘英海：《文化合成理论在区域社会与文化类型研究中的应用》，载张江华、张佩国编：《区域文化与地方社会："区域社会与文化类型"国际学术研讨会论文集》，学林出版社2011年版，第1—29页。

成了消极影响。如申藏镇的民族分布，民国十八年（1929）河湟事变之前，当地生活着汉族、藏族、回族三个民族，民族关系和睦，在经济、文化上互补相依。在兵变中，由于军阀马仲英和马尕喜顺的侵扰，当地汉、藏人口锐减，民族关系产生裂痕。后由于人口损失惨重，影响了地区生产生活，民国政府将其他地区的汉、藏民众迁入申藏，以弥补农业劳动人口的不足。由于民族矛盾的存在，申藏又属于卓尼杨土司的管辖范围，因而回族被赶出申藏，后来通过诉讼，寻得了生存空间，被安置在下甘藏村。

历史上的负面记忆往往因军阀混战、政府的不平等政策而起，而各民族普通百姓往往都是受害者。在这样的前提下，虽然存在影响族际和谐互动的负面因素，但普通民众往往能够采取各种措施维系民族间平衡，消解负面因素带来的张力。如曾在临潭、卓尼等地广泛流行的不同民族之间"互认干亲"的习俗，在今申藏镇仍然存在。"干亲"关系的双方在遇到困境乃至危机时，往往能够得到另一方的有效援助，从而促进双方关系的进一步发展。总之，这一习俗建立在民族和谐交往的文化导向之下，是一种基于民族认知与民族交往而产生的一种"虚拟亲属关系"。它作为一种社会资本与社交网络，联系当地汉、藏、回各民族之间的感情，强化民族纽带，降低族际互动成本，加深民族认知，在一定程度上抵消民族隔阂，促进地区和谐民族关系的发展。[①]干亲交往的习俗在甘南曾广泛流行，被称为"投告木柔本达"（藏语，意为"高原兄弟民族"），这种扩大的亲属关系目前仍在一定范围内存在，对促进当地民族交往交流交融的发展起到积极作用。

又如当地农牧结合的经济文化类型。在明朝大规模屯垦和农业开发之前，洮州区域以畜牧业经济为主，小规模河谷农业只是一种辅助

[①] 李静、戴宁宁：《文化人类学视野下的回汉民族"干亲交往"——以宁夏固原市为例》，《宁夏社会科学》2010年第5期。

性生计。明朝的军屯开发和移民，使大量汉族、回族等带着大规模农业生产方式进入当地，促使当地形成嵌入在畜牧业社会中的农业经济带和农牧交错带并不断扩展，出现了移民社会与藏族社会之间的空间、文化交错。就临潭、卓尼的生计方式来说，当地多样性的地理环境使得各民族在历史发展中呈现出多元生计模式，如农业、牧业、半农半牧、商业、农林牧结合以及小手工业等。地势、气候等自然环境的特征也使得当地的生计文化形成了规律性的区域分布，尤其是随着海拔、水源、温度的变化，当地经济文化类型呈现出明显的地带性特征。生活在同类型环境中的不同民族，往往属于同样的经济文化类型，反之则会分属不同类型。多样的经济文化类型，为不同民族通过交往互动满足生产生活的不同需求创造了先天条件，尤其是当地商贸互动的发展，在带动跨区域、跨民族资源流动，建立贸易网络的同时，也使得各地、各民族关系网络更加紧密。

（三）经济发展与民族互嵌格局的变化

人口跨地区与跨社会结构流动现象的存在，使得民族互嵌格局的表现随着具体情况的变化而不断变迁。这种变迁，更多以具体表现形式以及内部结构差异为表征，而且这种变迁体现了我国各民族互嵌程度的不断加深，是民族交往交流交融深入发展的结果。我们结合甘南、天祝地区以旅游业为核心的第三产业发展情况以及城镇化进程，分析经济发展带来的民族互嵌格局的变化。

1. 第三产业发展带动的民族互嵌发展

近年来，随着甘南大力发展旅游业，相关行业不断兴起，人口不断向第三产业以及相应的区域流动。从地域上看，这种人口流动主要表现为从合作市周边县乡向合作市流动；从经济生产门类上看，则是从传统农牧业生产行业向旅游、餐饮、销售等第三产业流动。随之而来的，是各族群众在居住格局上的变化。旅游业直接带动大量各民族外地游客进入甘南地区，在短时间内急剧改变了甘南的民族分布格局，这种暂时性的民族互嵌不在我们目前的讨论范围内，而是将焦点集中于本地居民因旅游经济兴起所带动的第三产业快速发展、当地自身人口结构和分布格局等的改变而产生的民族互嵌格局变化。

第三产业的深度发展，使得大量原本从事农牧业生产的本地居民改变职业，成为旅游、销售、餐饮、旅馆产业的从业者。以旅游公司的员工为例，每年春末夏初旅游旺季到来之时，旅游公司会为了保障旺季足够的运营人力，为其员工就近安排住宿，以此吸引更多就业者。这种因生计方式和职业变化而产生的变化，改变了各民族从业人员的固有居住空间，其族际交往的互动圈亦随之得以扩展，这是旅游业改变当地民族互嵌格局的重要体现。

从合作市旅游业等相关产业从业人员原生家庭的居住环境可以看到，多民族互嵌是其居住格局中重要的特征（图2-5）。

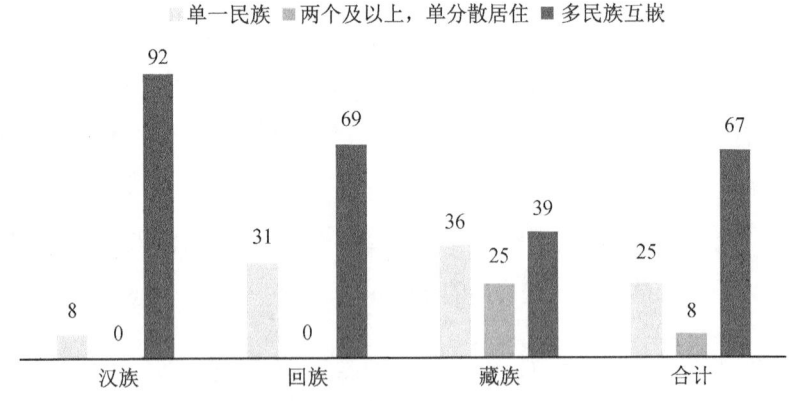

民族	单一民族	两个及以上，单分散居住	多民族互嵌
汉族	8	0	92
回族	31	0	69
藏族	36	25	39
合计	25	8	67

图2-5 被访者居住格局分布（%）

总体而言，被访者大部分生活在多民族杂居的民族互嵌社区当中

(67%),汉族所占的比例最高(92%),回族次之(69%),藏族相对较少(39%)。藏族被访者当中有四分之一的人口与其他民族毗邻居住,虽然彼此间的界线相对明显,但如果将观察的视野放大至中观或宏观层面,仍能发现其民族互嵌性。这种趋势,与当地各民族人口的数量相关,因为藏族在当地人口中占据绝对优势,也与汉族、回族大规模进入当地生存繁衍的时间相对较晚联系在一起。

> 到景区这边上班以后,遇到旅游旺季时,基本上就住在单位安排的员工宿舍,和同事们住在一起,每天一起上班、一起生活,遇到轮休的时候约着一起去逛逛街、买买东西。要是生活中遇到一些好玩的事情,也会同事之间一起说说聊聊、讨论讨论,然后开开玩笑,热闹一下。平常时候接触最多的就是同事、游客,在一起时间长、处得久,大家的关系就比较重要。一起上班的不管是哪个民族的,遇到事情了大家都一起帮忙。游客这些也是一样的,遇到需要的首先想着的还是去解决问题,不是说一上去先问一下是哪个民族的,然后再看民族身份给办。以前家里的朋友都有来往,只是说接触得没有那么多了。上班时候比较忙,遇到闲的时候会回家和家里人在一起。(DJC,女,20岁,藏族,餐厅员工,甘南州合作市)

随着旅游业的兴起,甘南的第三产业迅速发展,因此而进入合作的各民族,其互嵌格局不仅表现在共同居住于同一地区,更多的是以此为基础共同从事相关职业,彼此建立起同事、同学或朋友关系,在工作、生活、娱乐中相互交织。

在业缘关系中,来自不同民族的同事居住在同一环境中,彼此间发生联系的机会更多,从而建立起更加亲密的关系,在工作上相互协作,在日常生活中彼此交往。作为同事,免不了与在同一工作场域中共事的其他民族成员产生接触、交往的机会,这无疑也增加了不同民族成员在工作场域中的接触、交往与互动。

> 因为有亲戚在合作这边,小的时候就在这边上的学,现在工作了也还是和亲戚住在一起。一个是时间长了在合作生活习惯了,再一个是城市发展好,生活上比较方便。没有和同事们住一起,但平时接触得还是最多的。比如说谁有事情,大家相互帮个忙,有好玩的地方一起去玩。再就是旅游旺季过去后,公司会组织员工一起搞个娱乐活动啥的,一起吃个饭,吃完饭然后去唱歌,订餐的时候会选择清真的餐厅去吃,这样能照顾到回族的同事。唱歌的时候也是一起去,要喝酒的就喝,不喝酒的也不会去勉强,毕竟风俗习惯不一样。相处的时候彼此都尊重,所以也不会影响相互之间的关系,在一起处得都比较融洽。(ZXZ,男,22岁,藏族,旅游从业者,甘南州合作市)

第三产业从业人员的流动性较大,在选择同伴娱乐时,他们更多会选择自己所熟识的同事,民族身份并不会成为人们的优先考量因素,同事之间的选择包容度会更高。通过就业选择,行业给个人所带来的社会交往范围由过去的地缘、亲缘范围,转变为更大的社会交往互动范围。个人与外界也由相对独立、封闭的联系结构转化为市场化、商业化、需求化的互动联系结构,对不同民族成员的互动形成了良好的交往动因。

2. 城镇化进程与民族互嵌格局的发展

近年甘南、天祝等地区城镇化迅速发展,甘南州城镇化水平达到

37.0%，天祝县城镇化水平达到43.1%。尤其是小城镇的发展，明显推动着当地社会的发展。这种发展不仅体现在对当地城镇化过程本身的带动，更重要的是城镇化之后带来的各项社会条件的改善。"现代社会的发展在很大程度上是通过城市化过程及与之相关的生产方式和生活方式的变迁实现的。"① 天祝县华藏寺镇、合作市当周街道、玛曲县尼玛镇以及临潭和卓尼县城所在的地区，都是城镇化发展的典型代表。这些地方作为区域城镇化的核心，向周围辐射，吸引周围农牧区的居民不断向中心聚集，同时因社会开放度的增加，也吸引着其他民族成员进入当地寻求发展，带来当地社会结构的变化。

> 合作这边的人主要就是藏族、汉族、回族。牧区嘛，肯定是藏族多些，从古时候开始就一直是，一年四季赶着牛羊生活。回族的话，西北这边都比较多，主要是做生意的，把内地的东西贩进来，再把这边的东西收了卖到内地去，再一个就是宰牛羊这些。汉族的话主要还是新中国成立以后才多起来的，当时从内地调干部、调工人支援西部建设，还有就是人才引进，这样慢慢的人就多了。(LRY，男，40岁，汉族，经商，甘南州合作市)

合作地区的汉族群众，以新中国成立后进入当地的为主，包括新中国成立初期进入合作的援建干部和援建工人，回族则以历史上在此经商并定居的人口为主。汉族、回族进入合作乃至整个甘南之后，散居于各地，改变了原有的民族分布格局。无论以何种视角观察，在合作地区，多民族互嵌社区的样本所占的比例仍是最高的。因此，当地的民族社区同样以民族杂居互嵌为主流。

---

① 刘祖云主编：《发展社会学》，高等教育出版社2006年版，第97页。

也就是最近这十多年吧，甘南外地人才慢慢多起来的。过去虽然也有做生意的，但是经济大环境不行，没有门路，外地做生意的也不来，来了都没地方住。那时候合作除了政府里面上班的，也没什么外地人，来投资做生意的外地老板就更没有了……现在合作的外地人多了去了，大老板也有，做小生意的也有，汉族的、回族的都有。其实还是整个国家的经济水平上来了，国家能拿出钱来修路，修这修那，老百姓也有多余的钱买这买那。想出去玩的人也有了，甘南旅游也就慢慢搞起来了。外地人一多，外面传进来的信息也就更多了，出去上学、打拼的也有，再加上现在这些手机、网络什么的，甘南人的眼界也越来越宽了。（CR，男，42岁，藏族，社区工作人员，甘南州合作市）

作为甘南州州府所在地的合作市，在人口分布上是一个以藏族群众为主体，汉、回等众多当地"少数民族"共同居住的地区。无论是合作的市中心地区还是市郊，民族互嵌型的社区普遍存在，各民族在长期互动中建立起良性的族际互动基础和民族关系。早期，合作市城区的常住居民更多的是各企事业单位、行政管理部门等的工作人员，以及早期被纳入城市化范围的本地居民。

改革开放前还是计划经济的时候，合作这边生活的居民基本都是国家单位上的，政府、事业单位、学校、国企这些。那时候国家招工对民族这方面照顾得比较多，基本上都会要求各个单位解决一些少数民族名额。藏族、回族这些念书的人从学校毕业后会按照政策给安排工作，参加工作后，那时候还是单位给安排房子住，大家按所属单位住在一起，这就造成了现在合作市区基本上各个社区都是多民族社区的情况。（DZJD，男，36岁，藏族，

社区工作人员，甘南州合作市）

传统城镇居住格局下的民族互动，在城区内表现为居住在同一小区内的地缘性互动和工作在同一单位内的业缘性交往。具体表现为城区内政府、事业单位、学校单位、国企单位的不同民族间同事，大多居住在单位小区内，彼此之间的来往主要为工作上的互帮互助、生活中的情感交流、节日时的走访祝贺；生活中购买乳制品时接触藏族同胞较多，购买牛羊肉及生活日用品时接触回族同胞较多。农牧区乡村的民族互动大致与城区相当，以地缘、亲属的互动网络为主。

> 老家农村主要是牧区，生活主要靠放牛羊来维持，村子里的其他人也基本都是这样的情况。邻居、朋友、亲戚都是藏族，其他民族的人还是到这边上班以后才接触到的，以前接触得比较少，最多就是草原站、畜牧站上的技术干部有汉族的。到村里发草种、给牛羊看病的时候会有些接触，别的就再没有了。现在的话，每天都能接触到很多人，本地的、外地的、汉族的、回族的，都有。一天接触到的人比以前一个月接触到的都多。（ZQZ，男，28岁，藏族，旅游从业者，甘南州合作市）

牧区相对封闭、独立，与其他民族成员的关系相对较弱，更依赖于当地地缘和本民族成员之间的交往互动。牧区大多为藏族单一民族聚居，日常交往互动的人们大多为藏族成员，社会交往圈内互帮互助、走亲访友、情感交流的对象也主要是藏族，因而牧区社会圈民族交往结构单一，仅在进城办事或购买非农产品时，才加大了接触到其他民族成员的可能性。随着城市化的步步深入，城市范围不断扩张，更多的城郊居民被吸收进城市之中，民族居住格局的多民族互嵌性增强。

城郊、乡村地区的居民仍多是农牧业人口,居住格局相应表现出较大的单一性,即便多民族共居村落,彼此在空间分布上仍有明显的界线。

> 我家里娃娃调到这边来工作,我是年纪大了,一起跟着来的。来了玛曲好多年了,亲眼看到了玛曲这几年的发展,县上的建筑基本上都翻新了一遍,政府还修建了商业街、文化广场、新型医院、新式小区等很多建筑。对我们居民生活影响很大,以前建筑设施老旧,干什么都不方便。现在不一样了,我们在这里生活得很舒适,这里环境又好,比我老家那边环境好太多了。我经常听娃娃说政府吸引了很多商人来这里投资,开了很多新的公司。(LM,男,57岁,汉族,无业,甘南州玛曲县尼玛镇)

随着越来越多的居民被吸引至城镇地区居住,尤其是对于畜牧业生产为主的地区来说,新的居住格局下人与人之间的物理距离远小于牧区的,人口的密度更大,与外界的联系更加便捷,人们在空间上的距离被拉近,为扩大交际圈、提高社会交往率创造了便捷的外部条件。

> 30年前的天祝县城就是个光土坡,没有楼房,没有水泥路。现在你都看见了,发展很快,什么都跟以前不一样了。就是五年前,或者是去年来看,跟现在的又不太一样。交通、绿化都搞得很好,农村的水泥路也都修到了家门口。现在天祝县城的人口也多了,具体多少说不上,好几万人还是有的吧,各个民族的都有,藏族的、汉族的、土族的要多一些,回族稍微少一些。(YCG,男,53岁,藏族,牧民,武威市天祝县华藏寺镇)

族际互动的空间格局,是我们理解和分析族际互动过程中需要考虑的重要因素之一,空间格局的向度、深度以及广度,都有可能对族际互动情况产生影响。① 甘南、天祝两地城镇化发展所带来的,是生活于其中的各民族互动空间的变化,也使得各民族人口的生活方式不断趋同。

>县城估计有个五六万人吧,一九九几年那会,也就是万余人。除了在政府、学校、医院、银行这些地方上班的,多半还是从牧区、农村来的人,进城打工的、城里找到工作成家立业的都有。像我这么大年龄的,40多岁,基本上家里都供着一两个上学的娃娃,女的就住在这里,带娃娃上学,男的就打工,比种地赚钱。过个几年,攒了钱了,就在城里把房子买下,在这安家,这是一种。还有一种,就是我们说的精准扶贫,国家把高楼里的房子给上一套,全家都进城生活。还有好多牧民,也都来县城生活,像牧民定居房(牧民定居工程),一套房子自己只用出1万块钱就能住进去,县上的生活条件好,牧民们都愿意来……大家都住县城以后,天长日久,彼此间多少都有来往呢。(ZSX,女,43岁,藏族,商店老板,武威市天祝县华藏寺镇)

"伴随现代化与城市化,社会开放与流动度的加大,民族关系结构发生了深刻的变化,传统的、相对孤立的民族社区生活已基本不复存在,代之而起的是民族互动的层次与结构的日益深化,民族分布的日益分散化。这一切都使民族关系的重要性与复杂性凸现。"② 城镇化带来的不仅是更加便捷的基础条件和生活环境,还有相伴而来的更加多元的文化环境,社会的多元性更强。这些多元、包容的文化氛围,在

---

① 赵利生:《民族社会学》,民族出版社2009年版,第75页。
② 赵利生:《民族社会学》,民族出版社2009年版,第68页。

进一步加强民族互嵌格局的同时,也为各民族在日常生活中加深交往交流提供了更为广阔的舞台。

在"城镇"这个不同于过去的环境当中,各民族通过在社会生活领域的不断交往、民族文化的深入交流,加深对彼此的了解,民族交融的趋势愈发明显。各民族和其他民族不断交往交流,在共同的城镇生活中加强了对共同城镇居民身份的认同,借鉴吸收其他民族文化,在社会文化和社会交往过程中体现出多元性、融合性的特征。在吸收借鉴其他民族文化要素的同时,各民族也通过对民族优秀传统文化的挖掘利用,保持自身的传统文化特质,形成了融合现代社会文化与区域文化的地方性特征,文化的多样性、包容性增强。在这样的基础上,甘南、天祝地区的族际互动在向度上朝着族际关系更加团结、和谐的方向发展;在深度上则体现出各民族成员之间交往交流的频率不断提高,而且基于不断的交往交流深入到民族交融的趋势;从广度上来看,则反映出本地区民族交往交流交融领域在不断拓宽,交往的范围不断扩大。

二、集体协作:生产活动中的民族交往交流交融

社会秩序可以通过特定的方式来调节时间的使用、集体和个体活动在时间中的分配以及完成这些活动的适当节奏;而由条件制约与特定的一类生存条件相结合生成的惯习,是持久的、可转换的潜在行为倾向系统。① 地方文化中的秩序,能够使当地的生产生活嵌入在一定的文化区域范围,嵌入在当地农业生产和社会生活的周期中,进而产生

---

① 皮埃尔·布迪厄:《实践感》,蒋梓骅译,译林出版社2012年版,第73、107页。

具有节奏性的社会联动。在当地的生产生活实践中，不同地区的民族成员根据自身所处的自然和社会情况开展生产实践，在实践中结成不同层次的协作关系。除了民族内部的协作之外，在多民族共生的社区中，跨民族的生产协作成为民族交往交流的重要内容。其中，比较典型的如临潭、卓尼等地的民间组织"青苗会"等组织性较强的合作形式，在牧区则以在特定时节由民众自发、临时组成的松散合作关系为典型，除此之外，随机发生的个体间合作亦非常常见。

这些合作关系的产生和发展，契合着相应地区的社会文化秩序，作为区别于"国家在场"的社会治理力量，在当地的日常生产生活中发挥重要的作用。这些协作关系，以跨村落、跨民族的社会力量共同组织生产协作，团结不同民族的成员共同发展地方生产，抵御自然风险，实现生产的有序运行。在实现生产发展的同时，各民族在合作互动中通过频繁交往、深入交流，加深彼此之间的联系，增强社会凝聚力，共同维护地方社会秩序，为实现文化、心理等更深层次的交流互动和交融提供了契机。

（一）日常生产中的多民族集体行动

在多民族共生的甘南、天祝等地，汉族、藏族、回族等民族共同生活在同一空间当中，民族互嵌的客观环境使不同民族得以在日常生产中发展出不同形式的集体行动。这些集体行动成为民族交往交流的重要模式，不同民族在生产场景中交往互动，共同组成一种共生的社会状态，从深层含义上来说，这也构成了文化涵化、民族交融的过程。

1. 牧业生产中的族际合作

在天祝县藏族、汉族杂居的牧区，当地不同民族在日常生产中的合作主要体现在当地的"剪羊毛组"①活动当中。剪羊毛是牧区常见的生产活动，在每年夏季进行。甘肃牧区的牧民为了应对剪羊毛期间繁重的牧业生产，均会自发、广泛地开展相互合作，因而类似于天祝"剪羊毛组"的合作形式，在甘肃牧区普遍存在。天祝地区的"剪羊毛组"，则因为当地藏族、汉族牧民的交错杂居情况，具备了跨民族特征，主要出现在村社内部或相邻的村社之间，地理空间的远近往往是结成合作关系的重要因素。

每年夏季，牧民驱赶牛羊搬迁至夏季牧场，距离牧民定居点路途遥远，不同家庭之间的距离也相对较远。除了每天照看自家数量不等的牛羊之外，每年一度的剪羊毛更是夏季生产活动中的重头戏。为了能够尽快将家中动辄数百上千只羊的羊毛剪完，不同家庭的牧民自发合作，以家庭为单位，若干草场相邻的家庭组织在一起，各出劳力，共同完成剪羊毛工作，以求在最短时间里剪完一户家庭的羊毛②之后，再转移至下一家。这种组织方式将劳动力集中起来，在最短时间里完成劳动，每天由需要剪羊毛的"东家"提供餐食，既实现了劳动效率的最大化，也为不同家庭之间的交往交流提供了条件。

组成"剪羊毛组"时，地缘、亲缘、朋友是人们考虑的主要因素，若干家庭自发组成一个非正式的、松散却又稳定的组织。"非正式"源自牧民的自发性，是一种出于日常生产活动的需要自发采取的集体行动。"松散"亦与自发性相关，因为并非强制联合，所以组织当中的家庭可以随时根据自身的喜好进行选择，或退出原来的"剪羊毛组"，转而与其他家庭联合，或干脆自己独自完成相应的工作（但这种情况极少）。"稳定"则是组织的常态，一般而言，以地缘、亲缘为纽带结成

---

① 当地人多将这种合作组织称为"剪羊毛"，是一种基于主要行为的直观描述，文中为了与直观生产行为的"剪羊毛"相区别，将其称为"剪羊毛组"，而且这种生产上的合作，内容已经超出了单纯的"剪羊毛"。
② 多为一天，根据羊群规模而定。

的"剪羊毛组",往往有着牢固的联结,这种互惠形式并不会轻易解体。

> 我们这都是几家人一起来剪羊毛,在夏季牧场住得近的几家人,草场也都在一起,大家不是亲戚就是朋友。不剪羊毛的时候也是一起放牧,可以互相帮助,草场都是几家一起的,这就省了好多事……我们这组有13家人吧,11家藏族,2家汉族。汉族是很早以前从农区那边过来的。大家就这么一起生活,一起放牛放羊,平常会互相帮助,关系很好。大家在一起生活的时间长了么,处得就跟一家人一样。(DJ,男,42岁,藏族,牧民,武威市天祝县)

"剪羊毛组"是对天祝等地牧民自发合作形式的形象总结,但"剪羊毛组"并不仅仅局限于剪羊毛工作本身,可以说其中的合作涉及与畜牧业有关的所有生产,是夏季牧场生产活动的重要组织形式。究其深层逻辑,"剪羊毛组"的生产形式,与牧区传统的放牧方式有着密切的联系。历史上的部落社会时代,地缘、血缘是构成集体放牧生活的重要因素,草场集体所有,牧民集体放牧。现代社会的草场以家庭户为单位实行家庭联产承包,但在实际放牧过程中,牧民为了解决草场面积狭小、劳动力不足等客观问题,依旧实行"联户经营"的方式,草场相邻的若干家庭组成一个"联户",共同以"剪羊毛组"的形式开展生产互动。组织内部的家庭羊群混养,以不同的标记加以区分;每个家庭各出健壮劳动力若干,轮流放牧。这样的生产形式,既实现了照看羊群的目的,又得以通过轮流出工的形式,使得人们有了更多的闲暇时间,可以兼顾家庭或经营副业。对于包含汉族、藏族家庭的"剪羊毛组"而言,不同民族在组织内部的合作,在良性互动的基础上加深了双方的交往、合作与理解。

> 我老家是民乐的，每年我们汉族都会来这里给藏族干活，有十几年了吧，只要他们有需要，我们有时间，大家就都来呢。我们干活认真，他们对我们也很好，管吃管喝。虽然说是挣钱的事，但也要讲人情的嘛，你对我好，我对你好，这都是相互的。每年麦子熟了，我们都会来给牧民割麦子，有时候也来给他们放个牛、放个羊什么的。（HXY，男，53岁，汉族，农民，张掖市民乐县南古镇）

牧区、农牧交错区各民族之间的生产合作，除了上述长期、固定的集体行动之外，还体现在跨区域的雇佣生产中，尤其是雇佣来自周边农区的汉族作为临时工参与季节性生产，如放牧、收割等工作，成为解决临时性劳动力短缺的重要手段，而在此过程中的族际互动，也构成了民族交往交流的重要形式。

2. 农业生产中的集体行动

与牧区、半农半牧区族际联户合作经营相对应的，是甘南农区的"青苗会"，这同样是一种组织性较强的集体合作形式。甘南的"青苗会"，以临潭、卓尼地区为典型，其产生的初衷主要是为了通过集体行动解决生产生活中存在的问题。在人们漫长的实践过程中，逐渐演化出一套完整的文化体系，在地方生产和社会治理中发挥着重要作用。由于卓尼、临潭多样的生态环境以及多元的生计方式，"青苗会"所承担的协调生产作用涉及庄稼、林地、草场等多样内容。

在甘南不同地区、不同民族中，"青苗会"的组织形式、相关称谓有所不同，而不同称谓之间的互通也是民族互动、文化交融的结果。

如藏族的"俄拉"组织,指在象征意义上依靠所谓"神的威力"来管理林地和草山,但事实上也发挥着与青苗会类似的功能,如维护生产秩序、对越轨者实施惩罚等。由于民族之间长期共生、交往、交流、交融,不同民族对青苗会的有关描述、称谓也逐渐互通,在临潭、卓尼等地的农区,汉族、回族、土族等民族也称其为"俄拉",将村民集体选择的"看青人"称为"俄拉"或"田管"(勺哇土族也称之为"石尕"),主要负责田地、林地、草场的看护以及组织协调民间神祀活动。除了称谓的互通,作为传统文化中民间自发组织的生产协作单位,不同组织形式的青苗会成为现代农业行政体系的重要补充,共同维护地方农业生产中的基本秩序,同时也促进民族间的交往交流交融。

临潭、卓尼等地青苗会中的民族互动与交融,更重要的体现是其组织形式、相关成员的选举及日常实践。调查发现,当地通常以自然村为单位,同一村落或相邻的若干村落共同组成一个青苗会,青苗会每年选举2—4户不等的家庭共同担任"田管"一职。由于"田管"的公益性质,为了公平起见,一般村内的每家每户都会轮流担任,因而这种选举也就具有了较强的象征性。

> 我们这叫"俄拉",就是"田管",每年都轮着呢,我们村子四个,再的(其他)村子不知道什么情况。我前年就当班了,我已经当三次了……我们村的交接在正月初五,每个庄子不一样。交接时就是到我们村的庙上,大家都来,去煨个桑,再放炮,再就是上一任田管跟新选出来的田管交接。上面还有公共的财产,这些东西一挂(一起)就给下一任,还有钥匙呢嘛,就在那庙里面放着。再就是桌子、锅子、炉子,过事(举行仪式等)用的东西他们全都管,锅灶是全村一块用的……我们村子初五交接,其

他村子不一样。以前管的事情多，现在主要管的是山神祭祀，再就是四月初一时的"坐东巴"①，也帮着看看农田、山林、草地什么的，现在也就是配合村上、乡上做些事情，不像以前管得那么多了。（YJL，男，50岁，藏族，农民，甘南州临潭县古战镇）

历史上，临潭、卓尼农牧接合地区的基层社会管理任务，也多由青苗会等民间组织来担任；随着国家行政体系、现代基层村民自治体系的完善，传统青苗会的社会治理职能逐渐淡化，更多的是在一些传统文化、社会习俗领域继续发挥作用，但其看护农业资源的职责仍继续保留。如汉族、藏族杂居的九日卡村每年选举四位"俄拉"，本村藏族、汉族拥有平等的选举和被选举权，全体村民共同参与"田管"的任选、交接，任选的"俄拉"共同配合完成相应的看护田地、组织祭祀等职责。

我们村子有二十几家人，回族、汉族都有，回族和汉族各占一半吧……农业生产的时候，也有看庄稼的人呢，我们叫"俄拉"。当"俄拉"的人家里给粮食呢，全村人一起给，老早以前几斤粮食，后来几十斤，其实也就是意思一下，当作看田的工资，现在也有给钱的。村子里回族的、汉族的"俄拉"都有呢，一边一个，两家子人，农村有"俄拉"的地方还是挺多的。他们汉族庄稼种下，5月、6月煨个桑，再就到收割的时候，统一几号割，也煨桑。我们没有。（MQF，男，51岁，回族，农民，甘南州临潭县卓洛乡）

回族、汉族、藏族等民族共生的村落，回族同样会参与"田管"

---

① 当地的一种斋戒活动，也称"坐禄滩"。

的人选,但其职责只限于看护青苗、田地,不参与汉族、藏族等民族的仪式活动。这种基于尊重彼此民族文化的社会分工,在各种地方社会纽带的共同作用下,进一步加深了当地的有机团结,使得各民族之间的关系更加密切。

> 农村种地多的村子都有"俄拉",回族的村子也有,有回族、汉族、藏族的村子,"俄拉"也是各个民族都有,要么就是大家轮流当,比如今年我们两家是"俄拉",明年轮到他们两家。也公平嘛。卓尼县的三格帽藏族,也有呢。汉族、藏族的"俄拉",除了看田还有其他活动,比如有时候发雨了,就要煨个桑。造山神嘛。回族的"俄拉"就是看着牛羊不要把庄稼吃了,不要有人乱采乱挖什么的。大家都是一个村子的,也都晓得人家是什么样的,其实也就跟亲戚是一样的,远亲不如近邻嘛,平常生产的时候大家互相帮个忙什么的,也都好得很。(MQQ,男,53岁,回族,经商,甘南州临潭县城关镇)

通过田管的任选和"看青护苗"的协作,汉、藏、回等民族形成了日常生产中的合作,在集体行动中不断巩固互惠互助的社会纽带,并通过"都是亲戚朋友"的隐喻来形容亲密的族际关系。临潭、卓尼各民族共同参与生产协作的历史久远。1866年,时任洮州矿物学堂教习的回族士绅丁裕谦,与汉族乡绅于万一合作,动员回汉民众和睦相处,发展生产,重建了洮州的青苗会组织,使兵燹之后各族民众的生产生活很快得到恢复[1],这样的过程促进了当地各民族之间的交往交流交融。

---

[1] 洮州农民文化宫简史编写组:《洮州农民文化宫简史》,内部资料1994年版,第4页。

据我了解，我们这边有关青苗会防灾减灾的大概情况，它是这样的。我们这不是有龙神庙嘛，每个龙神庙里有值班的人，叫提领（会长），会长手下还有管祭祀的小班。大家轮着当班。如果遇到乌云密布的天气，当班的人就会在庙附近的山顶，或者就在龙神庙的院子里，紧急敲锣。相当于报警，让大家来处理。以前会有去放炮的，"打冰雹"嘛。（WR，男，45岁，汉族，医生，甘南州临潭县长川乡）

听到古战村那边打锣，我们这边就会煨桑，再喊一下，乌云就散了。其实有时候散，有时候不散。这就是一个传统嘛。山上煨桑、放炮，求求山神爷，保佑一下不要发雨。（BBM，男，63岁，藏族，务农，甘南州临潭县古战镇）

面对不利于农业生产的自然气候，临潭、卓尼地区的部分青苗会的主要工作是组织协调防灾减灾之类的行动。除组织"扎山""祈雨"等祭祀活动外，当地青苗会也有"打冰雹""打白雨"等防灾减灾措施。相应的做法即在见到天空中出现"红云团"或"黑云团"等迹象时，青苗会组织人员到海拔较高的山顶，将自制的炮弹点燃扔向空中，在空中炸响；或向空中燃放二踢脚，或用土炮驱散乌云。一个村的"打冰雹"行动，有时可以使十数里范围内的农作物受到保护。① 因为"打冰雹"本身不具有祭祀性质，而且放炮驱散云层之后庄稼能够得以保全，所以相应地区的回族也会积极参与其中。这种活动本身并不需要过多交际成本，而且通过彼此响应、集体行动，不同村落在面对共同危机时共同应对形成利益共同体。

总体而言，在临潭、卓尼农区的生产活动中，"青苗会"所发挥的农业生产协作功能明显。在多民族交错杂居的格局下，不同民族共同

---

① 宁文忠、郝荣：《河洮岷民俗志》，中国文史出版社2014年版，第60页。

生活在同一个小型生态系统中,共同利用当地生态资源实现生存与发展的目标,因而共同维护当地生态环境的平衡、公平利用生态资源成为各民族需要共同遵守的基本规则。此时,宗教信仰差异、生活习俗差异等强化边界的因素让位于共同的规则和目标,促使不同民族的村民团结一致,共同参与日常生产生活的各项实践,尤其是农业生产中的共同协作成为全体村民的共同事业。在地方文化秩序的影响下,各民族在农业生产协作中形成互惠合作的社会联动基础,构成了当地交互的社会行动网络,促进民族交往交流交融。

(二)"搬场节"的记忆:联村协作模式下的集体生产

"搬场节"曾是临潭、卓尼地区农业生产中一项具有节日与互惠性质的典型农业合作模式,是在人们长期农业生产中形成的一种跨村落、跨族群的农业生产互助与协作。搬场,即庄稼收割之后,将其从农田搬运到打谷场的过程。"搬场节"在临潭、卓尼等地也被称为"谝拉带",其中"拉带"为藏语音译,根据当地人的解释,意为"相互交织的关系",其他村子来帮忙搬场的人也被称为"拉带","谝拉带"即"利用自己的各种关系给自己帮忙搬场"。搬场活动主要发生在今临潭县古战、长川、羊永、流顺、杨升、卓逊、太平寨、千家寨等地,以及卓尼县申藏镇、阿子滩乡和大族乡的大部分村落,这些村落也是多民族交错杂居的地区,为跨民族的生产协作提供了可能。通过集体生产,不同民族在相互协作中彼此交往、互动,促进了民族交融的发展。

"搬场节"的形成与当地气候、地理环境以及军屯农业文化的惯习有着一定的联系。由于当地自然气候条件相对恶劣,干旱、冰雹等自然灾害较为频繁,再加上历史上农业生产技术的局限,临潭、卓尼的农业生产在实践中形成了"靠天吃饭"的粗放型种养农业，在农业生产的同时兼营一定规模的畜牧业。为了保障农业生产顺利进行，保障人们的生存与发展，在当地的信仰文化层面逐渐发展出汉族龙神信仰、藏族山神祭祀以及其他民俗活动，其中都带有祈求风调雨顺、获得丰收的目的。与之相对应的"搬场节"，则是人们在农事生产中通过更加有效的组织合作，提高农业生产效率的重要形式。

图 2-6　卓逊村村民在捆扎收割的庄稼

一方面，临潭、卓尼山地较多，地形起伏大，农田相对分散，交通不便，传统社会的搬场工作相对困难。当地农田多为沿等高线分布的梯田，不同海拔的水热差异，使得农作物成熟时间也不同。在现代农业机械普及以前，当地的收割活动需要持续一个月，这一时期恰是当地雨水频繁的阶段，如何把握时机，尽快将田间的收获在晴好的天气中迅速搬至打谷场晾晒脱粒，是必须解决的问题。

另一方面，秋收时节也是牧草转黄的时候，人们往往会把牛羊驱赶到收获后的庄稼地，利用麦穗茬子等放养牲畜，使牛羊在吃青草和冬季干草之间形成一个过渡时期，当地人认为这对牛羊也是营养补给的过程。这也使得人们需要尽快将收获物转移至打谷场，以免遭牲畜的啃食踩踏。特殊的地理、气候环境和生计方式，要求人们采取合作的形式解决现实中的问题，也为人们轮流搬场、集体协作带来了可能。

基于以上原因，搬场的任务通常以村为单位，要求全村统一在同一天完成。由于时间紧任务重，仅靠单一农户的力量很难完成搬场的任务，这就使得当地人们转向邻近的村落寻求协助。正如前文所说，不同村落庄稼成熟的时间略有差异，因此不同村落的收割、脱粒等农事活动存在时间差，这为村落之间的合作提供了必要的前提。每年不同村落的搬场时间不固定，一般由具有合作关系的相邻村落在搬场之前协商，当地青苗会也会参与协调，彼此交错。

"谝拉带"其实就是找自己的朋友、亲戚给自己帮忙，不过都是从别的村子找。比如说你从邻居村子交了个朋友，然后你就跟他"谝"，一般就邻村之间"谝"，也不是很远，很远的只有亲戚"谝"。我的场比如说是八月十五搬，那么你们的场就八月二十搬，各村搬场的时间都是提前商量好的。就这么互相"谝"，互相帮助……你交的朋友嘛各个民族都有，那帮忙的也就有其他民族的。大家都带自己的工具来，比如我在邻村有个朋友，他有一匹骡子、一匹马，或者几头牛，他家能出两辆架子车，他就把两辆车子拉过来，给我搬场，我的两辆车子也过去给他帮忙。看关系，也看能力。有时候要抢好天气，再遇到关系好的，我肯给你卖力，家里老婆娃娃也带来帮忙，到地里帮着装车。（DYB，男，49岁，回族，农民，甘南州临潭县古战镇）

搬场是一年中最为紧张和繁重的农事活动，也是农民跨村落社会互动的重要场合。这一天的农事活动将人们聚在一起，在类似节日的气氛中共同劳作，巩固了跨村落、跨族群的社会纽带。

传统的"搬场节"中,搬场的前一天下午到晚上,"拉带"们赶着自家的牛车、马车、骡子车陆续来到即将搬场的村子,村里人则尽可能地款待来人,之后便安排第二天的工作,并在一起家长里短地交流互动,巩固情感。

像以前农村条件差,如果我要找"拉带"搬场,前一天晚上要蒸馍、蒸花卷、炸油馃。炸油馃在以前很少吃,一年只有两次,因为条件差,缺油,油炸的东西又很费油,所以以前就过年的时候能吃这个馃,再就是搬场的时候炸一次。要招呼"拉带"们,自己也跟过年一样。(WR,男,45岁,汉族,医生,甘南州临潭县长川乡)

次日黎明时分,参与搬场的人在腰间系着大红花,拉车的牛亦经过精心装扮①,几十辆架子车组成的阵势蔚为壮观。村里的汉族敲锣打鼓,藏族则吹海螺,作为搬场节开始的信号。村民之间还会比较谁家的牛装扮得更好看,"以前带有木轱辘的大木车,你家牛装扮,我家牛也装扮,我的还要更好看"。搬场时全村人声鼎沸,吆喝声、牛的铃铛声接连不断,虽说是劳作的日子,但村民们也都以节日来对待,充满了节日的喜庆气氛,被村民们誉为"除了过年最活跃的一天"。

那时候没有机子,庄稼全都靠人来割。如果你们村割得快,割完你就等着,等最后几个村子都割完,"俄拉"会喊着修路,等这几条路全都修好后,再选个搬场的日子,你就可以"谝"人了,找你的亲戚、朋友,"谝"上几个车,一天就可以拉完。不管是汉

---

① 传统的"搬场节"这天,每家每户都要给牛打扮。牛额上戴花镜,牛角上挂红丝绸,当地人称"额花绕腮",领队的牛车上还要挂上三个像水缸一样大小的缸铃,以示喜庆、隆重,也寓意丰收、幸福的生活。

族还是回族的朋友，你给我拉，我也给你拉，已经都成习惯了，大家互相帮助，也能来往，来往越多，关系也越好。（YJL，男，50岁，藏族，农民，甘南州临潭县古战镇）

因为任务较重，有时搬场会从黎明开始持续到深夜，甚至到次日中午才能结束。搬场任务结束后，"拉带"们离开前，主人家会以"长面"招待，再带上馍馍作为随身携带之口粮。之后，"拉带"们回家或是到其他的村子继续帮忙搬场。虽然搬场工作辛劳繁重，但集体劳动、近似节日的气氛振奋着人们，"男人们搬场干活，女人们负责做饭和后勤，不管老少都参与，不管民族一起干活"，客观上又加强了村落内部以及村落之间的凝聚力。

一年收成下来了，定好日子就开始搬场。我们以前是上、下庄一起搬，上庄是汉族，下庄是回族。（SX，男，36岁，回族，出租车司机，甘南州临潭县城关镇）

"搬场节"的时候，我们藏族和下甘藏的回族也会相互帮忙、相互招待。但我们给他们的吃的是买来的，因为他们的饮食是清真的，我们做的饭他们不能吃。这几年不怎么流行搬场节了，机械出现，这些逐渐消失了，不过还是会相互帮助。（DZ，男，28岁，藏族，农民，甘南州卓尼县申藏镇）

近年来，随着社会变迁、机械设备的推广以及农村剩余劳动力的出现，临潭、卓尼等地农作物收割的时间开始逐渐缩短，搬场的功能性也不再明显。尤其是机械设备的普及，从收割到碾场脱粒，两三个小时的时间就能够完成过去耗费一天才能完成的搬场工作，搬场节也逐渐退出了历史的舞台。

从我开始记事起，虽然看到过"搬场节"，但是没有看到过老人们以前常说的非常隆重、非常正规的"搬场节"。根据老人们说的，像那个"额花绕腮""带缸铃"那些，我四五岁的那时候好像还有，但那时候我记不住，后来能看到的都是很简单的形式了，就是你过来干活，我给你管饭。再后来开始有外出打工的人了，有些人出远门务工，有些人就在家待着。到了每年收割的时候，比如我给你家帮忙，你就给我多少钱，也管饭，也打交道。这跟"搬场节"互相帮助的那种肯定不一样，也算是一种变化吧。（RW，男，47岁，汉族，农民，甘南州临潭县长川乡）

传统的"搬场节"虽然已经逐渐消失，转而被雇佣劳动关系所取代，但从目前雇佣劳动的要素中仍能发现"搬场节"的印记，更重要的是，"搬场节"在临潭、卓尼等地农村地区的跨民族生产协作和族际交往交流交融中的影响。

"搬场节"的"调拉带"将"相互交织的关系"通过农业生产的集体协作行动加以呈现，其背后是基于长期共同的历史记忆以及地缘、血缘、业缘等关系构成的联村协作纽带与民族团结。长期以来，甘南农区、半农半牧区的汉、回、藏等民族在农业生产中持续密切地互动，通过搬场节等形式的互助与协作，加强了跨村落、跨社区以及跨族群的联系，形成了广泛的家庭、村落、民族之间的交互关系。虽然在经济社会的变迁中"搬场节"已经几近消失，但其强化了跨村落、跨族群的互助互惠网络，推动了当地的民族互嵌关系，对当前的民族交往交流交融也产生了良性的社会效应。

三、共同娱乐：闲暇生活中的族际互动与交融

甘南、天祝地方文化秩序下的民间社会文化，在促进各民族互助、协作的同时，也为各民族在生产之余提供了共同的闲暇互动空间。在生活化的仪式情境中，轻松欢乐的氛围在弱化族群边界、拉近各民族心理距离的同时，也营造了共同的情感凝聚场域。各民族通过闲暇的文化娱乐活动与社会仪式互动，增进了彼此的情感能量与社会团结，推动着民族交往交流交融的发展。

（一）闲暇互动中的文化交融

对于生活在甘南的各民族而言，每年农历六月间，气候温和凉爽，草茂花繁，阳光明媚，正值农事忙碌与畜牧业生产的间歇。不管是汉族、藏族还是回族，都喜欢在此时到野外的山坡、草甸、河边搭上帐篷，带上炊具烧烤、炖肉，享受闲暇时光。这一活动被称为"浪山"。对于甘南人来说，每年往往会参加多次"浪山"，因而"浪山"也是当地十分重要的社交活动。

根据当地人的解释，"浪山"最早来自拉卜楞寺僧人为了解决燃料问题而进行的采薪活动。在采薪过程中，僧人欣赏风景、放松休憩的做法，逐渐被甘南各民族群众所效仿，成为大众郊游的闲暇生活方式。自 2015 年甘南州政府将每年公历 7 月的第三周设为"香浪节"以来，当地的"浪山"活动更是成为民众休闲活动的重要内容，整个甘南州的各族人民，可以组织各种形式的"浪山"活动。甘南州国家机关、

企事业单位乃至公安、医院、银行等特殊单位,亦可以在不影响正常工作的前提下"轮流浪山"。①

各民族共同接受并热衷于"浪山"的做法,以及"香浪节"的产生本身,都具有民族交融的特征。各民族在交往交流的过程中,共同接受了与藏族文化符号有关的"浪山",将其融入自身生活。各民族通过共同参与"浪山"活动,一方面将"浪山"改造为民俗文化符号,更重要的是为彼此间的互动与交流提供了更多的机会,使得人们在情感上与他人进行交流和沟通,拉近彼此之间的心理距离。因此,"浪山"在为当地各民族提供闲暇互动空间的同时,也成为不同民族的交往交流交融互动空间。

图 2-7　2017 年 7 月笔者受邀参加"浪山"活动

根据我们在甘南的调查情况来看,"浪山"活动一般以家庭为单位,也有以亲戚、朋友、同事、同学为团体组织"浪山"活动的。以多民族家庭或以朋友、同事和同学为单位组织的"浪山"活动,是族

---

① 甘南藏族自治州人民政府:《甘南藏族自治州人民政府办公室转发〈甘南藏族自治州人大常委会关于设立香浪节的决定〉的通知》,http://www.gnzrmzf.gov.cn/info/1931/23516.htm。

际互动与族际关系加强和整合的重要形式。"浪山"的场合往往是开放的郊外，无论城镇还是农牧区的居民共同参与，人们在"浪山"期间的人际交往态度往往也比较开放、豁达，课题组在甘南调研期间就曾多次受来自各民族的被访者邀请参加"浪山"活动。

每年夏季中伏，临潭、卓尼的汉族、回族和藏族都喜欢到铁占山洗药水泉，人们扶老携幼在长川到恰盖沿途的山谷草甸上"安营扎寨"，小住几天。每到这个时候，沿着河流到处可见"浪山"的帐篷以及野炊、唱花儿的人们；很多商人也赶来做起临时的生意，摆起各种货摊、小吃摊和游戏摊。"浪山"期间，不同民族的家庭，即便彼此不相识，也经常出现互借工具、调料等物品的事情。2019年夏季，我们在一个"浪山"的回族家庭访谈时，适逢附近的一位汉族前来借食醋。而当我们来到这位汉族所在的帐篷时，发现他们的"浪山"队伍中同时有汉族、藏族、回族，属于朋友欢聚类型。"浪山"活动也为民族间更加深入的接触、交往和交流提供了便利条件。各民族男女青年借助"浪山"的机缘建立联系，培养感情，最终结成连理的例子也时有发生。总之，"浪山"使得各民族在共同参与的过程中交往交流频率增加，密切了人际关系，增进了民族间的感情，加强了民族团结。

除"浪山"之外，"唱花儿"或者"听花儿"，也是甘南各民族闲暇生活中喜闻乐见的娱乐活动之一，其中同样体现着民族交往交流交融。作为在我国西北地区广泛流传的民歌形式，花儿本身就是被甘肃、宁夏、青海、新疆等地的汉、回、藏、东乡、保安、土、蒙古、撒拉、裕固等民族所共创共享的一种文化现象，是民族交往交流交融的产物。作为一种被各民族广泛接受和喜爱的文化活动，花儿对于促进民族交往交流交融具有积极的作用。从体系上分，甘南、天祝涉藏地区的花儿，均属"河州花儿"，其中也有"洮岷花儿""河州花儿"的区分，也可以按照民族加以区别。但无论以何种标准，在日常生活中，都具有广泛的民间基础,每一种类型都广泛地被各民族所接受。其中"洮岷花儿"是临潭、卓尼、岷县、临洮、康乐一带各民族在长期交往交流交融中形成的,在该地区有广泛的群众基础,汉、藏、回、土等多民族参与其中。洮岷的东、西、南、北四路,由于亚方言的差异,分成了不同的演唱方式和曲令,如北路的"羊沙令""莲花山令",上西路声音高亢嘹亮的"扎刀令"等。

> 花儿就是野曲,心里想,口里唱。有种说法,叫"山里的野花,胡唱呢",所以它就是在山里唱的。为啥要叫"野曲",一个是唱的地方大多在野外,再一个就是花儿很多是牵涉到爱情的,在公众场合,或是在村里、家里是不容许唱的,旧时候被封建所反对,但是在野外唱是容许的。它是人们在田间山头、劳作之余唱的。我们现在社会开放了,而且现在花儿协会、政府都在出面极力推广花儿。说"野曲"也只是花儿的一个方面。就我的看法,花儿以爱情花儿为代表,但是不光是爱情花儿,它涵盖洮岷人民生活的方方面面,啥事情都可以用花儿来表达。像河州人以前把花儿变成花儿剧,我们也可以把花儿变成花儿剧。我自己也弄了两三部花儿剧。(WR,男,45岁,汉族,医生,甘南州临潭县长川乡)

除了劳作和生活中随口而唱的"野曲"之外,洮岷地区生活中的花儿还有"喜花儿""神花儿""套花儿""猜谜花儿"等。喜花儿也叫"满喜花儿",是在孩子满月恭喜的时候唱的,流行于洮州北路的羊沙、冶力关一带。神花儿则在请神、祭祀的时候唱,是给神唱的花儿。套花儿也称"本子花儿",其内容包括与"三国""薛仁贵征东""杨家将"等相关的成段评书故事,难度较大,普通人不一定能全部唱下来。套花儿经过了文人创作的过程,具有一种民间知识普及的作用。猜谜花儿采取的是"你问我答"的对歌形式,类似南方的盘歌。

> 这种口头传述,我们失去了很多。洮州花儿不像河州花儿,河州地域范围比较宽广,口头传述在某一小块地方消失,在另一个地方却有可能保存下来。而我们地域本身就窄小,人群有限,某一段口头文学一消失,也许就真的消失了。我们这很少有长篇的叙事花儿留存,不是说没有,而是没有留存,只有零碎的、散在的片段。(RWJ,男,55岁,汉族,甘南州临潭县城关镇)

每年临潭地区都会举行大大小小的花儿会,据资料统计,每年正月至九月中旬,1000人以上规模的花儿会可达60多场,500人以上的小会场可达130多处。① 花儿会的类型也很丰富,有庙会型花儿会、节日型花儿会、春游型花儿会、赛马型花儿会、沐浴型花儿会、贸易型

图2-8 东明山花儿会现场(2017年7月12日)

---

① 宁文焕:《洮州花儿散论》,甘肃民族出版社1992年版,第77页。

花儿会以及综合型花儿会等,具有广泛的群众基础。临潭县规模比较大的花儿会有古战乡的古战庵、新城镇的哈尕滩、羊沙乡的下河村、冶力关的池沟庙村等。

2017年临潭县城关镇东明山花儿会期间,可见到东明山上分布着许多民间信仰庙宇,在花儿会期间香火十分旺盛,商业贸易云集,可以看到汉、藏、回等民族服饰,热闹非凡,各种演出和花儿比赛也为周边各民族提供了丰富的群众娱乐需求。近些年,新兴网络媒体也为洮州地区各民族提供了花儿交流的平台。在田野调查过程中,我们多次遇见花儿爱好者通过微信群与朋友们唱花儿互动。

> 我加的民族花儿微信群,各个民族的都有,汉族在里面唱,回族也唱,藏族也唱。原来在古战,十五的晚上、十六的晚上,一挂(一起)就唱花儿。(YSS,男,51岁,藏族,农民,甘南州临潭县古战镇)

甘南、天祝等地自古以来就是多民族共生地区,在长期的交往互动中,各民族文化的诸多领域不断相互影响、相互交融,花儿也逐渐成为各民族文化中共通的文化现象。花儿在不同民族中流传的同时,这些民族也在用本民族的民歌音调、民族语言、风俗习惯等因素对其进行改造,形成具有本民族、本地区特色的花儿,这又进一步强化了花儿作为各民族共有文化因素的特征,使花儿成为各民族共有的艺术形式。

分析当地花儿的不同风格,我们同样能够发现各民族之间交往交流交融的证据。如在汉族传统花儿中,往往带有苍凉、忧伤的感觉,这一方面与当地的自然环境有关,一方面也与汉族花儿歌手演唱较多的"河州令"有关——"河州令"本身被认为是古羌族民歌与汉族哭腔结合之后的产物。甘南夏河一带藏族传唱的花儿，曲调与汉族花儿类似，但兼具藏族"拉伊"的风格，婉转、嘹亮。回族的花儿则因为分布地区的不同，而表现出一定的差异性，但也都与其生活地区的自然条件、社会环境关系紧密。

总体而言，闲暇生活中的社会互动空间不仅加强了洮州地区各民族在生产之外密切的生活联系，同时也在不断地营造文化交融、开放包容的多元文化环境。这背后所蕴含的，是在地方文化秩序影响下，地方社会所具备的固有生产生活节奏，这种节奏又调节着地方的社会生活，使各民族规律性的农事活动、集市贸易、民俗文化与现代性的社会生活协调并进，构成了地方社会各民族互惠互助的社会网络及其得以存续的文化土壤。各民族在闲暇生活中的交往交流，也加强了汉、藏、回、土等各民族之间的互动，强化了多民族共生社会的认同基础，有利于民族交融的发展。

（二）仪式互动与族际情感能量的增强

维克多·特纳认为："年度性仪式几乎总是针对大型群体的，而且常常覆盖整个社会。不仅如此，这些仪式常常是在一年一度的生产周期之中规定的时间点上举行，并且以此来证实从缺乏到丰足（比如果实初熟之时或收获之时的节日），或是从丰足到缺乏（比如人们预料到了冬天的艰难，并且奇迹般地避免了这一状况的出现）的转换。"[1] 布迪厄则认为，在现代化生产开始以前，时间对于农业村落而言不仅是一种抽象的认识论体系，同时还包括不同的社会文化体系在当中。通过对农村社会的时间观念和态度的研究，可以看出文化不仅是一种象

---

[1] 维克多·特纳：《仪式过程：结构与反结构》，黄建波、柳博赟译，中国人民大学出版社2006年版，第171页。

征体系，也体现出了社会经济体系的部分特征，是象征与实践相结合的产物。①

各民族长期以农牧业为主要生产生活方式，也在此过程中逐渐形成了一套适应自然生态与社会生活的岁时概念。而且由于各民族共同生活于同一地域，长期交往交流交融，民族间的岁时概念也发生了交融，引起其行动的一致性，如农区、半农半牧区各民族在农业活动中普遍应用的农时体系便是如此。在乡土社会中，对时间的观念和逻辑是依据其生产活动所进行的周期而产生的。所有的集体行为都是共同的时间制度下的行为模式，这种对待时间和行为的周期性概念之于全体乡民具有集体性和普遍性。②

甘南、天祝的牧业社会，草原文化的特征明显，当地的民俗生活更是如此。从时间上来看，当地每年夏季7—8月都会有隆重的赛马活动，一方面庆祝人畜兴旺，另一方面也是人们在劳作之余开展的娱乐性民间体育活动。近年来，随着民族文化旅游的兴起，赛马作为一种重要的旅游资源也在有关部门的组织下走上更加专业、更加隆重的发展道路，比较大型的如玛曲县、天祝县每年一度的"赛马节"。在大型赛马节之外，牧区不同乡镇乃至自然村也会有自己的赛马会，这已经成为牧区百姓每年一度的盛会，也是乡土社会重要的闲暇活动。通过吸引更多的民众参与，尤其是外地游客的进入，不同文化、习俗背景下的各民族共聚一堂，在轻松愉快的氛围中开展互动，为促进民族交往交流交融提供了良好的场域。

赛马需要精心的组织和筹备，在赛马之前也会举行盛大的仪式，同时商贾小贩、娱乐活动也是必备的要素。赛马会上的商业活动，类似于农村地区的定期集市。如2020年天祝县在松山镇芝格塘草原举行

---

① Pierre Bourdieu, *Outline of A Theory of Practice*, New York: Cambridge University Press, 1977, pp.97-108.
② 文忠祥：《神圣的文化构建：土族民间信仰源流》，人民出版社2012年版，第42页。

的赛马会,藏族、汉族、蒙古族、土族、回族等各民族共同参与,成为集体育竞技、文化展示、休闲旅游、民族互动、商业流通为一体的综合性盛会。赛马会开始之前的几天,来自天祝县各地、周边县市乃至其他省市的商贩,就已经在会场周边搭起帐篷,做起生意,商品的种类涵盖了玩具、小家电、服饰、游艺等方面。来自天祝县以及其他地区的各族群众,抱着旅游、放松的心态前来观看赛马会,在旅游交往的同时也以消费行为与各族商人进行交往。本届赛马会为期八天,但如果从商人进入到退场计算,则达到了近半个月。

玛曲县的赛马会规模更大,已经成为甘南旅游文化的名片。而且玛曲赛马会的会场距离县城很近,每年都有来自全国各地的民众参与。与天祝县的情况类似,会场周边同样有各种各样的商业活动,各民族成员在赛马会中互取所需、频繁互动。作为一种全民性活动,赛马会使来自不同地区、民族、职业、性别、阶层的人共同参与,虽然人们参与的初衷、参与的程度和涉及的范围都有所区别,但事实上的共同活动打破了人们原有的社会结构,共同集中于相对狭小的时空范围内,彼此发生接触,交流互动的频率和节奏得到加强,促进了民族交往交流交融的发生。"从更广泛的集体心理来说,人们都愿意制造一种规模盛大的、自己也参与其中的群众性氛围,使自己亢奋起来,一反平日那种循规蹈矩、按部就班的生活节奏,而同时又不被人们认为是出格离谱。"①

我们将视野转向农区社会,同样能够发现不同民族在仪式性活动中彼此互动、增强情感的案例,临潭县城关镇每年正月举办的"万人扯绳"活动便是其中的典型。"万人扯绳"至今已经有600多年历史,最早是流传于古洮州屯军中的"教战"游戏,后逐渐流入民间,成为

---

① 赵世瑜:《狂欢与日常:明清以来的庙会和民间社会》,生活·读书·新知三联书店2002年版,第123页。

不分男女老幼、不分民族的传统活动。《洮州厅志》记载："惟正月初五日午后，有扯绳之戏。其俗在西门外河滩，以大麻绳挽作二股，长数十丈，另将小绳连挂大绳之末，分上下二朋，两钩齐挽，少壮咸牵绳首，极力扯之，老弱旁观，鼓噪声可撼岳。"① 历史上的"万人扯绳"活动，由青苗会组织，洮商商会出资支持；中华人民共和国成立后，当地政府把"万人扯绳"活动发展为群众性的体育活动，给予支持并延续至今。

正月初六至正月十二日之间，由汉、回、藏等民族中年富力强者组成的"执情人"（类似于志愿者），就开始在旧城青苗会的协调下进行"捆绳"工作。将筹集来的绳按段缠好，每段又分成若干股，后来随着参与人数的不断增多，又改用了钢缆绳。正月十二日在临潭旧城五国爷安世魁的大庙（现农民文化宫）中进行"祭龙头"仪式，并在县委、县政府代表讲话后开始摆绳。② 活动于每年正月十四、十五、十六的晚上举行，每晚三局。绳长1100多米，主绳直径达14厘米，以西门十字为中间节点，放置在西大街的南北，活动不计人数，不分民族，不设裁判，不分队伍，简单以地理空间划分为"上片"和"下片"，以县城瓦采街为界，以北属上片，以南属下片，无论男女老少都可以参加。

在洮州地区的传统文化中，在"扯绳"中获胜的一方，其所在地区的粮食可以获得丰收，这对于以农业为主要生计的当地人来说无疑构成了巨大的吸引力。这样的分队方式和共同目标，忽略族际边界，使得各民族以地域为单位共同组队，为共同的目标奋斗，有利于促进人们基于地域形成跨民族的认同，有利于民族交融的发展。其中，"上

---

① 张彦笃主修：《洮州厅志校注》，包永昌总纂，张俊立校注，中国文史出版社2013年版，第126页。
② 赵利生、陈芳芳：《多民族"万人扯绳"与内生性民族关系研究》，《甘肃社会科学》2014年第1期。

片"主要包括城关镇的古城、上河滩、郊口、左拉、八龙、苏家庄，以及卓洛、古战、长川、完冒、冶力关、羊沙、藏巴哇、洮砚乡等地；"下片"包括城关镇的下河滩、城内、教场、青崖、西庄子、杨家桥，以及初布、羊永、流顺、新城、扁都、店子、王旗、三岔、总寨、木耳、大族、卡车、岷县等地。①

由于县城地势北高南低，因而从比赛场地的地形上看，"上片"处于上坡方向，"下片"反之，后者略占优势。不过从历史战绩上来看，获胜一方却多是"上片"。有当地人认为"上片"的参与者包括来自临潭北山牧区的藏族群众，他们的身体素质较农区群众更强，而且在面对不利地形的时候，队员们齐心协力，共同克服困难，获得胜利。

除了大规模的参赛队伍，道路两边的观战者、助战者也规模浩大，数倍于参赛者。如此巨大数量的人群，集中于临潭县城，共同参与"扯绳"活动。

> 穿藏袍的、头戴白色小圆帽的、服饰时髦现代的（各族群众），把这高原小城的夜晚装扮得五颜六色。分界线在西门的街道，由此开始分为上下两方，双方绳索的结合处是粗麻绳拧成环形的"龙口"。串接组合的是一条坚硬青冈木或桦木削成的巨大梭子，一旦它把双方"龙口"串接成功，一声歇斯底里的呐喊犹如点燃了巨大的火药桶，所有的人都开始喊叫。这时候人们自发按各自所处的方位，过万人缀在绳索上，街巷两边观战助威的也有两三万。人潮犹如大海的波浪，忽而向北，忽而向南，势均力敌，不分你我，抗争之下，待到力气耗完，力胜一方就会拼死拼活地扯动绳索呼啸而去。这样前后三次，来回缀接，时间也耗在了子

---

① 马麒：《多民族聚居区民间共生智慧：临潭民俗"万人扯绳赛"的功能解读》，《文化学刊》2018年第5期。

夜十二时后。到正月十六最后的兴奋发泄完之后，不管是谁输谁赢，反正男女老少过年的欢闹随着不分民族，不分男女，忘却季节的正月十六结束。一个对新春来临的希望从此埋下了丰硕的种子……①

"万人扯绳"以体育活动、娱乐为主，群众参与性较强。根据柯林斯的互动仪式理论，人们在互动仪式过程中，当互动和情感共享达到较高程度的时候，就会产生强烈的成员归属感，形成群体的团结。②"万人扯绳"活动规模宏大，团结协作，气势磅礴，高潮迭起，这些都能够激起人们的情绪感染力。在高度的关注和情感共鸣中，活动的参与可以看作一种仪式的互动，产生对群体"地域社会象征"的尊崇，使每一个人感到与群体的相关，从而加强各民族相互之间的情感和共同体认同，整合了族群关系。

在长期的发展与互动中，"万人扯绳"已经成为洮州地方文化秩序中重要的规律性节点，对于调整人们生产生活的节奏、社会文化空间中的族际互动都具有重要的作用与意义，激发了洮州各民族之间的情感能量。"万人扯绳"不像生产劳动协作那样具有较强的工具性，也不像民间信仰中的文化仪式那样具有较强的宗教色彩，但其不分民族、不分你我的群众娱乐性更能拉近各民族之间的心理距离，加强族际情感交流、地域文化认同和社会纽带。

甘南、天祝等地与全国其他乡土社会类似，是地方性较强的"圈子"，尤其是在交通并不便利的年代，其活动范围的区域性较强；即便目前当地社会已经得到了巨大的发展，但是相对的不便仍然存在。在

---

① 刘青之：《洮州旧事——扯绳》，载中共临潭县纪律检查委员会、中共临潭县委宣传部、临潭县文学艺术界联合会编：《洮州记忆》，甘肃人民出版社2016年版，第282—286页。
② 兰德尔·柯林斯：《互动仪式链》，林聚任、王鹏、宋丽君译，商务印书馆2012年版，第80—81页。

日常的生产生活中，人们为了生计而奔波忙碌，也使得交往圈局限在相对较小的范围内。闲暇时间则不同，人们的流动性增强，尤其是在大型的仪式性活动当中，短期内大量人员聚集，此前看似孤立的人们在仪式空间中得以互动往来。在这些场合中，来自地方社会共同体的不同民族成员，"暂时进入了亲密关系之中"[①]

对当地各族群众而言，地方性的节庆、祭祀、赛会等社会仪式活动同样是周期性生产活动逻辑的产物，当地的仪式活动普遍遵循着特定的时间条件，前文所说的"搬场节"便具有这样的特征。对于族际互动而言，共同参加周期性的仪式活动，也为不同民族成员之间增进了解、提高认知度、在情感上获得更多认同、拉近心理距离，最终实现民族交融提供了重要条件。

无论是"浪山"活动、花儿会、赛马会还是"万人扯绳"之类的活动，不同民族的人均能够自由地以某种身份参与其中，在此过程中的娱乐性、竞技性、互动性、商业性等各种特征，激发了人们积极向上的生活态度，促使人们在情感上与他人进行沟通交流。我们可以把上述类型的活动理解为"集体狂欢"，人们作为个体在其中与其他人进行互动，得以在没有血缘纽带关系或纽带关系尚不密切的人群之间人为地创造纽带、加深联系，强化不同民族之间的情感力量，促进民族交往交流交融的发展。

[①] 葛兰言：《古代中国的节庆与歌谣》，赵丙祥、张宏明译，广西师范大学出版社2005年版，第171页。

第三章
多维互嵌：民俗共享与血缘交融

2014年，在中共中央政治局会议、第二次新疆工作座谈会以及中央民族工作会议上，"推动建立各民族相互嵌入式的社会结构和社区环境"被再三强调。"民族互嵌"成为推动我国多民族社会族际关系和谐发展的新思路，也是实现民族交往交流交融目标的重要策略。"民族互嵌"的提出，有其深刻的社会基础，即我国各民族在共同创造中华民族的历史过程、多元一体格局的社会现实以及不断加深的族际交融中，既对我国各民族的发展需求给予了充分的考虑，又借鉴了国际经验，其目的"在于构建和谐民族关系、维护民族团结，在'三个离不开'的基础上更进一步促进民族融合，构建中华民族共同体意识，其实质仍是对民族关系问题的深入解决"①。在多民族社会中，民族结构是否合理直接影响着民族关系的发展走向，"合理的多民族社会结构自身就是民族团结的天然纽带，不合理的多民族社会结构则经常成为民族矛盾的潜在源头"②。

长期以来，共同生活于甘南、天祝等地区的各民族，在相互交往交流中实现民族文化的代际传承与多元交融，形成了当下的"大杂居、小聚居"的民族分布格局。各民族和谐共生，在不断的交往交流交融

---

① 闫丽娟、孔庆龙：《民族互嵌型社区建构的理论与现实基础》，《新疆师范大学学报》（哲学社会科学版）2015年第6期。
② 郝亚明：《民族互嵌与民族交往交流交融的内在逻辑》，《中南民族大学学报》（人文社会科学版）2019年第3期。

中共同发展，彼此之间的联系日趋密切，心理距离不断拉近。甘肃藏族与其他民族的互嵌格局由来已久，与当地多元一体的民族社会格局同步发展。伴随着时代的变迁，这种互嵌格局在当下进一步深入，从居住空间、社会结构到民族文化、婚姻家庭、日常生活等各个层面，我们都能够发现这种互嵌性的存在。各民族相互嵌入的社区环境为各民族交往交流交融提供了空间基础，而各民族交往交流交融则催生了各民族相互嵌入的社会结构，其在形成后又成了民族交往交流交融的结构基础。① 前章已经就各民族的居住空间、生产活动以及闲暇生活中的民族互嵌现象进行了论述，本章结合对民俗、语言与通婚情况的调查，进一步阐述当地各民族的多维互嵌特征以及在互嵌中的民族交融情况。

一、族际互动中民俗文化交融的符号表达

费孝通先生所提出的"中华民族多元一体格局"理论，高度概括了我国各民族长期交往互动的历史过程，也是对各民族共创的文化格局的高度概括。文化属性是民族的重要属性，也是各民族交往交流交融的重要语境，民族文化的共创共享共同铸就了中华民族共有的精神家园，为中华民族文化认同、中华民族凝聚力的增强奠定了基础。在民族互嵌格局中，文化互嵌与居住互嵌、生活互嵌、经济互嵌、政治互嵌、社会互嵌、心理互嵌等密切联系，既是后者的发展与升华，也是后者的基础和保障。

---

① 郝亚明:《民族互嵌与民族交往交流交融的内在逻辑》,《中南民族大学学报》(人文社会科学版) 2019 年第 3 期。

弗雷德里克·巴斯（Fredrick Barth）的研究提出，群体成员所强调的文化特征，那些被群体成员意识到、所强调的文化差异，与族群边界密切相关，并被作为表达认同、维持族群边界的工具，这些文化特征包括服饰、语言、房屋形制或日常生活方式。① 作为象征符号的民族文化，并非静止不动的，它会随着社会的发展以及民族之间的互动而表现出不同的形态和功能。具体而言，不同民族的文化特质在表达民族认同、维持民族边界的同时，也会随着民族互动而相互作用，彼此之间在形态、内涵、功能等方面产生交融，从而作为判断民族文化互嵌、衡量民族交往交流交融的关键因素。

广义上的民族文化体现在诸多领域，我们结合甘南、天祝等地各民族的部分典型民俗，讨论民族文化的交融现象。

（一）服饰文化的交流与融合

作为人类物质文化的一部分，服饰通常被视为特定人群的重要外在标志，于民族而言即其外在的文化符号之一，具有特定的内涵。在多元一体的文化特征下，不同民族均有自己独特的民族文化，但每一个民族文化又都在与其他民族文化的共生中彼此渗透、相互交融。甘肃藏族的服饰文化，同样折射出当地各民族在交往交流交融过程中的文化交融现象。

从历史上来看，甘肃藏族的服饰文化已经表现出了比较明显的民族文化交融特征。例如，临潭、卓尼等地的汉族女性服饰表现出明显的"江淮遗风"，比如梳高髻的发式、穿凤头鞋以及头戴手巾的习俗。顾颉刚先生记录了1938年在洮州一带发现的汉族服饰文化："至岷县

---

① Thomas Barfield, *The Dictionary of Anthropology*, Oxford: Blackwell Publishers Ltd., 1997, p. 152.

（女性）足渐大，至临潭则更修长，其履尖上翘，所谓'凤头鞋'也。头上云髻峨峨，盖皆沿明代迁来时装束。"① 根据1940年版的《临潭县志稿》，洮州妇女"足趾跷上，鞋之式如之，即古所谓凤头鞋也，幼女发束双辫，垂于两肩，过十岁则一辫垂背。既嫁则束为高髻……新妇服饰格外艳丽，系银制抹额（俗名勒子），耳后插银花数对，髻上有银压簪，髻前插银牌垂珠之翠珥（俗名挑牌）。……衣必彩缎，袖及边缘，均绣花，下衣翠裙，项带银圈，胸垂银牌。均有铃铛下垂，配以牙签等物，行动则锵锵殆礼"。如今随着文化变迁，当地汉族服饰已经与全国其他地区一样，融入了许多流行趋势，但是在临潭、卓尼地区，当地的一部分汉族女性还会用淡粉色的帽子把头发裹起来，有些老人也会头戴手巾、穿深蓝色或黑色的大襟长衫。

图 3-1 临潭、卓尼汉族传统服饰（左）与现代日常服饰（右）

藏族男性的传统服饰基本上是藏袍，各族群间相差不大，妇女的

---

① 顾颉刚：《西北考察日记》，甘肃人民出版社2002年版，第214—215页。

服饰则具有明显的差异性；而在差异性之外，我们又能够从中发现服饰文化交融的痕迹。结合上述洮州汉族的服饰风格，我们能够在当地三格帽藏族服饰中发现类似的装束：三格帽是洮州地区独有的藏族服饰，具有强烈的地域特色。三格帽藏族妇女并不穿藏袍，而是一种类似旗袍的蓝色长裙，外套粉红色马甲，头戴镶有玛瑙的石榴帽，发式有三根辫子，故当地方言又称其为"三绺髦"。三格帽藏族的服饰文化，与其所处的自然空间、与汉族共生的居住格局以及农业生产方式有较强的关联，他们在与汉族长期的交往交流中吸收了当地汉族传统的服饰文化。在社会变迁过程中，传统洮州汉族服饰已经逐渐简化，使用场景也逐渐缩小，而三格帽藏族在受汉文化影响的同时，依然维持着自己的民族传统，妇女们平时依然穿着传统的三格帽服饰。

图 3-2 觉乃藏族女性节日服饰（左）和日常服饰（右）

甘肃回族的传统服饰中，男性的传统服饰相对比较简单，其特征主要体现在"号帽"上，以白色居多，兼有少量黑色、棕色。男性的传统上衣多为白色对襟短衣，套黑色坎肩；裤子常见青布敞口直筒裤，或灯笼裤。现代回族男性的日常服饰，除"号帽"外，并无多大异处。每逢宗教节日，中老年男子喜穿对襟长大衣。近年来，甘南、天祝等地回族妇女的服饰款式与汉族妇女服饰相差无几，主要特征区别在于头部：回族老年妇女常戴黑色或褐色头巾，并有扎裤腿的习惯；青年妇女冬季戴白、红、蓝、黄等颜色的头巾。婚礼时，回族新娘流行穿旗袍、戴凤冠，还要披上银锁，从造型上看与汉文化中的服饰特征十分接近。

图 3-3　临潭回族新娘传统婚礼礼服

随着各民族被不同程度地卷入现代化进程中，各民族的服饰文化表现出较高的同质性。在日常生活当中，传统服饰已经逐渐失去了日常衣饰的功能，转而被现代服饰所取代，只在如重大节日、庆典、仪式等特定时空中作为"仪式性的存在"。这种现象的出现，与各民族在族际互动过程中服饰文化的相互采借密切相关，现代服饰的美感、实用性等特征，提高了各民族的青睐度，不同民族又根据自身的需求，针对性地对自身的服饰文化进行了改造。如在牧区，我们可以看到广大牧民往往以传统藏袍套着现代服饰，实现了二者的有机结合。虽然日常生活中人们仍习惯将服饰作为区别民族的标志之一，如在调研过程中我们经常能够听到被访者有如下表达："我们的衣服还是有自己的特点。""藏族的衣服颜色鲜艳得很，不像你们汉族的，颜色素素的。""回族都有盖头，有号帽，要是头光光的出去，总感觉奇怪，老人们也会说你。"此时的服饰具有明显的民族身份象征，不过符号象征往往在特定情境中才能够让行动者感觉到边界的存在，"个体的几乎一切方面，都是在不同情境中变动的结果"①。作为象征符号的服饰特征，在作为个体认知的组成部分时，其有效性随着情境的改变而变化。

我们在调查中还发现，不同民族的成员也会在特定场合穿着其他民族的服饰。如在每年甘南的"香浪节"期间，合作市等地会组织大规模的锅庄舞表演，此时藏族、汉族、回族等各民族的群众都会参加，而一些汉族、回族等也都会穿藏袍，此时的藏袍仅仅是为了实现表演效果增加融入感，并不具备标识民族身份的功能；相应的，汉族、回族等也并不会因为身穿藏袍而被排斥，各民族的观众在共享着这样一种服饰文化。

在甘南、天祝等地，我们还能够看到另外一种情况，即一些少数民族群众在日常生活中多以现代服饰示人，但同时又准备有相应的民族服饰。对这一部分少数民族群众而言，诸如藏袍一类的服饰，在日常生产生活中会带来一定的不便，并不适合自身所处的场合，因此"只在必要的时候穿"成了人们的选择。

在现代社会话语体系中，不同民族的成员潜移默化地接受了一套区分少数民族和汉族的观念，即少数民族意味着发展慢、传统，汉族则意味着发展快、现代。在这样的观念体系下，民族传统服饰和当下的日常服饰构成了"传统—现代"的区隔。这种观念带来的影响是人们对于服饰文化现代性的追求，二者本身便体现着民族交往交流交融

---

① 兰德尔·柯林斯：《互动仪式链》，林聚任、王鹏、宋丽君译，商务印书馆2012年版，第20页。

之后人们价值观念趋向一致的现实，体现着服饰文化的交融。

（二）饮食习俗的交融

从饮食结构上来看，甘南、天祝等地各民族的饮食均包括主食、肉类和饮料三大类。由于生存地区生态环境的共同性，各民族在食物来源上表现出较高的一致性，如各民族均以面食为主食，馒头、油饼、拉条子、面片等均是常见的主食种类。在肉食来源中，牛肉、羊肉成为各民族共同的选择，猪肉则是除回族等民族之外汉族、藏族、土族等民族共同的肉类选择之一，不同的是不同肉类在各民族饮食结构中的比重。

回族的饮食习俗与伊斯兰教文化有着密切的联系，与汉族、藏族、土族等有较大的区别，但是这并不影响回族对于其他民族饮食习俗的接纳与钟爱。如临潭、卓尼等地的回族，对藏族日常饮食中的酥油十分偏爱，尤其是在每年斋月期间，有条件的回族家庭会在每日的"封斋饭"上饮用酥油茶，其原因在于酥油由牛奶制作而成，符合其饮食习俗，而且酥油热量充足，饮用酥油茶除解渴之外亦可维持人体所需的能量。回族传统的馓子、馃馃等油炸食品，也同样受到广大汉族、藏族群众的喜爱，作为自己食用和待客之美食。

牧区由于自然条件以及物流条件等限制，一度缺乏蔬菜、面食等，再加上畜牧业生计方式，造就了牧民以糌粑、肉制品、乳制品为主的饮食结构。为了解决膳食不均衡导致的肠胃问题，饮茶习俗在传入牧区之后很快受到牧民的喜爱，成为日常生活中必不可少的选择，而且与自身的牧业活动相结合，发展出独特的制作、饮用"奶茶"或"酥油茶"的饮食习俗。这样的饮食风俗同样受到当地土族、汉族——尤其是从事牧业生产的土族、汉族——的喜爱。在农区、半农半牧区，面食为主、肉食和蔬菜等为辅的饮食方式同样被当地各民族所接受，藏族、土族除了继续食用糌粑、酥油、肉制品外，各式面食、蔬菜也是喜闻乐见的饮食。应当说，"各民族从内容和形式上广泛吸收和容纳了其他民族的文化元素，这些元素不再为某一民族所独有，而是经过有机地融合而成为当地特有的多元化的民俗文化体系"①。

食物作为身体营养物质来源补充人体所需能量的同时，也在形塑着作为文化产物的身体，各民族不同的饮食习惯下往往呈现出不同的文化特征。但是正如上文所说，各民族之间的交往交流愈发频繁密切。在现代市场经济条件下，人口流动以及物流、餐饮等行业的兴起，使得曾经明确归属某一民族的食物和饮食方式已经很难再继续保持下去。随着各民族不断拓展自身的食谱，不断借鉴其他民族的饮食习惯，"共享"已经成为各民族的典型特征。民族之间饮食方式及其文化的交融，造成食物作为特定民族文化象征的意味已经发生了转变。

在前文所说的"搬场节"中，也明显体现着族际互动中饮食习俗的共生和交融。作为临潭、卓尼农区跨村落、跨族群的集体农事活动，"搬场节"期间，汉、藏、回各民族因民族、宗教、习俗等产生的族群边界被弱化，他们以完成共同的生产任务为目标。虽然回族与汉族、藏族之间，因为风俗习惯的差异在饮食上有很大区别，但在"搬场节"期间饮食差异让位于共同的生产行动。

> 回族也来搬场，要是到只有汉族的村子，他们就会自带干粮，有时汉族家庭还会单独准备一副专门的锅灶，这样他们就可以做饭；要是到有回族的村子，那吃饭就没有问题。因为是整个村庄的集体活动，谁也不可能独立干，大家都要去帮别人，这样别人

---

① 陈晶：《多民族杂居地区民族交融实证研究——基于甘肃天祝藏族自治县的调查》，《西北人口》2011年第5期。

才能来帮你。就算是你（指回族）自带干粮，我用一杯茶水来感谢你还是可以的。（WR，男，45岁，汉族，医生，甘南州临潭县长川乡）

在人类学的研究当中，食物不仅是单纯的果腹之物，还被视为具有反映人类思维与人际关系的象征意涵，能够体现族群差异，如布迪厄以之解释阶层之间的文化差异[①]，饮食人类学家西敏司（Sydney Mintz）认为饮食可以作为族群的显著特征[②]。从我们在田野调查中发现的情况来看，食物、饮食习惯在区别民族、衡量民族交往交流交融时，也具有重要的作用。和许多民族一样，汉族、藏族、回族均恪守着各自的饮食规则，这些规则对彼此之间的交往交流也造成了一定的影响。而在"搬场节"的集体行动中，人们以各种方式消解这种影响，为共同的目标共同团结奋斗。这从事实上说明，在长期的交往交流交融过程中，当地各民族之间的往来越来越密切，食物在一些场合虽然仍具有区分族群的作用，但是人们能够通过购买或制作某一方能够接受的食物的方式实现共享，采借其中一方的饮食习惯，从而拓展交往交流的空间，为促进民族之间的交融提供便利。

在目前阶段，食物在民族认同中仍发挥着重要作用，在很大程度上区分着民族文化。如不同民族具有不同的饮食禁忌，回族禁食猪肉，藏族禁食马肉、狗肉、驴肉、鱼肉等，汉族则无明显禁食的肉类。而且回族、藏族对于自身禁食的食物，均有文化上的深层解释。如回族依据伊斯兰教的规定禁食猪肉，藏族亦在其历史记忆中塑造了"狗是具有神性的""狗（或马）是藏族的好伙伴、好帮手，吃狗（或马）

---

① Pierre Bourdieu, *Outline of A Theory of Practice*, New York: Cambridge University Press, 1977.
② 西敏司：《甜与权力：糖在近代历史上的地位》，王超、朱健刚译，商务印书馆2010年版。

肉不仁义"等。从这些来自当地人的解释中不难看出，他们对禁食之物有明显的情感和文化注入，能够从中区分不同民族之间的边界。不过这种边界的存在是模糊的，在民族互动过程中，为了实现交往交流的顺利进行，各民族均不同程度地改变着自身的饮食习惯。如前文"搬场节"中人们的表现，又如今甘肃藏族的食鱼禁忌也已经松动，而这些又反过来促进着"各民族坐在一起吃饭"的其乐融融，促进着饮食习俗的交流互动。食物不单单是能提供营养元素的物质，而且还是一种语言，它代表着人们的思维模式。在甘南、天祝各民族的饮食习俗中，"同食一物""共同食用"等现象的增加，不仅代表着饮食文化的交融，也能够反映各民族在价值观念、认同心理等方面一致性的加深。满珂等人在临潭的调查研究也发现，"这两个民族差异最大的饮食方面反映出他们没有因为民族的差异而完全排斥对方的文化要素，反而是在长期的交往交流中，在文化规则允许的前提下合理地形成了一定的交融"①。

二、建筑文化的交融

在共同的生活空间中，当地不同民族的文化在民族互动中彼此作用，通过民族间的交往交流交融，实现文化的互通互构，共同构成当地的区域文化，使其表现出明显的多元一体特征。其中，"多元"主要体现在不同民族文化的共存共荣，"一体"则体现在不同文化中共同体现出对当地自然、社会结构的适应，体现在对作为整体的区域文化和

---

① 满珂、刘春艳：《民族文化交融的原因、途径探析——基于甘肃省临潭县的调查研究》，《云南民族大学学报》（哲学社会科学版）2020年第6期。

区域共同体、对中华民族的认同等诸多领域。建筑作为文化的载体之一，不仅提供着各民族居住的基本环境，同时也体现着多元一体民族文化格局中各民族文化之间的交流和交融。

（一）建筑材质与形制

在临潭和卓尼地区，江淮文化与明朝初年的移民一同到来，逐渐为当地的众多民族所接受，也使得目前仍能够在当地看到大量"江淮遗风"。交融之后形成的洮州文化，作为当地各民族共创共享的文化，为促进当地社会发展、民族团结进步提供了适应本土的文化资本。以当地的建筑文化为例。随着江淮移民文化的播迁，江淮传统民居"四合院二层小楼阁"的建筑形制传入当地，在洮州地区本土化的过程中，又逐渐演化成了洮州"合院式土木结构平顶楼房"形制的新型民居。[①]在民族的互动过程中，当地的建筑又融合了藏文化元素，形成了特有的风格。当地现有民居的普遍形制，是主房和厢房形成一个四合院，中有天井，主房地势高出厢房，主房与四合院之间的平台较高。而且，当地汉、藏、回各族的民居均比较注重木雕的装饰，藏族民居"外不见木，里不见土"的风格也影响着汉族和回族的民居，房子以砖木为主体，外墙涂泥，室内的墙壁、天花板均为木制。目前在临潭、卓尼及周边地区，能够明显地感受到汉族、藏族、回族建筑文化中的交融现象。

位于古战镇尕路田村的西道堂"大房子"，便是典型的"外不见木，里不见土"的藏式风格，形制为四合院式二层楼房，平面布局与藏式民居相似，建筑群全部使用木料，木门、木窗全部采用木刻雕花。

[①] 高小强：《江淮移民与明清洮州新型民居的形成及扩散》，《中央民族大学学报》（哲学社会科学版）2016年第4期。

同时,"大房子"还吸收了儒家文化和道教文化的元素,如室内的隔板上刻有"蝙蝠捧寿"和龙凤主题的飞罩。前文所提到的拉直村,当地的清真寺始建于1946年,亦为典型的中式四合院建筑,从建筑格局到装饰风格都具有非常明显的儒家文化特征,如大殿前横梁上的"二龙戏珠"图样、殿内倒提柱和木牌坊上的"龙腾纹"、殿檐两壁的"长寿菊"砖刻浮雕等,无不体现出民族文化的交融。目前临潭、卓尼等地的普通回族民居中,上述木刻雕花的装饰形式也广泛存在。

(二)神圣空间的文化象征

在甘南、天祝等地区,不同民族之间在房屋建筑、装饰方面的相互吸收、相互借鉴是常见的现象。汉族庭院中悬挂"风马"、树"玛尼旗杆"、设煨桑台,汉族和藏族的大门常常同时装饰有藏传佛教"十相自在图"、汉族民间信仰中的"门神"、藏汉文书写的佛经或对联等。屋内的"神圣空间"是具有一定宗教信仰的藏族、汉族、土族群众在布置室内空间时非常注重的方面,如神龛、佛堂、祖先牌位等的存在和布置风格,同样体现着民族文化的交融。

在天祝、临潭、卓尼等汉藏民族交错分布的地区,我们经常能够发现家中供奉有藏传佛教神龛、佛堂的汉族、土族家庭,按时烧香、礼佛成为人们的共同行为;同时也能够见到藏族、土族家庭普遍在住宅堂屋正中设有祖宗牌位,祭祖时要在牌位前行礼并上香。上述现象的发生,是民族互动之后信仰文化交融的典型结果。当地土族、汉族在与藏族的交往交流中,逐渐认同、吸收藏传佛教文化,将其与自身传统信仰相结合,在外在表现形式上采用藏传佛教中的元素来进行空间布置;供奉祖先牌位在牧区藏族家庭中难得一见,而在与汉族、土族接近的农牧交错区,在家中以固定空间对其加以供奉,成为当地藏族共通的选择，这种现象反映了各民族在互动中对儒家文化祖先崇拜的认同与吸收。回族与藏族、汉族、土族等在宗教信仰和风俗习惯方面有差异，其并不会在房屋装饰中采用类似的元素，但是我们在临潭、卓尼等地的回族家庭中同样能够看到使用藏式卡垫、炕桌、茶几和炊具等家庭用具的情况。由于回族无偶像崇拜，因此其室内多采用山水画、书法作品以及各种陈设加以装饰，这与当地汉族、藏族等民族的室内装饰同样有共通之处。总之，各民族基于自身生产生活的需要以及民族文化中的有关界定，从实用主义和文化理性的角度出发，有针对性地选择对自身有利的建筑和装饰风格，在方便自身生活的同时，也加深着民族间的理解、互动和交融。

甘南、天祝等地长期保持着小传统社会的特征，自给自足的经济结构、内部循环的物质和文化互动、社会结构的自我演化等特性明显；在民族交往交流方面则表现出较强的内向性，即在区域文化内部的各民族之间进行着互动，民族交融现象也多发生于内部的各民族之间。现代社会的变迁在带来现代化生产生活方式的同时，更加多元的文化进一步拓展着当地的社会文化空间，传统的社会结构、生计系统、经济体系、生活方式、文化观念等也都在发生着不同程度的变化，当地的建筑及其文化内涵也在发生着相应的改变。

（三）文化符号的多元与相融

近年来甘南、天祝等地的"游牧民定居工程"，使大量村民、牧民住进了商品房。这种居住空间的变化，使人们具备了重新装饰居住空间的选择权。如玛曲县城的早期牧民定居点，均为一进三间的平房，中间为会客厅，屋内左侧上首设有佛龛，下首为藏式茶几、座椅，右侧为储物空间。后随着家庭生活的改善，定居点的居民亦对居住条件进行改造,茶几、沙发、电视等家具逐渐增多。在玛曲县新建的定居点中,楼房取代了平房,与传统居住空间的差别更大,在此居住的多为年轻牧民,他们对城市生活有更强烈的向往。屋内陈设与城市并无太大区别:白墙、瓷砖、沙发、壁橱、马桶等一应俱全,电器设备虽因财力每家各有不同,但也都尽量齐备。除此之外,能够凸显藏族文化特征的装饰,如羊皮画、哈达、羊头、牛头等也随处可见,佛龛仍是人们特别重视的空间,每家每户都根据财力许可进行布置。在室内装饰中,除凸显本民族文化的存在物之外,各种当地流行的元素也比较常见,内地风格的山水画,象征富贵的牡丹十字绣、"八骏图",年轻人群体中比较流行的海报和各类装饰画等,也都是家庭中常见的内容。家庭内部装饰,可以视为文化象征的一种隐喻式生产。不同民族家庭内部的空间装饰,虽然仍有本民族文化元素的呈现,体现着其对本民族文化的认同,但不同民族文化要素的同时存在,体现了人们在实用、审美、认同基础上产生的文化借鉴。这种借鉴,弱化了相应元素的民族属性,成为各民族共享的文化象征符号,其中的差异性随着族际互动逐渐消解,成为族际交融的表征。

经济水平的发展极大地促进着该地区各民族居住条件的改善,改善居住条件是各族人民的共同愿望。如果将建筑视作经济现象,其存在状态、发展、变化,人们对于建筑和装饰的选择等,均与经济发展水平相关。传统民居的保留,往往与相应地区经济发展及人们的观念有关,这一点在各民族改善居住条件的强烈意愿中体现得非常明显。例如,在藏族逐水草而居的传统生计方式下,人们并不十分注重居住条件,更多的是考虑生产活动中的实用性;而现代社会中,藏族牧民的价值观念也在发生着相应的变化,对于建筑也有了新的追求,尤其是年轻人群体对城市生活的向往,现代化的居住环境成为他们追求的目标。客观地说,这种变化是随着社会变迁而来的人们价值观念的变化，尤其是随着不同民族之间频繁而深入的交往交流而发生的。这种变化在不同民族之间又表现出较强的一致性，具有相互影响、相互交融的特征。

甘南、天祝等地各民族在民俗文化领域的交融情况，除体现在饮食、服饰、建筑装饰等领域外，在婚丧嫁娶、节庆活动、礼仪规范等方面也均体现出相互学习与交流交融的特征，涉及范围甚广，而且影响深刻。特定的风俗习惯是民族重要的标志之一，2005年中央民族工作会议便把"风俗习惯"作为民族的六大特征之一写入了中国化的"民族"定义之中。民俗作为客观存在的文化事项，之所以能够成为民族的标准之一，其中更重要的是同为民族特征之一的心理认同所发挥的作用。民族风俗习惯所象征的，是相应民族在接受、实践过程中所表达的情感与认同心理，对于乐于了解、喜于接受乃至主动吸收其他民族的风俗习惯等文化要素，则可以认为是对相应文化要素的接纳与认同。

多民族杂居区的地域性文化，具有明显的跨族群特征，若干民族共享某一文化要素的现象大量存在，体现出部分民族共享的中华民族共同性。[①] 伴随长期的共同生活和族际互动，生活于同一地区，尤其是民族互嵌居住格局更加明显深入的地区，各民族对彼此之间的风俗习惯都有深入的了解，各方均产生了较高程度的族际文化认知，从而在民族交往中能够尊重和包容彼此的文化风俗习惯，构建了民族间和谐交往的心理场域。各民族之间深入的民族文化认知，不仅有利于消除文化差异导致的刻板印象和文化偏见，也推动着积极、友好和包容的互嵌型民族关系的深化。在民族互嵌格局中，不同民族的文化、社会结构、血缘结构等既保留着本民族的主要特征，又基于生产生活中的共同协作、文化上的相互接纳交融、社会结构的互动交错、心理上的

---

① 郝亚明：《中华民族共同体建设的三个维度》，《西北民族研究》2021年第1期。

相互包容和相互亲近等,推动民族交往交流交融的深入发展,提升不同民族之间的亲密程度。这对于增进民族感情,促进民族交融,不断推动多元一体的区域共同体向更高层次发展,均有积极的意义。

三、族际婚姻中血缘交融的地方实践

各民族在漫长历史长河中共同创造中华民族、共同推动中华民族不断发展进步的过程,时刻伴随着各民族之间的交往交流交融。绵长而厚重的中国历史,也是中华各民族不断形成、发展、壮大、交融并共同缔造我国统一的多民族国家的历史,是各民族共同创造和发展中华文化的历史,更是中华民族形成、发展、壮大的历史。在这个过程中,中华各民族逐渐产生中华民族的认同,并通过理性升华上升为中华民族共同体意识。

进入新时代,中国特色社会主义民族关系不断向前发展,各民族之间建立起了比以往任何时候都更加密切的联系,"你中有我,我中有你""汉族离不开少数民族,少数民族离不开汉族,各少数民族之间互相离不开"的命运共同体,为我国民族关系发展提供了新的历史背景。我国各民族的血缘性得到更加深刻的改造,对中华民族共同体意识的认同更为牢固。

(一)族际通婚概况

从甘南、天祝等地的族际通婚情况来看,跨民族的家庭普遍存在,民族之间相互通婚的现象普遍存在。

表 3-1　甘南州族际通婚情况　　　　　　　　　　单位：户

年份	总家庭户				多民族混合家庭户			
	合计	城市	城镇	农村	合计	城市	城镇	农村
2000	143 304	12 117	6935	124 252	9740	1304	1177	7249
2010	163 436	15 178	32 308	115 950	10 749	1995	3277	5477

资料来源：根据 2018—2019 年甘南州田野调查期间所得资料整理。

据统计，2000 年甘南州共有家庭 143 304 户，其中包含两个或两个以上民族的家庭共计 9740 户，约占当年甘南家庭户总数的 6.8%。在全部通婚家庭中，农村地区的民族混合家庭数占比最高，当年甘南农村地区全部 124 252 户家庭中，有民族混合家庭 7249 户，约占当年通婚家庭数的 74.4%；其次是城市地区（仅合作市区），约占总数的 13.4%；城镇地区比重最低，约占通婚家庭总数的 12.1%。2010 年，甘南共有家庭 163 436 户，其中两个及两个以上民族的混合家庭上升至 10 749 户，在全部家庭中的比重略有下降，为 6.6%。2010 年，甘南通婚家庭的城乡分布情况也发生了明显变化，农村地区民族混合家庭在全部民族混合家庭中的比重下降至约 51%，城市混合家庭的比重提升至约 18.6%，城镇地区则提升至 30.5%。

以城市、城镇、农村为分区进行内部比较，2000 年甘南城市民族混合家庭 1304 户，占城市全部家庭户（12 117）的 10.8%；城镇民族混合家庭 1177 户，约占城镇家庭户的 17.0%；农村民族混合家庭数虽然绝对数量最高（7249），但是占农村家庭户总数的比例最低，约为 5.8%。2010 年，城市民族混合家庭户在城市总家庭户中的比例上升至 13.1%，成为甘南跨民族通婚率最高的地区，城镇地区以约 10.1% 的比重次之，乡村地区依然保持着比较低的族际通婚比，当年民族混合家庭数仅占农村全部家庭数的约 4.7%。

从家庭数的变化情况来看，2000—2010 年的 10 年间，甘南家庭户总数增加 20 132 户，增长率约 14.0%，城市家庭户总数增加 3061 户，增长率约 25.3%，城镇家庭户总数增加 25 373 户，增长率约 365.9%，幅度最高，农村家庭户总数则呈现下降趋势，共减少 8302 户，降幅约 6.7%；通婚家庭户数共增加 1009 户，增长率约 10.4%，其中城市通婚家庭数增加 691 户，城镇通婚家庭数增加 2100 户，农村通婚家庭数则减少 1772 户。

相对于甘南而言，天祝县族际通婚的比例更高。2000—2010 年间，民族混合家庭比例增长明显。2000 年，天祝县共有家庭 51 650 户，其中民族混合家庭 10 201 户，约占总数的 19.8%，城镇的 7077 户家庭中，混合家庭户 1683 户，约占总数的 23.8%，农村地区的混合家庭户约占 19.1%。2010 年，天祝县家庭户总数略有下降，共 47 386 户，其中混合家庭户约占 24.1%，较 2000 年增长约 4.3%，城镇、农村的家庭户数分别为 16 245 户和 31 141 户，其中混合家庭的比例分别为 25.3%和 23.6%，增长明显。

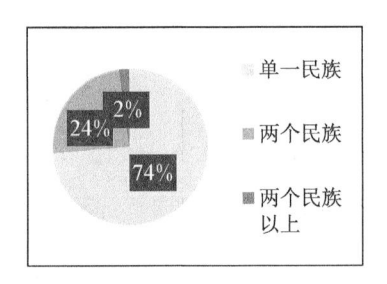

图 3-4　临潭、卓尼被访家庭的民族构成

在对临潭、卓尼等地的调查中，我们也发现了同样的现象。在我们调查的 179 个有效样本中，单一民族家庭户约占总数的 74%，来自两个及两个以上民族的复合家庭数占总数的 26%。

根据我们在天祝县针对 208 名被访者婚姻情况的调查，其中未婚者约占 32%，民族内部通婚的个体占全部被访者的 39%，来自族际通婚家庭的被访者占 29%；如果单纯计算已婚的被访者，族际通婚的比例约在 43%。就此次的抽样调查结果以及前文的访谈结果来看，天祝

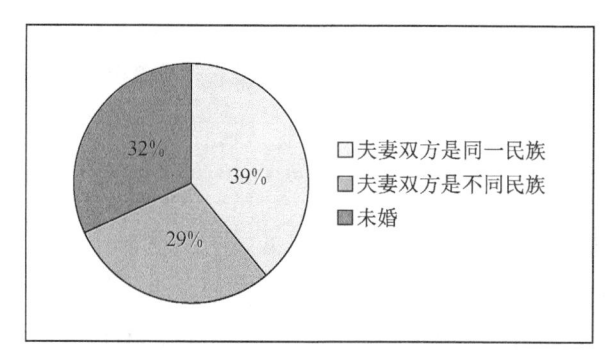

图 3-5　天祝县被访者族际通婚情况百分比

地区的族际通婚规模是比较大的，当地的民族关系与民族交融的程度也是比较高的，这在我们的质性研究中也得到了体现。

表 3-2　配偶民族是否本民族

民族	配偶是否本民族	有效百分比	累积百分比
汉族	是	75.0	75.0
	不是	25.0	100.0
回族	是	96.4	96.4
	不是	3.6	100.0
藏族	是	82.4	82.4
	不是	17.6	100.0

在问到"您的配偶是否为本民族"时，汉族被访者的配偶是本民族的占 75%，不是本民族的占 25%；回族被访者的配偶是本民族的占 96.4%，不是本民族的占 3.6%；藏族被访者的配偶是本民族的占 82.4%，不是本民族的占 17.6%。其中所反映的是各民族族际通婚率的差异，其中汉族的族际通婚率最高，藏族次之，回族最低。

总体而言，2000—2010 年的 10 年间，按照城市、城镇、农村内部的混合家庭比例计算，2010 年城市成为甘南州通婚率最高的地区，城镇次之；而且与 2000 年相比，城镇地区家庭户总数和民族混合家庭数都有大幅度提升，族际通婚率虽有所下降，但也一直保持着比较高的水平,农村地区则一直保持着较低的族际通婚率,无论家庭户总数还是族际通婚家庭户数都有明显下降。马戎先生曾提出以是否达到10%的通婚率作为衡量民族关系好坏与族际交融程度的标准①,从上述数据来看,甘南城市、城镇的通婚率已经达到了这个标准,而且呈现出逐渐增长的态势。

(二)影响族际通婚的主要因素

族际婚姻的不断发展,与当地经济发展所带来的城镇化快速发展、人口流动所带来的民族分布格局变化、长期以来各民族之间的交往交流交融等现象密切相关。

1. 城镇化发展与族际通婚

一般而言,城市、城镇的族际通婚率通常高于乡村地区,这与前者的社会开放程度、民族互嵌格局以及更加频繁的族际交往密切相关。结合甘南、天祝等地的情况来看,当地城市、城镇地区的通婚率一直保持在较高水平,究其原因,主要体现在:

首先,城市的通婚率变化,主要源自当地经济快速发展,原有城市、城镇规模扩大,各民族人口或因城市规划被动地被划入城市,或因就业机会增加主动进入城市工作,或因经商、工作、旅游等客观原因到此生活居住。如1998年合作正式设市之后,随着合作市的民族分布情况、各民族交往互动的不断加深,族际通婚率明显提高。

其次,2000年以来,甘南、天祝等地城镇化进程进一步加快,大量农村人口转为城镇人口。2000年左右,甘南的城镇人口基本上只在夏河、临潭、卓尼分布;而到2010年,甘南所辖各县市的城镇化快速

---

① 马戎编:《西方民族社会学的理论与方法》,天津人民出版社1997年版,第16页。

发展，新设立的城镇吸纳了大量农村人口。2010年，甘南城镇家庭户规模是2000年的4.65倍，快速增长的家庭户直接稀释了民族混合家庭所占的比例，这也是城镇地区族际通婚率下降较快的主要原因。

> 甘南这里通婚的多，多数在临潭、合作、夏河这些城市，这些地方民族多一些，很早以前就有不同的民族在这里生活。但是像玛曲、碌曲这些地方，说白了，以前就是牧区，都是藏族，汉族、回族很少很少，所以通婚的要少一些。这几年玛曲、碌曲县城发展起来了，民族多了，通婚的也变多了。（RQ，男，45岁，藏族，公务员，甘南州合作市）

最后，相对于市、镇而言，农村地区小传统社会的特征更加明显，限制了农村地区的族际互动，导致族际通婚现象相对较少。甘南农村相对更加闭塞，交往圈较小，人口流动频率较低，而且多数仍以单一民族为主（尤其在牧区），在婚姻生活中基于传统文化的内部认同更加明显，因此当地的通婚率一直保持在一个较低的水平。

2. 民族交往交流交融与族际通婚

民族交往态度是影响民族交往关系的关键因素，一定的交往态度引起一定的交往行为，因此也会影响民族关系。[1] 根据我们的调查情况，华藏寺镇藏族、汉族居民对族际通婚的态度总体而言是包容、开放的，这对于族际婚姻的产生能够起到积极的促进作用，有利于各民族之间血缘融合的发生，进而有利于从民族心理层面强化民族团结。

> 在天祝这个地方，藏族和汉族之间互相婚嫁的情况多得很，

---

[1] 李静：《民族交往心理的跨文化研究》，中国社会科学出版社2010年版，第190页。

其实很多时候大家看的都是感情好不好，特别是现在，早就已经婚姻自由、恋爱自由么，所以民族什么的早就已经不是限制婚姻的因素了。我妻子是汉族，我们有四个小孩，大的是女儿，还有三个儿子。女婿是藏族，大儿子过几个月也要结婚了，找的对象是东北的满族，大学同学。（XXP，男，60岁，藏族，退休干部，武威市天祝县华藏寺镇）

有学者指出，族际通婚现象的增多确实能够改善民族关系，但"族际通婚的增多更多的是良好民族关系的结果而不是原因"①。各民族之间互动的增加，有助于各民族在经济、文化、习俗、语言等领域的交流，拉近彼此的心理距离，从而有助于增加族际通婚的比重。甘南、天祝等地经济不断发展的过程，也是当地各民族不断交往交流交融的过程。

现在经常能听到哪家藏族娶了汉族的媳妇，土族家的姑娘找了汉族的女婿……在天祝，你去看他们的户口本，一家有两个民族，甚至三个民族的，多得很。因为现在大家都住在一起，华藏寺就有汉族、藏族、回族和土族，时间长了彼此肯定有感情。（CWY，男，45岁，汉族，教师，武威市天祝县华藏寺镇）

无论是甘南还是天祝，传统社会中的区域性、封闭性较强，区域间的交往互动相对较少，而集镇的存在则在一定程度上打破了这种局面，提供了人们开展互动的特定场域。赶集等活动增加了人们交往交流的机会，也为民族间的交融提供了可能：

---

① 王奇昌：《对当代中国族际通婚问题的思考》，《中南民族大学学报》（人文社会科学版）2017年第3期。

我们这儿现在的开放程度越来越高，有出去外面上学的、工作的，有来我们天祝工作的，你说找对象是不是到处都有？其实也没有说非要找自己民族的，不管是哪个民族，自己愿意，家里愿意就行，只要人好、两个人愿意在一起、感情好，那就行了，（长辈）没什么好干涉的。人家年轻人结婚了以后，对家里的老人们也都一样孝敬着。现在就是跟外国人结婚的都有呢，更何况是跟自己国家的结婚呢！时代早就变了，大家都能把日子过好就行。（WYL，男，62岁，土族，牧民，武威市天祝县华藏寺镇）

从历史上来看，夏河拉卜楞镇、天祝华藏寺镇、卓尼柳林镇等地在历史上就是多民族分布的地区，藏族、回族、汉族、蒙古族、土族等不同民族的人口在共同生活中保持着不断的互动往来，语言、习俗、文化等领域不同程度的相互交融，为当地族际通婚的发生奠定了基础。

我们家是在我爷爷那一辈到的天祝县大红沟乡，算是去得比较早的。我们是从青海那边过来的，老家在互助的巴扎乡，那是标准的涉藏地区。我爷爷是土族，奶奶是藏族。爷爷奶奶他们年轻的时候，跟我太奶奶他们一起过着到处游牧的生活，慢慢地就游到了大红沟这个地方。我父亲就是在大红沟出生的，土族，我母亲是藏族，家里有姐妹俩，她是妹妹。父亲小时候家里穷，就到我母亲家来打工，因为父亲吃苦耐劳，人品好，又善良，后来我外公就把我父亲招成了上门女婿。我们兄弟姐妹一共有九个人，我最小，上面七个哥哥一个姐姐。因为外公他们那里都是藏族，所以我们从小就按照藏族的习惯生活。我爱人是汉族，跟我是天祝师范学校的同学，我比她高两级。我的两个女儿，大女儿找了个藏族女婿，小女儿大学还没毕业，男朋友是汉族。我们的亲戚里面也有好多都是汉族、藏族，其实大家的习惯都差不多，在一起生活也没啥不适应的。（WHT，男，56岁，藏族，教师，武威市天祝县华藏寺镇）

上述案例是一个典型的族际通婚的大家庭，祖辈从青海迁徙至天祝，本身就是藏族—土族通婚，这样的背景使得他自幼便生活在多民族的家庭环境中，对民族关系持开放态度。与汉族、土族、藏族等长期互动的经历，有利于他们形成开放的族际通婚态度，相对而言族际通婚的概率更大。但是，虽然"族际交往可能会对族际通婚有影响，甚至可能增加通婚的概率，然而实地调查结果显示，广泛的交往未必会对通婚数量产生累进效应"①。其中的原因，与族际通婚受到的多重影响有很大的关系，因此我们在研究当中需要对有关因素进行详细的梳理，谨慎地得出结论。

3. 民族居住格局与族际通婚

居住格局与族际通婚之间的关系，主要体现在民族聚居地区的族际通婚现象相对较低，而互嵌居住程度更高的民族之间更容易发生族际通婚。

我跟我老伴都是蒙古族，儿子、姑娘也是。他们找的对象都不是蒙古族，儿媳妇是汉族，两个女婿，其中一个藏族一个土族。都是他们工作以后自己谈的。我们这里不同民族的人结婚的多得很，大家都在这里一起生活，生活习惯也都基本上一样，所以通婚也就很普遍。（LSD，男，70岁，蒙古族，牧民，武威市天祝县

---

① 魏国红：《论"族际通婚作为民族关系衡量指标"范式的适用性》，《北方民族大学学报》（哲学社会科学版）2017年第2期。

华藏寺镇)

如果我们拓宽视野,则能够发现更多民族居住格局影响族际通婚的案例。如马戎先生研究发现,蒙古族与汉族通婚的现象与二者杂居程度呈明显的正相关,村内蒙古族越多,与汉族通婚的可能性越高,反之则可能性越低,汉族亦表现出这一特征。[①] 2010年维吾尔族的族际通婚率约为1.05%[②],而在维吾尔族与其他民族交错杂居的地区,维吾尔族的通婚率明显升高。如有研究发现1949—1996年间,湖南翦氏维吾尔族与回族的通婚率达到45.38%,与汉族的通婚率略低,但也达到了37.85%。[③] 究其原因,与维吾尔族在不同空间中的居住格局有关:维吾尔族主要聚居于新疆维吾尔自治区,而湖南翦氏维吾尔族本身人口较少,周边又多为汉族,但也有一定数量的回族分布,因此族际通婚率较高。

民族互嵌的居住格局,为各民族的交往交流交融提供了更加便利的条件,彼此互动的机会更多,因而族际通婚的现象相对也比较容易发生。需要强调的是,民族互嵌格局加深并不必然导致族际通婚的增加,如临潭、卓尼等地,回族是当地人口较多的民族,在一些乡镇回族人口占了大多数,但是回族和汉族、藏族的通婚现象并不多,其中很重要的原因就是宗教和饮食习惯等差异。因此,族际通婚现象是多种因素共同作用的结果。

在调查研究中,我们也遇到有人反映因近年来临潭地区彩礼太高,临潭地区的部分汉族会娶碌曲牧区的藏族女性,其中的一个重要原因是藏族婚俗不需要彩礼,临潭汉族的彩礼却居高不下。

---

① 马戎:《民族与社会发展》,民族出版社2001年版,第192—193页。
② 刘中一、张莉:《中国族际婚姻的变化趋势研究:基于"五普"和"六普"数据的对比分析》,《广西民族研究》2015年第3期。
③ 黄丽、刘冰清:《湖南维吾尔族村落的族际通婚调查》,《怀化学院学报》2010年第9期。

（三）族际通婚影响下的民族交往交流交融

甘南、天祝等地族际通婚的历史由来已久，在当地人的记忆中，时常能够发现相关的例证。如生活在临潭的一支李氏家族，被认为是明朝著名将领李达的后人，但目前当地的李氏中却有很多人因为家族历史上和藏族或回族通婚，民族成分成为藏族或回族。当地群众中也一直流传有李达家族与卓尼杨土司、回族丁千户等家族通婚的故事。直到1949年前，李氏家族还保持着固定的通婚规则：李氏长子须娶藏族女为妻，次子娶汉族女为妻，三子去侯家寺出家为僧，四子娶藏族女为妻，五子则选择出家或入赘；李氏女子则长女嫁汉族，次女嫁藏族或回族，三女、四女等以此类推，出嫁时的婚俗根据所嫁对象的民族而定，遵从夫家的婚嫁习俗。其家谱中记载嫁为卓尼杨土司妻的先后有七位，其中最早的为卓尼第七代土司杨葵明夫人李氏。按照这一说法，自明万历年间就已有通婚；此外还有关于李氏女子于康熙年间出嫁洮州回族丁千户的记载。

根据我们在田野调查中遇到的情况，临潭、卓尼等地普通群众当中保留的关于族际通婚的历史记忆，最早可以追溯至明朝沐英西征。

> 我们吴姓家族本身是汉民，最早就是沐英带下来的兵，有回族，也有汉族。明代时候，从南方上来弟兄三个人，其中两个人在新城镇吴家沟住下了，一个人上来临潭，找了回族媳妇，再后来子孙就全是回族了。像我们这个年龄的，只知道我们跟吴家沟的汉族是一个祖先，再就啥都不知道了。（WXZ，男，45岁，回族，经商，甘南州临潭县）
>
> 我老家在长川乡汪槐村。太爷爷娶了两个太奶奶，一个藏族

一个汉族。藏族太奶奶主要负责在山上放牧,在大沟、郭大一带,汉族太奶奶负责持家种田。藏族太奶奶生了二女二男,汉族太奶奶生了四个儿子。我的爷爷是汉族太奶奶生的大儿子。(WYF,男,46岁,汉族,务工,甘南州卓尼县申藏镇)

族际通婚是不同民族在长期的交往交流交融之后自然选择的结果,实现了民族间的血缘交融,又进一步促进着其他领域的民族交融,推动着民族交往交流交融的发展。

从普遍意义上来说,通婚家庭的子女,在增进父母双方所在民族的相互理解、维系父母双方所在民族的民族感情、维系民族关系方面,往往能够起到积极的促进作用。

我丈夫就是藏族的,他们家在乡下,我婆婆是卓尼大峪沟那边嫁过来的。我二叔和一个回族丫头青梅竹马,女孩子家说只要你随了回族(皈依伊斯兰教)就把丫头嫁过去。最后因为叔叔家穷了,丫头就不给(嫁)了。但叔叔已经随了回族,念了经了,就找了另一个回族姑娘结婚。所以我们哥哥(二叔的儿子)就成回族了,二叔的儿子经常来我们家呢。现在二叔已经去世,但是两家都还来往,过春节的时候他们来拜年,过开斋节、古尔邦节时我们也去他们家。(XNS,女,47岁,汉族,商铺老板,甘南州临潭县新城镇)

从上述案例中可以看到历史上民族间交往交流交融过程中,民族的边界也是流动的,在一些场合,民族边界让位于血缘、姻亲等关系。如今,在族际婚姻中,不同民族间相互理解,而且双方的家庭也都友好来往,形成团结的社会纽带。

家庭是社会（社区）的细胞，是构成一个社会或社区结构的基础。家庭是两性的结合，但是对于文化的人来说，不仅仅是生理的结合，而且更为本质的是文化认同的结合。因此，从这个角度来看，婚姻家庭是一个社会或社区内部黏合力最强的一种社会互动与交往。正是如此，每个族群又通过其文化符号来确立自己的婚姻边界，通过配偶选择来保持和表达自己的族群认同。①

"广泛的族际通婚反过来又促进各通婚民族的关系进一步融洽，由此，族际通婚状况也是民族关系是否融洽和民族文化融合程度的重要表征。"② 族际通婚是民族之间长期交往交流的必然结果，也是衡量民族交融的关键因素之一；族际通婚的存在和发展，使得不同民族之间在血缘上进一步交融，这种血脉相连推动着通婚民族之间的联通。民族之间通婚规模和深度的不断发展，使得中华各民族之间基于血缘纽带，以及由此而发展出的更加深入的文化、心理等方面的联系，都更为巩固。

MQF（男，49岁，回族，经商，甘南州临潭县卓洛乡）在家里三个兄弟中最小，17岁的时候就一个人偷偷地从卓洛乡的家里跑了出去，坐大货车来到了四川甘孜。刚到甘孜的时候，MQF 就吃住在卓洛老乡家里，自己收点牛皮。MQF 说："一天挣个十几二十块钱。一开始钱挣不到。贩个牛皮，建个房子，买点锅锅碗碗的自己起灶。六七年后，情况逐渐好转，就开始开铺子，主要卖磁带、藏歌的光盘，还卖藏族饰品。"2000 年左右，MQF 经房东做媒，娶了一位藏族姑娘。M 夫人说："那时候我 22 岁，他上 30 岁了。他租的我们姐姐家的房子。我们家就给说了这门亲事。" M

---

① 杨文炯：《互动调适与重构：西北城市回族社区及其文化变迁研究》，民族出版社 2009 年版，第 221 页。
② 切排：《河西走廊多民族和平杂居与发展态势研究》，民族出版社 2009 年版，第 131 页。

夫人嫁给 MQF 后，信仰了伊斯兰教，生活习惯和饮食上随了回族。M 夫人说："我甘孜的家里有自己的锅，是新的，我们走了他们就锁了。"我们第一次到 MQF 的店里时，看到主要经营的是藏族的民族用品，而且屋子里是藏香的味道，以为是一家藏族人开的店，但是见到 M 夫人穆斯林妇女的打扮时不由得吃了一惊。后来访谈时才知道 M 夫人是藏族，嫁给了回族。MQF 身材发胖，皮肤黝黑，长得也很像藏族。店里床榻围着炉子，也是藏式风格的。MQF 夫妇于 13 年前从甘孜迁回临潭，经营一家民族用品商店，经营藏式、藏族的生活、宗教用品，还收购一些藏族的生产生活工具，各种佛珠、木雕、佛像、铜壶还有法器等一些古董，同时还做虫草生意，但以民族用品店为主。如今，他们的儿子也已经 17 岁了，明年将要参加高考。关于回藏通婚，MQF 说："吃的都一样，讲的都一样，意思都一样，就是方式不一样。"（2017 年 7 月 7 日，临潭县城关镇田野调查日记）

长期以来，活跃于甘南、天祝等地区的汉族、藏族、回族、土族等各民族群众，情同手足，共同谱写着当地民族交往交流交融的历史。在这个过程中，逐渐形成族际通婚的传统，这对当地民族交往交流交融的影响是显而易见的。族际通婚本身就体现着跨越民族边界的民族认同，随着族际通婚的普遍发展，各民族间基于血缘、亲缘的交融，深入这些地区社会的各个家庭细胞之中，推动着民族间的心理交融和民族关系的良性发展。

诚然，"族群间的通婚情况被看作是测度不同族群相互关系和深层次融合程度的一个非常重要的方面"[①]。族际通婚的相对规模作为衡量

---

① 马戎：《民族社会学：社会学的族群关系研究》，北京大学出版社 2004 年版，第 437 页。

族群关系最重要的、总结性的变量,最集中地体现出两个族群作为整体是否真正在相互交往中处于融合状态,即是否达到血缘之间的融合。但是从实际情况来看,因各民族的历史、文化、社会背景均有不同,族际通婚受众多因素的影响。"民族之间只有在彼此文化能够互通,语言没有障碍,宗教互不冲突或不绝对排斥,群体和家庭不反对通婚的条件下,才会有更多的交往机会,较大规模的通婚才成为可能。"① 族际通婚受到语言互通、宗教信仰、居住格局、少数民族优惠政策等因素影响,不同民族的情况有很大差别,不能单以族际通婚率的高低衡量民族关系的发展程度。② 因此,虽然众多研究都将跨民族通婚比例作为衡量民族关系的指标之一,但这些比例变化背后的社会因素——如城镇化发展程度、民族文化的交往交流交融、各民族社会生活中的选择理性、民族交往心理等——更值得深入研究,在经过细致的综合分析之后,才有可能对伴随民族通婚、血缘交融而来的民族交往交流交融情况有更加深入的理解。

---

① 赵利生:《民族社会学》,民族出版社2009年版,第76页。
② 王奇昌:《对当代中国族际通婚问题的思考》,《中南民族大学学报》(人文社会科学版)2017年第3期。

第四章
语言交融：从语言互借到国家通用语言文字

语言是人们在日常生活中表达情感、交往交流的主要工具。"一般来说，语言有两种基本的功能，一是社会交往的媒介和工具，二是群体文化的载体和传承手段。民族关系中的语言问题主要反映在语言的两大功能上，民族间的交往，语言是一个相互理解与沟通的必备手段和媒介……语言与宗教是影响民族交往的主要因素。语言差异、宗教信仰差异及社会经济地位的差异是影响民族间和谐交往的主要因素。"[①]语言是沟通人与人之间关系的重要媒介，在民族交往交流交融的过程当中，可以说语言承载了最主要、最直接的功能，是民族交往交流的基础。在我国的语言格局当中，国家通用语言文字[②]占据着最主要的地位，是各族人民共同享有和使用的工具。甘南、天祝等地的语言交融，主要表现为各民族对交往对象所使用语言的学习和使用，如藏族学习当地汉语方言，汉族、回族等对藏语的学习和借用，更表现在各民族学习、使用国家通用语言文字。

---

① 李静：《民族交往心理的跨文化研究》，中国社会科学出版社2010年版，第357—358页。

② 由于被访者在日常表达中多以"汉语"指代"国家通用语言"，为尽可能表现被访者的原意，在行文过程中，除理论分析部分外，凡是涉及被访者主观陈述与问卷调查的部分，均从其说，使用"汉语"一词。

一、多民族语言格局

　　语言格局是在汉族、藏族、回族、土族等各民族不断互动的过程中，彼此语言交互作用、互相吸收、互相借鉴之后形成和发展起来的。甘南、天祝等地的藏族使用的藏语属于汉藏语系藏缅语族的安多方言，分布于不同地区的藏族又因为地域的不同而使得各地的语言有所差异。例如卓尼，因其相对于藏族分布的核心区而言地处偏隅，其方言构成了独特的土语群体，成为"方言孤岛"。从卓尼藏族所用藏语的语音、词汇、句式等构成特色来看，当地的藏语又和卫藏、康藏的方言存在深厚的渊源，卓尼的部分地区还保留有藏语二次厘定前的古词语，声、韵发音也与安多方言有较明显的差异。另外，因为卓尼地区的藏族与当地的汉族、土族、蒙古族等民族长期共同居住于此，彼此交往交流甚多，因此方言中也夹杂着来自其他民族语言的借词。总之，卓尼藏语在安多方言中最具典型，属其最外层的方言区边缘地带，极富语音特色。按照语言的具体特征，卓尼境内的藏语可以分为三种不同的类型，即北山完冒语群、洮河沿岸语群和东部藏巴哇语。[①] 洮河沿岸及柳林镇一带的觉乃藏族（三格帽）方言、勺哇土族方言与安多方言有一定的区别，在田野调查中，觉乃藏族普遍反映他们的语言接近卫藏地区，而勺哇土族也认为与安多方言相比，自己的语言与觉乃藏族更加接近。

---

① 卓尼县志编纂委员会编：《卓尼县志》，甘肃民族出版社1994年版，第699页。

（一）各民族语言的文化样态

甘南、天祝汉族、藏族、回族、土族等民族共同使用的汉语，属于北方方言中的甘肃方言，其中甘南汉族方言又分为临夏、舟曲和临潭三个话片，天祝汉族方言则属于兰银官话河西片；合作及其周边地区的汉族使用的方言属于临夏话片。中华人民共和国成立后，因大批干部、工人从全国各地进入甘南工作，因此当地使用的语言一度非常丰富，后当地语言受临夏话的影响，稍带临夏口音，但与纯临夏话略有不同，近似于普通话。卓尼县的汉族大多使用洮州方言，主要分布在卓尼县境内的洮河沿岸以及与临潭相接的插花地带。从来源来看，分布在这里的汉族大部分是明朝初年从江苏南京、安徽凤阳、山西洪洞等地迁徙而来的"军屯""民屯"的后代。也正因此，当地汉族方言当中，也具有明显的来自以上人群原籍的方言特征，经由与当地方言杂糅之后，形成了独具特色的洮州方言。在洮州方言当中，其发音既有吴方言的痕迹，也有部分北方秦、晋方言的特征。由于这些居民迁徙到本地的历史悠久，在语言的发展过程中与其固有的生存地区缺少联系，因此在当地语言当中仍保留有在原生地区已经消失了的古汉语的发音和词汇用法。[①]

回族使用汉语，因此其语言因分布地域的不同而有所差异。如合作、玛曲境内的回族使用临夏方言，仅有个别词语发音不同，亲属称谓也略有区别。临潭、卓尼的回族方言与当地汉族方言接近。回族在日常生活中还会夹杂阿拉伯语和波斯语的部分词汇，其中阿拉伯语多集中于宗教活动中，波斯语则集中于社会生活层面。

土族所使用的语言，属于阿尔泰语系蒙古语族。学术界将土族语

---

① 卓尼县志编纂委员会编：《卓尼县志》，甘肃民族出版社1994年版，第705—706页。

分为互助、民和、同仁三种方言。天祝、永登等地的土族使用互助方言，积石山的土族使用民和方言，卓尼勺哇土族的民族语言已经在漫长的历史中逐渐丢失，因与周边藏族接触较多，因此在长期共同生活中选择藏语安多方言为自己的语言，兼用汉语。从特征上来看，勺哇土族的语言属于本地"北山话"，和当地藏语之间稍有差异。

各族群众因具体地域的差异，其语言格局也有所不同，国家通用语言和方言、民族语言共同构成其语言格局。在这些地方的语言格局中，国家通用语言占据着最主要的地位。在民族互嵌格局更加深入的地区，各族群众普遍操着流利的汉语方言；在玛曲、碌曲等牧业传统更加浓厚的地区，近年来也随着社会发展速度的加快，能够使用汉语方言的藏族，会说藏语的汉族、回族等，也在不断增多。在甘南、天祝等地社会生活的各个领域，国家通用语言文字已经成为公共语言文字。

作为民族的共同特征之一，民族语言体现着民族性的存在。从语言的发生发展过程来看，它的存在本身就是民族在长期历史发展过程中的重要文化成果，是展示和体现民族文化的重要载体。无论是民族内部还是民族之间的交往交流，语言都是重要的纽带之一。语言在交际过程中的重要作用，决定了其在持续稳定的发展过程中不断延续。

（二）国家通用语言是主要使用工具

我们注意到，社会的发展与族际互动的深入，会造成一些使用人数较少的语言出现衰退的情况："随着经济全球化的趋势，还有公众媒体的普及，高科技的发展，强势语言，它的使用功能越来越强，而使用比较少的一些弱势语言，它的使用功能就在逐渐衰退。"[①] 在甘南及

---

① 李静：《民族心理学》，民族出版社2009年版，第182页。

天祝等地的语言格局中,同样存在这样的趋势,在民族交错杂居的空间格局下,部分少数民族由于自身人口数量较少、缺少语言使用环境、发展中的主动选择等原因,能够使用民族语言的人口数量逐渐减少。如天祝地区,藏语在日常生活领域衰退现象明显,年轻藏族的藏语能力下降,人们使用藏语的机会减少。但是客观地说,这种现象本身也体现了伴随民族互动而来的文化交融。

> 我们这大部分藏族,特别是年轻的藏族人,基本上都不会说藏语了。年纪大的都多少还会说一些,小娃娃们都已经不学了,越年轻会的越少。我的小女儿除了很简单的那些,已经不会说藏语了,因为跟我们生活在一起,还算能听懂一些常用的。我会说的也不是很多,有些词我也不会了,用得少了么,就跟老人们还用一些,所以也没有专门给姑娘教过。另外,娃娃本来学习就紧张,特别是她初中、高中的时候,根本没时间学。(ZLB,男,53岁,藏族,居民,武威市天祝县华藏寺镇)

作为一种文化符号,语言植根于民族的"灵魂与血液间"。就其本质而言,民族语言并不只是单纯的表达、沟通工具,而是能够体现民族文化、民族思维方式乃至民族心理的重要载体。从民族语言的发展历程当中,我们能够体会到民族文化的发展踪迹,它"真实记录了一个民族的文化踪迹,成为延续历史与未来的血脉"[1]。在民族语言当中,我们可以明确感知到相应民族的文化特性,体会到民族文化延续的历史,我们也可以说"保护语言其实就是保护文化,保护母语就是保护自己赖以生存的文化基因,护育着民族文明的发展"[2]。

---

[1] 李静:《民族心理学》,民族出版社2009年版,第181页。
[2] 李静:《民族心理学》,民族出版社2009年版,第181页。

现在的娃娃们都已经很少学藏语了，越小的越不怎么学。也就很少一些上"藏中"的，还有藏语教学。那些一直在"汉校"上学的藏族学生，会藏语的更少了。天祝县整个有好几万学生，上藏语班的没几个。我们学校也有藏语课，有专门的藏语老师，平时也提倡大家用藏语互相交流，毕竟是藏族嘛，但是真正能做到说藏语的很少很少。现在天祝这边基本上都是在说汉语，要么普通话，要么汉语方言，大人们也不给小孩们教，有些大人自己都不会了。过上几代人以后，最后就都不会说藏语了。（HWL，男，54岁，藏族，教师，武威市天祝县华藏寺镇）

我父母那一代人还基本上都说藏语，有的说得好一些，有的说得差一些。像我这一代基本上都已经不太会说藏语了，基本都说汉语。从小也没学过藏文，家里没人教，想学的话就只能去学校，那时候也没条件上学。整个天祝真正会说藏语的藏族也不多，时代不一样了，没用处了。有时候就会担心，我们这里的人都不会说藏语了。（WJM，男，57岁，土族，牧民，武威市天祝县华藏寺镇）

在华藏寺镇，老年人口自然减员，再加上国家通用语言的广泛传播，青少年群体学习、使用藏语的环境和机会减少，藏语的传承表现出衰微的迹象。

现在藏语用得少了，跟家里的娃娃们也都说的是汉话，只有跟老人们在一起的时候才说一点藏语，慢慢地自己也都不会说了。现在的小娃娃们，从小学的就是汉语，接触的也都是汉族等各个民族，大家说的都是汉语，慢慢地也就不用藏语了。（SLJ，男，72岁，藏族，牧民，武威市天祝县华藏寺镇）

随着社会开放程度的增加，与外界社会的交往不断扩大、深入，少数民族学习国家通用语言的现象愈发普遍。从个体的角度来说，在其学习、使用的动机中，谋求更好的个人发展是最主要的因素，因为作为社会交往的主要工具，在工作场合以及经济生活当中，国家通用语言仍是主要的媒介。

"语言是一种文化现象……在某种程度上，它是民族文化与历史的记忆系统。"① 从民族心理的角度来说，民族的语言又是民族文化心理的主要载体之一，其中体现着民族的认同心理和民族共同体意识。一个民族的民族意识、认识世界的方式方法、生态伦理观念、宗教及崇拜心理、交往心理等一系列民族心理特征，无不透过民族语言得以体现。② 这也是为什么我们可以借助对语言使用情况的调查分析，对民族交往的深度和广度进行研究。随着区域民族交往交流交融的发展，语言已经超越了固有的族群边界标志物的意义，跨民族的语言使用已经成为不同民族间的成员相互认可和认同的重要标志。

（三）通用语言为主，各民族语言互借互学

随着各民族互嵌格局深入发展，民族互嵌不仅体现在居住格局的"大杂居、小聚居"上，同时也体现在社会经济发展和族际互动过程的方方面面。这样的社会现实，造就了普遍存在的不同民族之间相互学习和使用彼此语言文字的现象：一方面，国家通用语言文字被各民族普遍接受，自觉学习；另一方面，不同民族成员也在日常生活中相互学习和使用对方的语言，以之作为交往交流的工具。"各民族在语言文字上的相互学习、交流是民族关系融洽的一种反映，也是民族关系能

---

① 李静：《民族心理学》，民族出版社2009年版，第169页。
② 李静：《民族心理学》，民族出版社2009年版，第185页。

够进一步发展的重要条件。"①

多种语言、多种文字并存的现象,不仅使得民族之间的交往手段更加多样化,而且对于民族社会发展而言,所能依靠的文化资源也更加多样化。借用生态学的观点,生物在生态系统中能够采食的范围越广,其适应性也就越强。多元多样的语言文字,不仅是中华文化灿烂宝库中的璀璨遗产,更是各民族在长期历史发展过程中不断发展前进的宝贵资源,在丰富中华文化的同时,也增强着中华文化和中华民族的稳定性。

二、族际互动中的语言文化交融

语言是交际的工具,也是交流情感的工具,民族间互相学习和使用语言,对增进了解、促进各民族的文化交流和相互合作有着积极的作用。随着少数民族地区的多元化发展以及民族之间交往的深入,民族语言之间相互吸纳的现象会较为普遍。②

(一)民族语言的相互吸纳

历史上,甘南及天祝等地"长期处于中原王朝戍边的移民和藏族等多民族杂居,汉语分别和氐羌语、吐谷浑语、吐蕃语保持着双语共

---

① 切排:《河西走廊多民族和平杂居与发展态势研究》,民族出版社2009年版,第136—137页。
② 李静:《民族交往心理的跨文化研究》,中国社会科学出版社2010年版,第179页。

用的状态"①。这段历史也给当地的语言留下了深刻的印痕，如在语法上，分布于临潭、卓尼等地的洮州方言中常见的"宾—动"式结构，也是藏语中常见的结构。

> 普通话里面说"我去过长川了"，洮州方言里面说就是"我长川去过了"；再像"你吃饭了没？"，这边说的是"你饭吃哈了么？"。（WXS，男，45岁，汉族，居民，甘南州临潭县长川乡）

洮州方言虽然属于西北方言，但通过民族的交往交流，形成了鲜明的语言文化交融的特点。

> 洮州这边的方言还是受到了藏族语言的影响。比如一个家族，汉族叫"亲房"，藏族叫"沙尼"，汉族有时就把家族连到一起叫"亲房沙尼"。藏族人把钱叫"古儿目"，汉族有时候也把钱叫"古儿目"，比如"没钱不行"就是"没古儿目不行"。洮州回族和汉族的方言大体上没区别，就是宗教上的语言不一样，他们把朋友叫"亚勒"，把世界叫"顿亚"。因为天天和回族打交道，大部分汉族还是知道这些词汇的意思的。（WR，男，汉族，医生，居民，甘南州临潭县城关镇）

此外，洮州大量存在的江淮移民使其在西北方言的基础上，还结合了江淮方言的部分语音系统、基本词汇和语法结构。② 在洮州方言的词汇中，赶集称为"营上去"或"跟营"，便是江淮遗存：

---

① 纳日碧力戈：《多民族语言生态：互联的中华民族共同体》，《湖北民族大学学报》（哲学社会科学版）2021年第6期。
② 王可峰：《甘肃洮州方言成因探析》，《西北民族大学学报》（哲学社会科学版）2013年第5期。

这个帮助很大的，如果没有经历，语言首先不通嘛，我们对藏族语言懂得细一点，懂得比较多。(MFY，男，54岁，回族，经营纺织厂，甘南州临潭县城关镇)

跟藏族打交道，首先语言要通呗。咱们这基本上50%—60%的人，起码一般的交流可以听懂，因为我们这周围都是藏族嘛。(SYZ，男，60岁，回族，经商，甘南州临潭县城关镇)

临潭、卓尼等地各民族语言文化的融合，深刻地体现在各民族日常互动的场景中，其原因一方面出于各民族之间交往交流的客观需要，另一方面则是各民族在长期互动中的良好族际关系。

表 4-1　您平时主要用什么语言同别人交流

民族	语言使用情况	有效百分比	累计百分比
汉族	一直使用汉语	88.9	88.9
	汉语为主，偶尔会用到少数民族语言	11.1	100.0
回族	一直使用汉语	77.4	77.4
	汉语为主，偶尔会用到少数民族语言	22.6	100.0
藏族	一直使用汉语	44.4	44.4
	汉语为主，偶尔会用到少数民族语言	27.8	72.2
	在家用民族语言，在外用汉语	25.0	97.2
	以少数民族语言为主，偶尔会用到汉语	2.8	100.0

根据我们在临潭、卓尼调查的情况（表4-1），分别有11.1%的汉族和22.6%的回族偶尔会用到少数民族的语言（主要为藏语）；而在藏族中，44.4%的人"一直使用汉语"，27.8%的人"汉语为主，偶尔会用到少数民族语言"，25.0%的人"在家用民族语言，在外用汉语"，而"以少数民族语言为主，偶尔会用到汉语"的仅占2.8%。由此可以看出，临潭、卓尼地区虽然是少数民族地区，但是藏族的汉语水平较高——尤其是从事农业的觉乃藏族（三格帽）——牧区的藏族基本上

也能听懂汉语,并且也有一部分汉族和回族能使用藏语。

> 我是1959年出生的,老家在东大滩。原来我们那个地方主要是土族和藏族,好像只有一两家汉族吧。一开始天祝这里也没多少汉族人,后来因为国家政策,再加上人口流动,慢慢地汉族、回族就多起来了。我们老家那里的汉族就是1958年以后多起来的。汉族人一多,慢慢的藏族人就显得少了,藏族人也都跟着汉族说汉语,就是这里的方言。我是因为从小就和汉族、藏族的小朋友一起玩,一起长大,所以汉语也就说得多一些。(WJM,男,57岁,土族,牧民,武威市天祝县华藏寺镇)

实地调查后我们发现,甘南、天祝两地各民族间的语言互借互用现象历史悠久,自从各民族发生交往之后,语言互借互用的现象就已经存在并不断发展。

> 我娘家之前在临潭,后来因为土地少,那时间挨饿,就从范家咀搬到了喀尔钦乡。我们也学藏语,这样跟他们说话聊天就很方便。父亲去世时,喀尔钦乡的三格帽藏族全村出动,以他们民族办事情的方式把我父亲抬到了临潭县,还念了经。(NH,女,52岁,汉族,事业单位员工,甘南州临潭县城关镇)

(二)语言文化的共通共用

各民族在社区日常生活、工作场所、公共场合等语境下使用的语言,表现出强烈的一致性,即均使用国家通用语言或汉语方言;汉族、回族以及民族混合家庭成员在内部交流时多以汉语方言为主,藏族在族内交流时多用藏语，亦有汉语方言。从被访者国家通用语言的掌握情况来看，兼具听、说、书写能力的被访者占据绝大多数，仅有少量年龄较大的被访者存在一定的困难。

> 我们这边的人，90后、00后的这些娃娃说不来藏语，他们基本上不懂藏语。但是再往前推的话，每个人出来都能说两句藏话，这就是我们做生意的有利条件，也是我们到涉藏地区和藏族人沟通最有力的工具。（DYW，男，49岁，回族，经商，甘南州临潭县古战镇）

> 天祝的藏族、汉族说的都是汉语天祝方言，上了年纪的一些藏族、土族人可能只会藏语。年纪大一点的藏族人，都是从小跟着家里人学的藏语，因为没上过学，所以只会说，不会写，也看不懂藏文。我的父母就是这样。我们兄弟几个人也是从小就跟着父母亲、爷爷奶奶学说藏语，因为是从小学的，所以到现在也都还会说。后来也慢慢学会了说汉语。（SLJ，男，72岁，藏族，牧民，武威市天祝县华藏寺镇）

语言可以作为表达民族认同的工具，其途径一般包括通过一系列象征来实现对认同的表达，或是通过对民族的自称与他称来实现。[①]

> 我们族上每一个家族成员，他一生下来就有两个名字，一个是藏语名字，一个是汉语名字。汉语名字按照汉文化取，藏语名字有可能要请寺院上的高僧来起。比如有的娃娃夜夜哭，没办法以后，就会请高僧算着，帮忙起个藏语名字。（WR，男，45岁，

---

① Stevan Harrell, *Ways of Being Ethnic in Southwest China*, Seattle: University of Washington Press, 2001, p. 34.

汉族，医生，甘南州临潭县城关镇）

随着民族语言文化的交融，当地各民族之间的认同也在逐渐增强。如在甘南、天祝等地的汉族和藏族，会选择给自己的子女取对方民族的名字，虽然起名的原因各异，但是共用语言的存在，在客观上拉近了彼此的心理距离。

我的小女儿，是在城里长大的。一开始给她起了藏语名字，后来在上高中的时候，她说不方便，就又给她起了汉语名字，把她高兴得哟。（ZLB，男，53岁，藏族，事业单位员工，武威市天祝县华藏寺镇）

由于这些地区自古以来多民族的共生格局、特殊的地理位置和文化空间，这里的民族迁移较为频繁，民族文化多样，通过族际互动，各民族文化一直在交往交流交融。人类学家英格尔（J. Yinger）认为，当群体之间不是高度敌对或在文化上完全不同时，文化适应将是补充的而不是替换的。也就是说，一个群体会选择其他群体的文化元素来增加自身的文化，而不是将自身的文化完全替换掉。[①] 汉、藏、回等民族属于不同的文化体系，彼此之间具有较大的差异。由于政治、经济原因以及各种生产、生计需求，再加上民族商贸和民族经济互动形成的纽带，各民族被密切地联系在一起。在经济生活与日常交往中，民族间从接触到礼尚往来，再到结构上的相互依存，最终形成经济上的共同体以及共同的地域文化。在这一过程中，民族之间的语言、文化、产品、信息都得以发生互动，从而影响每个民族的文化和生活，产生

---

① J. Yinger, "Toward A Theory of Assimilation and Dissimilation", *Ethnic and Racial Studies*, Vol. 4, No. 3, 2010, pp. 249-264.

了包括语言文化交融在内的文化交融。

总的来说，甘南、天祝等地，尤其是半农半牧区和农业区的汉、藏、回等民族，在日常交流时，会视双方掌握语言的情况针对性地使用方言、普通话或藏语。开放和交融的语言环境，不断地促进各民族对其他民族形成更深入的认知，从而推动了各民族之间的交往交流。

（三）藏族使用国家通用语的困难

我们将视野转移到藏族人口比重更大的玛曲地区。与全国其他地区一致，近年来玛曲地区的社会、经济、文化亦在不断发展变迁之中，民族分布格局的多元化、互嵌性更加明显。藏族、汉族、回族等各民族之间的联系日渐广泛而深入。当地各民族语言的学习、理解、借用，主要体现在藏族对于国家通用语言的学习和汉族、回族对于藏语的学习。

> 我是汉族，合作市的，是前几年参加公务员考试考过来的。也是因为合作本身就有藏族，自己从小就跟藏族小朋友一起长大，跟他们接触得多，慢慢地也了解了一些跟藏族有关的知识，会说一些藏语，所以后来在面试的时候才能进（获得岗位）。因为要经常下乡，大部分牧民是不会汉语的，要么就只会一点点，所以自己要会藏语才能跟他们交流，工作也才能真正落实。要是跟牧民说汉语，那很多工作根本没法做，他们都不理你，说藏语他们更容易接纳你。(WCZ，男，31岁，汉族，玛曲县公务员，甘南州合作市)

由于个体在语言学习方面的差异，在语言使用过程中的熟练程度不一,在调查的过程中我们仍经常能发现因语言沟通不畅而导致的交往困难。为了解决这种问题,相应的群众会自发地学习相应的语言。如在玛曲经商的汉族、回族,会努力学习藏语,至少能够满足日常交往的需要,其目的是"提高做买卖的成功率"。毕竟玛曲的藏族人口占绝大多数,是否能够流利使用藏语,意味着与当地的"多数人口"交往是否顺畅,也意味着其在社会结构中的地位能否得到承认。

> 我们家是临潭的,在玛曲这边开了两个餐馆,卖牛肉面、老炒(一种面食,类似于炒面片),还有一些简单的炒菜,都是清真的。刚开始的时候,因为我们不会说藏语,这里好多藏族人又不会说汉语,互相说话听不懂,所以生意也不好干。过了几个月吧,为了做生意学会了一些藏语,慢慢地来吃饭的藏族人就多起来了。我发现他们认话不认人,你藏语说得越好,他们越把你当自己人。后来也慢慢地交了一些藏族的朋友,关系都挺好的。玛曲的清真馆子多,但我们家的生意一直都挺好,主要还是因为我们能说一些藏语。(MC,男,34 岁,回族,餐馆老板,甘南州玛曲县)

玛曲各民族的语言学习借用,亦是相互的。藏族对于藏语和国家通用语言的态度及使用情况,也值得加以讨论。

> 藏族在语言上的认同还是很强的,要是其他民族的人能说藏语,我们就会觉得很亲切。可能其他民族也都是一样的吧,汉族不是也有个说法叫"乡音"么。我们当公务员的因为都受过教育,所以汉语的水平也都还可以,平常交流没有压力。再加上我们在工作的时候,也是要跟各个民族的人打交道,所以还是要学一些汉语的,对工作有好处,我们也不能光关注藏族么。(ZM,女,44

岁，藏族，公务员，甘南州玛曲县）

在以藏族人口为主的玛曲，汉族和藏族对他民族语言的学习，既是为了实现自身利益的最大化和有效发展，体现着社会交往的现实需要，也反映了交往双方在族际互动过程中的适应。伴随着学习的过程，相应民族对交往对象语言的了解程度也发生着变化，而这种了解过程和了解程度本身，也透视着各民族的族际互动情况和交往态度。

表 4-2　玛曲各民族对藏语的了解程度　　　　　单位:%

	藏族	汉族	回族
了解	94.2	6.9	4.5
一般	5.8	27.9	22.1
不了解	0.0	65.2	73.4

在藏族被访者中，94.2%的人表示自己对藏语了解程度较高，只有5.8%的人自认为对藏语了解程度较低；汉族被访者当中，有34.8%的人对于藏语有了解，有65.2%的人自我评价对藏语不太了解或不了解；回族被访者中，有26.6%的人自陈对藏语是熟悉的，另有73.4%的人则明确表示不会藏语。在玛曲地区各民族的日常交往中，民族成员内部通常以本民族语言进行交流，藏族亦多使用藏语进行内部交流；而且，由于藏族在玛曲县人口占绝大多数，因此长期与藏族共同生活的部分汉族和回族对于藏语也有一定的了解，这部分群体主要是从事同藏族接触较多的工作或做生意的人员。

作为民族文化的载体和民族之间交往交流的工具，各民族对国家通用语言和藏语的掌握情况、熟悉程度、使用频率等，体现着民族间文化交融的广度和深度。民族之间彼此学习对方语言和文字的意愿以及实践，体现着接纳相应民族的文化、群体的意愿，体现着民族之间交往交流的状态。在民族语言的交往过程中，语言所承载的民族文化亦随之发生着交流和传播，各民族对交往对象的文化也随之产生更多的了解，有利于不同民族之间产生民族认同，刺激民族交往交流交融的加深。民族之间主动学习和使用其他民族语言，可以加强交往双方的彼此理解和认同，显著拉近交往双方的心理距离，从而促进民族交往交流的深入，推动民族交融的发展。

三、教育与民族语言文化的传承

从民族文化传承与发展的角度来说，语言是承载和体现民族文化的重要载体，因此传承民族语言成为当前我国众多民族共同的需求。

（一）保护藏族传统文化的藏语藏文

近年来，在藏语、藏文以及相关文化的保护与传承方面，各地各级部门在现行制度框架下采取积极措施，在推广使用国家通用语言的同时，通过多种方式推动藏语藏文的传承和保护。在日常工作当中，不同主体也有意识地加强藏语言文字工作的保护与使用。例如甘南、天祝等地的公务系统中普遍使用藏汉两种文字，各级行政机关、事业单位均配备能够熟练使用国家通用语言文字与藏语、藏文的工作人员；文化领域有专门的藏语电视台、藏文出版物等；在教育领域则体现为对藏语教育的重视。推动藏语言文字在社会各领域的应用，为维护民族平等团结、巩固地区繁荣稳定起到了重要作用。

在天祝上民族中学的学生，基本上都是从那些很传统的藏族家庭来的。天祝民族中学一般每个年级有两个班,一个班40—50个人吧,加起来也才不到100个人。其实这个人数不多,天祝有20多万人呢。2007年、2008年前,每年能收两三百个学生,怎么也能有四五个班呢,现在想都不敢想。一个是现在小孩少了,再一个也是更重要的原因,就是民族中学的升学率不太理想。后来大家就都把学生送到一中、二中或者武威的学校去了。这些学校肯定是不会教藏语的。藏中(民族中学)虽然教藏语,但是因为很多人都觉得学藏语没用,出去找工作用不上,所以都不愿意让小孩专门学藏语了。(CWY,男,45岁,汉族,教师,武威市天祝县华藏寺镇)

通过教育手段促进民族语言的传承和发展,是甘南、天祝等地语言格局,尤其是民族语言发展的重要手段。教育对于一个民族、一个国家的重要程度是显而易见的,直接决定一个民族的素质高低和民族的未来。发展西北地区的民族教育,提高民族的基本素养,对维护和发展西北地区平等、团结、互助、和谐的民族关系尤为重要。①

(二)推进国家通用语教育

当地的民族教育当中,要求学生同时掌握国家通用语言和母语。双语教学中对民族语言的教育,使得民族语言以及以此为基础的民族文化等信息得以有效传承。

民族中学的学生们好多都是从牧区来的,住校,一两周才回去一次。理论上来说,上课的时候都是以藏语为主的,但是在实

---

① 李静:《民族交往心理的跨文化研究》,中国社会科学出版社2010年版,第365页。

际教的时候又不可能全部用藏语。一个是藏语里面好多都没有与学科知识相对应的表达，再一个，全部用藏语教，学生们也听不懂，所以老师们用藏语，同时也用普通话讲。比如说藏文课，那就肯定是用藏语讲，数理化政史地这些课程大多数老师主要还是在用汉语讲，有些老师会夹一些藏语。主要也是老师们的语言水平有限吧，也不是不想用藏语教，是用不了。（JGD，男，48岁，汉族，教师，武威市天祝县华藏寺镇）

从教学过程、教学结果、教学效率等方面来看，借助学校教育这样一个现代教育的主要场所，开展民族语言文化的教育培养、保护传承等方面的工作，往往是综合效果最好的选择。双语教育虽然在一些场合仍然在被不同的人们所讨论，但其在相应民族地区社会、经济、文化等领域的发展当中的重要性，使得党和国家一直对双语教育保持着很高的重视程度，双语教育一直是民族教育领域当中的一项重要内容。从近年来天祝、甘南双语教育的实际效果来看，无论是办学规模、教学质量还是社会效益，都取得了一定的成效。

仍以天祝县为例。当地不断探索符合本地区特点和实际情况的民族教育发展模式，在继承和保护藏族语言文字方面做了大量工作，通过教育和专门培训的方式培养了一批具有较高专业水平的藏语藏文干部、科研和师资专门人才，也培养出了一批能够熟练使用藏语藏文的群众，因此天祝地区双语教育的开展，对当地的民族文化传承做出了较大的贡献。1952年9月开始建设的天祝民族师范学校，目前已经发展成为以中师教育为主体，兼有职业教育、师资继续教育和成人学历教育的综合性学校。迄今为止共培养中师毕业生2664名，成人教育共15个专业的大专毕业生200多名，共举办各类成人继续教育培训班18期，培训学员800多名。早期毕业生分布在天祝、古浪、民勤、武威、永登、景泰、玉门等县市,后期毕业生主要定向分配到天祝、古浪两县。① 通过数十年的培养,天祝县民族教育系统聚集了一批藏语骨干教师,他们基本都来自本民族,具有扎实的藏语、藏文知识基础和丰富的教学经验,成为当地藏语教学工作的栋梁。

> 刚解放没多久我们天祝就开始有藏语班教藏语了,到了20世纪80年代,又提倡大家学藏语。从1986年开始,天祝县的小学,特别是那些民族乡的小学,从三年级就开始学藏语,一直到高中。大学生有些也去学藏语,像西北民大、青海民大这些,都有藏语系。以前好多好的藏语老师,都是寺院的喇嘛们,因为那时候只有进到寺院里面才能学藏文,外面是学不了的。像现在西北民大的多识教授,他就是天堂寺的活佛,我们小时候跟着他学习藏文。(SWX,男,59岁,藏族,教师,武威市天祝县华藏寺镇)

民族教育是天祝县教育事业的重要组成部分,现在全县已有学习双语的学生1567名,从事双语教学的专任教师78名。天祝县还系统地制定了有关当地双语教育的一系列指南、发展规划、藏语教材、教师培训规划等,在每年的财政预算中划拨专门经费用于发展藏语、藏文教学,提高涉及双语小学的寄宿制中小学生的生活补助。通过一系列的措施,鼓励非双语学校开设藏语口语教学,民族语言文字这一人文资源在天祝县得到高度重视。

> 在我们民族中学,藏语文是主课,高考的时候是要考的,考数理化那些科目的时候,也用藏文来命题,其实是藏汉对照的,

---

① 天祝藏族自治县教育局编:《天祝藏族自治县教育志》,甘肃人民出版社2010年版,第232页。

另外也考语文和英语。这里的学生,考各种民族大学的多,比如西北民大、合作师专(现甘肃民族师范学院)、青海民大、青海师大、西藏大学、中央民大这样的民族学校,报考预科班、民族班的学生也多一些。(LSZZ,男,49岁,藏族,教师,武威市天祝县)

创建于1981年的天祝藏族自治县民族中学是当地唯一实行双语教学的寄宿中学,全校以少数民族学生,尤其是以藏族学生为主,少数民族学生的比例在99%以上,藏族学生在少数民族学生中亦占99%以上,这些学生大多来自距离华藏寺镇较远的牧区。为了进一步发挥学校在双语教学中的作用,学校不断增强师资队伍的质量,改善基础设施条件,该校还建有全国首家藏文中学网站——中国藏族中学网。在教学过程中,天祝民族中学又采用两种不同的方式,即其中一部分以藏语作为主要的授课语言,同时讲授国家通用语言和英语,另一部分则以国家通用语言为主,以藏语和英语为辅。[①]

天祝的很多土族人都会说藏语,藏族人也有些会说土族话。民族中学里面能用藏语上课的藏族老师有40多个,不会说藏语的藏族老师有四五十个,土族老师有三四个吧,再就是五六十个汉族老师。学生里面有汉族,但是很少,他们也学藏语,考民族类的院校。天祝一中、天祝二中这两个学校也有藏族学生,但是他们在学校就完全不学藏语。学藏语的话,好处就是考大学的时候录取分数线低,一本、二本的预科,分数还是比较低的。也是为了帮助少数民族尽快提高整体素质吧,让更多的人能上大学,学

---

① 天祝藏族自治县教育局编:《天祝藏族自治县教育志》,甘肃人民出版社2010年版,第240页。

更多知识,也能更好地建设国家,建设民族地区。(LYC,男,43岁,土族,教师,武威市天祝县)

2014年中央民族工作会议提出,在一些民族地区推行双语教育,既要求少数民族学习国家通用语言,也要鼓励在民族地区生活的汉族群众学习少数民族语言。这体现了我国在双语教育当中的基本原则,也为我们在新形势下更好地开展双语教育工作提供了基本遵循。各民族群众在普遍接受和使用国家通用语言文字的同时,党和国家也尊重并切实依法保障各少数民族使用本民族语言文字接受教育的权利。无论是从丰富精神文化生活的视角出发,还是出于谋求更好的发展机会的初衷,又或者是为了更好地理解各民族的文化,学习其他民族的语言文字都有自己的客观现实与法律保障。

四、国家通用语言文字的推广与民族文化交融

国家通用语言文字的重要定位在于其是中华民族共同的交际语①,从现实功能来说,它"不仅是国民进行信息交流的工具,也是国民与国家的情感联系纽带,因此,学习和推广国家通用语言文字是铸牢中华民族共同体意识的基石"②。其实,我国的国家通用语言文字的形成和发展,本身就是各民族交往交流交融之后的结果,"因各民族密切的语言接触,吸收了相当数量的契丹语、女真语、蒙古语及满语词汇"③,

---

① 吴启讷:《语言政策:多样、单一还是通用?》,《人民政协报》2020年9月26日。
② 何生海:《推广国家通用语言文字与铸牢中华民族共同体意识》,《北方民族大学学报》(哲学社会科学版)2021年第6期。
③ 吴启讷:《语言政策:多样、单一还是通用?》,《人民政协报》2020年9月26日。

如甘南、天祝等地各民族在现实语境中常用的糌粑、哈达、卡垫、唐卡、阿克等词汇，便来自藏语音译。时至今日，语言文化的交融在国家通用语言文字发展中的表现依然存在，各民族的语言文字仍然在不断壮大着国家通用语言文字的内涵和使用范畴。

（一）场景差异与语言使用

各民族同样对国家通用语言和藏语的学习保持着开放、积极的态度，从学习意愿上来看，人们对国家通用语言和藏语的选择会随着具体场景的差别而表现出不同的结果。

> 玛曲县的藏族人口更多，和其他地方不太一样，这里的藏族之间，平常肯定用藏语来交流，在跟其他民族交流的时候才会说汉语。你想，这里本身藏族就多，不说汉语完全能过得好，再加上这里是牧区，很多藏族其实不怎么会说汉语，有些年纪大的干脆一点都不会，所以汉语的普及相对来说差一些。这是在社会上，到了学校里，那就又不一样了。别看都是牧民，人们也都知道要学汉语，家长们觉得自己不去外地打工，所以不用学，但是娃娃们还是要好好学呢！娃娃上学，有纯藏语的、双语的，还有纯汉语的学校，大部分家长都愿意送小孩上双语学校，一是因为有藏语，学起来方便一些，再一个是因为能学汉语，以后发展会好一些。（GRC，男，36岁，藏族，教师，甘南州玛曲县）

学习和使用国家通用语言文字，是民族成员在日常生活中自然选择的结果，也是社会发展的必然趋势之一。从甘肃地区存在的诸语言种类来看，在社会生活与社会交往中使用频率最高、范围最广的语言亦是国家通用语言，部分场合下兼具双语特征。

表 4-3　各民族对国家通用语言的了解程度　　　　单位:%

	藏族	汉族	回族
了解	21.4	99.0	97.9
一般	44.6	1.0	2.1
不了解	34.0	0.0	0.0

不过，从我们在甘南、天祝两地的调查情况来看，国家通用语言文字的传播和使用程度，在部分地区仍有待加强。如在玛曲县尼玛社区的调查结果，当地约21.4%的藏族被访者表示自己对国家通用语言是熟悉的，另有44.6%的被访者表示对国家通用语言的熟悉程度一般，明确表示不了解国家通用语言的被访者约占34.0%。"不太熟悉"或"不熟悉"国家通用语言的被访者，主要集中在年龄相对较大的中老年人群体当中，职业上以牧民占多数。其中的原因，受制于经济和社会的发展条件，这些群体在青少年时期未能接受系统的国家通用语言教育，而且由于当地藏族人口占据绝大多数，在日常生活中同其他民族的接触较少，因此其学习、使用国家通用语言的程度和机会整体处于较低水平；尤其是生活于牧区、年龄较大的藏族群众，对国家通用语言文字的了解和使用程度普遍偏低。当地汉族和回族被访者中的情况明显与藏族被访者不同，能够熟练掌握国家通用语言的人口比重更高。

由于玛曲县藏族人口比重更大，对于当地藏族来说，在日常交往和生活工作等场景中，更多的是与本民族内部的成员进行交往交流，可以不依赖国家通用语言，而且从其就业范围来说，更多的当地人仍在本地就业，因此从表面上看，当地很多藏族对主动学习国家通用语言的热情并不是很高。反观当地的汉族和回族，因为人口上占绝对的少数，周围的交往对象以藏族为主，为了生活、工作中交流和沟通的需要，他们中的大多数都会藏语，至少是一些最基本的日常交流用语。

在对子女的教育方面，随着近年来人们对教育重要性的认识不断加深，牧民们也更加愿意让子女接受更多的教育，以谋求更好的发展。在语言学习方面，接受国家通用语言的教育，也因为能够让牧民子弟有更广阔的发展空间而获得了越来越多牧民的支持。虽然这只是从个体发展角度出发做出的选择，但是这种情况对于作为群体的民族来说，正在影响着整个民族的教育价值观向更加适应社会需要的方向发展。

（二）国家通用语言成为文化资源

各民族在交往交流交融中不断学习和使用汉语方言或国家通用语言，而和语言对应的国家通用文字的传播，则得益于现代教育广泛、公平的开展。以藏族传统教育为例，历史上的藏族教育，是属于贵族阶层和寺院的特权，普通民众很难有机会获得教育，因而使得社会层面的文化传播受到阻碍，从而也造成了历史上绝大部分藏族群众是文盲的客观事实，广大藏族群众无法识读文字的状况阻碍着文化的传播。

> 藏语也复杂得很，各地的藏语还是有区别的，我们华锐的藏语跟甘南的就不太一样，跟西藏的差别更大。以前人们要是想学藏文，就要到寺院里去，普通人是没有办法学的。不是说么，藏族文化都在寺院里面，在旧社会要是你不进寺院，不当喇嘛，那你就永远别想学藏文，就要当一辈子文盲。只有当了喇嘛以后，才能学藏文。有些从小进了寺院的，一直出家，不娶媳妇不生孩子，一直学藏文，学各种宗教上的知识。在学校里面学藏文，都是解放以后的事情了，大家这才有机会进学校识字、掌握藏族文化。（SJY，男，52岁，藏族，教师，武威市天祝县华藏寺镇）

当前社会，国家通用语言文字已经成为各民族共同拥有的文化资源，成为中华民族共有的文化符号。从个体发展和民族发展的层面来说，国家通用语言文字也是一种必要的资源。但是，从日常交往的角度来说，由于甘南、天祝等地民族分布方面的特殊结构，如在玛曲、碌曲等地的人口结构中藏族占绝大多数，因此当地的藏族日常可以借助藏语满足自身的需要。此时，生活于当地的回族、汉族对藏语的学习和使用情况又成为影响他们在这一场域下的发展情况。简单而言，这些情况的产生，都是各民族在日常交往交流交融中，根据自身发展需要自然选择之后的结果。

语言可以分为语义和语感两个组成部分，其中前者即语言概念中所表达出来的"固定的客观信息"，是一种"外指的语言"；语感则是人们传达"客观信息"时流露的主观情绪和主观意向，是一种"内指的语言"。[①] 从各民族交往交流交融的角度来说，各民族在共同使用国家通用语言文字的过程中，不仅可以获得各种"客观信息"，而且可以更好地理解互动对象的主观意向等心理层面信息，有利于消除因语言不同引起的认知偏差等不利因素。

各民族共同使用同一种语言文字，形成了积极的交往心理，即对国家通用语言文字的共同认知和认同，不断拉近着各民族成员之间的心理距离；同时，也对民族亲和情感的培育、民族团结关系局面的形成与维护、民族交往交流交融的不断深化起到了至关重要的作用。多民族共居的民族互嵌地区，各族人民之间彼此学习对方的语言，共同学习、使用国家通用语言文字，共同学习、使用生活场域中其他民族的语言，实现各民族语言的互借互用，使得彼此之间的沟通、交往更加顺畅，信息表达和理解更加充分，从而促进民族之间的相互理解和相互认同。民族间的心理距离在此过程中不断拉近，民族认同、民族

---

① 曾宪柳：《关于语言的语义与语感》，《逻辑与语言学习》1991年第2期。

情感更加深厚，民族交往交流交融的基础更加巩固，其结果也更加和谐。从更高的层次说，"各族人民通过学习国家通用语言文字，从语义上认知、了解、熟悉、交互、体验、感悟中华文化的魅力，在语感上形成稳定的国家情感"①，有利于形成更高的国家认同，有利于铸牢中华民族共同体意识。

---

① 何生海：《推广国家通用语言文字与铸牢中华民族共同体意识》，《北方民族大学学报》（哲学社会科学版）2021年第6期。

第五章
经济联动：互利互惠的民族经济交往

民族交往，是民族社会生存和发展的重要前提和基本方式。民族的经济交往，是民族经济生活的重要形式，是满足民族生存和发展需要的首要条件。民族经济交往，"主要涉及经济上的联系、分工、商品交换或交流，包括经济上的协作、相互依赖、互惠互利（正面意义）和剥削、掠夺（负面意义）"①。甘南、天祝等地区民族经济交往的历史由来已久，早在先秦时期先民们就已经开始了互补的经济交往，一直持续发展至今。有关历史上该地区族际经济互动的情况，第一章已经结合文献资料进行了分析，本章在其基础上，重点依据田野调查所得，结合文献与口述史资料，进一步分析当地各民族的经济联动，落脚于其中所展现出的互利互惠特征，并阐述各民族在持续、密切的经济互动中所产生的紧密联系。鉴于以临潭、卓尼为代表的洮州商贸体系在甘南地区族际经济互动中的巨大作用，本章将以其为核心，聚焦于洮州地区的族际经济互动，这有利于我们更深刻地理解当地族际经济互动的规律和深层内涵。

---

① 金炳镐：《民族理论通论（修订本）》，中央民族大学出版社2007年版，第184页。

一、区域经济的互补性与传统生计中的互动

在社会的发展过程中,各民族通过对环境、生产生活的适应,形成了一定的经济文化类型,从而具有一定的生计模式和生计文化。历史上甘南地区频繁的族群迁移互动,促使当地形成了多元一体的民族分布格局和民族文化格局。因此,当地各民族在生产方式和经济生活上也存在一定的差异。

(一)农牧互补的圈层社会结构与族际交往

结合甘南各民族的生计方式、人口分布与文化特征,可以大致看到当地在自然地理空间、社会文化空间中呈现出农牧互补交错的圈层社会结构形态。从整体上来说,该地区以畜牧业和农业为主,大量人口依靠畜牧业为生,高海拔地区的畜牧业经济带可以被视为当地的核心区域,民族结构上以藏族为主,兼有汉族、回族等其他民族,这构成了甘南地区社会空间中的内圈。在畜牧业生产区域的周边地区,随着海拔的降低,气候逐渐适合农业生产,在河谷以及其他地势相对低平的地区,农业文化开始大量出现。需要注意的是,二者之间的过渡并不是泾渭分明的,存在农牧交错分布是这里的重要特征,从事农业、畜牧业生产的藏族、汉族、回族、土族等各民族交错分布于此,文化的多元性特征增强,这是甘南社会空间的中间圈层。最外的圈层逐渐涉及甘南与周边接壤的地区,这些地方作为通向草原的过渡地带,大量的社会交往、信息交流、物资流通等在此频繁发生,是甘南与其他

区域开展跨区域族际交往的前沿地带。

这里的圈层社会结构是层次性的，如果将甘南整体上视为一个圈层，那么在此之下，还有若干个不同层次的结构存在。如洮河沿岸及洮河与中支山系之间的川谷盆地的农业经济带，正好是洮州文化的核心区域，以汉族、回族人口为主，还分布着少量从事农业生产的藏族人口，构成了洮州社会空间的内圈。随着南支山系和北支山系海拔的抬高，气候逐渐适合畜牧业而不适合农业。农区与牧区并非有着明显的界线，而是农区相对集中，农、牧区之间还有过渡性的半农半牧区，因而大致呈现出牧区环绕农区且农牧交错的立体空间结构。这些牧区和半农半牧区可以看作洮州社会空间的中环圈，这一区域主要分布着从事牧业和半农半牧的藏族。洮州内圈和中环圈由于经济结构的差异，通过一定的农牧互补紧密地相互联系，在文化上虽然有一定的差异却相互影响。洮州以外和洮州发生经济、社会联系的区域是外圈，由于内地与甘南的跨区域物资、商品流动，洮州在历史发展过程中逐渐成为汉藏边区和民族走廊上重要的贸易集散地，发挥着重要的商贸功能。各民族在生计文化上具有的差异性加强了农、牧区之间的互补，促进了圈层之间的联系。在长期的生产生活实践中，通过人们的社会互动与社会关系结构的整合，洮州地区的社会空间以生计文化为基础逐渐形成了圈层式的经济文化结构与社会格局，包括内圈的农业区、中环圈的农牧交错区以及与洮州发生密切联系的外圈。

洮州内圈（农业区），汉、回、藏等民族虽然属于不同的文化体系，但在民族杂居与民族聚居并存的居住格局和共同的生产方式中，建立了多民族共同的生产生活空间。洮州地区汉族和回族同受军屯文化的较深影响，且其关系具有一定的历史渊源，因而在日常生产生活中早已形成了密切的合作与互惠关系。在洮州的农区范围或周边区域，也有从事牧业或半农半牧的藏族，汉、回屯民在日常的生产实践活动中也会与他们发生接触与交流，探索出一种农业与牧业相互适应与结合的生产智慧，使农区的农业生活能与牧业生活和谐地发展与并存，也促进了农业藏族与汉、回民族的生产合作与社会交往。综上，联村的凝聚力与和谐共处的族际关系使洮州的经济生产、社会互动得到了一定程度的整合。

甘南农牧互补的圈层社会结构古已有之，是一个逐步发展完善的过程。从民族结构的变化，到生产门类的发展完善，再到人们的生活方式与社会文化，都处于不断的发展变迁当中。以民族结构与生计方式的变化为例。藏族作为人口较多的民族之一，其先民自吐蕃兴起之后便逐渐进入当地，并逐渐演变出以畜牧业为主的生产生活方式。以种植业为主的汉族，其先民自先秦时期就已逐渐进入当地，到明代因明朝政府抵御蒙古骑兵侵扰、保证边疆地区社会稳定的政策更是大规模进入当地——尤其是明朝政府的移民戍边政策，广置卫所，实施军屯。如朱元璋在位时期，将当时应天府、凤阳县以及定远一带的农人迁徙至洮岷地区，促进了当地种植业经济的发展，也促进了当地族际交往的发生。元朝时期，蒙古军中的随军回回军士，以及元代探马赤军中的回回军士，有相当一部分留在甘肃境内。元世祖忽必烈于至元十年（1273）命探马赤军"随处入社，与编民等"，使得军队中大量的回回将士进入甘南等地定居，由军人变为普通农民。甘南回族人口获得发展，同样对当地种植业的发展壮大贡献了力量。在此基础上，各民族之间通过经济与社会生活诸领域的往来，实现各方利益的互利互惠，并为后世甘南地区的社会经济发展、各民族在经济社会文化等方面的互动奠定了坚实的物质基础。

弗雷德里克·巴斯提出："在一个具有包容性的社会体系中，就族群的文化特征来说，联系几个族群的积极纽带取决于他们之间的互补性。这样的互补性会导致互相依赖或共生，建立接合、融合区域。"[①]

---

① 弗雷德里克·巴斯主编：《族群与边界：文化差异下的社会组织》，李丽琴译，商务印书馆 2014 年版，第 10 页。

农牧互补加强了农区回族、汉族与牧区藏族之间相互依赖的关系。同时，位于中环圈的农牧交错与过渡地带，既有纯牧区也有半农半牧区，并与农区有着紧密的经济与社会联系，因此也有利于民族文化的交流，形成了开放的族际互动空间。牧区与农区各民族通过互补型的经济交往来维持各自的生计发展所需，而农牧交错地带开放型的族际互动空间则促进了民族文化的交流与交融。

外圈是甘南进行跨区域资源交换和流动的外围地带。我们放大视野，就会发现甘南地区处于汉藏交界、农牧交汇的特殊地理位置，成为内地与藏地商业贸易中重要的货物中转地和贸易集散地。如在洮州地区，主要由临潭回族组成的洮商通过向外的商业活动，形成了洮州与外界的资源流动链，促进了洮州地区各民族之间的互补、合作与分工。洮商至今仍发挥着中间人的角色和功能，促进了地区间、民族间的经济交往与文化交流。

在这一圈层社会空间中，圈层的中心并不固定，而是取决于我们所站的立场与定位，它是一种动态的、边界模糊的社会结构。其原因，则取决于人们在社会适应与社会互动中所形成的社会空间和关系状态。此外，天祝与甘南在地理空间上的距离，又使得二者呈现出相对独立的状态，可以被视为两个独立的亚圈层。

（二）传统生计方式下的民族互动

不同民族在社会发展过程中，都会通过对环境的适应以及生产生活的实践，形成一定的经济文化类型，从而具有一定的生计模式和生计文化。以甘南为例，基于当地农牧交汇过渡型的自然地理特征、多民族的分布以及多元的民族文化，族群间的生产生计方式、经济生活存在明显的结构性差异。

在族际经济生活圈互动空间中，民族生计方式的结构性差异使各民族在某些行业和职业的选择上也具有一定的倾向性。甘南汉族的传统生计方式为农业种植，还擅长一些手工艺，传统的重农抑商思想对其生计文化有着很大的影响。甘南的回族也从事农业种植，但是有着重商的传统。而当地藏族具有多元的族群文化，也呈现出不同的经济文化类型，有牧业型、半农半牧型、农业型和林业型。随着社会的变迁，林业型的经济文化类型已基本不存在，其他三种在甘南地区均有分布。

总体来说，历史上甘南交通不便，农业条件一般，因而经济发展受到了一定限制。但是由于处于进藏的门户，而且草地资源丰富，当地在传统的畜牧业经济基础上发展起了比较繁荣的民族贸易。尤其是在今临潭、卓尼一带，在明清两朝茶马互市的带动下，商业贸易逐渐兴起。清末至民国初年，皮毛交易使当地的商业贸易又进入新一轮的繁盛时期。

在甘南地区传统的族际经济互动网络中，往来于农区和牧区的回族带动了当地商业贸易的发展。汉族、回族和三格帽藏族从事种植农业，满足着当地农、牧区各民族对粮食的需求。汉族还擅长手工业，他们中的铁匠、泥瓦匠、木匠、银器匠、裁缝等手工业者也方便了人们的日常生活。在今天临潭县及周边依然分布着一些金属加工作坊，生产的铜锅、酥油灯、寺庙用钟等销往涉藏地区，在藏族人中有着广泛的市场。牧区的藏族则主要从事畜牧业，在促进牛羊贸易发展的同时也满足了洮州各民族的生活需要，并供给着向外流动的交换资源。

由于洮州地区是农牧交汇的自然过渡地带，因此临潭回族也受到畜牧业文化的影响，比如临潭回族擅长的行业就包括与畜牧业文化相关的牛羊、皮毛贩卖。洮州地区流传的一首民谣反映了临潭回族与畜牧业相关的生计方式：

黄叶菜，黄又黄，洮州地方天气凉。三月四月穿皮衣，六月不见庄稼黄。老百姓全靠做生意，耕田务农莫指望。一年到头走番地，十月六月两会场。张三赶来一群马，李二赶来牛一帮。土拉保驶来十捆皮，麻沙目赶到五百羊。马又大来羊又肥，一天到晚卖了个光。①

历史上，牛马等牲畜由周边涉藏地区贩运到洮州，然后再转运陇西、陇南一带和陕西关中、山西运城以西各县，甚至到河南灵宝附近；羊则就地出售。临潭旧城和夏河拉卜楞曾一度是甘南最大的畜牧市场，旧城畜牧的来源主要为临潭的藏族区、卓尼的全境以及夏河的东部，还有小贩到牧区进行交易，市场的范围可以随时扩大。②

改革开放之后，临潭、卓尼等地的商业互动也得到了恢复。在我们调研的下甘藏村，很多村民都于20世纪80年代开始进入牧区开展牛羊生意。村民DKR在40多岁的时候到四川的阿坝州贩过羊，他那时候坐着班车到若尔盖地区，交易后赶着牛羊回到家，然后再把牛卖到岷县、漳县一带。DKR说他第一次做生意是跟着村里的DMN到若尔盖县夏米牧场，然后通过牧区的"主人家"帮忙联系生意。

没有主人家，就没处住、没处吃。主人家介绍我们到草原上的小帐篷，藏语我们还是基本能听懂一些，比如关于买卖方面的。（DKR，男，77岁，回族，农民，甘南州卓尼县申藏镇）

藏族还挺喜欢我的，赶牛回来的时候，他们也跟着上来做客。我们下去，他们又迎接我们。（MWC，男，68岁，回族，农民，甘南州卓尼县申藏镇）

---

① 于式玉：《于式玉藏区考察文集》，中国藏学出版社1990年版，第143页。
② 顾少白：《甘肃西南边区之畜牧》，载甘肃省图书馆目参考部编：《西北民族宗教史料文摘（甘肃分册）》，甘肃省图书馆1984年版，第498—508页。

> 我十四五岁的时候跟着我父亲去碌曲那边买牛羊，我们赶回来，路上走了三天。晚上用那个绳子，随便栽几个木棍子把牛羊围起来。一天走路的话，牛羊也走累了，我们晚上也不走。四五个人，找点柴，架一堆火，睡的睡会儿，看的人看着。（MHS，男，33岁，回族，经商，甘南州卓尼县申藏镇）

受牧业生计文化的影响，很多洮州地区的回族对赛马等牧区的体育娱乐活动非常感兴趣。MHS的家庭生计以畜牧生意为主，他在做生意的过程中逐渐喜欢上了赛马，并在甘青川等地认识许多有同样爱好的藏族朋友，同时也是其生意上的伙伴。

> 我连续办了六年，马匹的话有七八十匹。人数的话，我们这人多，爱看马的人多，基本上我们县上知道的人、爱马的人全部来，外地的也会来。参加的人藏族、回族、汉族都有。（MHS，男，33岁，回族，经商，甘南州卓尼县申藏镇）

下甘藏村办赛马会时，MHS在合作乃至刚察等地的很多藏族朋友都会来参加，而且赛马会期间朋友们都在自己家中居住，他们带来的赛马也由他提供草料。下甘藏、卓洛、拉直等回族村落举行的赛马会，打破了传统赛马会局限于牧区、由牧民举办的范畴，扩大了基于赛马会的社会交往圈，不仅有利于跨区域、跨族群生意的往来，也为民族间的交往接触和情感加深提供了机会，加强了跨区域的族际社会纽带。

基于传统生计方式的区域族际互动，总体上呈现出基于亲缘、地缘关系的熟人社会特征。

小时候在老家牧区生活，家里的花销基本上就是靠一家人放牛放羊，所以天天就跟牛、马、羊打交道，需要买点什么东西的时候，就把家里能出栏的牛羊卖上一些。因为从小一直在村子里面生活，接触较多的也就是自己家里的人，再就是亲戚朋友、邻居这些。出去买东西、卖牛羊的时候，偶尔跟一些汉族啊、回族啊打交道，其实也都挺好的，大家都客客气气的。其他就再没啥来往了。那时候就觉得大家只是说的话不一样，他们说汉话，我们说的是藏话。长大以后出来上学啊、打工啊，才慢慢跟汉族、回族来往多了，认识了一些朋友。（YGYH，男，28岁，藏族，旅游从业者，甘南州合作市）

很长一段时期以来，甘南、天祝等地的族际互动范围仍相对有限，亲友等基于血缘和地缘关系的人群是交往主体。以农牧业生产为主的藏族，因为"小聚居"的特征，与其他民族的交往多局限在一些必要的经济互动中，如贩卖牲畜、购买生活必需品等，交往的深度相对有限。

以前放牧的时候，主要就是跟自己家附近的亲戚朋友来往，都是藏族。年轻人出去买买东西还能接触一些其他民族，也就是一般的来往，没有太多的接触，无非就是有些经常去的店铺，会跟那里的人熟一些……后来自己长大一些了，只要家里没什么活，我们几个熟人就会约着一起出去打点零工，给家里多赚点钱。都是村里几个关系好一些的朋友一起去，所以那时候来往多的都是一些熟人。现在每天接触的人都不一样，客人们来来往往的，反正我们就是搞好服务，他们也都是客客气气的。（SJLG，男，39岁，藏族，餐馆服务员，甘南州合作市）

外出务工的藏族，交往对象同样以本民族人群为主，这一方面是由于其向内的认同性，另一方面则是因为双方共同文化背景所带来的天然的交往便利。

> 做生意其实就是跟人打交道，你要跟进货的人打交道，也要跟买东西的人打交道。我们家卖的这些小东西（日用杂货），基本上都是从临夏、临潭进来的，偶尔也会去兰州那进货。买东西的客人藏族的、汉族的、回族的都有呢，有些回头客也都是老熟人了，再就是跟前（附近）这几家铺子的人，也都熟得很。大家都是做生意的，一来二去也就熟悉了。现在游客越来越多了，哪儿的都有。（DXQ，男，36岁，回族，个体商户，甘南州合作市）

从事商业活动的回族，交往的对象多以地域为特征，经济活动范围内的各民族都可能是其交往的对象。

> 以前我在单位上班，朝九晚五的，来往多的也就是同事、亲戚、朋友。同事里面藏族和汉族的多，回族的少。其实不管是谁，大家都只有那么个小圈子。小圈子里面的人都熟悉，关系更好；小圈子外面的就只是普通来往，大家相互之间也都客客气气的。周围熟悉的这些人，不管哪个民族的吧，大家有事没事会一起聚一聚，聊聊天，谁家有什么事也都去给帮帮忙。（LS，男，42岁，汉族，旅游从业者，甘南州合作市）

汉族则多位于企事业单位之中，交往的对象拓展至业缘关系中的同事、朋友等，交往频率较高的仍是熟人圈中的本民族亲友以及跨民族的同事、朋友等，跨区域的族际交往相对较少。因此，传统生计格局下的族际互动往往基于地缘、血缘、亲缘关系展开,彼此间沟通、互动的渠道较为单一,紧密、频繁的跨地域交往路径相对较少。

基于传统的社会经济空间,甘南、天祝等地的地方商业群体、各民族群众在商贸活动中不断发生互动,在互动中互相影响着彼此的文化认知,产生了一定的社会资本、信任资本以及文化资本,从而加深了不同群体之间的社会纽带、情感纽带与文化纽带,对当地民族交往交流交融起到了积极的促进作用,在体现中华民族多元一体格局的同时,也构建了中华民族共同体的区域社会基础。

二、经济变迁与族际经济互动

甘南、天祝等地各民族的经济生活方式,随着时代的发展而发生变迁,但是在总体上仍然保持着族际互补的经济模式,经济生产的门类日趋完善,畜牧业、农业、手工业、商业仍保持着较大的规模,第二、第三产业日渐发展。通过历史上长时期的跨区域经济交往与社会互动,在区域空间的整合中,形成了稳定的经济互补结构、跨区域社会纽带和互嵌交融的民族格局。改革开放以来,青藏高原上自发性的贸易活动逐渐恢复并迅速发展,其中既有农牧互补的经济惯性推动,更是我国平等、团结、互助、和谐的新型民族关系以及社会主义市场经济体系不断发展的结果。

(一)改革开放以后的族际经济交往

1949年以后,甘南、天祝的私营工商业在经历了社会主义改造等运动后，逐渐归于沉寂，计划经济时代的集体经济取代了回商等的私营贸易。该地区的农业生产环境并不理想。洮州商人的生计受到了比较大的影响，部分甚至陷入生活困境。改革开放前后，随着政策陆续松动，私营买卖再次成为可能，甘南、天祝等地区的商业活动开始复苏。在各民族悠久的区域经济联系、跨族群的社会资本等因素的推动下，甘南、天祝等地的回、汉商人，尤其是回商，在其主导下的经济互动再次频繁起来。

1. 计划经济时代的民间商品交换

计划经济时代，民间经济交往虽然归于沉寂，但并未完全消失。迫于生计的回族商人依然在延续着传统回商的经营模式，进入牧区贩卖物资，换回更多的资源。如居住在洮河南岸迭山山系和北山恰盖地区的人们，利用当地丰富的森林资源，依靠卖柴、卖山货等维持着生计。

> 小时候我们就去南山林，就是卓尼拉力沟、鹿儿沟、卡车沟那一块，去驮柴回来卖点钱。没办法么，要生活，好多人也都这么干。(MFY，男，54 岁，回族，甘南州临潭县卓洛乡)

利用历史上回商在牧区积累下来的人脉关系、良好的信誉以及其他资源，来自农区的回族商人进入藏族聚居的牧区走家串户，从事小商品经营。

> 我们就背上个背篓，拿一个棍子，买上点葱、韭菜、蒜、醋、梨什么的，贩一些乡下人的必需品，到乡下换一点吃的。我们这三面都被涉藏地区包围，走上十几里路就到了。乡下人那时候温

饱能解决，人家的土地多，能自给自足，我们这土地少。我是1956年生的，1968年以后就开始进入这种半乞讨状态。周边的这些地方，我脚步没有到过的地方没有，而是数十次、数百次地到过。说乞讨嘛不好听，其实就是拿两三块钱的东西——那时候就算两三块钱也是很多的感觉——拿上去就去换，换成二三十斤粮食再回来。年复一年，整整十年。（MYX，男，62岁，回族，经商，甘南州临潭县城关镇）

对于这些进入藏族聚居地区从事正常货物交换的回族商人，藏族群众给予了充分的理解，保障了双方的顺畅交往。

那时候我们遇到的一些藏族，看到我们也会说："这不是要馍馍的，是现在的形势造成的，其实全都是正派生意人家，英雄的家庭。"我们听了也很高兴，人家还是接受我们的。（MYX，男，62岁，回族，经商，甘南州临潭县城关镇）

这些在计划经济时代进入甘南谋生的回族少年，在改革开放之后逐渐成为进入该地区的第一批洮商。1976年"文化大革命"结束之后，临潭部分回族人利用政策开始松动的机会，以地下商业活动的方式买卖日常生活用品。

MYX清晰地记得1978年的正月初一，西道堂教长敏生光老人家讲了一篇著名的"瓦尔兹"——"承前启后，期盼光明"。

那时候看见了曙光，从此以后，教长就慢慢动员大家，自己做点生意。（MYX，男，62岁，回族，经商，甘南州临潭县城关镇）

> 这边没有资源，就是土地呗。一斤青稞只能卖几毛钱，一亩地产青稞三四百斤呗，所以在西道堂老人家的提倡下，从精神上鼓励，非跑不可，跑得慢不行。（SZC，男，47岁，回族，经商，甘南州临潭县城关镇）

在政策环境将要发生变化的时候，基于区域间经济往来的需要和潜在的生计发展机遇，临潭回商十分敏锐地发觉了商业机遇的来临，并凭借其对卓尼、玛曲、碌曲、舟曲等地文化、社会环境的熟悉和已有的谋生经验，开始了新的生计发展之路。

2. 改革开放初期"串毡房"中的民族交往交流

改革开放初期政策松动，但人们对于民间贸易仍持谨慎的态度。此外，由于涉藏地区生产生活水平相对落后，社会发展速度相对缓慢，基础薄弱，因而最初的商品交换仍保留着"以物易物"的贸易方式，许多贸易路线依然靠步行与畜力驮运。

> 刚改革开放那阶段，青藏线上的洮州人不断，三三两两、大大小小，去串游牧民的帐篷，做些小生意。最后发展到上海、北京、天津、苏州、杭州这些大城市。（SYZ，男，60岁，回族，经商，甘南州临潭县城关镇）

SYZ第一次去牧区"做小生意"是前往玉树，当时政策尚未放开，因此他便通过隐蔽的"地下方式"，以"走亲戚"的名义开了介绍信证明，写明途经的地区，然后携带部分小商品，沿途开展贸易互动。

> 在牧区"串毡房"做生意的时候，咱们想在哪家吃个早饭、

中午饭,只要人家容许就可以进去。一般来说,藏族跟咱们这边人很融洽,不管走到哪,都承认咱们这种小商贩,都很热情。一次熟悉了,第二次去就互相介绍,说哪个庄子下去有他的亲戚,或者下去有他认识的某某人,说个名字去找就行了。就互相这样牵扯,认识很多藏族朋友,后来很多也都很熟悉了。(SYZ,男,60岁,回族,经商,甘南州临潭县城关镇)

SYZ的商业基础也是从"串毡房"开始的:"那个年代'串毡房'的时候,一般两三个人一起行动,有时候一天要赶七八十里的路。洮商通常都要步行走几千里的路,到青藏高原牧区的帐圈、家家户户的毡房兜售小商品。"

我也串过几次帐篷,两三个人一起。再一个,我们这儿是涉藏地区,藏语这些都会说。慢慢接触的藏族也比较多了,一般的人去那些地方还没有能力。我们接触面大得很,会说藏族话,做生意就方便一点。如果什么都不会,直接去还是有点不行。有时候从一个地到一个地,中间没地方住,就到藏族家住一晚上,人家什么也不要,还给吃的。(MZJ,男,58岁,回族,经商,甘南州临潭县城关镇)

前往牧区进行贸易的商人,会说藏语是除吃苦耐劳之外必须具备的基本素质之一。而在甘南、天祝等地生活的回族商人,因历史上长期的牧区贸易经历,藏语能力往往相对较强,这为他们的商品交换和民族交往奠定了良好的基础。牧区的群众也多以包容、欢迎的态度容纳了他们,双方在经济交往的同时,也进行着更加深入的交流互动。

1980年MYX与两位舅舅、一位表哥初入牧区"串毡房"时,住宿在一户牧民家中,因不熟悉牧区情况,夜间外出时被藏獒咬伤,牧民热心地收留了他们,但苦于没有药物,交通不便,伤势恢复得很慢。

> 好在跟前的帐篷里有一位"阿克"(藏传佛教僧人),懂一些医术,他们就去请来给我看,要不然我恢复得还慢。牧区夏天河水多,"阿克"还告诫我不能沾水,不能吃刺激性的食物,还要再休息几天,反正嘱咐了很多,还给我的伤口缠上了羊羔皮。(MYX,男,62岁,回族,经商,甘南州临潭县城关镇)

随着临潭回商们深入涉藏地区,"串毡房"的范围从临潭附近的夏河、碌曲一带不断地向青藏高原深处扩展,进入青海果洛与四川阿坝、甘孜等地,远者达到西藏的那曲、类乌齐等地,遍布青藏高原牧区的各个角落。在较短的几年时间之内,最早行动起来的回商就通过"串毡房"兜售小商品的方式完成了资本积累,同时也沟通起改革开放早期民族经济互动的纽带,在满足不同民族经济生活需求的同时,更促进民族交往交流交融的持续深入发展。

3. 经营规模的扩大与族际交往的拓展

从20世纪80年代中期开始,临潭回商逐渐在川藏、青藏公路沿线的城镇和城市经营商铺,主要涉及零售商品、民族用品、牧区用品、中药材、畜牧产品、粮油、纺织品、劳保军用品等。甘南、天祝等地交通不便,经济社会发展缓慢,再加上牧业经济的外向依赖性,对内地商品物资的输入有着非常大的需求。临潭回商将临潭地区产的青稞以及内地工业地区产的各类商品运送到西藏及四川、青海地区,又将青藏高原的畜牧产品、木材、中药材销往内地及沿海地区。至90年代初,四川、青海、西藏80%以上的牧区县都分布着坐地经商的临潭回族,临潭行商遍及的范围更广泛。①

来自临潭的 MGX 最早同样是通过熟人引荐,跟着亲戚去牧区的。刚到昌都的前两三个月做不上生意,MGX 就和几个临潭老乡一起背上绿松石到昌都的乡下贩卖。待到绿松石售出,又到了 5 月份虫草收获的季节,MGX 就开始用绿松石换虫草,做虫草生意。做了两个月的虫草生意,MGX 挣了 1500 元,之后又跟着老乡们合伙买了一车羊毛拉到临潭卖,也赚了些钱。到 1988 年的时候,羊毛生意不太好做了,MGX 又从北京进货到拉萨去做绿松石生意。MGX 住在八角街附近,用绳子把绿松石串起来拿在手里站着。转经的藏族人看到后询问价格,MGX 就把他们带到房间里看更多的货。1992 年,MGX 与一位亲戚、一位临潭老乡合伙在八角街开了家商店,主要经营丝绸布匹。刚开始是西道堂的天兴隆商号从广州把货拉上来给洮商批发,后来 MGX 他们有了店面,就自己从杭州进货。

1993—1994 年的时候,私人没有门面房(临街底层房间、店面)。后来门面房逐步有分给私人的,有卖给私人的,那都还属于居委会、办事处在管理。我们刚来到这边的时候,在居委会办的暂住证,居委会书记是个藏族人,生意做得挺大的,于是我们就找他租门面房。你说奇不奇怪,他说如果我们想租的话,要先把他那里存的价值 20 多万元的布买走,不买的话门面房就不租。我说我们要布干什么,我们没钱,我们几个人才几万块钱。他说:"钱这个好说,可以给你们赊账。你们可以把布拿去卖,卖了把钱给我们嘛。"我还跟那个书记开玩笑说:"我们跑路了怎么办?"他说:"你们跑得了吗?跑不了!难道你们到哪里去都把布背着吗?"

---

① 临潭县志编纂委员会编:《临潭县志(1991—2006)》,甘肃人民出版社 2008 年版,第 803—804 页。

后面，我们又跟他谈了谈店面的租金，倒是不贵，一个月才500块钱，但是必须要租5—6年，我说："我们没生意的时候钱挣不回来。"他说："挣不回来可以适当给你们通融通融嘛。"（MGX，男，51岁，回族，经商，甘南州临潭县城关镇）

从20世纪80年代中期到90年代末，在内地司机很少开车去的充满艰险的川藏、青藏公路上，临潭回族司机练就了一流的驾驶技术，成为青藏高原物资运输的重要力量。当时临潭主要有红星车队、西大寺车队、华寺车队和工商联的车队等，基本垄断了川藏线上的物资运输，也为一部分临潭回族提供了就业和改善经济状况的机会。

当时的运输主要是从四川拉副食、从临潭拉青稞运到西藏供应给牧民，还有从森林资源丰富的四川白玉运木料到成都，车队主要挣里面的运费。川藏线公路比较险要，而临潭的司机也练就了一流的驾驶技术。

从东风车发展到康明斯，从康明斯五吨发展到康明斯八吨，从八吨发展到"四桥"，从"四桥"发展到"五桥"，到"五桥"的时候，已经差不多把车子卖出去了。西大寺车队跑车的这四五十人基本都把车子卖完了。做牛皮生意的，开饭馆的，贩虫草的，各行各业都走了。你的亲戚家开饭馆，把你带着开饭馆去了；你的亲戚家做虫草，把你带着弄虫草去了。（LYL，男，37岁，回族，经商，甘南州临潭县城关镇）

随着经济社会的发展，青藏高原的道路基础设施建设不断地完善和优化，运输车辆也在不断地更新换代。川藏公路和青藏公路于2004年进行了拓宽和铺油，青藏铁路也于2006年全线通车。因此，内地司机和运输群体进入涉藏地区的风险和成本降低了，青藏高原路网上运输业的竞争趋于激烈，运费下降和利润减少使临潭的大多数运输群体选择了转行。

  有人是本地四川甘孜、道孚的，西藏的车也多了，竞争性也大了。比如说一吨500块钱拉，人家只要450块钱，货源就让人家抢去了。他抢去了，另外又出来一个车子——我400块钱给你拉。就这样竞争着，生意就变淡了。这个苦力活，一年12个月干下来以后运费不值，有些划算不过来，我跑车还不如做生意呢。一个车投本20多万，我可以把这20多万拿来做生意。生意是学的，也不是一天两天做会的，我可以一年两年、三年五年慢慢学，比跑车好。最后车子一年跑个五六万下来划不来，20多万的投资，还要搭上人力和风险。(DYB, 男, 49岁, 回族, 经商, 甘南州临潭县古战镇)

临潭回商在变迁、适应、转型与发展中，不断与藏族社会发生着经济联系与社会文化互构，不仅促进着甘南、天祝等地的经济社会发展，也在临潭回商的生计发展中发挥着一定的作用。随着青藏高原和西北内陆地区现代化交通体系以及基础设施的不断完善与升级，临潭回商发展中的"地缘空间"限制被打破，生计模式与经营范围发生着转型与拓展，活动的范围从青藏高原发展到更广泛的区域。

  西藏的每一个乡镇都有临潭人，哪怕一个村落里面也有临潭人。因为收虫草，不是坐在铺子里面，等着虫草拿过来。他们必须跟上挖草的人到山里，山上的人挖草，他们就在山下面收草，方式还是传统的。西藏这个地方跟临潭洮商的关系是，西藏的每一寸土地都有临潭人的脚步，可以毫不夸张地这么说。自古以来，临潭人的祖祖辈辈跟涉藏地区的交往都相当深厚，感情也相当好，藏、回结婚的情况有，安家的情况也有。像拉萨这个地方，去年打电话来了，我们过去了解了一下，有两户人，在临潭根本没有亲戚了，但是临潭人，户口身份证拿出来都是临潭，但是娶妻生子、生活方式都是西藏那边的。（SZJ，男，32岁，回族，工商联工作人员，甘南州临潭县城关镇）

根据我们的调查，主要由临潭回商构成的洮商群体，目前主要分布在甘肃的临夏、兰州、合作，青海的西宁、格尔木、杂多、囊谦、达日、甘德，四川的成都、阿坝、甘孜、白玉、石渠、道孚、炉霍、色达、红原、理塘、雅江、康定、雅安，西藏的拉萨、昌都、那曲、林芝、波密、江达，云南的大理、丽江、香格里拉，以及北京、上海、广州、深圳、杭州等城市。主要从事的行业是民族用品、日用百货、旅游纪念品、工艺品、古玩、冬虫夏草等购销，还有餐饮、运输等行业。

21世纪初，在拉萨经营的洮商有150多家，仅八廊街及其周边的"临潭街"便有130多家，其中100多家主要经营旅游纪念和古玩商店，还有30多家经营餐饮、压面、淋浴、食品加工、布匹绸缎等日用百货，400多名洮商间接带动了1000多名临潭人就业。西藏昌都的丁青县、青海西宁的勤奋巷以及四川成都的荷花中药材交易市场，每年在虫草交易的高峰时期都汇集大量的洮商。川藏线及青藏线沿线的大部分县城都分布着洮州回商的商铺，主要经营的是民族用品和日用百货。此外，洮商群体还带动了临夏的房地产发展。

在拉萨的洮商90%都从事旅游品、古玩珠宝行业。拉萨这地方是旅游城市，不适合做房地产开发，或是虫草贩卖。旅游品，还有古玩珠宝那些的市场是相当好。现在一部分人开了旅游公司，多半还是从事古玩珠宝、旅游品、饰品、藏饰行业。现在临潭兴起的是古玩珠宝行业。每一年春节的那段时间，我们工商联就在临潭饭店举办古玩珠宝展览，已经举办到第四届了。今年的话，成交量在2000多万元吧。也有很多外地的古玩珠宝商来参展，每年到展览的时候，我们会联系西藏、四川等地区的洮商回来参展，他们会把外地商人引进来。在临潭饭店，差不多9—11三层楼，100多个展位基本上都是满的。（成交量）逐年增长，头一年的话卖了1000多万元。（SZJ，男，32岁，回族，工商联工作人员，甘南州临潭县城关镇）

在生计发展和经济社会的不断变迁中，临潭回商积累了一定的经商经验和经济实力，年青一代的临潭回商则具有更高程度的知识，为临潭回商群体注入了新鲜的活力。也有许多临潭回商参与到企业经营中，涉及物流、水电业、现代化养殖、乳业生产及高新生物技术等领域，并涌现出一批优秀的企业家。临潭回商因青藏高原路网的变迁而兴，又在经济社会的发展中不断进行着调适。

（二）结"主人家"：经济交往中的民族文化交融

在社交网络一般性交换中，交往者之间普遍存在着联系，行动者向他人提供资源的同时，他人也向行动者提供利益。因此，相较于群体一般性交换中的参与者，网络一般性交换中的参与者更有可能会合作，也更有可能建立信任关系。[①] 甘南、天祝等地的经济互动以生活在

[①] Toshio Yamagishi, Karen Cook, "Generalized Exchange and Social Dilemmas", *Social Psychology Quarterly*, Vol. 56, No. 4, 1993, pp. 235-248.

农区、林区、牧区的各民族为主体。在经济交往的过程中，回族、汉族商人会与藏族结成"主人家"，从而形成跨民族的社会资本，促进民族交流交融的深入发展。这种族际家庭友谊和兄弟之情是甘南、天祝等地区的普遍现象，通常会延续好几代。当代的"主人家"是历史上回族商人在牧区经营时结交的延续。许多家庭直到今天仍在互相拜访，每逢节日也保持着联系。

> 我大儿子结婚时，向我21岁时交的汉族朋友借了彩礼钱。现在，这位朋友已经65岁了，我们仍然保持着联系。此外，我爷爷当年在做生意时与藏族朋友结下合作关系，两家像兄弟一样互相信任，现在已经是第四代了，我们仍在互相往来，我去他家，他也来我的家。（MSY，男，65岁，回族，农民，甘南州临潭县城关镇）

> 我父亲十几岁时，我们这个村子需要烧柴，所有男人都会一起去卡车沟那里采集柴火。在这个过程中，我父亲渐渐地和那边的藏族居民熟悉了起来，他们甚至来过我们家做客，我们也去他们那里"浪山"，在他们家里品尝酸奶。前段时间我还去了一次。大家互相帮忙，互相走动，就像亲戚之间的来往一样。（SX，男，36岁，回族，出租车司机，甘南州临潭县城关镇）

最初，结交"主人家"是基于经济互动的一种族际往来，具有一定的互补性和互惠性。通过结交"主人家"，农区的人们在林区、牧区"讨生计"的时候可以得到当地藏族人的帮助，同时也有个歇脚的地方。牧区的藏族人则能够获得更加实惠的商品。更重要的是，双方通过经济上的互惠，逐渐形成更加密切的社会关系，并产生更加深刻的族际认同，从而推动当地民族之间的交往交流交融的深入发展。

在卓尼县下甘藏村的田野调查中,我们关注到了回族与藏族"主人家"的互动情况。春节前,牧区的许多藏族居民来临潭县城办年货。虽然现在很多藏族都有私家车,可以当天往返,但仍有些人会趁此机会前往自己的"主人家"拜访或在那里留宿一晚。在 DFH 家的访谈中,DFH 自豪地讲述了前一天晚上他的藏族朋友 LMCR 在家里住了一晚的事情,"这种友谊已经持续了好几代了"。

> 我在恰龙潭认识的藏族朋友特别多,村里有 40 多户藏族人,我几乎都认识。以前经常去恰龙潭买酥油,做一些小生意,贩卖牛羊。他们非常信任我,将牛羊赊给我,我卖掉后再把钱交给恰龙潭的藏族居民。恰龙潭的藏族家庭一般都会为回族客人单独准备锅灶。夏天,家里人还一起去了恰龙潭藏族朋友的牧场游玩。(DFH,男,71 岁,回族,农民,甘南州卓尼县申藏镇)

> 牧区的习俗是,爷爷的朋友会代代相传。我们也喜欢这样结交朋友,辈分相当,代代相传。比如,我的儿子有时候会自己开车去车巴沟找我父亲的朋友的孙子,他们会在一起玩。(MFR,男,54 岁,回族,经商,甘南州卓尼县)

长期的商贸互动为临潭回族商人留下了宝贵的文化资产,深化了不同民族对彼此的文化认知,使临潭回族商人在适应和变迁的同时,依然与藏族社会保持着重要的文化和社会联系。在解放前的商业贸易中,洮商的前辈们以诚实守信的品质,为后世回族商人在当地的贸易创造了有利的条件。

在白玉,我们认识上层寺庙的活佛、管教以及普通的藏族老百姓。我们和这些朋友的交往已经有两三代了。比如我父亲认识

的人，我也认识，如果我的孩子去做生意，他也就会认识他们。（SZC，男，47岁，回族，经商，甘南州临潭县城关镇）

随着经济和社会的变迁，人们的生计也发生了很大的变化。但是过去民族间密切的经济和社会联系构成了交互性和共生性的社会结构，使得民族间的社会纽带依然存在并得以延续。在族际经济互动的基础上，甘南和天祝的各民族为适应当地多民族的社会环境，展开了多种层次的交往和交流，为互补性的市场经济空间提供了重要的社会纽带，并促进了民族间的情感和亲密的族际关系。在跨区域的社会互动和商贸流动中，各民族之间多元的观念、价值和文化也在交往交流交融中构建了包容性和互通性的生产和生活意义。

（三）改革开放以后的经济互动与民族交往交流交融

改革开放以来，尤其是在西部大开发战略、脱贫攻坚和乡村振兴等工作的推动下，甘南和天祝的经济发展进入了历史上最为繁荣的时期。经济社会快速发展，人民生活显著改善，民族团结不断加强，实现了向小康社会的历史性跨越。

2019年，甘南州实现地区生产总值218.33亿元，同比增长3.5%，其中第一产业对经济的贡献率为21.74%，拉动经济增长0.8%；第二产业对经济的贡献率为-19.37%，拉动经济增长-0.7%；第三产业对经济的贡献率最高，为97.62%，拉动经济增长3.4%。[①] 我们调研涉及的玛曲全年实现地区生产总值21.84亿元，卓尼县27.9亿元，临潭县18.7亿元，合作45亿元。合作市作为甘南州州府所在地，其经济发展

---

① 甘南藏族自治州统计局：《甘南藏族自治州2019年国民经济和社会发展统计公报》，http://tjj.gnzrmzf.gov.cn/info/1194/5664.htm。

水平在甘南州居于首位。2019年，合作市完成固定资产投资29.5亿元，增长1.1%；工业增加值4.5亿元，下降21.3%；大口径财政收入6.05亿元，增长3.5%；一般公共财政预算收入2.18亿元，增长27.47%；社会消费品零售总额达到20.75亿元，增长7%；城镇居民人均可支配收入达到26 637元，增长7%；农牧民人均可支配收入达到8544元，增长8.3%。①

2018年天祝藏族自治县完成生产总值47.91亿元，增长5.1%，固定资产投资23.53亿元，下降19.04%，规模以上工业增加值8.66亿元，增长8.5%，大口径财政收入5.56亿元，增长16.8%，一般公共预算收入3.21亿元、增长19.8%；一般公共预算支出46.25亿元，增长22.75%；社会消费品零售总额30.64亿元，增长6.8%；完成城镇居民可支配收入24 232元，增长8.2%；农村居民可支配收入7569元，增长9.2%。②

通过上述统计数据，我们可以相对直观地了解甘南和天祝社会经济发展的整体情况。其中，第三产业对经济发展的贡献不断提高。尤其是在近年来不断重视生态保护、强调生态文明建设的背景下，甘南和天祝分别被确定为国家和省级重点生态功能区，进一步提高了在经济发展过程中对生态的重视程度。

> 现在天祝的变化真的非常大。国家一直以来都在我们少数民族地区进行大量的投资，无论是在教育、医疗还是其他方面，都得到了很大的支持。就以我们天祝县医院为例，国家投入了大量的资金，修建了新的大楼，引进了新的设备，对医疗团队进行了

---

① 合作市人民政府：《2019年合作市政府工作报告》，http://www.hezuo.gov.cn/info/1144/24011.htm。

② 天祝藏族自治县人民政府：《2019年政府工作报告》，http://www.gstianzhu.gov.cn/art/2019/3/20/art_3753_640961.html。

全面的升级。现在，县医院里的医生来自兰州和武威等地，他们的医疗水平比以前更高了，医疗设备也更加先进了。只要不是什么非常严重的病症，我们都可以在县医院得到很好的治疗。国家的扶贫政策为天祝带来了很多好处。作为一个少数民族地区，我们享受了很多优惠政策，特别是在老少边穷的情况下。天祝县是一个藏族自治县，也是甘肃省的58个连片贫困县之一。这使得我们可以享受到各种优惠政策，甚至在某些情况下可以叠加。这些年，很多民生工程都在帮助我们改善水电、供暖等基础设施。从修路到修铁路，各个方面都越来越发达。此外，在天祝县工作的人可以获得高原补贴和涉藏地区补贴等福利，相比于永登和武威等地区工资也更高。在这里生活非常好，特别是对于像我们这些从以前走过来的人来说，我们可以看到这里正在变得越来越好。(WYD，男，58岁，土族，退休职工，武威市天祝县华藏寺镇)

因为天祝是一个民族自治县，所以从国家到省上，很多方面都给了我们很多支持。这些年来，越来越多的人来到天祝，经济也慢慢地发展起来了。不仅仅是经济方面的发展，你看现在的人们，他们的精神面貌也发生了很大的变化。现在这个时代真的很好，社会治安方面也得到了极大的改善。以前可能还会有小偷小摸的事情发生，但现在即使是在半夜十一二点出门，也不用担心安全问题。(GXH，男，55岁，藏族，私营业主，武威市天祝县华藏寺镇)

随着经济的快速发展，甘南高原和祁连山麓的藏族居住区的基础设施建设不断完善。游牧民定居点被建设起来，医疗卫生机构和设施的配备不断提高，教育教学条件不断改善，供水、供电、供暖等基础设施也得到了改善。同时，社会治安综合治理带来的成效也为民生带来了持续的改善。对于普通民众来说，这些实惠大大提高了他们的生活水平，让他们保持了较高的获得感和幸福感。特别是在2019年，甘肃实现了整体脱贫的目标，这进一步促进了当地社会的稳定、繁荣和民族团结和谐的局面，为深入的民族交往交流提供了良好的经济和社会条件。

> 近年来，社会的发展速度越来越快，无论是个人收入还是整个地区的经济水平，都在不断提高。现在，想要做一些事情，也比以前更加快捷方便。我还记得小时候看到别人盖房子，从找人干活到买建材，前前后后差不多要一个月。动工后还要花半年的时间，而这期间如果遇到下雨下雪等天气原因，就会停工，因此有很多房子需要半年以上的时间才能盖好。而现在，如果要盖房子，有些人只要打电话就能把材料搞定。而且还有搅拌机等机器设备，盖房子的时间快的不到一个月，慢的也只需要两三个月就能完成。即使是市区的高楼大厦，也能快速建成，这在以前是难以想象的。道路建设也是如此，越来越快，越来越好，大家的生活也变得越来越方便了。（SJJ，男，34岁，藏族，建筑工人，甘南州合作市）

经济发展是促进社会进步的主要动力，同时也是族际互动的重要推手。在相当长的历史时期内，甘南和天祝地区的基础设施如道路交通、餐饮住宿等都很不完善，与外界的交流较少，社会环境相对封闭。因此，这两个地区的族际经济互动往往以内部不同地区、不同门类经济的往来为主，即以本地区内部的资源结构性互补为主。

旅游经济是近年来这些地区重点发展的经济领域之一，尤其是随着生态文明建设的深入，旅游经济以其低投入高回报、低风险高收益、低污染可持续等特点备受推崇,快速发展。

以甘南合作市为例,"十三五"期间,合作市将经济转型和结构调整作为主要目标,结合生态文明建设,提出了重点发展服务业的思路,尤其重视发展旅游服务业。这样一来,当地各民族劳动力都涌向旅游业,进一步促进了当地旅游业的民族多样性和文化多元性特征的发展。

> 退牧还草以后,我们处理了不少家里的牛羊,牛羊的事情不像以前那么多了,时间比较充裕。于是,我想找点事情做。考虑到我们家的草地位置离大路比较近,而且这个地方也有不少人做牧家乐,我就想尝试一下。甘南是一个高原地区,天气从6月到9月都很好,尤其是每年的7、8月,游客最多,这也是我们生意最好的时候。过了这段时间,特别是冬天,游客就很少了。这时候,我们就可以忙些家里的事情,照顾家庭。做了牧家乐以后,我接触到了各种各样的人,比以前放牧的时候接触的人要多得多,也感觉挺有意思的。我跟游客们聊天,听他们讲述天南地北的故事,有些客人现在还经常联系我。有很多游客在来之前都以为我们藏族人都是放牧的,但现在他们知道,我们做旅游生意的也很多,而且干的工作也各不相同。(LBY,男,32岁,藏族,牧家乐老板,甘南州合作市)

在经济社会的变迁中,尽管人们的生计发展也在发生变化,但跨区域、跨族群的交互和共存关系仍然维持着。在族际紧密的经济和社会联系中,族际社会纽带得以巩固,并且在民族社会的交往中,民族间的情感交融不断加深。

> 以前我在矿上工作,但后来矿停产了,我也就失业了。后来

朋友介绍我来当周草原上班，平时主要是给游客指路或者做景区看护等工作。有时候，其他同事忙不过来，我也会帮他们忙。这份工作让我接触到了很多人，来自各个地方的游客都有。刚开始的时候，我还不太习惯，有些害羞，也不太会说普通话。但是随着时间的推移，我逐渐适应了这份工作。现在，我已经不怕跟陌生人说话了，而且还能学到不少东西。（JBY，男，36岁，藏族，景区工作人员，甘南州玛曲县）

各民族成员投身旅游经济并从事各种服务业的过程，也是不同民族在这一经济平台上聚集的过程。这为各民族在该平台上建立新的社会联系提供了新的机遇和场景。上述资料中提到的产业工人，在旧经济门类因产业结构调整和生态文明建设需要而发生变化的过程中，选择从第二产业转入第三产业。这不仅仅是个人奋斗目标和社会发展相结合后的职业选择，同时也包含着市场经济条件下的个体在职业选择和资本投资过程中的族际和人际关系的整合和重构。

在成为导游之前，我在一所幼儿园工作。那时候，我每天看到的人都差不多，做的事情也都类似。一开始和孩子们在一起还觉得挺有趣的，因为孩子们都很可爱。但是时间一长，也就觉得有些无聊了。上学的时候，我就喜欢想象自己将来要出去环游世界，认识各种各样的人。所以后来，我辞掉了幼儿园的工作，在当周草原这个地方当起了导游。因为这里的旅游业比较发达，而且招聘的要求也不是很高，我来面试了几家，最后找到了现在这份工作。虽然我现在还没有机会真正出去旅游，但是我能认识来自天南海北的各种人，和不同的游客交流，这也算是向我的梦想迈出了一步。对我来说，这是一件非常美妙的事情。（MM，女，

29岁,藏族,导游,甘南州合作市)

我从部队转业后,一开始在国企从事采购工作,需要经常跑成都、西宁和西安等地。我觉得这些地方的旅游业做得很好,尤其是四川和陕西。后来我不再在国企工作了,自己开了一家小商贸店。附近村子里开店的藏族人都来我的店里进货,我们之间的关系渐渐变得特别好,我也认识了现在和我合伙的人。后来甘南的旅游业开始兴旺起来,我们商量着合伙开了一家藏家乐。他不太会说汉语,而我不太会说藏语,我们分工合作,他负责招待藏族游客,我则负责招待其他游客。幸运的是,我们的生意还不错。最初,我们主要做藏餐和川菜,但后来发现这里还有很多回族和东乡族的游客,于是我们专门请了一位回族师傅来负责回族菜,藏餐也一直有。慢慢的,我们的生意越来越好。(LHZ,男,48岁,汉族,藏家乐老板,甘南州合作市)

随着市场经济的发展,人们的经济收入大幅提高,人口流动更加频繁,人们的职业选择也更加多样化。甘南地区凭借其丰富的自然环境和文化资源,吸引了大量游客。在这个过程中,许多当地居民逐渐转向从事与旅游相关的各种行业,第三产业也得到了迅速发展。这种转变使得人们在不同程度上摆脱了过去完全依赖草场和土地的生计模式,尤其是在甘南首府合作市和邻近的夏河拉卜楞地区。此外,旅游业等新兴产业的兴起也使当地人们固有的社会关系网络发生了变化。以前,人际关系网主要以血缘、地缘和亲缘关系为纽带。但随着人们交往圈的扩大,基于业缘关系而产生的族际友谊等关系也随之出现,族际交往的范围和深度扩大,促进各民族之间的关系更加密切。

随着甘南、天祝等地旅游经济的发展,不同民族成员在进行经济交往的同时也带来了信息的交流。对于当地各民族来说,他们可以通过游客获取更多的外界信息。而对于游客来说，通过直观的感受和体验，他们可以对藏族生活地区有更加深入的认识。这有助于消除部分错误的刻板印象，消除认知偏差可能对民族关系产生的影响。这对我国和谐民族关系的发展具有积极的促进意义。

经济发展对于社会和个人来说都非常重要。就像我们生病时，如果不是大病，可能只需要去家附近的卫生所或社区医院就可以解决。但在过去，尤其是在一些交通不便的地方，即使是小病也可能无法及时得到治疗，甚至会因此导致病情恶化，乃至死亡。现在，随着交通的便利和医疗保障的普及，即使是生病了也能够及时得到治疗。即使是治不好的病，也能够先得到一些处理后再转院。此外，现在还有很多下乡的医疗服务，包括检查和宣传等，这些都是社会发展之后才有的。（XZY，女，37岁，汉族，医生，甘南州合作市）

近年来，甘南高原和祁连山麓的基础设施建设越来越完善，同时，科学技术的传播和人们思想观念的变化也促进了各民族之间的交往交流。我们在田野调查中，发现在相当长的一段时间内，牧区的藏族群众在生病时往往只能就近寻求帮助，尤其是寻求传统藏医或乡土医生的帮助，治疗选择非常有限。由于医疗条件和医生医疗知识方面的不足，尤其是当患者遭遇急性突发疾病时，通过这种途径获得的帮助往往非常有限，可能会耽误治疗。

过去甘南地区的医疗资源很匮乏，医生也很少，因此对于牧民来说看病非常困难。我母亲当时是被下放到甘南的医生，可以给牧民看病，因此在当地非常有名，牧民们对我们家也格外友好。

小时候，母亲要到牧区去巡诊，有时候会去很远的地方，我们姐弟五个没法一起跟着去，母亲就把我们放在藏族邻居家里，有时候几天才回来。那时候我认识了很多牧民，他们对我们也非常亲近。后来我们搬回城里了，但是到现在我们之间的交情还是很好，尤其是逢年过节，我们之间的感情格外亲热。这一切最初都是因为母亲会医治疾病，能够挽救生命。后来，我们通过相处关系越来越好。现在虽然住得比较远，但我们的感情仍然很深厚。（LJ，女，53岁，汉族，教师，甘肃省兰州市）

近年来，基础设施建设与医疗卫生机构的完善、科学文化教育的普及、医疗卫生知识的推广以及社会保障系统的完善等措施，使得藏族群众在面对疾病时能够"想起去医院"或者"有条件去医院看病"。随着医疗卫生条件的改善，人们的就医选择变得更加多样化，各族群众在看病问医的过程中，也客观地增加了族际交流的机会。由于医疗卫生领域的特殊性，不同民族之间的医患互动密切着各民族之间的联系。

现在，随着经济的发展和各项事业的进步，老百姓的生活水平得到了提高，大家的日子越来越好，越来越精彩。近年来，旅游业不断发展，这主要是因为人们经济条件好了，想要到处游览一下，领略祖国的大好河山。此外，交通条件也越来越便利，这也为旅游业的发展提供了保障。许多东部地区的人对我们少数民族地方非常感兴趣，想要亲眼看一看。例如，对于藏族和藏族文化，很多人会选择去西藏旅游，因为那里名气大。前几年，甘南州政府开始规划旅游业，并去了西藏、云南、贵州等地学习经验。这些年甘南的旅游业越来越发达，吸引了周边地区，尤其是西北地区的游客，如城市的上班族，节假日短途旅行的人越来越多。暑假期间也会吸引一些游客从其他地方前来。拉卜楞寺和郎木寺是甘南的著名景点，吸引了很多游客。近年来，自驾游也越来越受欢迎，因此旅游业的发展势头越来越好。（HM，男，28岁，藏族，旅游从业者，甘南州合作市）

近年来，随着基础设施等物质条件的不断完善，民族交往交流得到了推动，不同民族之间、不同地区之间的联系日益加强，民族交融不断深入。甘南和天祝等地随着族际互动的不断深入，更好地融入全国的社会发展之中，各民族在共同团结奋斗的同时，共享着社会发展的红利。

改革开放以来，党和国家加大了开发建设力度，尤其是近年来由脱贫攻坚转向乡村振兴，促进了甘南、天祝等地经济水平的不断提高和基础设施的不断完善。经济上的巨大发展带来了社会资源的快速流动，社会开放程度不断扩大，这也带动了当地的人员流动，不同民族之间的互动交往日趋频繁。例如，道路交通建设的发展和越来越便捷的交通条件，包括虚拟交通的发展，使得来自不同地区民族成员的相互交往成为可能。此外，社会经济的发展使得各民族成员的收入不断提高，近年来城镇和农牧区居民的人均可支配收入保持着7%以上的增长率，这为人们参与更大范围、更高层次的经济消费提供了必要的前提，跨区域消费行为的频率不断增加，各民族的族际接触、交往的可能性和频率都得到了提高，为更加深入的民族交往交融打下了基础。

三、经济交往推动下的族际关系

作为社会关系的一种，族际关系是不同民族在共同的发展过程中，"相关民族之间的相互交往、联系、作用和影响的关系"。正是由于这种特殊性质，族际关系更多的表现出双向性和动态性的特征。[①] 在经济交往的推动下，各民族的族际关系在语言、宗教、生活习惯以及其他文化因素方面总体上形成了相互尊重、包容、共享的格局。各民族之间密切联系，和谐共生，相互依存，深入交融。

（一）经济互补与民族的和谐共生

甘南、天祝等地的各民族，基于各自生态、人文等方面的区别，在各自的发展过程中建立起各具优势的经济生产方式，包括农耕、畜牧或商业等，占比重不同，并且各有所长。通过在经济生活领域的交换，各民族实现了彼此之间的经济互补，既满足了自身生存发展的需要，也伴随着互补的经济交往实现了彼此之间的互动与互惠。无论是历史上的茶马贸易，还是改革开放之后的牲畜贩运、运输业、虫草贸易等经济活动，各民族在规模不同的经济活动中各取所需，在互惠的过程中结成了良好的族际关系。

各民族的经济活动已经形成了一种稳定的互补互惠的模式，这种互补互惠强化了各民族之间的交往和交流。以甘南、天祝人口较多的

---

① 金炳镐：《民族理论通论（修订本）》，中央民族大学出版社2007年版，第195页。

汉族、藏族、回族为例，各民族在长期的共同生活中，基于传统生计和民族文化，形成了各自不同的经济发展模式。相对而言，藏族社会中以藏传佛教为主的文化内核对经济领域的影响较大，形成了以重畜牧、轻工商为主的经济模式。与藏族相似，汉族文化也主张重农抑商；回族文化中虽然也有相当多的儒家思想，但因为其生存发展的需要，商业成为其生存发展所依靠的主要方式。这样的传统文化背景，也是造成目前各民族经济活动差异性和互补性的重要基础。例如，藏族经商的人口相对较少，而回族则主要从事商业和服务业。当然，这种局面随着社会的变迁也在发生变化，但总体趋势仍然存在。基于文化的经济行为差异，为甘南、天祝等地各民族的经济互补提供了基本条件。

民族生计方式的建构是由生态系统、社会文化、物质基础以及经济环境等多种因素共同作用的结果。"在特有的自然环境和社会环境的综合培植和作用下，这个民族及其文化慢慢地得以形成和发展，作为利用和协调于该民族自然环境和社会环境的生计方式也得以形成并不断地完善。"① 这些不同的因素在个人与群体的选择之后，逐渐上升为群体性的活动，发挥着自己的影响。同时，这种升华性的活动并不会影响其他人的开拓性活动，即不会影响其他人对资源的开发和利用。这也是不同生计方式能够和谐共存、彼此互补的重要原因之一。

以玛曲为例，当地独特的地理环境和历史文化，使得绝大多数藏族仍为牧民，畜牧业生产仍是其生计的主要来源。经济生产门类的单一性相对较强，尤其是与人们日常生活密切相关的商品零售、餐饮等行业，多由回族、汉族等民族经营。

一般情况下，玛曲县的牧民在一年的放牧生产过程中，会随着季节和草场质量的变化而变换放牧场所。通常夏季气温较高，高海拔地区的牧草繁盛，同时也是为了适应牲畜活动的需要——牦牛耐寒怕

---

① 罗康隆：《论民族生计方式与生存环境的关系》，《中央民族大学学报》2004年第5期。

热——牧民往往选择在此地放牧。冬季则会搬到距离夏季草场较远的河流附近，这里海拔较低，且多位于向阳、避风的山谷地区，不仅能够保证牲畜冬季饮水，而且相对温和。春秋两季则会在相应的草场过渡。通过这样的生产活动，牧民实现了生产资料的能量转换。

现在的草场都是按人头分配的，基本上是每10个人分配5000亩草场。每个月政府还会给我们补助，冬季大约为1400元，因为比较冷，我们这边还好，但其他地方经常会冻死牛羊。夏天补助大约为600元，因为夏季狼出没，我们必须时刻有人看守，不能离开羊群。这边的草地也有一些不太好，如果草地出现问题，我们也需要去县里找人来看，进行治理。（CR，男，39岁，藏族，牧民，甘南州玛曲县）

畜牧业经济在玛曲县占据着支柱地位，近3/4的当地人口直接从事畜牧业生产。当地的汉族、回族等其他民族多聚集在城镇，尤其是县城所在的尼玛镇。就经济生产方式而言，他们主要从事与商业贸易相关的活动，如回族所从事的牛羊贩卖、屠宰业、餐饮业和运输业等，而汉族则主要从事家具家电、副食品、小商品零售和餐饮等行业。

回族、汉族他们都做生意，思维方式比较开放。相比之下，我们不杀生，牦牛只能卖给他们开的屠宰场来换钱，我们卖一头牛能得到三四千元的收入。他们会把这些钱投入自己的生意中，比如做帐篷。你看现在我们草原上用的白色帐篷都是从他们那里购买的，以前我们只用牦牛毛编织成的黑色帐篷。（CR，女，32岁，藏族，牧民，甘南州玛曲县）

由于特殊的地理环境和经济结构，尼玛镇成为当地人口最为集中的中心地带，回族、汉族等民族在经过理性思考之后，选择在这里从事商业活动。同时，在货运、物流等方面，汉族、回族人口较多，藏族人口也有分布。不论是商业还是物流行业，物资的流通推动着各个民族之间物质产品的交换，保障着民族经济交往的物质基础。

> 我们在这里从事屠宰生意。有时候，藏族人不方便过来送牛羊，我们就开车去接，这是双方互惠的事情，对我们都有好处。我们可以赚钱，他们也减轻了生活压力。现在大多数藏族都很好接触，比以前联系得多了。我也有一些藏族朋友，他们待人很真诚，我们都是通过做生意认识的。（SLY，男，29岁，回族，牛羊屠宰从业者，甘南州玛曲县）

客观来说，不同民族在经济生产门类和所从事具体行业方面的差异，对族际交往产生着一定的影响。虽然经济交换中普遍存在的"剪刀差"是利润的主要来源，但买卖双方对于这种价格差异的不同体验，以及客观存在的不正当竞争等问题，使得部分民族成员在经济交往中产生被剥夺感，不利于民族交往的正常开展。这一问题，随着市场经济规则的不断完善和市场运行的良性发展而逐渐得到改善。

由于各民族在经济领域的互补性，天祝、玛曲、卓尼、碌曲等地的各民族在经济交往中互通有无。回族、汉族充当中间人角色，将商品和服务在甘南、天祝各地进行交换，提高了各民族的生活水平。不同民族都在经济交往中获利，逐步形成平等、团结、互助、和谐的民族交往格局。例如，很多洮商在甘南、天祝地区的发展模式，最初以血缘关系为纽带，随着商业规模的扩大，逐渐不限于民族，部分汉族和藏族亦加入进来，形成了一个由亲缘、地缘组成的洮商社会网络。

通过该网络的运作，洮商群体获得了经济收益，也在促进地区经济贸易的同时推动着民族交往交流交融的发展。

临潭、卓尼所在的洮州地区由于农业条件较差，也没有可以支撑的产业，因此随着经济社会的发展，许多汉族、藏族外出做生意、务工。基于洮州地区和谐友好的民族关系与共同的地域、情感认同，洮州地区汉、回、藏等民族在外面务工经商也是互相帮助、扶持的。

> 我有五个弟弟和两个妹夫，都是我亲手培养的。卡车沟和附近的汉族人很多在西藏昌都地区做生意，通常是通过朋友介绍的方式，这个范围比较广，大家互相帮忙。我们的西道堂特别热衷于和其他民族的人交朋友，如果能相处得来，关系就会非常好。在卓尼的杨坡庄，有个汉族朋友叫 YHG，和我们年龄相仿，我们一起去昌都做药材生意，他又带了他的弟兄过来。在临潭和卓尼两县，我们基本上都是互相带起来的。县上来拉萨调查时，我们临潭在拉萨的人口就有 1300 多人，全都是相互带动起来的。我们临潭有这个基础，就像在解放前，我这个家族已经有四代人都是生意人出身了。汉族和回族、回族和藏族之间都是相互带动的。那时候的生意和现在一样。我们临潭比较团结，人口也比较密集，所以不分汉族和回族，都体现了民族团结的精神。（SYZ，男，60岁，回族，经商，甘南州临潭县城关镇）

在洮州地区，汉族、藏族、回族等在一定社会空间中，通过经济生产的协作、经济结构的互补以及频繁的文化交流加强了其社会交往与联系，形成了密切的合作与互惠关系。各民族在经济互动和经济联系的基础上，逐渐建立了更大范围的社会交往，进入彼此的初级社会关系中，形成了一定的族际社会网络。

刚到拉萨时，我们都是给别人的店面看铺子，拿工资，相当于打工。以前我们一个月拿300多块钱的工资。我曾经给好几个店主打过工，其中一个是我的表哥，另一个是卓洛的几个朋友，还有一个是来自马牌村的汉族老板。下马牌是汉族区，上马牌是回族区。如果你是汉族，我是回族，我们是同学，我在当地做得不错，我就可以带动你，然后把我的亲戚朋友也带进来。之前我也是被表哥带到那里的。有些汉族老板的习俗和我们是一样的，他们也吃清真的。例如在节日时，我们也经常互相走动、互相请客吃饭等。还有一个好朋友是来自临潭附近车巴沟的藏族，最初也是在八角街给人开店，现在也开始独立做生意了。我们之间的交往很多，毕竟我们的经历相似，都是做工拿工资的，所以我们经常联系。他的店在我新开的店斜对面，他有两个店，还有一个在八廓商城。我们经常通过微信联系。（XM，男，25岁，回族，经商，甘南州卓尼县申藏镇）

在20世纪八九十年代，临潭、卓尼地区的许多青稞都被供应到青藏高原的牧区，例如西藏的江达等地。DYB在涉藏地区跑运输车时，会将自己和邻居们的青稞收集起来，运到青藏高原的牧区，卖给当地的牧民。因此，跨区域的经济互动不仅为涉藏地区的牧民带来了便利，同时也促进了洮州地区粮食的外销，使得该地区的经济得到了进一步发展。

他们的糌粑就是由我们这里供应的青稞制成的。他们那里由于是高原地区，海拔都在4000米左右，不适合种植农作物，只能通过收购来获取粮食。那时候，我们这里的青稞很多，基本上80%都被运往了西藏。然而现在的价格不好，不划算了。他们的酥油和曲拉都是他们自己生产的，但是如果没有糌粑的话，就不能满足他们的日常需求。他们常说，如果没有我们这里供应的青稞，他们就无法生存。（DYB，男，49岁，回族，经商，甘南州临潭县古战镇）

原来能装两三个东风车。如果他在这个村里跑运输车，就会将村里邻居们的青稞收集起来，装到自己的车里面，运到西藏去。实际上，他也带动了邻居们一起运输青稞到西藏，这样青稞也就被卖出去了。（LYL，男，37岁，回族，经商，甘南州临潭县）

洮州是一个多民族地区，也是茶马贸易之路和民族走廊上重要的贸易集散地，从久远以来，汉、藏、回等民族在长期的生产生活实践和交流中已形成了紧密的经济关系。同时，洮州地区的族际经济互动还处在内地与甘南等地经济文化交流的市场体系中。在这个经济文化场域下，民族文化的交流融入了族际经济互动中，从而在经济互动中形成了一定的社会再生产。

在不同地区经济互补的背后，是各民族和谐相处共生的价值追求。各民族之间互相尊重、相互支持，形成了"你中有我，我中有你"的关系，共同团结奋斗。"共生"和"互补"是甘南、天祝等地经济领域的长期趋势。各民族在共享和共生中，通过经济领域的互动交流实现互补。这种互补性促进各民族之间的了解和理解，民族感情不断增强，实现更加团结、和谐、紧密的共生格局。

（二）经济互利与民族交融的深入

为满足各自生存发展的需要及不同的利益要求，甘南、天祝等地的各民族历来就在开展频繁的经济往来。在族际经济交流中，不同民族在不同的产业领域从事生产，这反映了各民族间的文化差异与社会结构差异。在经济互补过程中，各民族都获得了利益。各方利益得以满足，也是民族经济交流能够年久弥坚的根本原因。随着民族经济互动的发展，各民族生计方式的差异实现了互补，民族文化方面的交流也在不断深化。

各民族之间也因经济交流而增进了互相了解和交流，在经济之外的社会生活各个领域建立起更为广泛深入的联系。在少数民族的经济过程中，交换是族际交往的形式与纽带，连接着人们的生产与消费，也打开并沟通了人们的经济交往。经济交往不仅是族际交往的重要组成，而且构成了族际交往的基础，架起了资源流通的桥梁。在族际经济交往交流过程中，因为各民族文化的共性不断增加，曾作为民族边界存在的文化符号与文化因素受到越来越多的互相尊重和包容，其"边界"的意义逐渐减弱，民族之间的交融不断向前推进。

> 现在我们这里只有年纪较大的老人穿着藏袍，很多年轻人受到外来人和一些出去上学的孩子的影响，穿的衣服和使用的物品都是汉族的。我们现在使用的许多物品都是汉族人传过来的，例如帐篷、摩托车等，因为他们使用得更好，我们也会使用一下。有时候我们来镇上办事，孩子们也喜欢吃回族的食品，我们也会买一些尝尝，和我们自己的食物不太一样，尤其是油炸的食品很好吃。回族经常在格萨尔广场摆摊，许多朋友都会一起去吃。汉族开了很多店，他们做的汉堡、炸鸡也很好吃。（RQ，女，44岁，藏族，牧民，甘南州玛曲县尼玛镇）

> 在玛曲这边，回族公务员并不多，而我是其中之一。虽然我家是临潭那边的，但是我从小在这里长大，对藏族的事情也很了解。有时候下乡工作时，周围都是藏族，天气很冷，只能吃藏族

的食品来保暖。有时候尝试一些藏族的食品,也方便我们和他们了解彼此情况。藏族的手抓羊肉和酥油糌粑味道很好,这些食品脂肪含量高,不容易饥饿,可以增加身体热量,这样就不怕天冷了。(MXH,男,32岁,回族,公务员,甘南州玛曲县)

我在这边开的餐馆,没有这种油炸食品,有时候也会去买,清真食品和藏族食品都很好吃。我和老婆经常去买回族的清真面食,和那个回族老板很熟,经常去聊天。(LLM,男,64岁,汉族,无业,甘南州玛曲县)

物质文化层面的交融处于民族文化交融的相对表层,但构成深层文化交往的基础。如上述个案所展现的,在日常经济交往中,不同民族满足对生产生活资料的需求,族际交往交流也随之深入。通过经济互动,区域经济结构不断完善,整体社会经济水平不断提高。

临潭、卓尼等地洮州商人经济活动的发展,反映了族际经济交往的扩张带来的族际交融的深入。虽然依赖驮车进行运输的传统路网已退出历史舞台,但其在长期的商贸互动中为临潭回商留下了宝贵的文化资本,使其在适应变迁的同时仍与藏地保持重要的文化与社会联系。1949年前,洮商的前辈就以守信的品质在涉藏地区产生了巨大影响。

他们数辈子都是通过相互介绍的,原本就是最好的朋友。那时涉藏地区物资短缺,只要我承诺要提供的东西,我无论如何都要给他弄来。(LYL,男,37岁,回族,经商,甘南州临潭县)

通过贸易路网上的族际互动与交流,临潭回族与牧区的藏族之间产生了深入的文化交流。临潭回商对藏族的语言、文化和习俗有一定的了解,并熟悉与藏族打交道的方式。较深程度的族际文化认知也为回商的生计发展带来了无形的文化优势，使其适应和融入藏族社会的文化环境，从而顺利地进行商业贸易活动。在贸易路网上，临潭回商与牧区藏族在经济互动的基础上产生了进一步的文化交流，并形成了临潭回商与牧区社会之间的文化联系，这一切都建立在临潭回商对藏族民族文化的深入认知基础上。

临潭回商擅长的传统商业领域包括牧区生活日常用品、中药材、畜牧产品以及古玩等。这些领域与涉藏地区的文化环境、生产生活密切相关。布迪厄把调节阶级和个人的理解、选择和行为的过程称为惯习，它为同一社会位置上的人提供了认知的和情感的导向，使同一社会位置上的个体能够用同样的方式来描绘这个世界，并且使他们通过独有的态度进行分类、选择、估价与行动。① 文化连带与文化经验使临潭回商在其经济活动场域中形成一定的文化惯习，能敏锐捕捉经验中他文化的价值与符号。

临潭回商在文化经验中掌握了跨文化的文化符号体系，能准确把握市场动向和商品销路。绿松石、虫草等商品贸易活动形成跨区域、跨族群的文化互动，临潭回商通过与藏地社会的文化连接成为这些贸易活动的中介。绿松石的商业价值嵌入在文化互动中，跨区域的人们通过文化符号的互动共同构建变化的文化意义体系，增强文化的流动与共享。

MZJ（男，58岁，回族，经商，甘南州临潭县）1984年开始进入涉藏地区做生意，先到青海玉树地区做小商品，然后在北京与拉萨之间贩过绿松石。后来他又和MGX一起到拉萨发展七八年，在昌都还经营过五年布匹。现在他在西藏丁青做虫草生意。

---

① 乔纳森·特纳：《社会学理论的结构》（下），邱泽奇等译，华夏出版社2001年版，第196页。

在访谈中，MZJ 讲述了洮州回商贩绿松石的历史：丁镇西是民国时期从临潭西道堂出来的北大学生。"文化大革命"时，他回到老家临潭，在那里去世。改革开放后，他的女儿将临潭人周西丁、马文斌和马立开带到北京。他们三人在北京看中了绿松石，开始将其销往西藏。然后，他们开始带亲戚一起做生意，亲戚带亲戚，贩卖绿松石的临潭回商越来越多。（2018 年临潭田野调查笔记）

我们曾经从北京带回过绿松石，而且长辈们也知道，他们以前是从西安贩运的。北京有一个玉器总厂，后来发展到金鱼池。北京玉器总厂价格昂贵，出口量也很大，其中以绿松石为主要原料。现在随着价格的上涨和国家的禁止开采，绿松石的供应已经减少了。当时，在北京住的临潭人很多，因为他们需要等待绿松石的加工。为了省钱，他们住在一些一两块钱一天的地下室里。当时，临潭人把这些地下室称为"防空洞"。后来，绿松石的加工转移到了河北省辛集的徐家庄、杨家庄。虽然工艺不如北京好，但价格便宜，所以洮商们就跑到河北进货。湖北那边的人也开始往北京运绿松石，慢慢地也掌握了加工技术。最后，加工地又转移到了湖北本地的上营、下营和永县。我常年贩卖绿松石，因此对北京非常熟悉，还带着我的爱人和孩子去北京旅游，游览了东单、西单、动物园、颐和园等地，还有五塔寺。在动物园，我们看到了背后有一座塔，走进去就是五塔寺，而当地的北京人却不知道这个地方。（MZJ，男，58 岁，回族，经商，甘南州临潭县）

在藏族文化中，绿松石具有重要的象征意义。在传统文化中，佩戴绿松石可保佑平安，藏医也会将其研磨后用于治疗疾病。由于藏族对绿松石需求高但本地区不产，临潭回商就在其经商的文化经验中发现了绿松石的商机，参与了发展绿松石贸易。

绿松石的产地在湖北，原材料被运到北京进行加工。20世纪80年代初，临潭回商开始将加工好的绿松石从北京运到甘南、天祝等藏族生活的地区，然后通过在牧区走村串帐进行贩卖。然而近年来，绿松石贸易发生了变化，主要消费群体已经从藏族转向了内地南方及沿海地区的顾客。此外，收藏者认为绿松石在人身上佩戴的时间越长，变化得越绿，就越有价值。因此，临潭回商开始在涉藏地区收购人们佩戴过的绿松石，将其加工成工艺品，再运到广州、上海等地出售。这种适应市场变化的策略使临潭回商在绿松石贸易中保持了竞争优势。

1988年，MGX从北京进口绿松石到拉萨贩售，并与他人合伙在拉萨开设了一家商店，主要经营丝绸。在生意中，MGX结识了一些尼泊尔籍的藏族商人（西藏人称为"卡契"），开始将丝绸和绿松石销售到尼泊尔，并带回一些尼泊尔的工业品在国内销售。尼泊尔的手工艺行业十分发达，其生产的工艺品具有一定的艺术和美学价值。当时，随着青藏铁路的开通、西藏旅游业的发展以及国内经济的提升，尼泊尔的商品在拉萨市场上有着不错的销路。

临潭回商对藏地自然环境的熟悉，使其很容易进入虫草贸易行业。虫草由各自所属行政区域的藏族人采挖，并在集镇上汇聚。随后，由集镇上的回、汉、藏等民族的中间商销售到内地、沿海地区、港澳台以及国外市场。

虫草贸易规模相当大，临潭地区规模最大的虫草经销商是ZZL。西宁的洮商基本上都从事虫草贸易，有很多固定的经销商，同时也有很多流动的小贩。像一些年轻人刚开始创业，资金不是很充足，会去牧区采集虫草，然后到西宁卖掉再去采集。虫草贸易已经有很多年的历史，临潭人的第一桶金基本上就是在虫草贸易中得来的。近十几年来，仍有很多人从事虫草贸易。每年到6

月份左右,是新草采集的时候,所有人都会去采集虫草,然后进行贩卖。ZZL是虫草经销商中规模相当大的一个,拥有固定场所。他与国内几个主要药厂如涵春堂、同仁堂等签订了合作备忘录,每年交易几吨的虫草。(SZJ,男,32岁,回族,工商联工作人员,甘南州临潭县城关镇)

MFY是一位54岁的回族男性,从事企业经营。他曾在昌都开了15年布匹商铺,但后来生意不太好做,于是离开昌都到内地谋生。2003年,MFY来到北京、石家庄、保定等地考察,寻找商机,但没有取得任何成果。当时正值"非典"流行的特殊时期,MFY回到临潭的家中住了两三个月,然后前往浙江杭州。

由于在布匹生意上的经验,MFY在杭州看中了一家纺织厂,投资了70多万元买下了这家倒闭的厂子,并投资100多万元购买了生产机器。MFY回忆道:"当时非常艰难,因为我没有念过书,也没有人指导我。"然而,在半年的摸索和努力之后,MFY熟悉了织布、加工、进料、染色等生产工序以及企业运营管理。此外,他还包下了三个厂,每个工厂负责一道工序,形成了一条龙生产线。企业的产品主要用于制作藏族服饰的布料,主要销往甘南、天祝等地区。MFY的两个弟弟在临夏负责产品的销售,他们开设的福元布行垄断了临夏的市场。杭州地区的纺织行业竞争异常激烈,但MFY仍然充满自信,他说:

> 我刚刚生产的产品,很快就有其他人跟进了。尽管市场竞争很激烈,但他们无法与我竞争。我清楚地知道这个地方需要什么产品,我会生产什么产品,我的优势非常明显。(MFY,男,54岁,回族,企业经营,甘南州临潭县)

由于在青藏高原经商的经历和丰富的经验，MFY 对生产、销售和市场有着清晰明确的定位和把握。他的产品，如用于制作藏装的布料，一般较厚且结实，因此广受欢迎。甘肃、青海、四川、西藏等省区对制作藏装布料的需求非常广泛，这使得 MFY 的产品有了稳定的销售市场，从而保证了企业的生存和发展。

MFY 进驻内地市场并取得成功的背后，他在特定经历中所潜移默化形成的文化经验，也就是无形的文化资本，发挥了重要的作用。临潭县所在的洮州地区具有民族聚居与民族杂居并存的民族居住格局，汉族、藏族、回族等民族通过密切的经济联系和文化交流形成了一个民族和谐交往的社会互动空间。在这样一个多民族交往的社会环境中，洮商们对藏族的文化和习俗有着一定的了解。同时，在经济互动和文化交流中，洮商在藏族人心目中树立了优良的形象。

> 我们这里原来叫作洮州，说到临潭，可能有些人不知道，但如果说到洮州，几乎所有人都知道。解放前，那边最困难的时期，是我们洮商把物资运送上去给他们供应，因此他们也知道我们的诚信。(LYL，男，37 岁，回族，经商，甘南州临潭县)

> 洮商的诚信不是在短短几年内换来的，而是几辈人的考验所换来的，是几代人积累下来的无形资产和信誉度。(SZC，男，47 岁，回族，经商，甘南州临潭县城关镇)

随着社会的发展、交通的改善以及市场的日益扩大，越来越多的商人来到甘南等地，市场竞争也变得更加激烈，洮商的优势也不再那么明显。因此，一些已经积累了一定财富的洮商开始尝试向内地发展。虽然在内地拓宽市场，但许多洮商的产业仍然与藏族有着密切的联系，例如洮商经营的乳制品加工企业，利用草原地区丰富的牧业资源，结合先进的生产技术，生产出优质的奶乳制品。MWX 经营的乳品集团，通过加工牧区生产的"曲拉"，从中提炼出牛乳酪蛋白，带动了甘青川三省大量农牧民的增收。此外，还有一些洮商从事民族用品的加工，例如藏族人使用的帐篷、地毯和马具等。

总的来说，从历史上洮商的活动到改革开放后到甘南等地的谋生，再到如今洮商拓宽内地市场和面临的转型，洮州回商的生计发展始终与藏族生活有着千丝万缕的联系。这种联系不仅促进了双方经济上的互利共赢，也加强了回、藏民族之间的交往与认同。

在经济社会的变革与变迁中，传统贸易路网所形成的文化连带、文化特征与文化资本为临潭回商的转型发展提供了源源不断的活力。这种文化力量影响着临潭回商群体的文化认知，尤其是伴随着"一带一路"的发展，社会的多元力量唤起了临潭回商的历史记忆，并促进了其商业群体的自我认同与文化自觉，推动着洮商群体的精神形象构建。2017 年左右，甘肃临夏、西藏、四川、青海、北京等地的洮商商会相继成立，这些商会使地方商业群体在商业互动中融入国家与市场的秩序中，通过非营利组织的平台发挥一定特性和职能，优化其发展的新型路径。族际经济互动为区域间各民族的人们提供了生计发展、交流互通、情感凝聚与文明互动的社会之网，促进了地域间、族群间的社会互动与文化交流。

（三）经济互动中的族际社会支持网络

群际接触理论认为，在特定条件下，群体之间的接触可以减少群体偏见，改善和优化群际关系。戈登·奥尔波特（Gordon Allport）提出了群际接触的四个条件，认为只有当接触符合平等地位、共同目标、得到权利法律或习俗的支持、双方具有合作关系这四个条件时,才能实现理想的优化效果。① 结合甘南、天祝等地的实际情况,社会主义民族政策使各民族真正获得平等的地位和权利法律、习俗的支持,能够自由参与各种形式的社会交往之中。同时,在生产和生计方式方面,汉、藏、回等各民族之间存在的结构性差异和经济互动,使得各民族在经济生活上互补相依、合作密切,为族际接触和互动创造了良好的条件。

> 我丈夫的老家普藏什村有60多户人家,其中一队是汉族,另一队是回族。在办婚礼时,主厨通常都是回族人,因为在普藏什村,两个队的人都要混在一起吃饭,为了方便,婚礼上就请了回族的厨师。这样,回族人和汉族人都能吃到合适的食物。(NH,女,52岁,汉族,事业单位员工,甘南州临潭县城关镇)

从上述案例中,我们可以看到在不同民族之间,随着经济互动的不断发展,个体之间的日常生活互动也在逐渐增加,形成了亲密的、个体化的交往关系,并逐步构建了非正式的群体关系和网络,在一定程度上产生了初级的结构同化。在拉直村的田野调查中,有一位当地回族老人找到了在九日卡村的藏族朋友来帮忙修房子。之所以如此,是因为双方在人民公社时期就已经结下了深厚的友谊,老人对这些藏族朋友的技术和人品都有足够的信任,而后者也乐于为自己的朋友尽心尽力。

相关研究表明,在美国社会,尽管非裔美国人在经济、政治和教育方面开始实现了实质性的整合,但在俱乐部、小圈子、邻里以及通

---

① Gordon Allport, *The Nature of Prejudice*, Cambridge: Addison-Wesley, 1954, p. 537.

婚方面的情况并不如此。① 相比之下，在经济互动和日常生活互动中，中国各民族已经发展出了广泛的亲密、个体性的初级群体关系，这也是非正式群体。这种初级关系是以情感为纽带的，其目标远远超出功利性的目的。在长期的民族商贸往来中，临潭、卓尼地区的各民族早已形成了互惠共生的关系和持久亲密的情感纽带。在谈起1929年"河湟事变"时，临潭、卓尼等地的各民族，对于当时各民族群众互帮互助、保护彼此生命财产安全的历史记忆，增进着相关各民族之间的友谊。其中一些友谊正是在不断的经济往来中建立起来的。

> 民国十八年（1929）的事变中，许多回族群众躲到了藏族村子里避难。一些回族和藏汉之间在做生意时结成兄弟般的情谊，战乱时就跑到好朋友的家里躲避。（PXS，男，64岁，汉族，退休职工，甘南州临潭县新城镇）

正是基于各民族在日常的生意往来和经济互动中生成的情感和友谊关系，在1929年的兵变中，回、汉、藏的百姓相互帮助藏身来躲避迫害。这种在经济互动和日常生活中形成的非正式关系的网络，在政治冲突和战乱中，依然能够越过群体冲突和隔阂，产生一定的族际社会支持，弥补族群冲突的裂痕，为不同民族之间的相互理解、团结和合作提供了关键的支持和保障。

随着社会经济的发展和变迁，国家城市化和工业化步伐加快，大城市以及区域经济辐射中心的城市对劳动力的吸收也在加快。同时，临潭、卓尼地区的农业发展在一定程度上受到了气候、地形以及低产量的雨养农业的限制，因此相当一部分人群选择了外出务工和经商。

---

① 马丁·麦格：《族群社会学》第6版，祖力亚提·司马义译，华夏出版社2007年版，第95页。

不仅回族，汉族和藏族的经商人口也在增加。在申藏乡的田野调查中，我们了解到当地有汉、藏、回三个民族的人一起合伙做"连锅"生意，形成了一个族际社会支持网络，相互帮助，甚至有的生意还做到了国外，主要经营虫草和工艺品行业。

布劳的社会交换理论将人类的全部社会活动看作交换行为，并认为交换活动支配和影响着人类在社会生活中的全部行为，交换活动能够给人们带来奖励、报酬以及其他需求。在社会交换中，人们一方面可以获得一定的内在报酬和外在报酬等自身所需，另一方面通过交换可以结成各种社会关系。① 根据布劳的理论，族际经济结构差异也使得民族间产生了一定的社会吸引力，因此各民族为了满足自身的经济需求，形成了一定的社会交换。各民族通过自身生产生计方式的优势与其他民族发生经济上的接触，从而产生了产品、信息和文化的交流，满足了各族群在生产和生活中的需求。在甘南、天祝等地，各民族为了满足自身的经济需求形成了一定的社会交换，这一过程形成了民族互动的社会结构基础。同时，在交往的过程中，经济结构和民族生计文化的差异也联结了互惠互补的经济生活圈。

施坚雅在《中国农村的市场和社会结构》一书中，将基层市场看作一个社区，并指出市场不仅仅是一种经济结构，同时也是一个文化载体。他认为以往的中国人类学研究忽视了市场作为社会结构的重要性，因此难以理解农民的日常生活实际。施坚雅的研究表明，基层市场区域的大小与人口密度呈现反方向变化，而且大多数基层市场的范围也可以让最边远的村民很方便地步行到达。因此，基层市场区域自然而然地成为农民进行各种社会交往的社区。总之，在施坚雅的眼中，

---

① 彼得·布劳：《社会生活中的交换与权力》，李国武译，商务印书馆2012年版，第110—113页。

市场不仅是空间的和经济的体系，还是社会和文化的体系。① 基于施坚雅的市场空间理论，我们可以把甘南和天祝的基层市场看作各民族社会交往的社区，市场空间结构在民族经济交往中有着重要的影响。

城镇作为一个地域的市场体系节点，可以成为周边乡镇、村落经济交流交换的中心。在临潭地区，历史上形成了两大集镇，即洮州新城（今新城镇）和旧城（今临潭县城）。洮州新城历史上主要承担军事功能，商贸功能有限；而临潭旧城北、西、南被卓尼县的藏族分布区域环绕，周边的农村和东部的汉族聚居区主要是务农的汉族，回族大多集中在旧城，以经商为主。在今天，临潭县城仍然是临潭、卓尼地区的中间市场和区域经济辐射中心。在临潭地区的市场中，各民族之间的生产和生计方式的结构性差异以及民族间的经济关系都是嵌入在这些亚市场中的。

从畜牧业中，特别是牛羊的养殖和贸易、牛羊肉的屠宰和销售中，可以看出民族间在经济上的互补相依关系。牛羊等畜牧的来源主要是周边的卓尼的恰盖、完冒、车巴沟，甘南的玛曲、碌曲，青海的赛尔龙等牧区，以及临潭的圈养农户家庭，从事畜牧业的人以藏族为主。临潭县城西边的干枯河滩，曾是临潭重要的牛羊交易市场。2008年，临潭县城改造，牛羊市场迁到县城边上，之后生意开始变得冷清。据县城内做牛肉生意的屠户们反映，现在已经不需要专门到牛羊市场进货了，因为给牧区的藏族牛羊商户打个电话，他们就会把牛羊用车拉来，十分便利。沿着临潭县西大街的西门十字一带，分布着十余户牛羊肉铺，经营者几乎都是回族，在西河滩向南的城郊有几家清真牛羊屠宰场。藏族和回族在牛羊的贩养、屠宰和肉类销售这条产业链上各有分工，形成了一个紧密相连的市场互动体系，从而满足了汉、藏、

---

① 施坚雅：《中国农村的市场和社会结构》，史建云、徐秀丽译，中国社会科学出版社1998年版，第40—67页。

回各民族对牛羊肉类的消费需求。

> 我们这里做牛羊生意的大多数人是回族,而藏族和汉族的参与较少。主要原因是我们这里七八月份购买的牛羊全部用于宰肉,而汉族和藏族屠宰的牛羊肉没人买。去年我们基本没有宰牛羊,而前年则每天能宰四五头。此外,去年藏族的牛羊价格也很高,以前临夏等地的经营者都是从我们这里购买牛羊的,但现在我们这里根本没有市场了。岷县二三月份购买的牛羊也很多,他们从草原上拉回小牛,放到草山上喂到八九月份,青草喂肥后,一头牛至少能赚1500元。以前我们的生意做得非常好,但现在没有别的办法了。后来我踏到临夏市场,在那跑了两年,我几个朋友也被我带着到临夏去,他们也踏开了。(MHS,男,33岁,回族,经商,甘南州卓尼县申藏镇)

临潭县的西河滩西侧沿河的辅道,当地人称之为"背街"。这里分布着一些小商铺,主要经营布匹、衣服、鞋子和帽子等商品,同时还有一些生产回族民间刺绣的小作坊。背街的从业者以回族为主,但也有汉族和藏族的从业者。在洮州商城建立和中心街道改造之前,背街曾是临潭县城商业最繁华的地段。现在虽然有了现代化的超市和商城,但背街依然每天人头攒动。这里也是一个具有特色的民族商贸交流场所。每年春节前夕是临潭县城商贸最为繁荣的时候,外出务工和经商的人返乡,并且汉族和藏族家庭也开始购置年货。尽管现代化的超市和商城不断涌现,但洮州地区的农牧民们依然对街边商摊出售的民族用品和生活用品有着很高的需求。

"任何一种社会集会(如宗教节日)都能为贸易提供机会;贸易开始是偶然性的,但逐渐变成经常性的……但是如果利益比较可观时,这种新的活动便会成长起来……宗教性的'收获的喜庆日'变成了乡村的定期集市。"① 日常生活中，庙会、花儿会和寺庙法会等临时形成的市场满足了洮州各民族人民日常交易的需求。例如，临潭新城镇农历五月初五的龙神赛会、紫榜山农历六月二十四日的雷祖神会、卓尼草岔沟农历五月二十七的庙会、洮砚乡农历六月初七至初九日的加麻沟庙会、藏巴哇乡农历九月十五日至十七日的侯旗庙会、莲花山农历六月初一至初六的花儿会等民间集会，都吸引着周围的小商贩前来架设摊位。除了进行神事活动和观看娱乐节目（如看戏、唱花儿等），前来赶会的民众还通过集会进行物资贸易。

每天早晨，临潭县城西门十字路口都会人声鼎沸，这里形成了一个自发的农业劳务市场，雇佣者和劳动力的讨价还价声使这里热闹非凡。这些农业劳动力主要来自临潭东、南路的羊永乡、流顺乡、店子乡、羊沙乡、石门乡、陈旗乡以及岷县等地的汉族。临潭自发农业劳务市场的形成，与洮岷地区的农业生产时间的差异有一定关系：一方面，洮州的东、南路和岷县地区的农业条件和气候更加优越，春耕和秋收的时间也比洮州西路更早，因此这些地区的人们在农忙之后就有了更多的闲暇时间，就近在附近务工成为一种常见选择；另一方面，临潭回族家庭青壮年男性常年在外经商，虽然带来了大量经济收入，但也导致当地缺乏农业劳动力。因此，当地自发的劳务市场在一定程度上弥补了回族家庭农业劳动力的不足，同时也促进了两者之间的交往和经济关系，形成了互动。甘南、天祝等地族际经济生活圈的市场空间调节着族际经济互动，维持着族际经济互动中的互补与互惠，使各民族的日常经济生活与联系更加紧密，加强了族际经济共同体的基础。

民族地区社会的总体发展情况是民族交往交流交融的重要动力源。

---

① 约翰·希克斯：《经济史理论》，厉以平译，商务印书馆1987年版，第26—27页。

其中，民族社会文化的发展构成了民族交往交流交融的重要精神基础，而经济领域的发展则构成了民族交往交流交融所需的物质条件。一般而言，民族地区的社会经济发展水平与民族交往的频率和深度之间呈正相关关系。生产力的发展进步，促使"各个相互影响的活动范围在这个发展过程中愈来愈扩大，各民族的原始闭关自守状态则由于日益完善的生产方式、交往以及因此自发地发展起来的各民族之间的分工而消灭得愈来愈彻底，历史就在愈来愈大的程度上成为全世界的历史"[①]。我国民族社会发展的实践也证明了这一点，民族地区的社会发展情况越完善，物质文化条件越优越，民族之间的物质交往交流的内容和形式就会越丰富，进而推动民族交往交流交融的整体发展。对我国各民族来说，人民的富裕和经济的繁荣是实现各民族之间和谐交往交流交融的重要前提。促进经济发展，改善各民族民生条件，夯实民族团结和谐的物质基础，有助于创造各民族人民"共居""共学""共事""共乐"的良好氛围。

---

① 《马克思恩格斯全集》第3卷，人民出版社1960年版，第51页。

第六章
信仰共享：宗教和谐中的民族交往交流交融

宗教信仰是文化的基本特质之一，从历史上看，宗教信仰曾一度在民族社会的发展中发挥过重要的作用，对当前我国的一些民族仍产生着影响。因此，我们在考察社会现象时，需要对宗教信仰加以考察。民族和宗教信仰虽然是分别属于两个不同范畴的概念，但是二者却在一定场域中具有深刻的联系。正如中国共产党根据我国民族发展的实际所提出的民族定义中所说：民族是在一定的历史发展阶段形成的稳定的人们共同体。一般来说，民族在历史渊源、生产方式、语言、文化、风俗习惯以及心理认同等方面具有共同特征。有的民族在形成和发展过程中，宗教起着重要作用。①

"我国是一个多民族多宗教的国家，宗教和民族关系是错综复杂的，各民族人民的信教情况各不相同，有的民族全民信仰一种宗教，有的若干个民族信仰同一种宗教，有的一个民族分别信仰若干种宗教。宗教对这些民族的风俗习惯、思想感情、道德、艺术乃至政治的影响极为广泛而深刻。因此，宗教在协调民族关系问题上具有举足轻重的作用。"② 另一方面，民族文化的交融对于加强民族交往交流交融也具有重要的作用，正如中共中央、国务院《关于加强和改进新形势下民族工作的意见》指出："要发展少数民族文化事业，坚持以社会主义先

---

① 胡锦涛：《在中央民族工作会议暨国务院第四次全国民族团结进步表彰大会上的讲话》，《人民日报》2005年5月28日。
② 李静：《民族交往心理的跨文化研究》，中国社会科学出版社2010年版，第386页。

进文化为引领，促进各民族文化交融、创新，把尊重、继承和弘扬少数民族优秀传统文化，与传承、建设各民族共享的中华文化有机结合起来。"① 在族际互动过程中，各民族的文化互相影响、互相交融，不断丰富和发展着中华民族文化的深刻内涵，提升着中华民族文化的创造力、生命力；同时，也促使新时代的民族交往交流交融不断向前发展，提高了各民族对中华民族的认同感和向心力。鉴于宗教信仰在部分民族文化中的重要作用，我们在挖掘利用各民族优秀传统文化的过程中，可以挖掘宗教信仰文化中的有益成分，同时对其中不适应现代社会发展的部分加以改造，以此来推进当代民族交往交流交融和中华民族文化的建设。

对于受宗教信仰影响的民族成员来说，其民族意识中能看到宗教信仰的印记。作为一种特殊的社会意识，民族意识反映了民族的存在和民族社会的存在。随着民族的产生而产生的民族意识，综合反映和认识了民族生产、交往和发展及其特点，交往意识是民族交往中的核心因素。② 因此，有必要对宗教信仰在民族交往交流交融过程中扮演的角色进行分析和研究。

从历史长河的角度来看，甘肃藏族、土族、汉族以及回族等各民族都拥有自己的宗教信仰。这些宗教信仰在漫长的民族发展过程中不断发生变迁，对相应的民族心理产生不同程度的影响，同时也成为影响族际互动与民族交往心理的重要因素。党的二十大报告明确指出："坚持我国宗教中国化方向，积极引导宗教与社会主义社会相适应。"③ 新时代中国宗教事业和宗教工作的健康发展，促进各民族相互尊重彼此的宗教信仰、风俗习惯和民族文化，推动形成民族平等、团结、互

---

① 《中共中央、国务院印发〈关于加强和改进新形势下民族工作的意见〉》，《人民日报》2014年12月23日。
② 李静：《民族交往心理的跨文化研究》，中国社会科学出版社2010年版，第144页。
③ 《高举中国特色社会主义伟大旗帜为全面建设社会主义现代化国家而团结奋斗》，《人民日报》2022年10月17日。

助、和谐的局面，为宗教信仰的和谐共存、宗教文化的交往交流交融以及宗教信仰向社会主义社会的适应提供了充分的发展空间。

一、宗教信仰的多元共生格局

甘南、天祝等地的宗教信仰，在继承传统宗教文化的基础上，又表现出了新的特征，在信教群众当中发挥着不同程度的作用，从不同侧面影响着当地民族交往交流交融的发展。本节结合文献与田野调查资料，在梳理当地主要宗教信仰分布情况的基础上，选择在当地影响较大的藏传佛教、伊斯兰教与民间信仰作为研究对象，分析当前背景下该地区各民族多元宗教信仰的发展情况，以及当前宗教信仰的发展对民族交往交流交融的影响。

（一）主要的宗教信仰

正如前文一直强调的，甘肃的藏族、汉族、回族、土族等群众在不同程度上信仰着某种宗教。由于长期以来的交错杂居、和谐共生的民族格局，这里成了一个多种宗教信仰并存的地区，包括本教、汉传佛教、藏传佛教、伊斯兰教、道教、基督教以及民间信仰等。

1. 本教

佛教传入青藏高原之前，本教一直是当地的土著宗教。甘肃藏族的先民，亦一度以本教作为其主要信仰。直至今日，本教在甘南地区仍有分布。本教以山川日月、河流湖泊等自然物和自然现象作为其主要的崇拜对象,重视祭祀、占卜、跳神禳解等仪式活动。作为产生较早的原始宗教,为了争夺信教群众和主导地位,本教与后起的藏传佛教之间曾发生过长期的斗争,最终以本教失败,藏传佛教取得在青藏高原地区的主导地位而告终。此后,在与佛教,尤其是藏传佛教的长期互动过程中,本教也逐渐吸收藏传佛教的内容,形成系统的本教宗教理论,其固有的内涵也发生了很大的变化。本教经历了由笃本到伽本再到觉本的三个发展阶段,一直传播至今。

根据现有的文献资料,本教在甘南地区的大规模传播可以追溯到唐朝时期。当时,吐蕃赞普松赞干布攻占四川西北部的松潘等地之后,又相继攻占了今临夏、临潭、卓尼、迭部、宕昌等地。在败退之后,一些吐蕃士兵及其家眷留在了当地,他们成了当地最早的本教信徒。此后,甘南的本教逐渐发展壮大。佛教传入后,随着藏传佛教势力的逐渐壮大,本教的势力日益衰落,甘南地区本教的主导地位也逐渐被藏传佛教取代。目前,甘南的本教寺院主要分布在迭部和夏河两县,其中迭部县有八座,夏河县有一座。

2. 汉传佛教

公元1世纪,佛教作为世界三大宗教之一,通过西域和东南沿海地区传入中国。其主要特征是将梵文经典翻译成汉文,以汉语传播,因此也被称为汉传佛教。总体来说,本研究区域各民族中信仰汉传佛教的人数并不多。

南北朝时期,汉传佛教已经在甘南白龙江流域的羌汉杂居地区传播,营建寺院。根据文献记载,汉传佛教在临潭地区已经发展了1000余年。早在唐代,临潭县境内就已经有了汉传佛教的寺院存在,一直沿袭至明清时期。根据《洮州厅志》的记载,光绪年间临潭地区有永灵寺、迎水寺、天竺寺、中禅寺、普朝寺、慈云寺等相对出名的佛寺。

州府所在的合作市东山坡至今仍建有二郎庙一座，存有为数很少的信仰者，那是一个释道兼容的庙宇，庙内有居士宣讲佛经。

3. 藏传佛教

公元7世纪中叶，起源于古印度的佛教向北发展，以尼泊尔为中介，翻越喜马拉雅山传入西藏以及青藏高原其他地区，随后继续向北发展，传播至蒙古地区。由于其以藏文、藏语进行传播，并与当地本教相结合，因此称为藏传佛教。经过漫长的历史进程，传统社会中的藏传佛教已经深入藏族生活的各个方面。它不仅与政治生活紧密相连，形成了历史上独特的政教合一制度，同时也渗透至藏族经济、社会、文化等各个领域。因此，可以说，藏传佛教至今仍是甘肃涉藏州县影响最大的宗教之一，主要由藏族、土族以及部分汉族信仰。

根据现有的资料，藏传佛教在甘肃的传播最早的文字记载见于《洮州志》所载的《重兴寺碑文》。其中记载有："洮，古边地也，出城之域西二十步许，有寺焉，曰'竹当恰盖'，番名也。寺创于唐，自唐而宋，千年有余，其名不替，循故事也，迄至国朝洪武十六年，寺重修，改名重兴寺，敕赐也。"从这段碑文中可以看出，早在唐朝时期，藏传佛教就已经传入甘南境内。公元9世纪中叶，吐蕃赞普朗达玛为了巩固自身的统治，与藏传佛教争夺统治权，其中很重要的一点就是提倡本教，打压佛教，驱逐藏传佛教僧侣，使得许多藏传佛教僧侣不得不出逃卫藏，避居于安多地区。藏传佛教因此在甘南地区得以广泛传播。藏传佛教传入甘肃之后，原本教的地位被取代，宁玛派、萨迦派、噶举派和格鲁派等派别依次出现，一直发展至今日。

4. 伊斯兰教

伊斯兰教在甘肃的大量传播始于元代。忽必烈率军南征大理的过程中，曾途经今甘南地区，所部中即有前文提到的探马赤军，部分留居当地屯田的回回人与其信仰的伊斯兰教一起留在了甘南地区。到了明朝时期，随着茶马贸易的兴盛，大量参与贸易活动的回族商人进入甘南，在夏河及其周边地区开展商贸活动。同时，随着明朝的西征，留在洮州地区屯田的军士，特别是其中的回族将士，再次增加了当地的回族人口。这也促进了当地伊斯兰教信仰的发展。由于大量回族人口的存在，满足其宗教生活的需求成为当地社会稳定的重要先决条件。为此，明太祖朱元璋曾下旨在洮州兴建"礼拜寺"（清真寺），此时洮州地区的伊斯兰教仅格底目一派，被称为"回教"。

至17世纪后半叶，苏菲主义传入甘南地区，使得当地的伊斯兰教朝着多元化的方向发展。随着多元化的伊斯兰教学说和思想的传入，甘南地区的伊斯兰教出现了新的派别，如西道堂和丁门门宦。目前，甘南、天祝地区的伊斯兰教教派主要包括格底目、西道堂、伊赫瓦尼三大教派，以及华寺、北庄、哲赫忍耶、穆夫提、丁门等门宦。

5. 民间信仰

甘肃汉族的民间信仰主要有天帝和祖先崇拜等特征，同时也有信仰佛教、道教和基督教的。在藏族和汉族杂居的地区，部分汉族受到藏传佛教的影响，会像藏族一样煨桑、念经、祭祀山神，并前往藏传佛教寺庙转"果拉"朝佛，同时也会基于汉传佛教的理解对藏传佛教进行解释。各城乡供奉的城隍、龙王、财神、二郎神以及青苗会的神祇和临潭的"十八龙神"因主稼穑和致福禄，因此农历初一、十五上香叩头的人很多。在庙会、龙神会、祈愿求雨的日子，人们会唱花儿、演秦剧，以祭祀神和佛，祈求风调雨顺。

农村还会敬拜城隍、土地、灶君、门神、财神、马王、瘟神以及"八仙"，历史上被誉为圣哲贤才、忠孝义烈之士的关羽、诸葛亮，明代开国将领徐达、常遇春等人。在婚嫁、丧葬、修建房屋和动土等情况下,人们会请道士进行占卜祈禳、念咒画符、打醮诵经、超度亡魂、看风水、择吉日等仪式。许多虔诚的信徒常常许下愿望并进行还愿的仪式,以求急事如意、亲人身体健康、子女平安、财富滚滚而来,甚至演出大戏。一旦许下"愿"之后,就必须履行还愿的承诺。

在临潭和卓尼地区,源于明朝的十八龙神的民间信仰依然繁盛。明洪武二年(1369),朱元璋在南京建立了功臣庙,供奉了常遇春、徐达、胡大海、李文忠等21位开国功臣,并因其功勋卓著而敕封其为"神",下令在全国各地建立庙宇加以祭祀。明朝的十八龙神信仰在临潭地区得到了较为完整的传承和延续,龙神庙遍布临潭的各乡村。在临潭地区,每年都会以乡、村为单位,组织祭祀龙神活动,从农历正月初九开始,一直持续到九月中旬才结束。

表6-1 洮州主要龙神庙会分布情况

乡镇	主祀龙神	村庄	庙会时间	庙会会期
古战镇	安国	古战村	正月十三至十五	3天
王旗乡	赵德胜	王家坟	四月初八至初十	3天
店子乡	郭英	李岐山	四月初八至初十	3天
羊沙乡	成世疆	大草滩	四月初八至初十	3天
流顺乡	朱亮祖	眼藏村	四月初八至初十	3天
新城镇	十八龙神	新城镇	五月初五至初七	3天
王旗乡	赵德胜	陈家庄	五月初五至初七	3天
羊沙乡	成世疆	羊沙村	五月初九至十一	3天
王旗乡	赵德胜	王旗村	五月十二至十四	3天
羊沙乡	成世疆	甘沟村	五月十二至十四	3天
王旗乡	韩成	韩旗村	五月十四至十六	3天
流顺乡	朱亮祖	上寨村	五月十五至十七	3天
羊沙乡	成世疆	秋峪村	五月十六至十八	3天

(续表)

乡镇	主祀龙神	村庄	庙会时间	庙会会期
八角乡	常遇春	庙花山村	五月二十八至三十	3天
冶力关镇	常遇春	池沟村	六月初一至初三	3天
洮滨乡	胡大海	新堡村	六月初一至初三	3天
王旗乡	赵德胜	马旗村	六月六至初八	3天
卓尼县柳林镇	常遇春	草岔沟	六月六至初八	3天
卓尼县洮砚乡	赵德胜	石旗村	八月十五至十七	3天

资料来源：《临潭县志》。

在洮州十八龙神的信仰体系中，临潭的新城镇地位非常重要，因为它是祭祀系统的中心。每年农历端午节期间，新城镇的城隍庙都会举办龙神赛会。赛会期间，各村会抬着崇拜和供奉的龙神像前往城隍庙，供人们祭祀，并且会举行"跑佛爷""踩街"和"上山"等游神仪式。通过十八龙神的民间信仰和相关的仪式活动，临潭和卓尼一带的汉族社会形成了共同的文化地域。同时，周边的回族、土族、藏族等族群也会参与到这些仪式活动中，这些活动促进了当地不同民族之间的互动和交流。

6. 土族的多神信仰

土族的信仰和崇拜对象由各种神灵组成，其基本特征是超越人间和自然界的超自然性，往往具有无限的智慧和权能，主宰着人类社会的一切事务。[①] 土族的多神崇拜中，自然崇拜的对象包括星辰、火、水、山神、石头等，动植物崇拜的对象则包括青蛙、虎、猫鬼、狗神、大鹏鸟、神树等。此外，土族社会中的灵物崇拜也非常常见，"神箭""鄂博""插牌子"和"雷台"等都被认为具有神圣性。

---

① 彭自强：《宗教学概论》，宗教文化出版社2008年版，第83页。

土族的祖先崇拜非常突出。每年的清明节、腊月、忌日等时节，人们都会举行祭祀祖先的活动。这些原始信仰虽然零散而不成体系，但成了人们日常生活的底色，在民俗活动、宗教仪式、禁忌等方面留下了痕迹。例如，在婚礼、葬礼等民俗仪式中，火往往被认为是圣洁的，具有驱病消灾的作用；在於菟舞与纳顿等宗教仪式中，人们表演驱赶老虎，以表示驱除邪恶，祈求平安；出于对天的敬畏，人们在日常生活中忌讳咒骂"天格尔"。

地方神在土族信仰体系中也占据着重要的地位：一方面，土族信仰多神，民众敬畏各路神明；另一方面，几乎每个土族村落都有神庙，里面供奉着诸如娘娘神、龙王、二郎神、四郎神等神灵，它们掌控着本村（有时候信仰范围更大）内大小事务。土族民众的宗教实践围绕着村庙和地方神展开，举行求雨、攘雹、祈丰、庆祝、安镇等仪式。除了与农业生产和村落生活相关的事务外，地方神还能满足个体的婚恋、生育、升学、工作、外出等方面的需求，卜凶卦吉，应求如流。

（二）各民族宗教信仰的和合共生

宗教和民族是两个不同的概念范畴。前者属于意识形态领域，同时也具有文化属性；而民族是一定历史时期形成的稳定的人们共同体，其形成和发展过程中文化等因素起着重要作用。因此，在某些场合下，宗教和民族之间会发生密切的相互作用。

"藏民族在多年的民族发展中经历了漫长的历史发展与多种发展形式，在藏传佛教的力量作用下，始终以自己特有的发展形式来演进。民族成员以藏传佛教的主旨、教义作为对自己生活的约束与要求。同时，由于藏传佛教本身就有着许多的膜拜与信仰形式，人们在这种共同信仰的要求下在社会经济生活的更多方面达成共识。可以说,藏传佛教促进民族发展与演进的一致性与趋同性。"① 藏族、土族、汉族等民族基于宗教信仰的共性,形成了相对类似的交往心理和行为,进而在社会、经济、文化等领域形成了基于宗教的亲近感,使得民族关系更为紧密融洽,为民族社会的团结稳定提供了有力支撑。藏传佛教作为大部分藏族、土族以及部分汉族群众精神生活的组成部分,与当地社会文化的发展有着紧密联系。一方面,藏传佛教强化了藏族、土族的民族特征,在增强民族凝聚力方面发挥着重要作用;另一方面,增强了藏族、土族、汉族之间的认同感,促进了各民族之间的密切交往。

藏传佛教在甘肃地区有着悠久的历史。以天祝地区为例,随着吐蕃势力在该地区的发展,藏传佛教的势力也不断壮大。到了明朝时期,天祝地区已经形成了达隆寺、石门寺、华藏寺等主要寺院。格鲁派的兴起对天祝及其他藏区产生了深远影响,五世达赖、六世班禅、二世嘉木样等宗教领袖在天祝地区的传教互动,进一步推动了格鲁派的发展。1950年天祝藏族自治县成立后,各级政府依据民族平等和宗教信仰自由的政策,宗教人士积极参与政府工作。在经历民主改革和改革开放后,天祝的藏传佛教得到了进一步的发展,天堂寺、石门寺、华藏寺等寺院相继重建并重新开放。②

在党和政府的领导下,甘肃的藏传佛教积极朝向与社会主义事业相适应的方向发展。在民族政策和宗教政策的引导下,宗教人士也积极投身社会主义现代化事业,为当地经济的发展繁荣、社会文化的传播进步、民族交往交流的深入发展做出了贡献。

从宗教信仰者的角度来看,他们往往会将来自宗教信仰的"抽象理念"融入个人的社会关系和生活网络中,并以此建立一套特定的交

---

① 李静:《民族心理学》,民族出版社2009年版,第230页。
② 中国人民政治协商会议天祝藏族自治县委员会编:《天祝藏传佛教寺院概况》,内部资料2000年版,第66页。

往结构和交往关系。宗教信仰作为一种价值观,通过宗教生活将自身的教义、信念等内化为信教者在日常生活中所遵守的各种规范、价值体系,对信教者的内心世界和外在行为产生影响。

> 我们回族、东乡族、撒拉族都信仰伊斯兰教,虽然和藏族、汉族的信仰不同,但平常来往时也相处得很好。信仰不同也不影响我们互相交往,毕竟宗教信仰自由嘛。因为信仰不同,我们不参加他们的宗教活动,但这并不影响我们平时做朋友。我们交往很多,有时还会聊一些自己的信仰,这样彼此更了解也挺好的。(MC,男,26岁,回族,餐馆老板,甘南州玛曲县尼玛镇)

由于宗教信仰的差异,不同信仰者的宗教认知表现出相应的区别,这也在交往过程中体现出微妙的变化,从而形成复杂的社会交往圈。以当地的回族和藏族为例,尽管程度不同,但二者均在保持自身宗教生活圈的前提下,与其他民族的成员在社会、经济、文化等领域开展交往和交流。

> 在天祝,有很多汉族人也信仰藏传佛教,毕竟他们在这里生活了很长时间。特别是那些老年人,由于接触到藏族文化和汉地佛教,所以接受起来比较容易吧。有些汉族人信得很虔诚,有些则比较淡泊,藏族人也是一样的,不过他们似乎更加虔诚。我和家里人也信仰藏传佛教,我们经常去华藏寺,每月初一、十五去烧香磕头,参加佛事活动,祈求平安。(JYL,男,37岁,汉族,居民,武威市天祝县华藏寺镇)

根据我们的调查结果,汉族群众接受藏传佛教的现象比较普遍,

151 名被访者中有 86 人自陈信仰藏传佛教，其中三分之二的被访者表示自己信仰虔诚。藏族信仰藏传佛教的比重更高，167 名被访者当中有 143 人自陈"非常信仰"。土族、蒙古族的被访者均表示信仰藏传佛教。152 名回族被访者中，有 140 人自陈信仰伊斯兰教。此外，在汉族、藏族与回族被访者中，分别有 20 人、5 人、12 人表示自己无宗教信仰，这与调查过程中的抽样结果有关。值得注意的是，在上述被访者中，一些政府工作人员，特别是党员，均表示没有宗教信仰。

> 整个天祝大概有 4000 多蒙古族，我和老伴都是蒙古族。蒙古族跟藏族、土族一样，都信仰喇嘛，也就是藏传佛教。藏族、土族人都很好，热情而诚恳，我们跟他们交往很多，从小就开始交往，我也在那时学会了藏语，能够读写。在单位上我们说汉语或方言。我们和藏族、土族、汉族等民族的关系都很好，娃娃、丫头们也可以跟他们交往，可以结婚。（LXY，男，73 岁，蒙古族，居民，武威市天祝县华藏寺镇）

> 信仰是个很难说清楚的事情，对我来说可能是殊胜的缘分，也可能是个人经历，有各种各样的原因。一方面，从小在甘南这边生活，受到藏传佛教文化的影响比较深，遇到节日和大型活动时，我会跟周围的人一起去寺庙里拜一拜、点个酥油灯，同时听听寺里的师傅们讲述佛菩萨们行善的故事，以及一些古代高僧的故事，这些对我影响比较大。另一方面，后来干了旅游这个工作，经常接触一些外地的游客。因为我是本地人，所以经常会被问及一些关于藏传佛教文化方面的问题。对于一些简单的问题，我基本上能回答，但有时候回答不上来深层次的问题，不过这也让我有所思考。例如，有一次和一个游客聊天时，被问到为什么黄教发展得比较大，我一下子回答不上来。后来自己去找书看，问身

边的藏族朋友以及寺里的阿克（僧人），了解到了宗喀巴大师的故事，以及那个佛教失去信心后重新建立信心的时代，还了解到了黄教规矩严格的原因。其实想想社会和身边的人也是差不多的，没有规矩就没有方圆，没有原则和追求，人就会迷茫和困惑。认识到这些故事后，我时不时地去寺里看看佛菩萨的像，想想他们的经历和故事，也提醒着自己在生活中要好好做人、认真做事。（GDY，男，43岁，汉族，旅游从业者，甘南州合作市）

上述被访者基于自身的需要和交往中遇到的情况，逐渐形成了对藏传佛教教义及其发展历史的认识，并且产生了一些理性的感悟，例如"提醒着自己在生活中要好好做人、认真做事"。这些感悟对于族际互动实践产生着积极的影响。"在宗教与民族二者之中，任何一方的道德或理性成分的发展都会有利于另一方的道德或理性成分的发展，任何一方的狂热或反理性倾向都会加剧另一方的狂热或反理性倾向。在宗教之间的关系与民族之间的关系这两种关系之中，任何一种关系的和谐都可以促进另一种关系的和谐，任何一种关系的对抗性倾向也会导致另一种关系的对抗性倾向"①，这是由宗教与民族的相互关联所决定了的。从族际关系的改善和民族交流程度的深入发展的角度来看，这两个目标的实现需要作为交往双方民族的共同努力，单方面的努力是难以完成的。当涉及宗教信仰存在差异的交往双方时，各自理性和道德成分的发展对于彼此在交往过程中的了解深度和客观性都是非常重要的影响因素。

在合作这边，藏文化比较浓。从小上学时，我就有很多藏族同学，我们一起相处、一起玩，因此接触藏族文化的机会比较多。

---

① 何光沪：《试论宗教与民族的关系》，《世界宗教研究》1996年第1期。

后来参加工作后，身边的藏族同事也很多，这让我对藏族文化的了解更深入了一些。每逢藏历新年、晒佛节等传统节日，我基本上都会去参加。久而久之，我对这个文化也越来越认可。佛教，无论是藏传的还是汉传的，主要都是传递劝人向善的思想，鼓励人们在日常生活中遵纪守法、爱国敬业、孝顺父母等。总的来说，佛教鼓励人们在生活中与人为善，保持积极向上的生活态度。在遇到不开心或不顺心的事情时，要想开一些。在这个方面，对于个人和社会来说都是正面积极的。（ZQ，男，30岁，汉族，导游，甘南州合作市）

"佛教也成为连接民族之间关系的桥梁与纽带，信仰藏传佛教的民族由于宗教信仰的共同性而有了交流与联系的基础。"① 甘肃有许多宗教活动与互动场所，如甘南的拉卜楞寺、合作的米拉日巴佛阁、玛曲的外香寺以及天祝县的华藏寺等，这些地方不仅仅是单一民族的宗教场所，也是多民族共同信仰、生活和宗教文化活动的场所，形成了以藏传佛教为核心的宗教交流圈。同时，我们也能够在这些地方看到不同宗教信仰群众之间的交往。例如，信仰伊斯兰教的穆斯林群众也会前往这些地方参观游览。通过这些互动，跨宗教信仰者之间开展着宗教以外的交流，彼此之间的了解程度也因此有机会加深。

我们这里（天祝县）有很多信仰藏传佛教的汉族人，他们会去华藏寺、天堂寺等寺院烧香叩头，同时也有藏族、土族的人。尤其是每个月农历初一、十五，无论是藏族、汉族还是土族，只要信仰佛教，都会来华藏寺上香叩头。人多的时候可能会有一两万人，场地都站不下。前段时间，寺里来了一个活佛，他们开斋

---

① 李静：《民族心理学》，民族出版社2009年版，第230页。

时，献上了五六十只羊和四头牛。整个华藏寺都来了信佛的人，有些人会献礼，有些人不会，给多给少，给或者不给都随自己，也没人在意。这些都是给寺院的布施。然后就是上香、拜佛、听经等等。宰牛宰羊这些，可能是跟汉族学的，不过大家都习惯了，也没什么不同。总之，大家在一起吃牛肉、吃羊肉，又能拜佛听经，都非常开心。（LSF，男，42岁，汉族，居民，武威市天祝县华藏寺镇）

针对藏传佛教信教群众的"宗教生活频率"调查结果显示，不同民族的信教群众在前往寺院上香叩头、参加重要宗教节日活动和法事活动等方面的频率各不相同。总的来说，他们参与宗教活动的频率都比较高，但仍有一定比例的民众参与频率相对较低。这一部分被访者通常年龄较轻，他们需要承担更多的经济生产活动，从而影响到其参加宗教生活的频率。而且，这部分群众对于科学和文化知识的接受相对更高，宗教作为其民俗生活或民族传统文化的一部分而存在，所以他们参加宗教生活的动机也更多的表现出了民俗活动的特点。

寺院里面也经常去，好多汉族都去，磕头、转经，也不是说要保佑发财，就想着保个平安，保佑一家人都健健康康、平平安安的，一种寄托吧。再一个，来了以后心情特别平静，好像也能释放压力呢……因为这地方藏族多，又靠近青海，藏传佛教本身就多，所以很多汉族也就跟着信了藏传佛教。其实佛教里面也不都是迷信，有些还是很深奥的，教你怎么做人，怎么为人处世。经文里面也有很多哲理、哲学的东西。（YBQ，男，38岁，汉族，居民，武威市天祝县华藏寺镇）

对于甘南、天祝等多元民族、多元宗教并存的地区，"民族之间在交流往来中，宗教因素就成了影响民族交往态度的一个不容忽视的重要影响因子。宗教正是通过一系列看似超世俗的宗教教义、宗教礼仪和宗教活动强化了人们对于世界的共同认识，塑造了一种共同的信仰、价值观和话语体系，从而把不同地位、不同年龄、不同职业、不同地区、不同种族、不同语言的人聚集起来，实现了宗教群体内部的凝聚与和谐，这种凝聚与和谐使得一种宗教或一个宗教团体成为一个有机整体，发挥着强大的社会控制力量"①。在甘肃，藏传佛教是藏族和土族大多数民族成员的信仰，同时也是这两个民族传统文化的重要来源。历史上，甘南、天祝一直是藏传佛教的重要分布地，到今日，藏传佛教文化依然留有浓厚印记。可以说，藏传佛教已经渗透到当地藏族、土族以及部分汉族社会生活和思想的许多方面。对于信仰藏传佛教的各民族群众，藏传佛教构成民族认同的重要维度，共同的信仰加强着各民族之间的睦邻与团结。

二、宗教生活中的跨族群交往

在甘南、天祝两地的各民族中，宗教信仰仍是群众日常生活的重要内容，对一些群众而言更是不可或缺的部分。一方面，对于藏族、回族、汉族、土族等民族成员，宗教信仰构成其精神文化重要组成部分，使宗教意识渗透入日常生活各个层面；另一方面，在宗教生活领域，各民族共同参与，在宗教生活中发生不同程度的族群交流交融。

---

① 李静：《民族交往心理的跨文化研究》，中国社会科学出版社2010年版，第194—195页。

（一）作为民族交往交流交融场域的宗教生活

在甘肃，历来多民族共生共存，各民族在社会生活各方面都表现出不同程度的跨民族互动。宗教生活也不例外，很多宗教活动已经超出民族界限，成为推动跨民族交流与交融的重要内容。

图 6-1　玛曲外香寺门前的各族群众

玛曲县是一个藏族人口占多数的地区，藏传佛教法会是当地常见的宗教活动形式之一。我们对玛曲察干外香寺举办的七月法会进行了专门的调查研究。外香寺的七月法会始于嘉木样二世时期，其主要内容包括于农历六月二十七、二十八日举行的宗教大辩论和七月初八举行的"米拉日巴劝法会"。其中，"米拉日巴劝法会"是民众参与度更高的活动。该法会以藏传佛教历史上的高僧米拉日巴劝化猎户贡保多杰的故事为核心，通过表演的形式展现出来。在法会结束后，为了满足信教群众祈求安康的需求，还举行"摸顶仪式"。

这个法会对我们来说非常重要，因为它可以保佑我们一家人的安康。所以，只要家里的事情不是特别着急，都会先放一放。外香寺经常会举办法会，有固定的时间安排，每年都会举行。只要知道要办法会，家里的大人小孩都会去，都非常高兴。就算孩子不懂什么意思，但觉得热闹，每次都会带他来。这些法会谁都能来，只要你愿意，没有限制，对每个人都有好处。很多在玛曲的汉族朋友也会来，其实回族的朋友也欢迎来参加。我们的一些汉族朋友也会来，我们也很高兴，因为我们都是为了平安健康而来，为了让这个世界变得更美好。（LM，男，31岁，藏族，牧民，甘南州玛曲县）

在法会期间，各乡镇的牧民家庭都会参与其中，而生活在周边地区的汉族、回族等民族的人也经常参加。宗教的心理调节功能是促使各民族成员接受宗教信仰的重要原因之一，不同民族的成员都存在这样的宗教动机。

其实我们最近才听说这件事情。我们来这里时间不长，认识了一些藏族朋友，他们有时候会说起法会的事情，说参加法会可以帮助家里人获得健康和幸福。老百姓嘛，谁不想过好日子呢，也不一定就真的非常信仰，只是想去看看，也能和藏族朋友们多交往。所以一听说这个机会，我们就一直想去。他们人也很好，欢迎我们去参加他们的活动，还认识了一些新朋友。（PXH，男，30岁，汉族，餐馆老板，甘南州玛曲县）

从客观现实来看，不同民族成员参与同一种宗教生活，可以推动彼此认同的发展。人类的"认同"是一种基本特征，是一种基础的、深刻的、持久存在的感觉，是"社会成员对自己某种群体归属的认知和感情依附"①。藏族和汉族通过共同参与宗教生活，以及在宗教生活中的接触和交往，可以进一步加深彼此的了解和认知。这种共同参与和交流容易促使双方增加共性，从而加深彼此的认同。

> 我们藏族人从小就受到藏传佛教的影响。它教导我们要保持善良，不要杀生，要有责任心，要经常做好事，做事不能亏了良心。我虽然是公务员，但这些道理也是我们现在做人应该坚持的。有时候我会用宗教的一些东西，再加上更适合时代发展的一些解释，来教育年轻人，让他们做好人好事。我们的传统文化对我的影响很大。因为工作上接触的人多，慢慢的也认识了不少汉族、回族朋友。基本上都是从外地来到玛曲做生意的。我们对他们也很关心，特别是他们刚来的时候，也给他们一些帮助。后来大家都熟悉了，有时候大家聚到一起，也会聊一聊生活情况，还有信仰上是否有什么困难。县里举办法会的时候，我也会通知他们，大家一起去参加。一个是想让他们了解我们藏族的文化，只要他们没什么事，他们也会去。他们信不信那是他们的事情，但我觉得这是一个互相了解的好机会。让他们对我们的宗教文化也了解一下，在参加法会的时候大家还可以一起交流，感情才能越来越好嘛。有时候和朋友们一起吃饭，只要有回族，我们都会去清真饭店，也是尊重他们的信仰。（GSJC，男，52岁，藏族，公务员，甘南州玛曲县尼玛镇）

玛曲各民族在宗教生活中的相互往来情况，是甘南与天祝等地各民族宗教生活交往的一个缩影。各民族之间对彼此文化、风俗相互包

---

① 王希恩：《民族过程与国家》，甘肃人民出版社1998年版，第140页。

容、相互理解的态度,传达了相关民族在宗教领域和谐发展的态度和意愿。通过这样的活动,各民族可以进一步加深理解。正确的引导还可以推动族群间认同意识的发展,这些都非常重要。

在甘南及天祝地区,民间信仰是乡土社会中宗教文化的另一个重要组成部分。在民间信仰的场景中,我们同样能够发现宗教信仰的跨民族性。乡土传统可以在新时代特定的状况下,被民间加以再创造或恢复原来的意义,使之扮演新的角色。民间信仰中的迎神赛会源于古老的社祭活动,综合性较强,与农耕社会有着密切的关系。临潭、卓尼等地的龙神赛会与生产生活联系紧密,在明朝的军屯开发中是作为中央王朝在边区权威象征的存在,加强了边区社会对中央的归属感。同时,通过龙神文化的社会互动,明朝的军屯后裔也通过这一文化资源在无形中强化其在地方社会中的文化权力,从而加强对土地使用的合法化,尤其是明、清更替中所面临的社会秩序整合。如在洮州龙神文化中,神戏的表演者必须为本地的"军屯姓",这一群体控制着龙神信仰的全套文化符号。随着历史进程中更多移民的进入,地方社会也在不断扩展与整合中将军屯后裔之外的人员吸纳进这一文化网络中。在一定意义上,文化网络既控制着各种资源,而其本身又包括各种感性象征。与物质资源不同,象征性符号是可塑的,保持着其内在能量,即动员、激励以及强制的力量。① 通过这一文化互动,临潭、卓尼地区农业生产的社会纽带得以加强。联村青苗会组织整合广泛的社会劳动资源,来协同日常的生产生活。

同时,这一文化网络还在族际社会中发挥整合作用。通过日常生产协作的需要和文化的交流交融,藏、土、回等民族也参与到文化仪式的合作中,从而将其他民族纳入洮州地方文化秩序与民间社会文化

---

① 杜赞奇:《文化、权力与国家:1900—1942年的华北农村》,王福明译,江苏人民出版社1996年版,第21页。

体系中。其中，龙神信仰在藏族和土族的社会区域中不断拓展，这些少数民族区域成为龙神的"马路"，很多藏族、土族村落也加入民间青苗会组织，在族际社会中扩大当地联村互助合作的纽带，推动民族关系更加紧密。

回族和汉族在日常生产和生活中密切合作，虽然没有显现的仪式合作，但仍然存在建立在生产基础上的隐性合作。例如，在过去的水磨川青苗会抬龙神参加龙神赛会时，为了让所属区域能够获得第一名，汪家嘴的回族也会与汉族一起"抬轿狂奔"。① 我们在端阳沟村开展调研工作时也了解到，出于对农业生产的关心，当地回族也会在私下里打听青苗会打卦的结果。

> 红山村是回族村，并没有在仪式上与其他民族进行往来。虽然有人说这是默认的，但据我估计，过去应该是有一些仪式上的来往的。现在这些来往的仪式已经消失了，但是村民们仍然承认这种仪式的重要性。比如，在祭祀时，他们会献羊并打卦。打卦时，要看卦象是阳醮还是阴醮，这个卦象预示着田地的丰收情况，如是否顺利、风调雨顺等。他们力求打出一个好卦。虽然回族不在场，但他们事后会悄悄打听卦象的结果，因为回族也种田。（WMM，男，46岁，汉族，公务员，甘南州临潭县城关镇）

长川乡千家寨村是一个回汉杂居的村落，也是"龙神"胡大海的主庙所在地。在千家寨村中，流传着一位名叫"胡麦阿爷"的回族人的故事。胡麦阿爷出生于千家寨村，有着出众的人际和事务协调能力。在旧社会时，他曾帮助千家寨青苗会处理庙会里的公共关系，协调庙

---

① 范长风：《从地方性知识到生态文明：青藏边缘文化与生态的人类学调查》，中国发展出版社2017年版，第136页。

会中往来千家寨的商旅，赢得了很高的威望。在20世纪80年代，胡麦阿爷还参与恢复千家寨青苗会的组织协调工作。一些其他青苗会还专程向他请教赛会等活动的仪式规矩。

> 胡麦是千家寨村的回族，因政治原因曾被关进监狱。在狱中，他感到十分失落。有一天，他做了一个梦，梦见一个穿红衣服骑红马的人告诉他不久后就会被释放。回到千家寨后，胡麦与村里的汉族人谈论起梦境，开始相信是汉族的龙神保佑他出狱的。从小生活在一个多民族地区，胡麦在日常生活中也会接触到其他民族的文化和仪式，潜移默化中对他的潜意识产生影响。虽然胡麦原本信仰伊斯兰教，他在意识层面上不敢想象龙神会来救他，但潜意识却不由自主地相信这是龙神在保佑他。后来，当胡麦再次梦见相同情境时，他更加坚信是龙神的保佑。胡麦对民间信仰非常了解，很多都懂，并在汉族信众中树立了一定的威望。（WSS，男，46岁，汉族，公务员，甘南州临潭县城关镇）

根据我们的调查，当地回族并不认为"胡麦阿爷"改变了原有的宗教信仰，也没有被选为"提领"。他们认为，"胡麦阿爷"只是出于热心，在村子的公共事务中，如社火、灯会以及一些村集体活动中"出力帮忙"，并不涉及信仰领域。在当地回族和汉族中，"胡麦阿爷"的故事有不同的版本，但它们的核心都体现了当地回族和汉族在日常生产和生活中的频繁合作以及密切的族际关系。这也反映了青苗会在族群间的协调作用，以及如何建立起族际互惠的社会纽带，体现了民族之间的文化互通和交融。

生活在甘肃的藏族和周边的各民族在日常生产和生活实践以及社会交往中，形成了区域交互和民族互嵌的联村社会。他们通过对地方空间中的文化资源整合，在文化交融的场域中构建了生产和生活空间中的资源分配机制，也形成了族际互惠合作的社会基础。

（二）不同宗教信仰者的日常交往

在各民族的族际互动中，不同的宗教文化往往被作为区别彼此的文化标志之一。宗教文化的差异性，为民族之间带来了客观的心理距离。然而，我们的调查研究发现，由于民族之间在政治、经济、日常生活等领域的密切联系，尤其是中华人民共和国成立后，共同生活于平等、团结、互助、和谐的民族关系氛围之中，各方之间密切来往，不同宗教信仰者的日常交往非常频繁。在甘肃的回族、藏族和汉族之间，基于宗教文化的差异，彼此在生活习俗方面有较大的不同之处。然而，我们在田野调查中发现，随着交往的深入，当地的回族、藏族和汉族一般都能够妥善处理这些差异，保持和谐的交往。

> 我们和藏族的确有些不同，以前他们主要是放牧，而我们则是种地、做生意，现在则是各种职业都有了。另外，他们信仰的藏传佛教和我们的伊斯兰教也有很大的不同，生活习惯也不同。我们不能吃大肉（猪肉），而他们却可以。不过如果他们办活动或者家里有事，我们跟他们关系好的家庭，我们也会去参加。他们不会特意为我们的饮食习惯考虑，所以有时候会有带大肉的食物，我们就不吃就好了。平常大家一起聚会的时候，他们会准备不带大肉的食物，或者我们一起去清真馆子，这样我们也可以吃。有时候他们家里有红白事，我们也会互相参加，但如果我们去他们那里，一般礼节完成后就会离开。如果他们来我们这边，那些跟我们关系更好的就会留下来，不是很亲密的就会回去。我们的阿

咱们一直都强调要维护安定和谐，我们也都明白，无论你是哪个民族，我们都是平等的，大家都是一样的，都是为了挣钱养家。在平常的交往中，大家也都是互相尊重的。如果我对你好，你也会对我好。信仰上的事情归信仰，平常的来往归平常的，该做生意的时候做生意，该工作的时候工作。即使是信仰方面的事情，我们也只是把我们的情况告诉他们，这样大家就能提前了解和熟悉，避免出现不必要的问题。（MDJ，男，42岁，回族，商人，甘南州玛曲县尼玛镇）

在很多民族中，人们非常尊重自己的宗教信仰，认为它是非常神圣的。如果与持有不同宗教信仰的民族进行交往，尊重对方的信仰是影响对方交往态度的一个重要因素。同样，对于主动发起交往的人而言，他们的宗教信仰和宗教心理也深深地制约着他们的交往态度。[①]

一般来说，回族的人们不太会和汉族、藏族的人结婚，因为我们的生活习惯还是有很大差异的。但并不是完全没有这样的情况，有些回族姑娘和汉族男孩或回族男孩和汉族姑娘关系特别好，最终也会结婚。一般来说，汉族的人会随着回族人的生活习惯。我们学校有一位回族老师，平常主要在饮食上特别注意，但是交往还是很正常的。如果有大的红白喜事之类的活动，他来上礼，但是礼节完成后就会离开，我们不会留他，因为我们知道他的习惯。有时候，我们也会事后找机会，再单独请他去清真餐厅吃饭。我个人和他的关系一般，只是同事，但是也有一些跟他关系很好的人。（GSP，男，60岁，藏族，退休教师，武威市天祝县华藏寺镇）

---

① 李静：《民族交往心理的跨文化研究》，中国社会科学出版社2010年版，第195页。

其实，无论宗教信仰如何，在民族社会化的过程中，我国的各宗教信仰通常都会引导本民族的成员保持宽容、开放、尊重他人的价值取向。尊重宗教信仰是坚持民族平等、尊重其他民族的客观需要。虽然在玛曲、甘南以及天祝的各个民族中，由于宗教信仰和民族文化方面的差异，在通婚、饮食等领域会存在较大的差异，但是在人们的日常交往中，正常的交往和交流一直在持续发展。这是因为我们相互尊重彼此的宗教信仰、民族文化、风俗习惯等。

> 我们这里回族人很少，只有五六十户，而且住得也零零散散的。在清真寺附近的人也不多。我们平时主要和穆斯林交往，像我们这几个人（指阿訇本人和寺内工作人员），只是管理一下清真寺里面的事情，外面的事情也不干涉。当大家来做礼拜的时候，我们就告诉他们哪些可以做，哪些不可以做，哪些合法，哪些不合法，并给他们讲解民族团结和谐的重要性。我们鼓励大家做好事，好好过日子，而外面的事情我们管不了，也管不住。这里信仰伊斯兰教的人来寺里做礼拜，有回族、东乡族和藏族，不过还是外地人多，有来做生意的，也有收皮子的，等等。这些人来的时候，我们会简单交流一下，随便聊聊，问问他们干什么的之类的。互相接触了，交流一下，我就会问问他们是哪里人，来这里做什么，大家聊一聊。有时候本地的一些汉族、藏族老人也会来寺里面，转一圈就走了，也没啥交流。我们也认识一些本地的汉族、藏族人，跟他们有来往。（HDY，男，40岁，回族，阿訇，武威市天祝县华藏寺镇）

上述玛曲县尼玛镇、天祝县华藏寺镇的案例，在整个甘肃地区都具有一定的代表性。对于一些民族而言，宗教在其形成和发展过程中曾经发挥过巨大的作用,也是构成其民族文化的重要来源之一。直至目前,仍会有一些民族社会问题以宗教问题的形式为表征。①然而,对于一般的民众而言,像甘南、天祝等地区的各个民族,即使存在因宗教、民俗、文化等因素导致的民族差异和生活方式的差异,各民族之间仍能够开展深入、融洽的社会交往。无论是日常交往,还是"人情往复",又或者是更加深入的通婚等交往场景,各民族均能够在尊重本地区、本民族以及交往对象风俗习惯的基础上开展各种交往活动,并与不同民族的成员保持良好的社会关系。这种各民族不同宗教信仰者群体之间良好交往的现状,也构成和促进了当地族际交往的发展。

(三) 青苗会与联村互动

青苗会是一种在华北和西北农村地区普遍存在的民间自治社会组织,与民间信仰中的神庙管理系统有一定联系,既承担组织生产的职能,又发挥着仪式职能,与民间社会的生产生活和经济利益密切相关。

在甘南,青苗会组织主要存在于临潭、卓尼等农业和半农半牧业地区。明朝治边策略所带来的军事农业文化,在屯民后代的生产生活和民间文化中产生了重要的影响。清朝初年,丧失军屯户身份的洮州汉人为维护其昔日"洮州卫"的地位,使其在当下的社会环境继续生存与发展,对军屯文化进行新的构建,以"看护青苗"的名义形成新的社会组织——洮州青苗会。②

在传统的乡土文化中,生产实践的时间表与祭礼的周期相对称,农业生产往往与社区仪式密不可分。③洮州地区的青苗会在贯穿生产周

---

① 李静:《民族交往心理的跨文化研究》,中国社会科学出版社2010年版,第385页。
② 阚岳:《第二种秩序:明清以来的洮州青苗会研究》,中国社会科学出版社2016年版,第81—90页。
③ 王铭铭:《村落视野中的文化与权力:闽台三村五论》,上海古籍出版社2018年版,第31页。

期中的文化互动中发挥着神祇的组织功能，如插旗、禳灾、巡青、迎神赛会、冬报愿等仪式活动。同时，在日常的经济生产中，青苗会组织成员进行看青、护林、防雹、搬场、农田管理等生产协作，协调着农业生产中的生产生活秩序。此外，青苗会还承担着一些公益和娱乐职能，如组织开展秧歌、社火等农闲时的娱乐活动。同时，青苗会也调节一些纠纷，进行村庙附近道路的修建等公共事务。

清朝初年的许多碑刻记录了当时洮州地区频繁出现的"汉番草山纠纷"和"草山划分"，如刘旗康熙三十六年的《划定草山界碑》、康熙四十七年的《临潭番屯交界碑》、乾隆八年的《羊永乡孙家磨村白杨树园子汉番交界碑》、乾隆八年的《石门乡力洛沟口汉番交界碑》、乾隆二十年的《临潭洮郡城乡七会众姓草山记碑》等。① 通过官方的勘合、划界和树碑，以及民间青苗会在草山纠纷中的调节，洮州地区的民族社会逐渐在明清交替中重新构建了稳定的秩序。

在清康熙后期，明朝洮州卫的军官后裔宋氏家族的宋茂奇被塑造成了洮州新城城隍庙的"宋城隍"，正式纳入了国家祀典中。从民间的神话构建到被百姓、乡绅各阶层的普遍认可，再到官方的最终认同，洮州地方社会又在新一轮的文化象征构建中加强了军户后裔的文化资本，从而树立了洮州行政中心的区域性文化权威，也为中央王朝在洮州这一多民族区域的统治夯实了文化象征与认同基础。此外，在明朝军神的基础上，洮州地方社会还不断整合地方神祇，为洮州十八龙神文化的形成奠定了广泛的民间文化基础。在这一社会背景下，洮州民间青苗会也在文化资源的整合中兴起和壮大，并开始在族际社会的互动中发挥作用。青苗会通过组织庆神、祭祀等活动，加强了当地民间信仰的传承与发展，同时也在促进不同民族之间的交流与融合方面发挥了重要作用。

---

① 张俊立主编：《临潭金石文钞》，甘肃文化出版社2011年版，第53—71页。

谕。特授洮州抚番分府严谕旧城乡约知。发来祭文四通。一，城隍。一，龙神。一，巴龙池。一，山上泉神。尔同会首、绅民用香烛酒礼祭神焚化，切宜敬惧，毋得亵渎。特谕。计发祭文四通。

道光二十五年六月初五日谕①

这道洮州抚番厅的官方文书从一个侧面展现了官方对汉、藏民族神祀的管理，从中也反映出了清朝中期的汉、藏民族在民间信仰和神事互动中已经产生了一定的文化互动与交融现象。该文书是由洮州旧城青苗会于道光二十五年（1845）颁布的，表明在当时，洮州的民间青苗会组织已经在日常的生产生活、民间仪式互动方面调节着族际关系，并在协调族际关系中扮演着不可缺少的角色。在这一民间文化的互动中，洮州民间信仰与民间社会文化以其开放和包容的体系，对涉藏地区社会产生了影响，并逐渐将其他民族纳入这一文化系统中。在各民族共同的生产生活场域中，洮州民间文化空间的联村合作扩展到了涉藏地区社会空间，最终形成跨村落、跨民族社会互动的基础。洮州十八龙神中的常遇春、胡大海、李文忠、安世魁和成世疆等神祇在涉藏地区社会中具有广泛的信仰基础，其"马路"范围（龙神信仰范围）还包括大面积藏族、土族等少数民族居住的区域。

洮州地区青苗会以每一个龙神为地域性象征划分了十八青苗分会（大会），每个大会以每位龙神主身供奉的主庙为中心。主庙下面又下设了各个以村庙为中心的小分会（小会）。新城镇城隍庙的青苗总会与十八青苗大会只是象征性的隶属关系，没有管辖权，只是每年端午节负责组织龙神赛会。

---

① 阚岳：《第二种秩序：明清以来的洮州青苗会研究》，中国社会科学出版社2016年版，第102页。

表 6-2 洮州青苗会情况及洮州十八龙神"马路"分布

区域	龙神封号	主庙位置	青苗会规模	"马路"范围
新城	徐达（陀龙宝山都大龙王）	新城镇城背后村	1村1会（城背后青苗会）	城背后村
西路	李文忠（威镇三边朵中石山镇州都大龙王），又称石山佛爷	新城镇端阳沟村石山庙	10村5会（端阳沟青苗会）	洮河北侧西向，大致包括上半山，北山马路，羊沙新庄堡，羊永旧庄堡，八达乔子川不算，东路李启山，欠马说，上朱琪，马英河，肖家沟
西路	安世魁（镇守西海感应五国都大龙王）	城关镇	25村5会（旧城青苗会）	临潭县城关镇、古战镇、初步乡；卓尼县申藏乡、阿子滩乡
西路	朱亮祖（南部总督三边黑池都大龙王），又称流顺佛爷	流顺川上寨大庙	16村7会（流顺川青苗会）	临潭县流顺乡、卓尼县木耳乡
西路	花云（四季九汉降房护国赤察都大龙王）	水磨川花云庙	11村5会（水磨川青苗会）	水磨川村
西路	马秀英（西郊透山响水九龙元君），俗称白土娘娘	羊永乡堡子村娘娘庙	1村1会（白土青苗会）	羊永乡白土村
西路	郭宁妃（九天化身白马太山元君），俗称冯旗娘娘	长川乡冯旗村	1村1会（冯旗青苗会）	长川乡冯旗村
北路	常遇春（总督三边常山盖国都大龙王），俗称常爷	冶力关镇池沟村	21村6会（冶力关青苗会）	临潭县八角乡、羊沙乡和冶力关镇，卓尼县勺哇乡、康多乡、草岔沟；临夏和定西的部分地区
北路	成世疆（成沙广济都大龙王），俗称成爷	羊沙乡甘沟村	11村3会（甘沟青苗会）	临潭羊沙乡，卓尼恰盖乡、藏巴哇乡部分地区
北路	康茂才（东郊康佑青龙宝山都大龙王）	新城镇晏家堡村	13村13会（晏家堡青苗会）	临潭县晏家堡和党家沟、石门乡

(续表)

区域	龙神封号	主庙位置	青苗会规模	"马路"范围
南路	胡大海（洮河威显黑池都大龙王），俗称南路爷	新堡乡青石山大庙	13村5会（新堡青苗会）	沿洮河下游两岸东侧临卓两县地区
	赵得胜（祥渊赤察都大龙王）	陈旗乡石旗崖	7村3会（王旗青苗会）	临潭县陈旗乡、卓尼县洮砚乡
	武殿章（五方行雨都大龙王），俗称五方爷	总寨乡秦观村	6村2会（秦观青苗会）	临潭县总寨乡秦关村、卓尼县羊化村和温旗
	郭英（普天同知显应龙王）	新城镇张旗村	16村13会（张旗青苗会）	临潭县新城镇扁都村、店子乡、龙元乡和陈旗乡部分村社
东路	朱氏（金木元君都大龙王），路牌下娘娘	陈旗乡牌路下村	2村2会（牌路下青苗会）	陈旗乡
	张德胜（祥眼赤砂都大龙王）	陈旗乡梨园村	12村5会	梨园村、中寨村、山沟门、磨沟村
	刘贵（金龙龙洞宝山都大龙王）	新城镇刘旗村	4村2会	新城镇刘旗村、石门乡汪家庄子等
	韩成（水司杨四将军都大龙王）	韩旗村	8村4会	韩旗、唐旗、谢家坪、杜家川

资料来源：阙岳：《第二种秩序：明清以来的洮州青苗会研究》，中国社会科学出版社2016年版，第282—283页；范长风：《青藏洮岷地区跨族群与联村型青苗会组织——兼论文化多样性的国家治理策略和地方性实践》，《华东师范大学学报》（哲学社会科学版）2016年第5期；2017—2019年田野调查资料。

  历史上，洮州地区的"青苗总会"一般包括一名"总会长"和十几名"会长"。在下层组织中，"青苗大会"由一名担任总负责人的"提领"、一名"大会长"以及若干"小班"组成。而"青苗小会"则由一名"小会长"和若干名"小班"成员组成。在20世纪80年代，当地青苗会重新恢复，青苗大会的事务主要由大会长负责，提领负责神事活动。有些青苗会则没有提领一职，而是由专门负责仪式的"马脚"代替其职能，如新堡青苗会。

  在现代临潭、卓尼等地区的日常生产生活实践中，青苗会的重要职能之一是通过文化仪式和经济生产的组织与动员，促使当地跨民族的联村互动与合作，从而加强当地各族群众在生产生活中应对高原气候和灾害频繁的自然环境的能力，保障生产生活的正常秩序。青苗会以其草根性质，通过将文化象征资源转化为经济生产协调中的权威资源，加强人们在日常生产和社会生活中的团结协作，抵御自然环境所带来的风险，并通过象征性的保障加强了人们应对危机时的心理调适能力。这种组织形式在当地的民族互嵌格局中发挥着重要作用，超越了家族、宗族、村落的基础，也超越了族群的界限，使民间社会文化更具有开放性、包容性、多元性与共享性。在加强临潭、卓尼等地跨村落、跨民族联村互动的同时，青苗会也夯实了地方文化秩序中各层面的民间社会基础。

甘南地区，尤其是临潭、洮州广泛流传的民间俗语"南路佛爷'马路'宽，阿达儿黑了阿达儿站"，其中暗含的便是"黑池爷"胡大海的信仰区域遍布了洮河两岸的汉、藏交错杂居地区。因此，胡大海所在的青苗会在进城参加"龙神赛会"的路上，或是在村落"巡青"的过程中，"根本不用愁在哪里过夜的问题"。在民国初年，卓尼杨土司通过联姻与文化的互动加强了洮州民族社会的纽带。卓尼杨土司纳娶了宴家堡的一位刘姓汉族女子为姨太太，并参与了该地龙神康茂才的祭祀活动，出资整修龙神庙。此外，杨土司还将南路爷胡大海列为了自己的家神，推动了洮河南岸区域很多藏族人对"南路爷"的信奉，扩大了"南路爷"在少数民族区域的影响。①

据民国史料记载，当时卓尼涉藏地区的"朱扎七旗"将常遇春设为公共供奉之神。每当"朱扎七旗"选出新一届的"大总承"时，卸任者交接各种文件、尕书的同时，还要将供奉的"常爷"移交。在旧

---

① 范长风：《从地方性知识到生态文明：青藏边缘文化与生态的人类学调查》，中国发展出版社2017年版，第153页。

历新年时,"朱扎七旗"全旗的藏族也要到大总承的家中给"常爷"拜年并献上贡品。① 常遇春不仅被汉族和藏族信仰,还被卓尼勺哇的土族所崇拜。据勺哇的民间传说,勺哇的拉巴族姑娘常周茂草嫁给了常遇春,因此勺哇的土族认为常遇春是他们的"姑父"。现在,勺哇地区的土族、汉族和藏族都信仰常遇春,将他视为十八龙神之一,并将勺哇土族纳入了冶力关青苗大会的组织中。冶力关常遇春的主庙下设六个会,其中勺哇是其中之一。勺哇有三座常遇春的歇马店,分别是拉巴族庙、大庄庙和初路庙。常遇春的主庙位于冶力关,每年农历六月初一至初三举行庙会。在庙会之前的五月二十五日至五月二十七日,勺哇人会邀请"常爷""大郎爷"和"同治爷"到勺哇地区进行巡游,祈求保佑勺哇的农业收成——"大郎爷"和"同治爷"是常遇春的"陪侍佛爷"。勺哇人称这一仪式活动为"转丈人"。五月二十五日,拉巴族的人将龙神神像从冶力关接到拉巴庙,经过红土泉村和拉巴,在拉巴庙停留一夜。五月二十六日,石家族的人负责将神像接到大庄庙,经过郭家咀和立布湾。五月二十七日,初路族人负责将神像接到初路庙,停留三个晚上。六月初一早晨,初路族人把神像送至光尕,举行仪式之后,光尕族人将神像抬至海家磨交接,送回常爷的主庙。整个仪式活动持续六天五夜,几乎覆盖了勺哇地区的汉族和土族村落。虽然游神的路线不经过藏族村落,但勺哇地区的藏族也会参与到仪式中。

威镇三边朵中石山镇的州都大龙王李文忠也被称为"石山佛爷"或"藏族佛爷",在涉藏地区社会拥有一定的影响力。李文忠的主庙位于端阳沟村,虽然汉族居民占大多数,但是汉、藏文化交融的特点非常明显。例如,石山庙具有一定的藏式风格,可以看到骷髅链和璎珞图等藏式文化图案。李文忠在涉藏地区拥有广泛的信仰者,"石山佛

---

① 谷苞:《卓尼藏区朱扎七旗的总承制度》,载李正元主编:《故土新知》,商务印书馆2019年版。

爷"插旗的日子,许多藏族村落都会拉羊到端阳沟村献祭,并请马角或会首在插旗过程中在他们带来的小旗上盖上龙神大印,然后带回村子插在山头或村口。

在白土坡村考察"纸马舞仪式"期间,我们了解到羊沙乡的汉族和卓尼县藏巴哇地区的藏族在龙神信仰方面也存在互动。藏巴哇部分地区也属于成世疆的"马路",当地的藏族也信仰"成爷"。每逢春节期间,羊沙的汉族和藏巴哇的藏族之间会进行抬龙神"走亲戚"的传统习俗。双方轮流每年正月初四左右走访对方的村落,并举行一些仪式活动,以"抬龙神转亲戚"为理由进行互动。

> 神走的路,是必须走的。藏巴哇藏族的人来的比我们去的要多,一般是正月初四就开始来了。除了正月初四到初八这段时间必须走神路外,其他时间他们不走。初八是必须走的,一天就能走完。如果神不抬,就会抬走他们的衣服。在仪式上,他们来了我们就接待,吹号,就像解放军吹的那种号。他们的号声很吃力。每个村庄都要转,我们到他们那里就去两个村庄,分别是候旗和玛尼滩。他们在初四来,初八回去。(ZMY,女,45 岁,汉族,洮州花儿非遗传承人,甘南州临潭县羊沙镇)

"祭祀圈与信仰圈"理论是中国区域社会研究中的一种较为成熟的分析模式,起源于中国台湾"民间信仰与社会"的研究。在前人研究的基础上,林美容提出了祭祀圈的组织原则①,将民间信仰作为表达社会联结性的传统形式②。祭祀圈的意义在于通过祭典活动将更大空间范

---

① 林美容:《由祭祀圈来看草屯镇的地方组织》,《"中央"研究院民族学研究所集刊》1987 年第 62 期。
② 林美容:《由祭祀圈到信仰圈——台湾民间社会的地域构成与发展》,《"中央"研究院民族学研究所集刊》1988 年第 63 期。

围内共同信仰的人群联系起来，探讨人群结合的机制及特定社会的存在模式。祭祀圈作为一个空间概念，将一定区域社会空间内不同的个人、群体、组织整合成为一个社会共同体。在临潭、卓尼地区地方文化秩序的影响下，联村合作的扩展不仅实现了汉、藏、回、土等民族在生产与仪式中的合作，也增强了各民族在心理层面的亲密感。民族间的文化互动与文化仪式中的跨村落、跨区域活动在构建多元一体的文化秩序时，也为民族间社会纽带和情感纽带的形成奠定了基础。

在青苗会的组织和影响下，临潭、卓尼等地区的地方性文化秩序和相应的民间文化，也发挥着类似于祭祀圈的社会整合作用。通过整合一系列规律性的农事活动、民间祭祀和民俗文化活动，地方文化秩序协调着本地人的生产生活和社会互动。由于本地处于农牧交错地带的多民族文化共生交融区域，因此其地方性文化秩序在地区生产生活、农牧经济互补和区域商贸流动中，各民族在交往交流交融中共同构筑起跨族群的民间社会文化圈。一方面，当地的民族关系更加紧密，基于多重纽带建立有机团结；另一方面，当地的社会文化不断发生互嵌与交融，形成具有凝聚力的地方文化共同体，对当地各民族的经济生活、社会生活和文化生活产生重要的影响。

三、民间仪式活动中的民族互动

随着农业机械化的进程，临潭、卓尼等地传统的农业生产协作已经很大程度地减弱。然而，跨村落、跨民族的仪式性合作通过当地民间社会文化互动得以延续，继续加强着当地联村社会的凝聚力。

（一）十八龙神祭祀与族际互动

每年端午节，洮州卫城城隍庙的龙神赛会活动是洮州地区跨村落、跨民族民间社会文化互动的一个高潮。洮州地区的各"龙神马路区域"和各民族通过仪式合作来构建出象征性的联村社会空间，加强了村落、民族间交互性的文化纽带，促进了民间文化社会场域下的社会与民族文化交融。

2019年端午节期间，我们跟随端阳沟①青苗会抬"龙神李文忠"进新城镇参与龙神赛会。此过程中，各民族之间的互动是当地仪式合作空间中的民族互动与交融的一个体现。

1. "石山佛爷"与端阳沟青苗会

龙神李文忠的主庙被称为"朵中石山大庙"或"石山庙"，位于端阳沟村的一座小山上，重建于1988年农历六月初九。端阳沟青苗会设有提领一人、大会长一人、小会长三人、小班四人，另有武姓"马脚"一人，为端阳沟本地人，今年20岁，于2018年担任职务。端阳沟青苗会有六个分会，其中头会位于端阳沟村，二会包括前池、后池、丁家庄，三会位于张堡，四会包括贾家山、李家山，五会包括大族、小族，为汉、藏杂居区域，六会包括北山地区的北山小族、脑索、下拉地、尕藏、寺沟，为藏族生活的区域。

在十八龙神中，只有李文忠的神像是没有头的。此外，李文忠所属的"马路"不办庙会，不请唱戏班子，甚至没有戏台子，家宅也不贴门神。按照传统，抬其他的"佛爷"路过李文忠的"马路"时，也

---

① 端阳沟村位于新城镇最西端，全村辖丁家庄、河尼、贺家庄、沟尼、小族5个村民小组，共259户1037人，其中汉族831人、藏族78人、回族138人。根据2019年在端阳沟村村委会获得的资料整理。

需要偃旗息鼓,静悄悄地经过。关于这个奇特现象,有两种民间说法。

民间的第一种传说认为李文忠是功臣,但是被奸臣陷害而含冤去世。实际上,李文忠是英年早逝,并不是被陷害而死的。然而,"含冤去世"的历史记忆与现实中"偃旗息鼓"的做法,体现了人们对李文忠的同情与保护。另一种说法则是,李文忠在被封为洮州十八龙神之后,在插旗巡山时需要以童男童女献祭。有一天,突然来了一个陌生人为百姓发声,斥责李文忠是恶神,并将其神像的头砍下。从此之后,献祭之物也改成了羊,李文忠的神像也再无头。两种传说在当地各民族中广为流传,成为各民族共享的民俗文化。无论是哪种说法,真实历史中的李文忠都是一位重要的历史人物。他曾参与平叛"洮州十八番族",督建洮州卫城,并招抚了许多"番族部落",为明朝经略洮州做出了重要的贡献。

图 6-2 端阳沟村石山庙

王明珂认为,历史记忆中包含有集体回忆所认定的社会历史形态,人们可以通过历史记忆来追溯群体的起源记忆和历史发展的流变。这种用历史记忆的方式追溯过去的方法,可以用来解释不同社会群体之间的认同和区隔。马克斯·韦伯在定义族群时,也将共同的历史记忆作为关键因素之一。在地方社会文化的构建中，李文忠的历史记忆与传说成为多民族共享的文化资源，联结了族群间的文化纽带，也通过特殊的禁忌与传统突显了所属"马路"的文化特征。历史记忆本身不仅是对历史事件的记忆，而且"记忆"本身也是一个历史，有其不断传承、延续的历史过程，这个过程本身也构成了历史。① 各民族在共同的记忆书写中，通过不断重复、拓展记忆的内涵与外延，不断将其模式化，并且成为各民族共同接受、认同的共同记忆，这在某种程度上也反映着民族文化交融的历史脉络，反映着民族间的共同认同。

2. "扎山"仪式中的民族交往交流

"扎山"仪式又称"插旗"，内容上与藏族的"插箭"仪式有一定相似性。每年的端午节举行，"扎山"仪式前即开始准备，期间会有汉族、藏族群众到当地龙神庙祈福、献祭。在 2019 年端阳沟村的"扎山"仪式前一天，我们目睹了一位来自恰盖的藏族老奶奶身穿三格帽服饰，带着她的孙女前来为孙女的高考祈福，并献上了一头羊。在仪式中，仪式人员将羊牵入大殿内，拿着壶往羊的耳朵里灌水，接着往口里灌，最后还要洗全身。而老奶奶和孙女则站在殿外点灯祈福，因为女性不能进入大殿。其他仪式人员和村民则跪在殿内，祈求"龙神老爷"收下献祭的羊。

端阳沟的龙神赛会是一个传统的汉族节日庆典，每年在端午节期间举行。在进入新城城隍庙之前，端阳沟青苗会首先要在清晨抬龙神上端阳沟村旁边的红山进行"扎山"仪式。这一天清晨 6 点左右，端阳沟村的歇马店锣声喧天，许多汉族、藏族男性都来到歇马店的院子，协助青苗会成员进行准备。"马脚"将李文忠的龙神像放置在神轿中，

---

① 赵世瑜：《传说·历史·记忆——从 20 世纪的新史学到后现代史学》，《中国社会科学》2003 年第 2 期。

然后数十人组成的队伍出发，由年轻人四人一组轮流抬轿，还有人扛着各色旗帜，包括大纛旗等。洮州有句俗话"人有人路，神有神路"，按照固定的传统路线，人们抬着龙神穿过村庄时，村民在路上烧纸，神轿便从火堆上面抬过。一路上，锣鼓声不断响起，偶尔还会有号手吹起号角。

图6-3 红山上的"扎山"仪式，左上角的建筑为红山拱北

位于红山山顶不远处的"红山拱北"始建于清乾隆中期，其内未葬人，是为某位在当地显有奇迹的穆斯林修道者设立的纪念冢。端阳沟的村民认为，龙神李文忠与拱北的老人家是朋友关系，在红山"扎山"也是李文忠借机看望老朋友。虽然存在着宗教文化的边界，但是民间信仰的仪式并没有干扰和影响到拱北，而是被回族群众所默认与接受，双方共同构成了一个交错重叠、共生包容的文化空间，民族间彼此信任与尊重。"李文忠"与"老人家"之间的友谊，也反映着当地各民族在现实中和谐的民族关系。人们将现实中的民族关系拓展至宗教信仰的领域中，而"权威人物"之间的友谊又在无形中影响着现实当中的民族交往交流交融。

在"扎山"仪式中,各个环节都展现出了不同民族文化的交流交融。在"领羊"环节中,人们会把羊淋上一碗水,然后让羊在人群中奔跑,众人手持点燃的香,不停地喊着"领了,领了"。同时,还需要进行"马脚"洁净仪式——抱着羊在火堆上熏松柏枝的桑烟。燃烧松柏枝获得桑烟,是当地藏族"煨桑"仪式中的典型元素。在龙神信仰的仪式中,焚香祷告和桑烟洁净同时存在,体现了汉、藏文化之间的交错融合,也反映了人们对周边民族文化的借鉴与吸收。完成领羊仪式后,龙神收下献祭的羊,跪地的众人弯腰磕头,敲锣吹号,将羊宰杀并将羊血和一颗鸡心放入一个碗中,最后将碗放在了神轿前。

仪式继续,人们生火煮制羊肉、饭食。羊肉放在大碗中,放在神轿前供奉。威武的马脚换上道袍,四班中人分工:有一人敲锣,一个吹小号,两个吹长号。众人跪在神轿前,法会开启。马脚手持钺斧,会长点燃黄纸香烧过钺斧,手执香烟递与马脚。马脚念经赐福神轿。礼毕,马脚带领众人进行迎旗仪式。这是打仗盟誓时沿袭下来的遗风。

图 6-4 迎旗仪式

马脚继续念着咒语，人们再把大纛旗展开，提领取出浸泡在羊血里的鸡心，然后在大纛旗上盖戳一样地沾血，一共沾七下，沾的过程中众人配合喊道："一颗、两颗、三颗、四颗、五颗、六颗、七颗。"接下来分别在一面大红旗和八面小旗上各沾七次血，过程和之前的沾大纛旗一样。其中一面小旗被插起来，大纛旗和大红旗被人扶着树立着，燃起黄表纸和松枝后，众人再次跪下，马脚大声念起经。念完经后，马脚拿着大纛旗，一个青苗会成员拿着大红旗，一个成员拿着一捆小旗，三人同时像鞠躬一样朝各个方向上下挥动着手中的旗，代表着行军祭旗。人们挥动旗子的时候不停地高喊着"昂——散了，昂——散了"，寓意让阴霾散下，驱走暴雨和冰雹。三个人一同挥完后，马脚分别接过大红旗和一捆小旗继续喊着"昂——散了"向各个方向"豁雨禳雹"。迎旗仪式之后，马脚又带着众人回到神轿前，进行打卦仪式，马脚从提领接过两个卦后，先拿到神轿前，然后抛向空中，落到地上后，显示的是"双卦"，预示着风调雨顺，会有个好的收成。仪式结束后，人们分享献祭时煮的羊肉，然后敲起锣，抬起神轿，整个队伍下山。回到歇马店，龙神放置殿内，供前来的人们烧香跪拜，其中也有藏族前来煨桑祈福，歇马店的院子里还撒着藏文化中象征吉祥的"风马"。而青苗会的成员稍作休息，准备抬着龙神去参加龙神赛会。

3. "龙神上隍庙"

2019年6月7日上午10点，端阳沟青苗会的队伍出发前往新城镇城隍庙。出发前，队伍中的一些汉族穿上了藏袍，当地人解释说："我们是为了接近藏族。"这是因为被称为"藏族佛爷"的李文忠在涉藏地区拥有广泛的信众，因此前来祈福和献祭的藏族人很多。在参加龙神赛会的过程中，有时候藏族人也会前来帮忙抬神轿。端阳沟汉族在龙神赛会上穿上藏袍,一方面是为了拉近与藏族人之间的距离,体现二者之间密切的交往和互动,是一种族群间合作和建立密切关系的象征;另一方面也是因为二者间的文化交融和血缘交融,各民族在日常的社会交往和文化交流中不断相互影响,共同构建了一个相互渗透、相互融合的文化空间,彼此之间充满亲切感。因此,当地村民用朴实的语言表达了"我们接近藏族"的情感。

> 我们这儿(端阳沟)汉藏混居,过去基本上穿的是藏袍,跟藏族人穿着差不多嘛。像小时候,冬天穿皮袄、大褂,男人穿黑衣服、棉衣,系上个红系腰,这就是我们的穿着打扮嘛。小时候穿的皮袄挺暖和的,跟气候有关系。而且,穿着打扮也互相影响着嘛。我们这里是农牧过渡地区,既有农业又有畜牧业,酥油、糌粑什么的也是吃的。不过现在改变了,过去家里来个亲戚,肉就上桌了,招待客人的时候也都是这样。我们这里说的"弱巴",藏语里叫"弱巴",汉族也都这么说,就是抬东西的意思,比如抬神轿,我们就说抬"弱巴",这就是藏族的风俗习惯对汉族的影响。(PSH,男,45岁,汉族,居民,甘南州临潭县古战镇)

在端阳沟青苗会进新城城隍庙的队伍中,走在最前面的是一个背着红色空座椅的壮年,后面跟着两列少年,一共十几个人。第一排的两个少年敲着锣,其余的举着旗,旗队后跟着四个号手、两个举万民伞的人。然后是八九个人抬着神轿,老人们拿着香跟随着神轿,一位举着大纛旗的年轻人在后面,众人跟随着游行队伍。在行进过程中,抬轿的年轻人会不时地将神轿扭动起来,人们附和着不断地欢呼。由于端阳沟青苗会管辖范围广大,信众众多,因此游行的队伍也很庞大。年轻人换着抬轿,非常有声势。一路上,不断有村民放鞭炮,汉族和远道而来的藏族信徒给佛爷献哈达、挂红。汉、藏信众跪在路上过关，汉、回村民在路边观看行进的队伍。

图6-5 迎神赛会途中"成爷""常爷"和"石山佛爷"汇合

2019年的龙神赛会增加了一个新的环节，李文忠、常遇春和成世疆三位龙神的队伍在新城镇与端阳沟村之间的前池村汇合，并共同举行一个接迎会。到达前池村后，三辆"神轿"坐西向东放成一排，前面的案桌放着贡品，案桌两旁桌子则摆满了酥油灯，人们上前给各位佛爷挂红，旁边的松柏枝和黄表纸燃烧着。成爷、常爷和石山佛爷三位龙神之间的互动，也代表了羊沙青苗会、冶力关青苗会和端阳沟青苗会之间的互动，从而表达了三个"马路"地域之间的联村纽带象征。献祭仪式和马脚做完法事之后，三个青苗会队伍分别抬着各自的龙神，继续向新城城隍庙进发。

这十八龙神进入城隍庙里，端午要赛神三天。头一天进城，第二天赛神，第三天上大石山禳雹。以前是从新城东门到城隍庙，一路抬着的，谁最先上城隍殿，哪一路佛爷护佑的庄稼最好。所以旧时候的人们都抢着往前冲。以前好像还发生过踩踏事故，现在不提倡这样了，而是和平游街，不赛了。虽然不赛，但是民间还是有竞争，比如你们村的佛爷走到第一位，他们村就不行，非要走到前面去。因为现在有官方的参与，官方为这个事情煞费脑筋。他们有时候没办法，但是安全最重要。此外，现在的游客数量翻了几倍。以前四五千人就算多了，现在随随便便就有四五万人。而且现在第三天不上大石山了。（WR，男，45岁，汉族，医生，甘南州临潭县长川乡）

随着社会的发展，人们的科学文化水平不断提高，龙神信仰的相关仪式更多的是作为一种民俗活动而存在了。因此，历史上的"竞争"已经逐渐被"和平游街"所取代，人们对其认知也愈发理性。例如，端阳沟青苗会进入洮州卫城之后，先抬着石山佛爷到城内一个歇马店内进行接迎会，然后再不慌不忙地上城隍庙，而其他佛爷已经进入了城隍庙中。新城城隍庙的东偏殿平时供奉着十八龙神的牌位，只有端午节时各地的龙神才被抬入殿中。三天的龙神赛会，第一天进城，第二天踩街，第三天上大石山禳雹，其寓意也是第一天破城，第二天在城内巡游，第三天上山清剿残余的势力。龙神赛会活动在20世纪80年代重新恢复后，第三天的上山禳雹环节被取消。在第二天，进行龙神的踩街巡游和过关活动，则达到了赛会的高潮。十几位龙神的青苗会队伍抬着各神像按照规定的路线游街，街道两旁人潮涌动，过关的人也一个接一个像长龙一样排在路中央，等候着各位龙神的到来。踩街活动结束后，各神像被放置在城隍庙的东偏殿，供前来的人上香、挂红。城隍庙外则进行秦腔表演和花儿会，各种商业贸易、地摊经济也正是繁荣之时。

通过龙神赛会，当地不同村落、不同民族之间的社会互动得以加强,不仅产生了象征性的地域联结和族际参与,也在文化交流、经济交流与社会交往中加强了多民族地域社会的构建。

在上述仪式互动的过程中,各民族成员共同参与的过程,体现了人们对于龙神祭祀文化的认同。不同民族成员参与程度的差异,则反映了各民族对这一文化的认同程度的区别。当地汉族、藏族群众共同跪迎"龙神"过关,参与程度更高,表明二者对这一文化的认同程度更高。回族因为自身宗教信仰的原因,仅仅作为旁观者出现。在互动交往的过程中,各民族成员逐渐产生了对"他文化"的认同,从而促使自己以更好的心态与外界交往。各民族之间长期的交往交流交融,使得各民族对彼此的文化都具有一定的熟悉程度,容易产生认同。对文化的认同会产生两种不同的结果:一种是强化对本文化的认同,从而加强民族内部的认同;另一种是因长期接受"他文化"的熏陶,产生对不同文化"摇摆的认同",即对自身的文化和"他文化"都表示认同。"摇摆的认同"取决于民族互动过程中不同文化的力量对比,也取决于当地民族关系的情况,同时受到民族互动历史的影响。它既是民族之间交往交流交融的结果,也可以推动其进一步深入发展。

(二)祭山神会中的族际互动

据王树民在《陇游日记》中所述,山神是藏族信仰中的地方神,各地都有,大小也不一。在洮州地区,山神崇拜是藏族社会文化中重要的一部分。在卓尼、临潭等地,分布着许多大小不一的山神祭祀活动,有以村或沙尼家族为单位的小山神,也有以几个村落为纽带的大山神或其下的山神。这些山神的祭祀活动一般在每年农历春夏之交的四月至六月之间举行,也被称为"攒山神""造山神"。

在洮州地区汉、藏杂居的村落,汉族受到藏文化的影响,也会参与藏族举行祭山神会。位于卓尼县阿子滩乡和临潭县古战镇交界处的大墩山,祭山神日期是农历六月十五日。大墩山祭祀的是包吾什旗,也是包家旗下山神。如今参与大墩山祭祀的范围是大墩山附近的大尕、九日卡、巴舍、宁告、上阿子滩、下阿子滩、古战山、古战川、包家寺、新庄子、古战村、尕路田等村。

1. 民族杂居村落的日常文化互动

在大墩山一带,汉、藏、回三个民族交错杂居;在九日卡村,汉族和藏族生活在一起,一同参与村庄山神和大墩山山神的祭祀活动,还共同举办每年的"坐东巴"仪式。

> 当坐东巴时,全村人会分成两班,一班在四月初一,另一班在四月十五。我们这里的人会告诉回族,他们也应该坐东巴并进行封斋,甚至连他们的像都要一起进行。在封斋期间,不吃不串,也不吃大葱和大蒜,这些东西需要在封斋前七天忌口。肉可以吃,但大葱和大蒜味道太重,需要七天前就忌口了。初一早晨之前,三十或二十九号,人们会把衣服洗干净,自己也要洗干净,穿新衣服。到初一,我们这里会吹海螺喇叭,一吹就煨桑,然后磕头。吹完喇叭后,进行108个长头的磕头,长头是指展开身体趴下,头尽量伸直。在初一这一天,人们只会在下午两三点吃一顿饭,初二则一整天都不吃不喝。直到初二晚上1点,封斋结束,每家人都会有一份封斋的物品,分斋的人会全都聚集在俄拉家里,让他来管理吃的和喝的,甚至是肉,都由他来管。这个过程只会进行两天,初一半个村子,十五也是半个村子。(YJL,男,50岁,藏族,农民,甘南州临潭县古战镇)

YJL将藏族的"坐东巴"仪式比喻成回族的封斋，这反映了民族杂居地区不同民族之间的相互了解以及对彼此文化的影响。在对九日卡村进行田野调查时，了解到九日卡村曾经住有两户回族，但由于孩子在外工作的原因已经搬走了。虽然他们不参加祭山仪式，但每年祭山时他们都会出钱，以此维系着和村里藏族和汉族邻居之间的社会纽带。

> 我们村子以前有两户回族，具体是什么时候来的，我也说不清楚。他们来的时候是集体来的，参加农业社的生产队，一起种田。后来，包产到户之后，他们在村里住了几年。因为他们的老人家年纪大了，干不动农活，就搬到了县城里去，方便一些。迁移户走得早，我们村里的人对他们真的很好。其中一个回族现在在临潭县医院工作。过年的时候，全村的人都会去给他拜年；开斋节的时候，我们村子里的人也会去给他拜年。到了我们村子的年节时，他还要家家串门，我们和他们的关系非常好。之前来的那些回族走得早，他们来自临夏或者河州之类的地方，是老家那里的人。MYJ也是这样，因为后来村里没人种庄稼了，所以他去工作了。（YJL，男，50岁，藏族，农民，甘南州临潭县古战镇）

农历六月十五日的大墩山祭山神会是该地区最盛大的联村祭祀活动，周围14个村都会参加。目前，这个活动由四位旗长负责，他们分别来自九日卡、大尕、古战川和阿子滩，他们主持神事，组织村民，形成了一个民间的联村集体，类似于青苗会的作用。比如，在调研前一年，卓尼县广播电视局在山顶修建铁塔，没有征得村民的同意就挖了坑，这引起了村民的不满。

他们广播电视塔建好之后，不用锅锅子就能看上七县的台，但是我们这是山神的地方，修的话提前要打招呼呢！他们这样挖，我们就念个经，经一念，把这个地方的山神土地全都安顿一下，再不要见怪，叫人搞起还是搞。我们 8000 块钱请了四个和尚（藏传佛教宁玛派僧人），再就把这 14 个生产队的俄拉全都叫上，两天就花了 8000 块钱。（YSS，男，51 岁，藏族，农民，甘南州临潭县古战镇）

最后，大墩山的四个旗长与卓尼广播电视局进行了协调，就前文提到的祭祀仪式问题进行了讨论。正如前文提到的，在不适当的日期进行开垦、播种、建房和挖掘等活动，很容易引起神灵的不满，从而招致报复。在有关部门进行了道歉和赔偿后，村民们请僧人念经，为山神、土地神进行了安抚。

2. 大墩山祭山神会与跨村落纽带

2017 年 7 月 8 日（农历六月十五日）早晨，我们跟随着临潭县古战镇大尕村的 BBM 大叔，乘坐他的三轮摩托车前往大墩山参加祭山神会。大墩山山顶是一片宽阔的草甸，上面有一座供祭山神用的插箭台，不远处还有一座烽火台。当我们到达山顶时，已经有一些村民骑摩托或开车来到这里，他们开始生火烧水，还支起了一顶毡帐。BBM 大叔被引入毡帐坐下休息，他和其他来自不同村庄的朋友们亲切地相互问候并聊天。

祭山神会的第一个仪式是拉泽。当天，大墩山一带的藏族和汉族村民会带上木杆、箭牌、嘛尼经幡、松枝和青稞粉，前往大墩山山顶，在插箭台集中把木杆或箭牌插成一簇，然后缠上嘛尼经幡，将其固定。

图 6-6　大墩山祭山神会

大约中午时，祭祀正式开始。请来的宁玛派僧人会念经作法。人们簇拥着，把装着玛尼纸的盒子以及贡品放在宁玛派僧人前面，宁玛派僧人一边念经，一边撒青稞颗粒。与此同时，人们向插箭台磕头，并在插箭台旁临时搭起一个煨桑炉进行煨桑仪式，然后放上松柏枝、酥油、糌粑等贡品，将其点燃。

宁玛派僧人念经作法完成后，风马仪式开始。男性村民开始围绕插箭台顺时针转圈撒"禄马"，并念吉言。禄马是一种长宽约两寸的方形纸片，中间是一匹驮着摩尼宝珠的马，四个角是虎、狮、龙、鹏四种动物。人们一手拿着装有禄马的小纸箱，一手不断将一沓沓禄马抛撒向天空。一时间，祭祀达到了高潮，人们念着吉言并欢呼着，插箭台上的玛尼旗飘扬着，而禄马纸像则像雪花一样纷飞，铺天盖地，壮观非常。

风马仪式结束后，人们把神牛牵来，进行"淋牛"的仪式，类似于汉族的"淋羊"仪式。人们会往牛身上抹酥油、撒牛奶。牛一直躲闪，人们就跟着牛跑来跑去，想办法稳住"神牛"。当牛奶撒到"神牛"身上，并且牛把身上的牛奶抖掉，人们就高兴地欢呼，喊着"成了,成了",认为山神高兴了。神牛被认为是山神的坐骑,仪式结束后,神牛由宁告村交接给古战山村看管。

> 这片地区由一个旗管辖,下面有14个生产队。祭祀用的神牛不是属于我们村的,而是轮流交接的。今年这个神牛在你们村,明年就在我们村。前年我当俄拉的时候,神牛就在我们村。我养了一年,今年的六月十五号交给了别人,明年的六月十五号又会被拉到别的地方去。(YJL,男,50岁,藏族,农民,甘南州临潭县古战镇)

"神牛"平时由参与大墩山祭祀活动的14个村子轮流看管,其中包括大尕、九日卡、巴舍、宁告、上阿子滩、下阿子滩、古战山、古战川、包家寺、新庄子、古战村和尕路田。每个村子看管一年,于农历六月十五日祭祀当天交接。交接到"神牛"的村子由当年的俄拉负责照顾看管。据当地人讲,"神牛"的选择要根据历法和颜色来确定。仪式全部结束后,人们开始生火做饭,坐在帐篷里或围坐在一起聊天、喝茶、吃饭、喝酒、会友。

通过祭山神会和"神牛"在村落中的流动这些文化上的互动,大墩山周围藏、汉杂居的村落被共同的文化纽带联系在了一起,构成了一个地域的熟人社会网络。大墩山的山神祭祀源自藏族文化,并且附近村落的汉族人通过在日常的生产、生活中与藏族的交往交流发生着文化的交融,对山神祭祀产生文化认同。通过参与山神祭祀的集体行动,各民族之间的关系进一步得到强化。同时,各个村落的藏族、汉族、回族等得以聚在一起交流互动,加强了村落间的社会纽带。参与当地山神祭祀的集体行动出于自愿,是一种特殊的社会互动方式。通过共同参与的过程,不同民族的成员在相互帮助、共同行动等一系列行为中产生一定的相互依赖，周期性的参与以及相应的交往，则能够逐步加强这种依赖，促进认同的产生。在甘南与天祝两地，各民族在长期的交错杂居和不断的互动过程中，其社会文化边界不断发生着变化。各民族在保留自身民族性的同时，不同文化之间的交流碰撞频繁而密切，固有的族群边界也在逐渐弱化。

（三）民间信仰与地方文化的交融

民间信仰和社会文化与人们的日常生产、生活密切相关，是地方文化秩序的基础。在这个过程中，民间信仰中的文化资源被整合和构建，调节着社会生产和生活，影响着地域的社会文化形态。例如，洮州地区的"十八龙神"信仰文化的形成和发展，经历了民间信仰中文化资源的整合与构建，最终与生产、生活秩序相契合。

在明朝时期，为了整合意识形态，统一民众的信仰与仪式行为，实施了"城隍改制"和"神道设教"的文化策略，对民间信仰体系进行整合，将其纳入国家祀典之中。"名山大川、圣帝明王、忠诚烈士，凡有功于国家及惠爱在民者，著于祀典令有司岁时致祭。""太祖既以功臣配享太庙，又命别立庙于鸡笼山。论次功臣二十有一人，死者塑像，生者虚其位。"（《明史·礼四》）明朝洪武二年（1369），朱元璋在都城南京建立功臣庙表彰有功的开国功勋，供奉了"常遇春、徐达、李文忠、胡大海、沐英、邓愈、康茂才等21人"，将他们封为"神"，敕命全国各地建立庙宇加以祭祀。

在明朝的"神道设教"过程中，洮州地区通过民间信仰中的文化构建与文化整合来加强边区移民社会对中央王朝权威的服从。后来，当地人又通过民间信仰所带来的文化资本来唤起其历史记忆，通过军屯文化来强化其地方文化中的合法性、权威性地位，来维持其生存与发展。在这一构建过程中,有些民间本土神祇在国家在场的影响下转化成了军神,被纳入国家祀典的文化象征中。但在地方社会的构建中,"敕封的军神"在本土民间文化的场域下转化为"龙王",成为祈雨祈福、消灾祛祸等与农业生产生活密切相关的神灵。

> 龙王庙,邑龙神有十八位,庙宇建造极多,几于庄堡皆有,天旱祷雨于神池,其应如响,乃一方之福神也。①
>
> 五月五日……择月厌日,由官给札,请十八位龙神上朵山禳雹,回至西关外赛会。②

临潭新城镇刘旗村的龙神(刘贵),原本是一个民间小庙的小神,后来被李达看中,认为灵验,就把他供奉在家里。再后来,他被刘旗村请去当了全村的龙神,并被说成是明朝洮州卫的军百户刘贵。长川乡冯旗村的龙神(马秀英),又叫冯旗太太,最初是冯旗一带的女神,有"冯旗太太退番兵"的传说。她被冯旗、录门、秋路、尼麻提、瓦家湾等村的人一起供奉,最终被"敕封"为龙神,被说成是明朝开国皇帝朱元璋的郭宁妃。洮滨乡秦关村的龙神(武殿章),也叫"五方爷""伍金龙",原来是秦关村后山沟的一位泉神,后来变成了李文忠的随从武殿章,跟着他打仗。陈旗乡牌路下村的龙神(朱氏),也叫"牌路下娘娘",则被说成是朱元璋的姐姐、李文忠的母亲。羊永乡白土村的龙神(马秀英),也叫"白土娘娘",最初也是白土村的一位泉神,被说成是朱元璋的皇后马秀英。③ 洮州十八龙神中的徐达、常遇春

---

① 张彦笃主修:《洮州厅志校注》,包永昌总纂,张俊立校注,中国文史出版社2013年版,第147页。
② 张彦笃主修:《洮州厅志校注》,包永昌总纂,张俊立校注,中国文史出版社2013年版,第124页。
③ 中国人民政治协商会议临潭县委员会文史资料委员会编:《临潭文史资料选辑》第7辑,内部资料1997年版,第57—59页。

等都是历史上真实存在的人物,都是朱元璋的将领,跟着他南征北战,其中有三人封王,五人封公,三人封侯。①

明初征战和经略历史以及军屯历史在洮州地区形成了军事农业文化场域。这不仅为当地文化秩序提供了文化资源基础,也赋予了地方社会发展中的文化身份。通过对文化遗产的继承和构建,强化了洮州文化核心圈的文化权威和社会价值。

十八龙神信仰与洮州地区的农事文化紧密相连。其重要目的和意义在于通过对龙神的祭祀来祈求风调雨顺、农事顺利、增产丰收。由于洮州地区的高原气候和频繁的冰雹灾害对农业产生了很大的不利影响,因此人们对农业收成有着美好的愿景,也更加注重与农事活动有关的民间信仰活动。

青苗会是农民以庙会为核心形成的农事组织,管理、协调一年的农业生产活动以及祭祀活动。十八龙神的总会位于新城镇的城隍庙,每一位龙神的"马路"都有一个分会。每一位龙神的主庙一般都在分会所在的村落,每一位龙神在其"马路"下都有一个主庙,个别龙神有两个或三个主庙。胡大海和常遇春各有三个主庙大殿,这三个分会地位平等,但功能不同。例如,常遇春的三个主庙大殿分别位于冶力关池沟、庙花山和草岔沟,胡大海的三个主庙大殿分别位于千家寨、太平寨和总寨。除了主庙大殿,其他村落的龙神庙为歇马店。在庙会龙神巡游、巡青时,神像会被抬进歇马店的座位,供人们祭祀膜拜。随着社会文化的变迁,有些歇马店也塑起了神像,比如古战村和长川村的龙神庙,这在过去是不被容许的。

在地方文化秩序与民间社会文化的场域下,农业生产与文化仪式密切相关。首先,与农事文化相关的仪式互动在农业生产中扮演象征

---

① 临潭县志编纂委员会编:《临潭县志(1991—2006)》,甘肃人民出版社2008年版,第756—758页。

性的保障角色,例如对农业生产的精神护佑。其次,基于联村的农事文化在脆弱的生态环境中增强了村落间农业生产与协作的联动性,加强了洮州地区跨村落、跨民族的社会纽带。最后,地方文化秩序下的民间社会文化对社会生活有一定的调节作用,通过地方的社会时空制度创造,产生了区域性的生产生活节奏,使规律性的农事活动、集市贸易和民俗文化活动与现代性的社会生活协调进行。与洮州十八龙神文化相关的文化互动贯穿于洮州一年的农业生产周期,通过仪式互动与农事协调,在构建地域文化体系的同时,也在加强跨村落的社会联系。

多元一体的文化格局是甘南及天祝地区的重要文化特征之一。不同民族、不同宗教信仰、不同文化制度等在不同层面进行长期的交往交流,共同存在于多元文化的时空范围中。各种文化要素共生共存,虽然在交往交流的过程中也会发生碰撞,但以交融为主旋律,从而形成了我们目前所见的地方社会文化,使"共生互补"成为当地多元信仰文化的基本特征。社会共生的理论强调共生单元之间的优势互补、互相借鉴,从而实现扬长避短。只有在尊重其他参与方的基础上,共生单元才能扩大共享领域。[1] 从上文的分析中,我们能够明显发现当地宗教信仰文化中共生互补的形态特征,汉族、回族、藏族、土族等各民族拥有不同的宗教信仰文化,在不同语境中满足人们的需求。多元宗教信仰的和谐共生不仅是各宗教信仰应共同遵守和践行的基本准则,也离不开社会主义中国尊重宗教多样性,承认宗教信仰自由,主张宗教自主、平等、和谐相处等一系列制度层面的保障。

---

[1] 许宪隆、沈再新:《构建共生互补型多民族和谐社会的思考》,《学习月刊》2008年第20期。

第七章
民心相通：民族交往交流交融
和谐发展的内在路径

在民族交错杂居、文化交融汇聚的基础上，各民族持续保持着友好的互动关系。在这种民族交往、交流、交融的过程中，民族之间的认同不断加深，共同塑造着中华民族共同体。甘南、天祝等地民族交往交流交融的历史与现状，构成了民族交往交流交融的基本场域。经济互嵌在互惠互利的基础上形成，提供了民族交往交流交融的物质条件。长期历史进程中形成的平等、团结、互助、和谐的民族关系，夯实了民族交往交流交融的社会条件。基于对自我与他者的文化认知以及文化选择之后形成的文化共享，则提供了各民族交往交流交融的精神家园。以上因素共同构筑了新时代和谐民族关系的重要条件。除此之外，各民族在心理上的交融更为重要，基于物质基础、社会基础与文化基础所形成的族际认同与中华民族情感，共同促进了心理上的交融互通，形成和谐民族关系的心理基础。因此，在促进各民族在交往交流基础上形成民族心理的交融互通，是促进社会主义和谐民族关系的内在路径。

一、影响民族交往交流交融的因素

民族交往交流交融是一个动态的发展过程,反映了各民族在政治、经济、文化、社会生活等领域的接触与互动。它的状态与发展趋势直接表征着民族关系的状态与趋势。民族交往交流交融的发生与发展受到多种现实因素的制约。

(一)城镇化显现民族交往交流交融的区位优势

在现代化进程中,城镇化发展被视为衡量特定区域社会经济发展水平的重要指标之一,它"是指伴随现代化进程,在一个国家或地区范围内发生的,以人口的非农业就业结构的增加和城市人口比重的提高以及城市规模的扩大为主要标志的一种经济、社会和人口的发展过程"[①]。城镇化是推动社会文明发展的重要动力,"是一个人口由农村分散状况向城市集中的过程;是一个生产由农业主要是利用自然条件向工业主要是改造自然条件的过渡;是一个人的智力由在农村的受压抑状态向在城市中迸发才智、创造奇迹的转化"[②]。同时,城镇化水平及其发展趋势是观察相应国家和地区经济发展是否稳定、持续、健康的重要指标之一。城镇化发展水平和经济发展水平的匹配程度,反映了城市化与工业化、现代化的协调发展程度。城镇化不仅是社会经济发

---

① 赵利生:《民族社会现代化的内容、特征与必然性分析》,《西北民族研究》2003年第2期。

② 宋书伟、孙立平、严立贤:《走向现代之路》,中国新闻出版社1989年版,第33页。

展的必然结果,而且是一个国家或地区由贫穷走向富强的必由之路。①

> 以前这个地方叫合作镇,归夏河管。合作市是在20世纪90年代末成立的。那时候路况可不像现在这样,好些地方只有水泥路,还有些地方是铺了石头的,远一点的地方就是土路。房子也不高,基本上就是两三层的小楼。说实话,那时候还是没钱,老百姓们吃饱都还是问题呢,哪有钱搞基础建设?现在国家有钱了,老百姓也有钱了,投资基础设施的钱比以前多得多了。现在甘南搞旅游,基础设施不好人家也不愿意来啊,谁会想来你这些路都是烂泥的地方呢!(SJJ,男,34岁,藏族,建筑工人,甘南州合作市)

从田野调查中获得的访谈资料来看,被访者对各自所在地区的城镇化发展有着直观的感受。他们普遍认为,随着城镇化的推进,当地的经济水平得到了提升,居民的收入水平和生活水平也得到了相应的改善。居住环境、医疗条件、教育资源、道路交通等方面,与以往相比都得到了不同程度的提高。因此,城镇地区对人们的吸引力也越来越明显。

> 这些年我们这里发展得很快,再早点乡上都是沙土路。最近国家和政府出钱给我们修了水泥路,出门也方便了。乡上都是新盖的房子,政府帮我们修建并且给了很多补助,包括装修和牌子。以前到处都是破破烂烂的房子,跟现在简直不能比较,变化太大了。我们经常在草场放牧,政府公务员也经常下来慰问我们,问我们哪里需要帮助,基本上生活的各方面都会问到。政府还给我们

---

① 蒙世军:《城镇化与民族经济繁荣》,中央民族大学出版社1998年版,第26—28页。

牧民修建了定居点，房子盖得很好，冬天也很温暖，我们都能住上新房子了。乡上新建了学校和医院，也方便了我们的孩子上学和看病。(GS，男，40岁，藏族，牧民，甘南州玛曲县曼日玛镇)

近年来，甘南、天祝等地社会经济迅速发展，城镇化进程不断加快，特别是民族小城镇的建设取得了令人瞩目的成就。民族小城镇的发展，在当地多民族地区的社会发展中形成了一定的区位优势。特别是在社区空间上，民族小城镇的聚集性往往伴随着人口向小城镇的流动和不同文化之间的碰撞融合，从而带来原有的民族人口分布格局和文化格局的变化，新的人际关系网络和社会文化格局由此形成。

现在各方面的生活条件都好了，包括衣食住行，都变得更加方便了。人们的休闲时间也比以前多了。以前像我们这些五六十岁的人，都要在田里干农活，哪有什么时间来享受休闲呢，都是为了讨生活。但现在情况不同了，各种活动也越来越多，天气好的时候，人们会聚集在广场上，人多得很，年轻人和老年人都有。老年人除了一些退休的职工和干部，还有不少是以前的农民和牧民。(YCG，男，53岁，藏族，居民，武威市天祝县华藏寺镇)

甘南、天祝等地传统上以畜牧业生产和农耕生产为主，这在现代社会中仍然占据着很大的比重。传统牧业社会中"逐水草而居"的游牧生计方式，使得牧区难以形成固定的聚居形式；传统农业社会虽然以固定、聚居形式居住，但是农业生产的分散性以及土地对人口流动的限制，又限制了人口集聚和流动的规模。但现代社会的经济发展以及人们在社会活动过程中的区位选择，使得小城镇得以在特定空间中逐渐形成和发展。甘南、天祝等地的小城镇在交通、经济、行政、文化、教育等方面具备吸引人口聚集的优越条件。以此为基础，不同民族的人口逐渐进入城镇地区，摆脱传统农耕和畜牧生活的桎梏，城镇成为满足居民社会需求的重要场所，使各族居民形成多元的发展面向。

> 我们是从临潭来的，亲戚介绍我们来这里的。这些年玛曲（尼玛镇）一直在建设，亲戚说开个饭馆肯定有发展前途，于是我们一家就来了。刚来的时候也不习惯，主要是以前没接触过藏族文化，对这里的环境也不熟悉。不过过了半年左右，我们就慢慢地适应了，这里的人都很好相处。来了以后，我们得到了贷款和政府发放的宣传册，里面介绍了许多关于藏族文化的知识，让我们了解到了很多东西。慢慢的，我们也交了不少本地的朋友。现在我们觉得这里很好，人也好，环境也好，我们在这里住得很舒适。（MYD，男，36岁，回族，餐馆老板，甘南州玛曲县尼玛镇）

随着城镇化的不断发展，不同民族进入城镇地区的现象越来越普遍。这些民族之间的文化传统、风俗习惯、宗教信仰、价值观念等方面都存在一定的差异，但正是这些差异使得各民族得以在城镇社区开展交往和互动，从而扩大了不同民族之间的交往和互动，推动了当地社会的变迁，使民族交融成为可能。

> 现在的时代条件越来越好了，尤其是在旅游业的发展方面，合作市已经成为甘南最大的城市之一。现在的路修得也好，楼修得也好，晚上出去还有路灯，景色也很美丽，这些都吸引了很多人来旅游。现在合作市每年都会举办旅游节，吸引了很多外地游客前来玩耍，这对经济发展也有很大的推动作用。在旅游业的发展中，人们的素质也得到了提高，大家都是出来玩的，心情都很

愉快，交流也更加融洽。同时，现代交通的发展也为旅游业的发展提供了很大的便利，如现在合作市到兰州只需要几个小时的车程，夏河还有机场，外地游客来也非常方便。（MZR，男，41岁，回族，厨师，甘南州合作市）

在甘南、天祝等地旅游业的发展过程中，城镇化进程得到了推动。以合作市为例，这里是甘南州的政治、经济、文化中心，自1953年甘南藏族自治区（后改为州）成立时，因地理位置及自然环境较好，被选为州政府所在地，1956年设立合作镇，1998年正式成立合作市，截至2020年总人口约有10万。随着城镇化的进程，新的发展机遇促进了人口的流动和聚集，原有的地理空间区隔被打破，各民族有了更多的共同生活、劳动、学习的机会，多元化的人口来源促进了文化的碰撞与交流，为各民族之间的交往提供了良好的空间场域。在这样的背景下，各民族之间的接触机会不断增加，促进了民族之间相互交往和了解，同时也推动了文化的交融，促进了城镇地区文化一体性的发展。更重要的是，这样的局面为促进各民族的交往交流交融、增强中华民族的凝聚力提供了优越的前提条件。

在城镇化带来发展机遇的同时，也需要妥善处理其中可能造成的各种社会问题，从而避免这些问题对民族交往交流交融的负面影响。一方面，不同民族的成员共同进入城镇地区生活，居民来源的多样化在增加城镇社区文化多样性的同时，也使得人们在处理彼此关系时需要面临更多的考验。从个体的角度来说，人们总是根据自身所具有的经验来处理现实，相对于现实社会的发展，经验积累往往具有落后性，因此在处理现实问题时，过去的经验可能与社会现实产生脱节。在民族交往过程中，个体需要经历根据自身文化背景与个人生活习惯进行适应性调整的过程。这一过程是否顺利，会直接影响族际交往的过程。

另一方面，人口的大量进入，为城镇地区的基础设施建设与社会发展提出了更高的要求。需要在城镇化进程中创造更多的发展机会，不断满足人民群众日益增长的物质文化需求。

此外，从甘南、天祝等地的现实情况来说，宗教因素也是我们不可忽视的现实，它也是影响族际交往的重要因素。前文已经提及，上述地区的宗教文化和社会影响力非常深厚，多种宗教信仰相互交织，对许多民族成员的精神世界产生着巨大的影响。虽然宗教当中的确存在很多诸如劝人向善、与人为善等有利于社会和谐的价值观念，但一些信教群众过于看重宗教世界的追求，以宗教的要求作为行为准则，对于民族交往交流交融的发展造成了负面的影响，这是必须加以正确应对的重要方面。值得肯定的是，伴随社会的变迁、民族交往的深入和社会主义的发展，宗教文化思维淡化的趋势正在逐渐加强，这对促进各民族的科学发展起着积极的推动作用。

（二）经济协调发展是民族交往交流交融的物质基础

在甘南、天祝等地的族际互动过程中，商业上的跨民族交往是其主要的互动形式。通过族际商业交往，各民族建立起互惠互利的经济联系，并以此为基础拓展交往空间，在更多的领域拓展交往深度。无论甘南还是天祝，各民族成员共同在市场经济活动中利用自身的优势开展各种经营。例如，在传统社会中，经营畜牧业的藏族将自身的畜产品通过回族商人贩运至各地，并通过回商获得生产生活所需的各种资料；汉族则将各种农产品通过回商贩运至牧区，同时获得所需的畜产品；回商从中扮演着中间人的角色。虽然现代市场经济条件下经营主体的多元化极大地淡化了这种模式，但我们仍能从中发现汉族、藏族、回族的这种经济互动模式。另外，在甘南的旅游业当中，当地较大的餐馆、农家乐、牧家乐等在运行过程中也体现出多元化的民族特征。这些场所的所有者来自不同民族，提供的餐饮中融合了全国各大菜系、藏餐以及清真餐饮的内容。厨师以回族居多（满足清真餐饮的需要），负责接待与对外联络的管理人员中汉族居多，服务人员以当地藏族打工者居多。此外，由于当地旅游以藏文化为主打特征，因此提供才艺表演的队伍当中，藏族往往占据主导。在这样的分工模式下，当地旅游业接待着来自全国各地各民族的客人。以上种种，均说明在当地的经济发展过程中，各民族共同参与市场经营，而且在经营过程中相互依赖、包容互补，形成了经济上的互补性和互嵌性特征。

民族经济交往的意义不仅体现在促进市场经济发展本身，更重要的是族际经济交往构筑起社会结构的重要基础。"经济交往为经济生活作为社会结构的重要组成部分，在牧区乡镇为各民族经营者提供了生计来源和社会身份，从而使得牧区乡镇的民族互嵌在经济互嵌的基础上向更加深入社会领域扩展的可能。"[①]

> 之前我在矿上上班，后来矿少了，效益差，工资低，就辞职了。这次回来是为了办点事情。在矿上上班的时候，我20岁出头，跟着一位藏族师傅学技术。他人真的很好，技术也好，脾气也好，总是不厌其烦地教我。有时候我怎么也学不会，他也从不发火。后来我们的关系变得特别好，通过他我认识了好多其他藏族朋友，私下里没事就相互到家里做客，酥油、糌粑什么的也吃得惯了，还喜欢吃。我还跟师傅学了不少藏语，平常简单交流没有问题。我也渐渐成了半个藏族人。现在我已经回到了自己的地方工作，但是我还经常联系师傅和几个好朋友。昨天我还去了师傅家里看

[①] 李静、于晋海：《从地域认同到文化共享——牧区民族互嵌式社区的实践路径》，《贵州民族研究》2019年第4期。

望他。(WLY，男，42岁，汉族，工人，甘南州玛曲县)

矿业至今仍是玛曲的重要产业之一，吸引了大量的汉族、藏族、回族等民族的工人，改变了牧区的民族构成。在工作中，多民族职工之间通过交流合作，逐渐建立起深厚的友谊。这些情感交流不仅拉近了彼此的距离，也扩大了民族间的交往，促进了民族和谐发展。虽然近年来由于矿产资源的枯竭和对生态保护的重视，许多矿场已经关闭，但是由它所带来的民族交往却持续发展着。

"民族交往是一种交换、合作、竞争的实践过程，是交往主体为了满足自身需要而做出的行为。民族交往属于社会交往的特殊形式，归根结底也是为了满足人的需要。"[①] 物质生活提供了人类生存和发展的基本资料，其中物质生活领域的需求是人类基本需求之一。这也决定了经济交往在民族交往交流交融中的基础地位，促进了人们的经济交往。经济交往的需求使得各民族共同参与市场经济，建立起跨民族的共同市场，促进了相应地区和地域共同体特征的发展。各民族在共同维护市场稳定、繁荣发展的同时，也将交往的领域扩展到社会生活的各个方面。

(三) 民族互嵌居住格局是交往交流交融的社会基础

生活于甘南、天祝的高原各民族在经济领域的交往互嵌，构成了民族交往交流交融的经济基础。如果要将民族交往交流交融拓展到更广泛的社会领域，需要利用民族平等、团结、互助、和谐的社会环境作为载体。在长期交往过程中，各民族逐渐形成的民族互嵌格局，就是这样的社会环境基础。马戎先生也认为，社区居民的居住格局决定

---

① 高永久等编著：《民族社会学概论》，南开大学出版社2010年版，第190页。

了来自不同文化背景的各民族在交往过程中的交往深度。随着交往的加深,不同民族之间的互相了解会更加深入,从而有利于消除彼此间的误解和矛盾,能够促使交往各方建立起融洽的民族关系。① 因此,居住格局同样构成了社会交往的客观前提,是了解民族交往交流交融的重要场景。

民族居住格局的互嵌性反映着民族交往的深度和内涵。互嵌的居住格局为民族交往的发生和发展提供了重要的场域,体现并影响着民族关系的亲疏远近。从全国范围来看,各民族在共创中华民族的过程中形成了交错杂居的居住格局,这样的局面为全国层面的民族交往交流交融提供了便利的条件。居住格局对民族交往交流交融的影响,直接体现在居住的空间距离上,距离越近,能够发生交往交流的机会也就越多,民族交融的概率更大;反之则交往交流的机会就偏少,民族交融的概率也就更小。

> 我们家在镇子东面,那边藏族居多,就只有一两户回族,还有几家汉族。回族大多都住在镇子西面,藏族也是。中间这一块地方,藏族、回族、汉族都有,好多人都是做生意的。我有几个朋友的邻居就是汉族,有些外面来的汉族、回族到这里没地方住,就租本地藏族的房子,就成了邻居。我们这里有赛马节啊,他们也都来参加,有的是来做生意,有的就是来看热闹玩的。(WM,女,35岁,藏族,无业,甘南州玛曲县尼玛镇)

甘南、天祝等地在行政区划和传统文化社会结构中都已不再是单一民族居住的格局,各民族在不同层面交错杂居。以玛曲县尼玛镇为例,尼玛镇以藏族为主,与汉族、回族等民族共同生活在一起。虽然

---

① 马戎:《西藏的人口与社会》,同心出版社1996年版,第399页。

镇子边缘地带仍有少量以藏族为单一成分的居民区,但总体上这里是一个典型的多民族互嵌的社区。

> 我们来了之后,就租了尼玛镇西这边的店铺,这里本身回族多一些,好多人也开餐馆。住得近了,想聚一聚或找个人帮忙就不用跑太远了。这边藏族也很多,还有汉族。有时候藏族和汉族客人来了,我们也会跟他们聊聊天,跟邻居们的交往也多一些。我们开餐馆的不能天天往外跑,所以跟其他地方的人的联系就少了,认识的也少了。(MC,男,29岁,回族,餐馆老板,甘南州玛曲县尼玛镇)

总的来说,尼玛镇中心地带由于开发较早,各民族互嵌分布的格局更加明显,而周边地带的民族成分则较为单一。然而,随着时间的推移,已经出现了一定的民族互嵌趋势。多民族之间交错居住的程度越高,社会隔离程度就越低,民族关系也会越融洽。[①]

> 镇中心这块汉族和回族更多一些,当然也有藏族。大家经常在下午去广场上歇着,广场上经常有政府组织的锅庄舞,各个民族都欢迎参加。经常能看到汉族的朋友来跳锅庄,他们也很喜欢。有几个跳得好的人,大家都认识,都成了明星。有句话叫"抬头不见低头见",大家住在一起,肯定会相互接触,只是熟悉的接触更多,不熟悉的接触则较少。平时大家会聊聊天、吹吹牛,谈谈不同的宗教、文化等话题。(BR,男,47岁,藏族,公务员,甘南州玛曲县尼玛镇)

---

① 马宗保:《多元一体格局中的回汉民族关系》,宁夏人民出版社2002年版,第78页。

在多民族互嵌的居住格局下，各民族之间交往交流的前提更加优越。随着人口流动，尼玛镇以及甘南、天祝等地区的民族互嵌性越发明显，民族交往的范围也因此得以拓展。在民族交往过程中，人口流动是其中一个主要内容，通过人口流动，不同人群之间在物质、行为、精神等领域开展着交往。

需要注意的是，民族互嵌的居住格局本身也是民族交往深入发展的结果。虽然各民族的经济交往奠定了民族交往的物质基础，但当民族交往仅仅以经济交往为主时，不同主体之间缺乏拓展交往范围和深度的需求动机，因此也难以形成嵌入他者居住空间的需求。民族互嵌的居住格局客观上降低了不同民族间的疏离感，而且因为在居住过程中的交往交流，彼此间的了解程度日益加深，流动人口逐渐从最初的"讨生活"的过客向本地居民转变，形成了相对稳定的社会结构。各民族在互嵌居住过程中形成的社会关系网络直接影响着社会成员能够获得社会支持的程度。以各民族团结和谐、互帮互助为特征的社会关系，能够提高个体在社会中的适应性，有利于推动民族交往的深入发展。

（四）文化共享是民族交往交流交融的精神基础

"文化共享是各民族成员在交往过程中，不断进行自我认知和对他者认知，逐渐生成共同文化的现象。"① 跨民族的文化共享不仅表现为各民族成员之间认同感的不断增强，也表现为各民族共有的共同文化特征的出现。通过长期的社会交往、文化交流和心理融合，我们研究区域的各民族逐渐产生了强烈的族际认同，各民族成员之间的共性逐渐增多，形成了多民族共享的"精神共同体"。这样的精神共同体构成

---

① 李静、于晋海：《从地域认同到文化共享——牧区民族互嵌式社区的实践路径》，《贵州民族研究》2019 年第 4 期。

了民族交往、交流和融合的精神基础，进一步促进了民族交往交流交融的发展。

在交往过程中，甘南和天祝地区的各民族逐渐形成了跨民族的民族认同，并形成了共同的区域文化共同体。这种共同的区域文化是各民族群众在政治、经济和文化等社会生活各领域开展交往交流交融后的一致选择。它连接着各民族的交往圈和生活圈，促进了各民族之间交往的深入和更加紧密的联系。共同的区域文化是各民族共同社会生活、文化心理和情感联系的体现，使民族成员的行为方式趋于统一。

> 我们现在的生活习惯跟汉族差别不大，吃穿住用都差不多，说的话也差不多。我们这个村子里，汉族和藏族的关系很好。我们也看到了一些融合的现象。在这里生活了很久的几个汉族家庭，他们的生活习惯也变得跟我们藏族人一样了。他们甚至学会了说藏族话，也跟着我们一起举办婚丧嫁娶等活动。如果村子里汉族人更多一些，那么到时候藏族人也会跟着汉族人一样。老一辈人还会说一些藏语，但年轻人说藏语的机会已经很少了。现在，很多习惯都已经基本一致了。（ZGH，女，42岁，藏族，牧民，武威市天祝县）

又如，临潭地区的洮州花儿和万人扯绳等民间活动为当地汉、藏、回、土等不同民族之间提供了文化交流的平台。这些活动本身也是民族交往交流交融的结果。每年的临潭花儿会期间，各民族共同演出不同的花儿，开展商品贸易和社会交往。这不仅为各民族提供了娱乐的机会，也让不同民族在共同参与的过程中形成了对"花儿"这一共同文化要素的认同，促进了区域民族认同的发展。花儿会和万人扯绳等民间活动主要包括体育和民间艺术活动，群众的参与性很强，打破了民族差异所带来的隔阂。各民族成员之间产生了对群体这个标志物的共同情感，使每一个人感到与群体的相关性，加强了各民族的情感和认同，整合了族群之间的关系。

中华民族之所以能够发展壮大，不仅仅是因为各民族文化的多元性，更在于各民族在一体的前提下形成的文化共享。各民族基于各自的民族文化和认知框架，形成了各自的认知特征，这是保持民族多元性的基础。通过文化共享和文化认同而产生的民族交融，促使各民族跨越单一民族认同，在地域基础上形成区域文化共同体，使得各民族之间的交往交流从物质层面拓展到精神文化层面，进一步密切了民族关系网络。

现代学校教育的发展对构筑民族交往交流交融的精神基础同样具有促进作用。

> 我在城市长大，跟在牧区长大的孩子还是有些区别的。毕竟城市里的教育和社会条件更好，而牧区的限制还是比较多的，特别是在过去，很多孩子都无法接受正常的教育。不过现在情况好多了。我们都希望自己的孩子继续上学，接受高等教育，学习总是没坏处的，最起码大学毕业了能找到更好的工作。（SL，女，37岁，藏族，公务员，甘南州合作市）

随着社会的发展，甘南、天祝等地的教育事业取得了巨大的进步，人口素质稳步提升。各民族群众的教育观念也逐渐趋于一致，即普遍认识到教育的重要性，愿意接受更高水平的良好教育。更高的教育期望促使各民族在教育领域投入更多的资源。接受更高水平教育的学生不仅可以积累更多知识，获得更好的发展机会，还能更好地了解其他民族，更全面地认知与民族相关的各种问题，从而有利于民族交往的顺利发展。

> 娃娃们上学后会的汉语明显多了,我们平常不会用汉语说的一些东西,他们都能说出来。因为没怎么上过学,我们自己去买东西的时候,经常算不清楚,他们现在都已经能帮忙了。以后还是想让他们多读书。(CR,男,34岁,藏族,牧民,甘南州玛曲县)

从提升子女自身素质、获取更大发展前景的角度出发,越来越多的人认可接受更多的教育。教育投入与回报的正向激励促使各民族对教育的态度更加积极,对子女在教育领域的投资也越来越多。一般情况下,更高水平的教育水平与较高的基本素质联系在一起,而且现代教育的价值理念有助于提高受教育者更广的眼界和更包容的心态,这对于促进各民族在交往中形成包容心态同样具有积极的意义。

此外,现代教育中的民族团结进步教育,直接促进着各民族共有精神家园的形成与发展。在新时代的民族工作中,建设各民族共有的精神家园,加强民族团结,铸牢中华民族共同体意识是重要的工作目标。为实现这些目标,民族团结进步教育是不可或缺的一个重要环节。甘南州的各类学校广泛开展民族团结进步活动,将民族团结进步教育纳入学校教育的整体建设,采用贴近学生实际的各种方式引导学生开展学习活动,了解各民族文化,实现文化共享,增进民族友谊。

民族文化是一个完整的体系,内容复杂。民族成员在社会化过程中通过学习本民族语言、历史、习俗、观念等要素来掌握民族文化。这一过程也是民族成员形成民族认同、获得民族身份的过程。通过赋予相应文化以特定的价值属性,民族的文化特质被建构为民族认同的标志。在文化共享的前提下,本属于某一特定民族的文化要素被各民族所共享,其背后的文化内涵成为各民族共享的价值属性,进而上升为各民族共同认同的文化要素，在内化为精神世界的共同准则之后，促进各民族之间认同的产生，推动民族交往交流交融的进程。

（五）历史记忆是民族交往交流交融的话语环境

哈布瓦赫在涂尔干集体意识理论的影响下，提出了集体记忆理论。他认为个体通过将自身放置于群体之中展开相关回忆，集体记忆以个体记忆为基础，通过个体记忆来呈现。[1] 他将人的记忆分为自传记忆和历史记忆两种类型，其中历史记忆是一种"被间接激发出来"的记忆。在定义民族时，历史渊源、生产方式、语言、文化、风俗习惯以及心理认同等因素都是考察的重要因素，均基于其在不同历史发展阶段的客观状态进行判定。同时，这些因素也都以"民族的历史记忆"的形式得以存在。然而，客观的"民族的历史"与"民族的历史记忆"之间并不完全等同，后者往往会随着主体的认知而经历重新解构的过程。因此，民族对历史记忆的建构和发展，对民族交往交流交融也会产生深远的影响。

历史记忆的建构受到民族情感的影响，而建构起来的历史记忆也会影响民族情感的发展。对内部而言，某一民族共同的历史记忆强化了民族内部的认同和凝聚力，以共同文化和心理素质的形式得以表现。历史记忆在成为民族文化的组成部分后，能够塑造民族心理的状态并影响其发展趋势，从而影响到民族的认同心理。由于历史记忆具有能够沟通过去、现在和未来的特征，因此历史记忆的存在影响着现实中民族交往交流交融的话语环境，影响着民族交往交流交融的状态和走向。

---

[1] 莫里斯·哈布瓦赫：《论集体记忆》，毕然、郭金华译，上海人民出版社2002年版，第71页。

甘南、天祝等地的各民族长期交往交流交融的历史过程总体上是融洽发展的，这使各民族形成了关于各民族和谐发展的历史记忆。无论是历史上青藏高原与内地之间持续数百年的茶马互市，还是近代以来各民族彼此包容、互帮互助、友好往来的各种故事，都是促进民族交往交流交融的宝贵历史资源。

"民族关系是具有特定内涵的特殊的社会关系，是民族发展过程中相关民族之间的相互交往、联系、作用和影响的关系，是双向的、动态的。"① 影响甘南、天祝等地的民族交往交流交融的因素有很多，其中各民族的历史记忆是不可或缺的一部分。根据我们在玛曲的调研发现，当地藏族的历史记忆和历史记载之间存在差异。当地群众普遍认为如下：

> 历史上我们这里的藏族和回族之间确实发生过大的矛盾，就是青海的马步芳和我们的杨土司（杨积庆）之间的矛盾……从小家里老人们就是这么告诉我们的，所以我们也就这么记下了……现在其实也没什么，那是老一辈的矛盾了，现在我们又没有做什么互相对不起的事情，大家都很团结，经常互相帮助。（LC，男，31岁，藏族，小学教师，甘南州玛曲县）

根据我们在调查过程中的发现，当地群众普遍认为马步芳与杨土司之间的民族冲突是因为相互报复而引起的，这与历史记载存在一定的出入。与该说法相对应的历史事件应该是马仲英在河州事变失败后对甘南的窜扰过程。1928年，马仲英发动河州事变，失败后窜扰甘南、青海、河西、宁夏等地。据历史记载，十九代卓尼土司杨积庆在甘南堵截马仲英，与之发生不同规模的冲突，对甘南各族人民造成了巨大

---

① 金炳镐：《民族理论通论（修订本）》，中央民族大学出版社2007年版，第195页。

的伤害。而马步芳则是在主政青海之后,镇压果洛藏族。① 两次事件都对甘肃、青海地区的正常民族交往造成了巨大的负面影响,使两地的藏族、回族长期处于相互对立的状态。不过在此之前,甘南、青海地区流行着不同民族互认"干亲"的风俗,这在各民族的历史记忆以及史书记载中都有所体现。这样的历史记忆对于消弭负面记忆带来的消极影响具有一定的积极作用。

由于这段历史记忆,历史上当地的藏族在一段时间内对回族、东乡族等民族持有不同程度的负面看法。这主要是基于从历史事件的民间传说出发对历史记忆的理解所致。历史记忆与风俗习惯、宗教文化方面的差异性确实在一段时间内对当地的民族关系造成了负面影响。但随着民族团结发展的大趋势,各民族在交往过程中表现出开放、友好的态度,上述消极影响正在逐渐消退。尤其是在现代社会中,各民族和谐共处,共同发展,各民族友好交往的历史记忆被各族人民所共同重视。历史记忆的建构受到民族成员主观立场、文化水平等多重因素的影响。因此,通过科学的宣传教育,树立民众正确的历史观,对历史事件形成系统、完善的理解,有助于促进各民族之间的友好交往。

历史记忆作为影响民族交往交流交融的重要因素,在新时代社会主义民族关系发展过程中发挥着重要作用。因此,正确利用历史记忆的建构,能够为新时代民族交往交流交融提供良好的社会语境,有利于社会主义新型民族关系的深入发展。而这种建构的过程,必须以尊重历史事实为前提,充分挖掘能够体现民族和谐交往的历史事实,引导各民族正确理解各种影响民族关系的历史事实,"引导各族群众看到民族的走向和未来,深刻认识到中华民族是命运共同体,促进各民族

---

① 王海兵:《1930年代的康、青、藏战争——边政、权力和地方的视角》,《安徽史学》2007年第6期。

交往交流交融"①。

二、民族交往交流交融与族群边界的模糊化

"族群边界"是不同族群之间相互区分和产生认同的界限。对于"族群边界"的讨论，无论是从"原生论"视角，侧重于根据客观因素界定族群，还是"工具论""边界论""想象论"从主观因素对族群展开的分析，均为我们理解民族交往交流交融提供了理论基础。在民族互动的过程中，不同群体使用不同的标志以区分彼此，确定相互之间的界限，其深层因素则是不同群体根据情境差异而采取的认同策略。民族互动的过程中，民族认同的层次及其变化是一项重要的内容，是一套特定的、系统化的文化体系，具有明显的社会属性。在不同的情境中，交往主体的认同以不同的标准展开，将自己归属于一定的群体，并表现出对应的行为，民族的边界由此得以强化或消融。

我们在界定民族时所用到的历史渊源、生产方式、文化传统、风俗习惯、语言以及心理认同等各项内容，都是我们理解族群的基本特征。随着民族的发展，尤其是"在民族的发展和繁荣阶段，民族文化、民族意识开始起较大作用。而在第三个阶段，即趋同和融合阶段，其基础基本上不再是地域和社会，而主要是文化。一定程度上说，在这个阶段，民族共同体是一种超地域范围、超社会单位的共同体，文化在维系民族发展中起主要甚至是决定性的作用"②。

---

① 新华社:《习近平：全面贯彻新时代党的治藏方略建设团结富裕文明和谐美丽的社会主义现代化新西藏》,《中国民族》2020 年第 8 期。
② 杨建新:《关于民族发展和民族关系中的几个问题》,《西北民族研究》2002 年第 1 期。

随着社会的发展,人们对现代化的追求以及对更加便利、优越的世俗生活的向往成为普遍的目标。同时,民族交往交流交融更加频繁、深入,甘南、天祝等地各民族在不断的相互往来中,相互影响、相互认同。除了过去以自身文化特征及其内涵为主的认同之外,因为共同追求所产生的共性不断强化,彼此间的认同也更加强烈。与过去相比,甘南、天祝等地各民族之间的边界模糊了起来,人们用于判定族群边界的价值体系逐渐趋同,认同的标准更具弹性。"族群边界的模糊是现代化发展在族群认同上的明显表现。"[①] 结合在甘南、天祝等地的田野调查资料,可以发现在历史记忆、生产方式、风俗习惯、语言、文化、心理认同等方面的族群边界,随着各民族交往交流交融表现出模糊化。这种模糊在其社会生活的不同领域都有不同程度的表现。随着社会情境的改变,民族成员采取了不同的认同策略;随着铸牢中华民族共同体意识的深入,各民族在增强中华民族认同后,均在一定程度上消解了民族边界,使其呈现出模糊性。

(一)族群模糊的社会表征

"在人类社会中,各民族和族群从来都不可能是完全隔离的、孤立的存在,而是始终在社会生活中保持着与其他群体的互动往来。"[②] 伴随着社会主义民族关系的确立以及社会发展速度的加快,各民族之间的相互接触和交往与历史上相比更加频繁和深入。这种交往形式多样,包括日常交往、经济交换、婚姻往来、民俗互动、文化活动等各种行为。这些交往方式促进了各民族之间的相互影响、相互接纳、相互吸收,进而缩小了因民族文化差异而引起的区别。在意识形态领域,各

---

① 田夏彪、施彦岑:《教育交往与族群边界模糊——以大理白族为个案》,《内蒙古师范大学学报》(教育科学版)2010年第10期。
② 郑宇:《边界互动:族性塑造机制探析》,《北方民族大学学报》2020年第5期。

民族逐渐树立起共同的价值观,共同认识和推崇社会主义核心价值观,曾经用于区分民族边界的各因素之间也逐渐发生交融。"民族成员总是在日常生活和对社会环境的适应过程中相互交往、交流、学习、相互促进,借鉴对方民族中对自身发展有益的经验。因此,在共同的地域环境下,长久生活在该区域的民族某些族群边界符号会出现某种程度的重叠,某些方面趋向一致。"① 根据田野调查的结果,民族之间边界的模糊体现在诸多方面。其中,民俗生活方面的交融是典型表现。

1. 饮食习惯的交融

在甘肃地区,汉族、藏族、回族之间的饮食习惯差异是比较明显的,尤其是出于宗教信仰的原因,回族与汉族、藏族的饮食习惯差异更大。然而,在甘南地区的调研中,我们发现回族的饮食习惯在符合传统文化的基础上也融合了其他民族的习惯。例如,在临潭、卓尼等地区,回族人对藏族人日常饮食中的酥油十分偏爱,尤其是在斋月期间,回族人在每天的封斋饭时饮用酥油,认为酥油有助于解渴和提供热量。

> 在饮食方面,藏族和土族的饮食习惯很相似,都喜欢吃酥油、糌粑、牛羊肉等食物,特别是在牧区,这些食物更是被保留得多。但在乡镇和县城里的藏族、土族,和汉族一样,也常吃炒菜、米饭。大家都喜欢吃牛羊肉,因为这个地方很冷,吃羊肉可以保暖。藏族不吃马肉和狗肉,因为在放牧时它们是家里的好帮手,所以受到重视。但是汉族吃,后来大家在一起住的时间长了,慢慢也就不吃了。另外,以前藏族不吃鱼,但现在我们这里的都吃了。(CDG,男,38 岁,汉族,饭店老板,武威市天祝县)

---

① 李静:《民族交往心理的跨文化研究》,中国社会科学出版社 2010 年版,第 315 页。

早上我们一般吃酥油茶、糌粑，喝砖茶，中午和下午的饭跟汉族一样，炒菜配米饭或者馒头，还有面条。现在很多汉族，特别是离牧区近的，也开始喜欢吃酥油、炒面，还喝青稞酒，跟藏族的饮食习惯越来越接近了。其实我觉得，这个跟这里产什么有关系。以前不像现在能买得到，就只能地里产什么自己就吃什么；现在能买得到了，吃的东西也越来越多了。你看小孩子们吃的零食，那不都一样的么。(SZF，男，45岁，藏族，居民，甘南州卓尼县)

"食物除了可以成为基本思维的反映及人与人关系的象征意涵外，它还能体现出族群或阶级差异。"① 不同的饮食习惯会塑造出不同的身体特征，并在民众的夸耀和书写中成为各种文化符号。这种文化符号的存在，会造成异族间文化的区分，以维持社会群体（包括族群）的边界。② 正如上述案例所述，饮食可以作为区分民族的标志之一。例如，在对待马肉、狗肉、鱼肉的态度上，藏族和汉族曾有明显的区别。藏族有明显的文化传统和忌食规定，但这种文化传统也在社会发展中发生了松动，如鱼肉禁忌的变化；对于汉族而言，忌食马肉、狗肉并没有文化上的规定，而更多的是在与藏族接触之后发生的文化涵化现象。传统上，各民族因其生存地域和文化惯习的影响，保持着独特的饮食习惯和饮食文化。然而，随着人口流动和民族文化互动的增加，各民族在"吃"的领域越来越多地共享着食物及其文化。随着共享的过程，以饮食习俗以及饮食文化区分民族变得越来越不可行。

2. 服饰民俗的变化

作为人类创造的一种文化符号，不同民族的服饰往往是民族身份

---

① 李静：《田野实验法：民族心理学研究方法探析》，《民族教育研究》2018年第3期。
② 王明珂：《食物、身体与族群边界》，载陈慧俐主编：《第六届中国饮食文化学术研讨会论文集》，财团法人"中国"饮食文化基金会2000年版，第47页。

的外在表征,反映着民族文化与民族的心理特征,因此可以将其视为区分民族的边界之一。例如,苗族在千百年的迁徙和发展中形成了丰富的服饰文化,具有强烈的民族认同标志的性质。然而,另一方面,随着时间、空间和人群的转移,民族服饰的认同功能也逐渐被淡化或调整。因此,基于服饰的认同会呈现出不统一性。①

> 我们这里一直都是民族地区,但是你看不出来什么特色吧?走在大街上,建筑没有特色,路上走的人也不穿藏装。但是你到了甘南、青海、西藏,就能看出区别来了。等会这里有人跳锅庄舞,藏族的来,汉族的也来,但是大家穿的衣服都一样,你也看不出来谁是哪个民族。我们这里,还是文化融合得好,大家的观念也先进、发达一些。现在大家越来越有钱了,藏族和汉族也越来越一样,大家都要赶时尚,藏装都不流行了。就算是藏装,现在也越来越时尚了,跟以前的还是不一样,更好看了。(LYX,女,32岁,藏族,社区工作人员,武威市天祝县)

此外,在临潭、卓尼等地,我们也能够发现各民族服饰文化之间的融合。如觉乃藏族(三格帽)的女子服饰,与传统藏族的女子服饰有着很大的区别,不是藏袍而是类似旗袍的大襟长袍。临潭回族新娘在婚礼待客时,穿着大红色的礼服,戴着类似凤冠的头饰,在胸前挂着铜锁。当地人认为,这些服饰往往是民族交融之后的产物。

随着生活场景的变化,个体会因为自己的方便和利益而更改自己的民族服饰,但在集体行动中,会表现出同一性。② 对甘南、天祝的许

---

① 徐赣丽、郭悦:《认同与区分——民族服饰的族群语意表达》,《民族学刊》2012年第2期。

② 徐赣丽、郭悦:《认同与区分——民族服饰的族群语意表达》,《民族学刊》2012年第2期。

图 7-1　临潭回族新娘礼服

多藏族、回族乃至汉族而言，民族服饰已经失去了作为日常衣着的主要功能，更偏重仪式化的呈现。这意味着，只有在一些特定的节庆场合，如祭祀活动、婚礼仪式、重大节日等，才会穿着传统的民族服饰。

的确，民族的服饰承载着民族的历史和民族成员情感，通过服饰可以触发民族成员的认同感，但这种触发最终仍需取决于其所处的语境。随着民族交往交流交融的历史和现实，民族之间的边界渐趋模糊，包括民族服饰在内的各种符号，或增加了新的时代内涵，或仅作为服饰而存在，其族群边界的功能亦变得模糊。

3. 民俗符号的交融

格尔兹将文化定义为："从历史沿袭下来的体现于象征符号中的意义模式，是由象征符号体系表达的传承概念体系，人们以此达到沟通、延存和发展他们对生活的知识和态度。"① 作为民族文化载体的民俗符号,"不仅反映出该民族的集体经验,而且从中可以透视出该民族的社会价值模式"②。甘南、天祝等地各民族民俗符号的交融,体现了当地民族社会伴随着交往交流交融而产生的整体体验和价值体系的趋同。

图 7-2 "外不见木,里不见土"风格的尕路田大房子

在宗教和民俗方面,临潭、卓尼地区的民族在文化融合方面也十分明显。如前文描述的在汉藏杂居的村落,汉族参与到藏族的祭山神活动中。又如勺哇、康多地区的藏族、土族虽然主要信仰藏传佛教,但是也参与到洮州地区的汉族民间信仰中,被纳入龙神的祭祀、游神的体系,加入藏文化的仪式环节;而附近洮州北路冶力关镇、八角乡的汉族在龙神的祭祀活动中也吸收了藏族和土族的一些文化元素。在东明山花儿会以及一些庙会上,很多安多藏族、觉乃藏族(三格帽)也会参与其中,甚至大部分觉乃藏族(三格帽)与少部分安多藏族还会祭拜汉族民间信仰的神祇。我们在东明山花儿会考察时还看到了一位觉乃藏族(三格帽)在拜孔子。汉族人在烧香时会像藏族人那样烧藏香和松柏枝。

在田野调查中发现,临潭县古战镇九日卡村和大尕村的藏族与汉

---

① 克利福德·格尔兹:《文化的解释》,纳日碧力戈等译,上海人民出版社 1999 年版,第 103 页。
② 郑文东:《文化符号域理论研究》,武汉大学出版社 2007 年版,第 30 页。

图 7-3　祭拜孔子的藏族妇女（左）和挂有嘛尼旗杆的汉族民居（右）

族在民居的装饰和习俗上仍然存在一定的边界，例如藏族在门口贴十相自在图，挂经幡嘛尼杆，而汉族的民居的标志是贴对联，这些民居装饰和习俗的差异仍然可以清晰地辨别出藏汉之间的界限。然而，在卓尼县申藏镇的考察中，却发现这里的汉族家庭也挂着嘛尼杆，贴藏族的十相自在图，他们解释说会起辟邪的作用，甚至有的藏族家庭也学汉族在大门上方挂一个水瓶从而起到通过礼仪的洁净作用。在临潭、卓尼地区，藏族一般信仰藏传佛教，而当地的汉族在信仰汉族佛教的基础上也会信仰藏传佛教，在丧礼的时候不仅请阴阳师、和尚，还会去藏传佛教寺院请活佛、喇嘛来超度。最后，在临潭县的汉传佛教寺院慈云寺挂着印藏文的经幡，也显示出不同民族之间的文化交往交流交融。

以上提到的民俗活动中，不同民族的文化符号的融合，使得本属于不同民族的民俗文化符号被各民族共同接受，而每个符号所代表的原有内涵在交流和融合的过程中逐渐消解，被注入了新的各民族共有的文化内涵。不同民族的成员在共同参与这些文化活动的过程中，因为共同形象的存在，逐渐模糊了非此即彼的区别，形成了各民族共有的身份象征。

（二）交往情境的转变与族群边界的复杂性

族群边界具有多重内涵，可以从社会领域的地理、经济、政治、社会、文化等各种形式来划分，其中文化边界是最为根本的。因为文化具有建构性、层次性以及动态发展的特征，不同群体在不同的社会交往情境中，可以建构其不同层级、不同形态的文化表征。基于"行动者们在社会中建构的实践感"[①]，当不同的交往主体处于差异化的文化表征之下时，其行为中所表现出的族群边界的特征会随之变化，使得族群边界呈现出动态的复杂性特征。不同的社会交往情境中，各民族会表现出不同的族群边界体验。

正如前文所述，"浪山"活动中各民族的族群边界是相对模糊的，民族身份仅仅是多重社会身份中的一种。然而，在特定的情境下，如饮食、宗教等主题，人们对于民族边界的认知会被客观情境所触发，民族身份从潜意识层进入意识领域。在研究者进入当地"浪山"的场景进行观察时，作为观察对象的各民族群众并未意识到研究者的存在，此时他们的边界感相对模糊。然而，当研究者更深入地介入其中，进行有关"民族"的访问时，其有关民族边界的意识再次明确。这种意识的唤醒需要一定的客观刺激，说明了认同的层次性。除了对本民族的认同之外，各民族还存在着对"浪山"的文化认同、对本地人的地域认同等多重认同。这些认同不仅以潜意识的状态存在于民族成员的意识领域中，而且在不同的情境下也会被唤醒和强化。

除了族群的外部边界，也存在着族群的内部边界。在同一族群内部，民族成员的历史渊源、所属区域、文化背景、方言、血缘关系、

[①] 皮埃尔·布迪厄、华康德：《实践与反思：反思社会学导引》，李猛、李康译，中央编译出版社1998年版，第167页。

教育程度、职业、年龄等因素,都有可能成为个体之间的边界,这也是我们能够在统一族群内部发现区别的原因。

> 我们这里的藏族叫华锐藏族,武威、永登的藏族也叫华锐藏族。华锐本身就是区域性的概念,以前华锐是部落生活的地方,不是民族性的概念。还有互助,也在华锐的范围里面,那边的藏族跟我们是一样的。当时天祝刚设自治县的时候,就以牧区和农区来划分区域,在山上从事畜牧业生产的就是天祝,海拔低一些从事农业的就被划分到其他地方了。(GFS,男,41岁,藏族,教师,武威市天祝县)

历史上华锐藏族广泛分布于今天祁连山中段的天祝、互助等地。当地藏族基于共同的历史记忆和民族身份,形成了关于"华锐"的认同。尽管"华锐"已经不再作为地理概念使用,但这位被访者依旧保留着对同一地域不同行政区划内藏族的认同。这种认同以地域和民族作为其边界,是一种基于传统文化的地域共同体的认同。同时,对"天祝藏族""武威藏族""永登藏族"和"互助藏族"的区分也透露出在现代行政区划基础上的地域认同。

> 我们天祝这里的习俗和甘南的还是不一样,有一些细节的不同。其实我们都属于安多地区,这是一个大的片区。这里的姑娘出嫁的时候,戴的头饰和其他地方的藏族不一样。我女儿出嫁那会,我给她做了一整套我们安多的头饰。她嫁到甘南去了,那里和我们就不一样。我给姑娘说,你是华锐人,也是安多人,我要给你把头饰做全。我没要彩礼,我们纯藏族一般都不要,一分钱都不要。因为我们都是藏族人,藏族的传统就是不要彩礼,所以

我也就没要。但是天祝县城的藏族要的彩礼就多，他们跟武威、永登离得近，被那里的汉族影响的，八九万、十几万的都有。
（WJW，男，65 岁，藏族，牧民，武威市天祝县天堂镇）

在上述访谈材料中，可以看出被访者基于传统文化与地域差异而划分的族群边界的存在。这种族群边界的产生是基于个体在族际交往过程中的主观选择。由于社会文化对民族心理的制约，这种主观选择仍以文化作为其基础，因此文化对族群边界的影响是客观持续存在的。

临潭、卓尼地区的各民族在日常生产、生活的文化互动中，使各自民族的文化结构发生一定程度的整合，在保持自身文化的基础上也融合与吸收了其他民族的文化，促进了各民族之间的相互理解包容，并对民族关系的和谐共生起到了巨大的作用。发源于临潭的西道堂，是中国伊斯兰教三大教派之一，由马启西吸收中国传统哲学思想后创立，倡导以中国传统文化来阐述伊斯兰教理。西道堂的创立本身，就是一种突破族群边界的文化融合。西道堂一直注重对中国传统文化，尤其是汉文化的学习，我们在考察时也注意到西道堂西大寺在经堂教育中设有专门的汉语文化课，并专门聘请临潭县的高中语文老师来授课。在一些宗教活动场合，西大寺也会邀请当地佛教、基督教等宗教团体的代表以及周边的藏族和汉族群众、学者、政府官员、知名人士等参与，夏河拉卜楞寺、德尔隆寺、卓尼禅定寺、临潭马努寺、侯家寺、青苗会以及道观派代表也会参加。

除此之外，西道堂在社会公益事业中也会给其他民族提供大量帮助。例如，1994 年卓尼县申藏镇什路村遭遇特大冰雹灾害，西大寺的信教群众捐献了整整一卡车面粉和救灾物资。同样，1997 年 11 月，临潭县流顺乡汪家咀遭受冰雹灾害，西大寺信众也捐献了 190 袋面粉。汶川、玉树和舟曲发生地震、泥石流等自然灾害后，西道堂信教群众积极捐款捐物，并为灾区举行了祈祷。在文化交融的过程中，西道堂发挥了积极作用，促进了临潭、卓尼地区各民族之间的交往交流交融，这是一个客观存在的事实。

从族群边界的角度来看，宗教是明显的边界之一。西道堂的建立本身意味着宗教边界的强化，使得族群之间和族群内部不同群体之间的边界进一步明晰。在内部，它加强了信仰者的凝聚力，而由于西道堂的经济实力较强，也增强了信仰者的自豪感。从西道堂与其他宗教的接触来看，不同宗教文化之间的接触伴随着民族文化的交往。这样的场合促进了不同宗教、不同民族文化背景下群体之间的联系，同时也刺激着自身的宗教意识。西道堂在社会公益事业中的表现，使得相关民族群众增进了对西道堂的认同感，有利于双方突破宗教与民族的边界，促进族际交往。

在甘南、天祝等地的各民族中，客观存在着各种族群边界，不同的边界交织在一起，共同发挥着作用，使得不同民族之间有所区隔，增强了社会的多元性。在不同的族际交往场景中，族群边界呈现出或清晰或模糊的变化。但总体上，随着族际交往的深入发展，族群边界呈现出逐渐模糊的趋势。

（三）中华民族认同影响下民族边界的淡化

"中华民族"所指的是具有特定内涵的"国家民族"概念。这个概念始于中国古代的华夏文化，历史上经过多次演变和发展，逐渐形成了现代意义上的"中华民族"概念。在社会发展变迁的过程中，"中华民族"概念得以出现并不断发展完善，表现出从传统到现代的历史性变迁。[①] 中华民族共同体"从共同体的角度重新诠释了中华民族的内

[①] 魏健馨：《从民族认同到国家认同：铸牢中华民族共同体意识的进路》，《中央社会主义学院学报》2021年第1期。

涵，为中国特色现代多民族国家建构奠定了族体基础"①。"中华民族"与"中国"是密切相关的，中华民族认同与国家认同之间具有天然的同一性。"中华民族"与"中华民族认同"的理论及其实践，从国家认同的层面弱化了中国作为统一的多民族国家内部各民族之间的族群边界，从"国家民族"的角度构建了各民族共同的"中华民族"边界，是中华民族从"多元"走向"一体"客观规律的体现和需要。通过分析影响甘南与天祝各民族中华民族认同形成和发展路径的主要因素，我们可以发现中华民族认同对当地民族边界的影响。

首先，个体的社会化过程影响着民族成员的中华民族认同。民族成员的社会属性和民族属性使其在尚未出生之际就已经受到了民族文化的影响，在出生之后就已经成为民族文化的客观塑造物。但从主观的视角来说，民族成员需要在生理机能（尤其是与意识和心理活动有关的生理机能）发展完善之后，伴随着个体社会化过程发展到一定阶段，才能够意识到自己的民族归属，真正产生民族认同和获得民族身份。个体的社会化过程自家庭生活开始，个体的民族认同也从家庭开始，"家庭认同是群体认同的主要来源"，"中华民族认同是从对家庭这个较小群体的认同发展而来的一种对超大群体的认同"②。根据我们在调查过程中的观察，甘南、天祝等地各民族在家庭教育过程中有意识地进行中华民族教育或国家教育的现象虽然有增加趋势，但总体而言仍有很大提升空间，更多的是通过风俗习惯、生产生活、节日展演等方式开展的对本民族历史、文化的教育。就目前的情况来看，学校教育阶段是个体在社会化过程中形成中华民族认同的主要渠道。由于教育体系更加完善，学校教育具有一定的针对性和系统性。目前，学校

---

① 王宗礼：《国家建构视域下铸牢中华民族共同体意识研究》，《西北师大学报》（社会科学版）2020年第5期。
② 佐斌、秦向荣：《中华民族认同的心理成分和形成机制》，《上海师范大学学报》（哲学社会科学版）2011年第4期。

教育阶段开设的有关民族历史、文化和民族理论知识的课程已经成为教学过程中的必备内容。例如，在调研区域的各中小学中，围绕民族团结进步教育与铸牢中华民族共同体意识，深入开展基本国情教育、革命历史教育、中国特色社会主义和中国梦宣传教育等活动，取得了良好的效果。

其次，地区经济的发展与居民生活水平的提升，影响着民族成员的中华民族认同。经济基础决定上层建筑，中华民族认同是在特定生产力发展水平下的产物，因此经济发展对中华民族认同的产生与发展有着重要的作用。2021年2月25日，习近平总书记在全国脱贫攻坚总结表彰大会上的讲话中庄严宣告："经过全党全国各族人民共同努力，在迎来中国共产党成立一百周年的重要时刻，我国脱贫攻坚战取得了全面胜利，现行标准下9899万农村贫困人口全部脱贫，832个贫困县全部摘帽，12.8万个贫困村全部出列，区域性整体贫困得到解决，完成了消除绝对贫困的艰巨任务，创造了又一个彪炳史册的人间奇迹！"[1] 2020年9月，甘南完成脱贫攻坚任务，各族群众的生活水平明显提升。脱贫攻坚的胜利，有效地促进了我国各民族的共同富裕和共同繁荣发展，也为各民族的交往交流交融提供了更加优越的物质和社会条件，提高了各民族成员对中国共产党、对中国特色社会主义道路、对国家、对中华民族的认同。通过"满足共同体内部成员的基本生活和民生需求，保障共同利益基础，促进各民族同步富裕与协调发展"，精准扶贫为新时代铸牢中华民族共同体意识提供了强有力的基础。[2]

最后，共同文化的发展对于提高各民族的中华民族认同具有明显的推动作用。根据心理学的研究，文化影响着民族心理的形成和发展。从民族的角度来看，研究区域各民族的传统文化是各民族成员形成民

---

[1] 习近平：《在全国脱贫攻坚总结表彰大会上的讲话》，《人民日报》2021年2月26日。
[2] 梅军、李宁阳：《精准扶贫：铸牢中华民族共同体意识的强力抓手》，《广西社会科学》2020年第9期。

族认同的重要标准。在漫长的历史发展过程中，各民族共同塑造了中华民族的优秀传统文化，这些文化元素是各民族共同认同和拥有的文化和共同的"精神基因"，为中华民族认同的提升和发展提供了丰富的历史资源和精神支撑。中国特色社会主义文化便"源自于中华民族五千多年文明历史所孕育的中华优秀传统文化，熔铸于党领导人民在革命、建设、改革中创造的革命文化和社会主义先进文化，植根于中国特色社会主义伟大实践"[1]。中国特色社会主义文化与中华民族紧密联系在一起，"新时代中国特色社会主义文化已成为铸牢中华民族共同体意识的内在需要，为实现中华民族成员之间的相互链接及遵循共同体意识再生产逻辑创造了现实的文化空间与文化纽带"[2]。

随着甘南、天祝等地各民族交往交流交融的加深，各民族之间的共性因素不断增多，固有的族群边界在不同场合中呈现出程度不一的模糊性，各民族共生基础上的"地域共同体"特征日渐明显。伴随着近年来民族团结进步教育的开展和各民族在族际互动中形成的国家认同，各民族对同属"中华民族"的认识和认同感更加深刻。单一民族的"族群边界"和地方社会的"地域共同体边界"再次向"中华民族"共有的民族认同发展，使前者在族群互动过程中的重要性再次弱化。在这一背景下，中华民族认同明确各民族组成中华民族大家庭，强调"中华民族"作为一个"有机的民族统一体"，对于新时代促进民族交往交流交融、铸牢中华民族共同体意识具有重要的意义。

---

[1] 习近平：《决胜全面建成小康社会夺取新时代中国特色社会主义伟大胜利》，《人民日报》2017年10月28日。
[2] 于波、王员：《中国特色社会主义文化："铸牢中华民族共同体意识"的灵魂》，《河海大学学报》（哲学社会科学版）2019年第1期。

三、促进民族交往交流交融的心理路径

几千年来,我国各民族以交往为前提,在交流的基础上实现着民族心理的交融,在这一过程中不断增强中华民族共同体意识,共同缔造了中国多民族国家的发展,创造了中华民族的辉煌历史。各民族交往交流交融的历史,真实反映了中华民族不断发展壮大的历程,同时也体现着新时代中国社会主义新型民族关系发展的本质要求和必然趋势。民族交往交流交融体现着民族关系的发展状态,是构成我国民族关系的重要内容,推动着民族团结和谐发展。

在长期交往交流交融的过程中,甘南、天祝等地形成了和谐的民族关系,促进了各民族产生跨民族的地域共同体意识和更高层级的共同体意识。然而,在文化传统、经济发展、交往行为等社会层面以及在民族认知、民族意识等心理层面存在的一些客观因素,仍制约着当地和谐民族关系的进一步发展。心理层面的交融是民族交往交流交融的本质,心理因素在民族交往交流交融中具有核心地位。因此,通过对青藏高原边缘地区及祁连山麓民族交往心理的研究,尤其是对影响民族关系的心理因素及其心理基础进行研究,基于当地现实,从民族心理层面提出促进当地民族交往交流交融发展的心理路径,有助于正确对待和处理民族关系。

(一)促进民族交往交流交融的几点原则

新时代平等、团结、互助、和谐的民族关系,体现着社会主义民

族关系在实践中共同团结奋斗、共同繁荣发展的基本特征。和谐民族关系是在平等、团结、互助基础上的进一步发展，也是民族关系发展的最终目标。和谐民族关系的构建是新时代做好民族工作、促进中国特色社会主义和谐社会建设的重要内容，也是铸牢中华民族共同体意识的重要前提。甘南、天祝等地和谐民族关系的建设需要在适应当地社会的实际情况与符合中国特色社会主义发展的前提下展开，需要坚守民族团结这一"生命线"。从民族心理的角度出发，需要注重以下原则。

1. 尊重"和而不同"的文化心理格局

作为特定社会历史条件下的稳定的人们共同体，民族因生活环境、历史背景、社会文化、民族心理等方面的不同而存在诸多客观差异，在民族文化的外在形态和内在结构方面表现出程度不一的不同，甘南、天祝等地各民族也同样如此。在差异性、多元性的基础上，我国的民族交往交流交融不断深入，各民族之间的认同进一步加深，各民族之间"和"的成分不断增加，如"共同的命运""共同的精神追求""共同的利益链条"以及"大体相似的物质生活条件"，为中华民族共同体打下了坚实的基础。"中华民族不是一般的民族共同体，而是一种由多个民族有机结合而成的多元一体共同体。"① 正如习近平总书记所指出的，中华民族和各民族的关系是一个大家庭和家庭成员的关系，各民族的关系是一个大家庭里不同成员的关系。"当民族交融达到心理层面的交融时，不同民族的物质文化或他文化的不同或异性已经显得不重要了，只是彰显出了文化的多元性。"② 这种"和而不同"的文化心理

---

① 杨建新:《再论各民族共创中华民族》，《中央民族大学学报》（哲学社会科学版）2020 年第 4 期。
② 李静、于晋海:《民族交往交流交融及其心理机制研究》，《西北师大学报》（社会科学版）2019 年第 3 期。

格局，是在新时代推进民族交往交流交融向更加深入的方向发展的宝贵资源，也是我们必须尊重的重要原则之一。

尊重和而不同的文化心理格局，首先需要正视不同文化的基本特质，认识到中华民族文化是由各民族共同创造的，不同民族文化都是中华民族文化的重要组成部分。在民族交往交流交融的过程中，这些民族文化差异是各民族都必须面对的客观存在。也正因此，要促进甘南与天祝和谐民族关系发展，必须正视这些民族文化差异。在此基础上，"保持健康的民族文化心态，积极推进民族间文化的认知与理解，理性面对民族文化的差异"①。

其次，从交往主体的角度来看，保持开放、包容的交往态度，对交往对象报以尊重和理解，坚持中华民族认同与多元的认同取向。在多元民族文化情境下，民族认同未必会自觉产生，因此特别需要强调人们对文化情景的自觉感知，特别是对不同文化之间异同的感知。在具体的交往情境中，需要构建有利于和谐民族关系发展的认同意识。

最后，尊重和而不同的文化心理格局，最终的落脚点仍是对"心理"的重视。这种心理格局是对民族交往语境的形容，反映了民族交往与民族关系的客观状态。在族际交往的过程中，主体基于现实产生一定的情感体验和情感积淀，从而形成相对稳定的情感和行为方式。② 交往主体的背景差异作用于民族心理，影响其情感体验和积淀的过程，最终呈现的心理体验也不尽相同。随着民族交往交流交融的逐渐深化，民族心理的同质性因素不断增强，形成并巩固了民族交往交流交融的心理机制。"在交往实践中转化成作为民族意识重要组成部分的集体潜意识，在民族个体心理的无意之间中塑造并引导着交往情感、交往态

---

① 戴宁宁：《民族交往心理及其影响因素：对南疆维汉民族交往的民族学考察》，社会科学文献出版社2015年版，第224页。
② 戴宁宁：《民族交往心理及其影响因素：对南疆维汉民族交往的民族学考察》，社会科学文献出版社2015年版，第87页。

度、交往方式的形态与发展方向。"① 通过对"心理"要素的认知,可以更好地理解各民族在交往互动中的心理表现和特征,也有利于建设完善的交往心理机制,促进民族交往交流交融和和谐民族关系的发展。

2. 顺应各民族的发展心理

在影响民族交往和民族关系的诸要素中,经济利益往往是最受关注的部分之一。历史经验表明,当经济利益长期分布不均或利益需求无法得到满足时,处于发展劣势的民族很可能在心理状态中产生不满情绪,并导致某种隐性状态的心理冲突。在甘南和天祝,由于自然和历史等原因,当地的总体发展水平相对较低。虽然 2020 年完成了脱贫攻坚任务,带来了社会经济的巨大发展和人们生活水平的提高,但我们也需要认识到,当地的发展基础和发展水平仍处于弱势地位。

> 现在这里的经济发展很快了,比原来那好得太多了,交通也方便,房子越修越漂亮,因为有扶贫,很多本来没钱的居民也有了稳定的收入,生活越过越好。这归根到底还是经济水平高了,要不然国家也没钱拿来扶贫。我对玛曲的发展很满意,也有更大的期望。(BR,男,44 岁,藏族,公务员,甘南州玛曲县)

> 天祝这几年发展特别快,我来这里也几十年了,能看得出来。大家手里都有钱了,慢慢的也就要开始享受生活了。我没事的时候也去广场上跟大家聊聊,有藏族、回族、汉族。也就是拉拉家常,有时候也聊一些社会新闻、国家大事。以前大家都忙着赚钱养家去了,哪有这么多时间让你聊这个?自己都还没吃饱,也不

---

① 李静、崔弘扬:《民族交往认知对民族关系的影响——以肃南县马蹄藏族乡为例》,《湖北民族学院学报》(哲学社会科学版) 2017 年第 3 期。

会有时间有精力想这些。(WL，男，61岁，汉族，退休职工，武威市天祝县)

和谐民族关系某种程度上取决于经济发展的水平，尤其是各民族在共同发展过程中所产生的获得感。促进经济发展、提高经济收入、满足物质文化生活需要，是各民族在经济领域的共同追求。甘南、天祝等地的各民族，基于长期历史发展过程形成了稳定的共生关系，各民族在经济领域的分工与协作促进着各民族之间的经济往来。在共生基础上，互惠互利增进了彼此在文化、社会等各领域的互相尊重、互相接纳与融合，形成了和谐的交往局面。在市场经济模式下，跨地区、跨市场的经济交往带动着更大范围的民族交往，各民族之间的利益交织更加深刻。

这些现实情况为我们更好地理解各民族的发展心理提供了良好的前提。在充分考虑当地发展的具体现实、顺应民族发展心理的基础上，我们应该充分整合、利用各种社会资源，在社会主义市场经济和全面建成小康社会的框架下团结奋斗，实现共同繁荣发展。缩小地区之间、民族之间的经济差距，确保经济资源和社会资源在各民族之间的合理分配，使不同民族都能感受到经济发展带来的好处，提升各民族的获得感，不断满足各族群众的美好生活需要。这既是缩小民族差距、体现社会主义公平正义的需要，同时也能够进一步夯实民族交往交流交融所需的物质基础和社会条件，提升族际认同、国家认同，促进民族关系和谐发展，铸牢中华民族共同体意识。

在经济发展过程中，需要妥善处理经济发展与生态环境保护之间的关系。甘南、天祝位于青藏高原东北边缘，是重要的生态屏障，生态环境脆弱，加强生态保护至关重要。从人的角度来说，生活在这里的人们需要生存和发展，必然需要开发自然资源，而过于强调经济发展又会造成对自然环境的过度破坏。从经济发展与社会稳定的角度来说，以牺牲经济发展为目的进行生态保护，将会影响当地各民族群众的经济收入与生活水平，造成民族发展利益的损失，发展心理无法得到满足，进而影响民族关系和社会稳定。一方面，需要科学利用自然资源带给我们的发展基础；另一方面，需要以生态保护为前提，注重发展的可持续性。

3. 铸牢中华民族共同体意识

中华民族共同体意识是民族关系发展的高级阶段，是在各民族交往交流交融基础上，主体民族的认同由族内上升到族际认同，进而形成对中华民族的认同之后逐渐发展起来的。中华民族共同体意识的形成和发展，可以促进主体民族在族际互动过程中的良性互动和精神融合，有助于增强中华民族的凝聚力及促进民族交往交流交融的发展。中华民族共同体意识既是各民族交往交流交融的结果，也是民族关系深度发展的重要保障和目标。所以，促进地区和谐民族关系的发展，需要以巩固中华民族共同体意识为前提。

近年来，甘南、天祝等地社会转型速度加快，经济水平不断提高，原有单一经济模式向多元化市场经济转变，文化也由相对保守类型向更开放多元发展。与此对应，当地人口流动和民族交往不断加强。在交往过程中，各民族互融共居，政治、经济、社会、文化、心理等层面联系不断加深，传统上以血缘、地缘关系为纽带的社区，渐渐让位于以多种社会关系为纽带的"经济政治""文化—心理"共同体，随着对中华民族共同体的认同和凝聚力的加深，以民族交融为特点的中华民族共同体不断巩固。

在甘南、天祝等地区，铸牢中华民族共同体意识是当地各民族交往交流交融的大势所趋，也是我国新时代发展中铸牢中华民族共同体意识的重要组成部分。从区域角度出发，我们需要解决各民族在经济发展中遇到的各种问题，不断提高人们的生活水平，促进社会经济的发展。同时，我们也需要通过健全的保障政策帮助各民族更好地融入社会发展，推进文化建设，构建更加和谐的社会文化环境。此外，我们还需要建立良好的族际互动氛围，提高藏族、汉族、回族、土族等民族参与族际交往的积极性，引导各民族在互相交流、互相学习中互相尊重、互相团结，增强各民族之间的联系，处理好民族认同与国家认同的关系，提升中华民族认同，为进一步促进民族交往交流交融提供支持。

（二）民族交往交流交融和谐发展的心理路径

历史上各民族长期交往交流交融，共同铸成了现代中华民族的"原型"[①]，中华民族大家庭中56个民族紧密团结，共同构成了中华民族繁荣昌盛的最坚实基础[②]。促进新时代民族交往交流交融的和谐发展，离不开更好地了解各交往主体的交往心理、影响交往心理的主要因素。而且，民族交往交流交融的发展情况直接反映着民族关系的情况。因此，对促进民族交往交流交融和谐发展路径的总结，可以依托民族交往心理诸要素的内涵和相互作用机制展开。

根据民族交往心理的构成要素，从互补的民族交往需要动机、互敬的民族交往认知、互亲的民族交往情感、互容的民族交往意识以及互爱的民族交往方式出发，层层递进，将铸牢中华民族共同体意识的引领作用贯穿于整个过程，从心理层面构建促进民族关系和谐发展的内在路径，可以为我们正确认知和应对民族关系的相关问题提供支持，

---

① 杨文炯：《从民族自在到民族自觉——近代至抗战时期中华民族的觉醒与国家认同的熔铸》，《北方民族大学学报》（哲学社会科学版）2015年第4期。
② 王希隆：《论民族干部"三个特别"标准的现实意义》，《中国民族》2015年第3期。

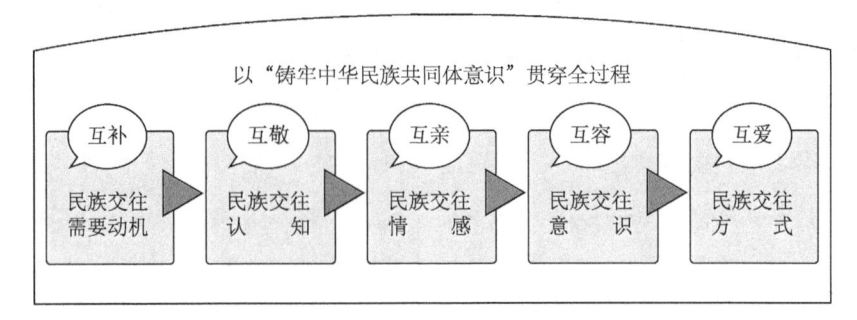

```
以"铸牢中华民族共同体意识"贯穿全过程

┌─────────────────────────────────────────────────────────┐
│   互补        互敬        互亲        互容        互爱   │
│  民族交往    民族交往    民族交往    民族交往    民族交往  │
│  需要动机    认  知      情  感      意  识      方  式   │
└─────────────────────────────────────────────────────────┘
```

图 7-4　民族交往交流交融和谐发展的心理路径

为促进民族交往交流交融的发展、新时代社会主义民族关系向更加和谐深入的方向发展，提供民族心理的支撑。

1. 奠定互补的民族交往需要动机

作为社会性的存在，人类必然需要与社会中的其他成员开展交往，建立联系，以获得生存和发展所需的各种资源。"从心理需要来看，交往是人的基本需要，人一出生来到社会，就离不开社会交往……作为社会的人，彼此之间必然要发生一定的关系，进行社会交往，从而产生交往心理。"[①] 民族交往的需要动机是民族关系产生的原动力，也是民族交往交流交融的内驱力。互补性的交往需要动机，促使处于交往中的各民族成员寻求相互满足。各民族在寻求生存与发展的过程中所产生的各种需要与期望，在本质上具有很强的共通性；而各民族之间的差异性，又使得各民族必须通过一定形式的配合才能够满足全部的生存与发展条件。因此，民族之间的需要与期望往往会产生互补性，这种互补性会在民族之间产生强烈的吸引力，这也是民族交往交流交融得以形成的根本原因。

通过梳理甘南、天祝等地民族交往交流交融的过程，我们能够发现，在不同历史时期的各民族，因社会发展阶段的差异，往往会表现

---

① 李静：《民族交往心理的跨文化研究》，中国社会科学出版社 2010 年版，第 80 页。

出不同的需要动机，但不同交往需要动机之间所具有的互补性，则持续推动着各民族交往交流交融的不断前进。历史上，共同生活在甘南、天祝等地的各民族，以共同生存发展作为基础需要动机，在经济上形成互惠互利、共生互补的经济交往模式，并在此基础上发展出更高层次的交往需要。正如我们在当地各族群众中经常听到的，各民族"在生活当中是相互需要的"，"谁也离不开谁"，"先有经济上的往来，后来都成了朋友关系"。质朴的语言所描绘的是各民族在经济交往需要动机的驱动下，在共同的经济互动中，开发着生息繁衍的土地，发展当地社会，形成密切的民族关系。

从人类社会的发展过程来看，在不同的社会发展阶段和不同的历史时期，会有不同的社会性需求；从个体的角度来说，人在不同的社会化阶段、不同的情境下也会有不同的需要。民族共同体的交往需要动机，也具有需求层次由低级向高级递进发展的规律。

有了长期和谐互动的民族关系和高度发展的社会经济作为基础，当代甘肃藏族与周边各民族，其交往需要动机逐渐表现出更加多元化的特征。在交往过程中，各民族以经济交往动机为基础，积极学习和使用国家通用语言文字：一方面，他们为了在市场经济中寻求更好的发展机会而学习；另一方面，这也在一定程度上促进了对中华民族文化的了解。当民族交往主体的需要动机在外在条件影响下过于偏向某一种需求或者拘泥于某一层次需求时，则会对民族交往及其结果带来负面效应。[①] 在对国家通用语言文字的学习和使用当中，我们发现，个别人持工具论的态度，即仅将其作为交往或获取更好工作机会、更好发展机会的工具，忽略了对国家通用语言文字所承载的中华民族意识、中华民族文化的认知。从这一点来说，在民族交往的过程中，需要对交往主体的需要动机进行必要调整。

---

① 李静：《民族交往心理构成要素的心理学分析》，《民族研究》2007 年第 6 期。

总体来说，我们研究区域的各民族，逐渐形成了以各民族共同团结奋斗、共同繁荣发展、实现各民族共同富裕为基础，以实现中华民族复兴为目标的交往需要动机。在促进民族关系和谐发展的过程中，需要对其加以进一步巩固和完善。

2. 形成互敬的民族交往认知

民族交往认知，即民族交往过程中主体对自身以及交往对象的相互感知和认识。通常我们所说的民族交往认知，更侧重于主体对客体的认知。在构成民族交往心理体系的各要素当中，民族交往认知在其中起着承上启下的作用。民族交往认知的结果，将影响民族交往情感、民族交往意识的状态及发展方向。只有正确、客观地认识本民族、交往客体以及交往环境，才能在民族发展中处于有利地位。[①] 和谐民族关系的产生和发展，离不开相应民族对交往对象的正确认知。形成正确的民族交往认知，正确理解交往客体的政治、经济、文化、社会、生态等方面的状况，是民族交往交流交融顺利发展的重要前提。

根据我们的田野调查情况可以看出，民族交往交流交融的发展程度与交往主体对自身与交往对象的正确认知密切相关。一方面，民族交往认知的重要性体现在不同民族对作为交往对象的其他民族及其文化的认知与评价上。例如，藏族、汉族、回族等民族对彼此的民族性格、传统文化等方面做出的评价，会直接影响到彼此的交往。汉族、回族对藏族的评价中常见到的描述是"善良""朴实""热情""容易打交道"等；而藏族对汉族、回族的评价则以"能干""聪明""吃苦耐劳"等印象为主。这样的积极评价有利于各民族在交往过程中建立互相尊重、互相赞赏的交往认知，从而在此基础上建立起团结、和谐的民族关系。

另一方面，民族交往认知的重要性还体现在交往主体对文化交融

---

① 李静：《民族交往心理构成要素的心理学分析》，《民族研究》2007 年第 6 期。

的认知上。"文化融合是一个从文化冲突到取得文化认同并使之和谐化的复杂心理过程,而这种心理过程的外在表现即文化主体间交往的频度和深度的加强并逐渐趋同……各民族文化不断接近、交流和适应,由此引起了不同民族间文化的融合。"① 在甘南、天祝等地,各民族在长期的交往交流过程中,"和睦相处、和衷共济、和谐发展",形成了文化上不断融合的局面。不同民族成员对彼此的认识与评价,以及他们对这种文化交融所持的态度,是"开放包容"还是"固守传统"等,均可能对其民族交往情感和民族交往意识产生影响,从而影响到民族关系的发展。我们调研发现,绝大部分被访者对民族文化的交融持开放包容、乐见其成的态度。虽然部分民族成员基于民族传统文化保护的角度,对民族文化交融抱有一定的保留意见,但是他们也认为这是社会发展的必然趋势,并不过分排斥。民族成员对文化交融总体包容、开放的认知结果,有利于各民族成员形成跨民族的文化认同,进而形成对中华民族、中华文化的认同。

除此之外,如前文所述,民族成员在交往过程中对自身的认知结果,包括对自身在交往中所处的社会地位、所受到的社会待遇、自信度等自我认知,会通过影响民族成员在交往中的自信心、自尊心等,进而作用于族际交往过程。因此,民族成员在交往过程中对自身的认知同样值得重视。

从甘肃藏族及其与周边民族的交往交流交融情况来看,对自身以及对交往对象民族的正确认知,有助于营造良好的民族交往氛围,促进民族关系的发展,并且有助于对中华民族、中华文化的高度认同。

3. 培养互亲的民族交往情感

民族交往情感是民族交往心理的重要组成部分,是在交往过程中

---

① 李静:《民族交往心理的跨文化研究》,中国社会科学出版社2010年版,第211页。

参与者受交往情境中具体事物的刺激所产生的对交往过程、交往对象或具体事件的态度体验。它是心理态度的体验，通常表现出高度的一致性[①]，反映着民族交往各参与者在不同情境下的愉悦度。民族交往情感具有稳定性、持久性、内因性的特征。在民族交往中，民族情感和民族利益通常是相关联的。一方面，民族成员的情感体验会受到民族利益是否能够得到满足的影响；另一方面，民族情感的存在也会推动民族成员去维护民族利益。与心理学中所说的"情感"一样，民族交往情感也由道德感、理智感和美感三个方面构成。

我们研究区域的各民族在心理上形成了高度的国家认同和强烈的亲近感，藏族、汉族、回族等民族之间缔结了兄弟般的亲密情感，这是民族心理交融的重要体现，也是民族关系发展成熟的重要标志。各民族在共创中华民族过程中长期交往交流交融的历史，奠定了当前和谐民族关系的基础。正如在田野调查中所听到的："我们的民族团结特别好，各个民族相处得都很融洽。""平时都会有一种感觉，就是没有什么少数民族、汉族的想法，大家都是一样的，都是我们这个地方的人。""因为这里藏族多，交了好多藏族朋友，我现在一半多的好朋友都是藏族的。""大家都在一起生活，也不会分得那么清楚，都是一样的，关系都很好。""大家也都没啥隔阂，一起工作，一起生活，一起做各种活动，大家互相都很厚道。"从这些表述当中我们能够发现，各民族成员对其生活环境中的其他民族，彼此间关系紧密，心理上相互亲近，这也为民族关系的进一步发展打下了坚实的心理基础。

民族利益的实现与否，会影响到民族成员在族际交往中的情感体验。目前，社会主义新型民族关系的确立为各民族提供了从制度设计到社会环境的保障体系，使得各民族能够共享社会发展的红利，资源在各民族间得到合理分配，民族在发展过程中的需求得到不断满足。

---

① 李静：《民族交往心理构成要素的心理学分析》，《民族研究》2007年第6期。

同时，随着各民族族际认同、国家认同、中华民族认同的加强，各民族在族际交往中对本民族利益的关注和维护逐渐上升为对地区、国家、中华民族利益的关注和维护。这些情况促进了各民族之间情感上的亲近和心理上的融合。

新时代中国特色社会主义民族关系比历史上任何时期都更加团结和谐，但同时我们也面临着许多新的挑战。因此，在推动和谐民族关系进一步发展的过程中，我们需要立足于各民族交错杂居、社会经济文化等各领域彼此互嵌的现实格局，维护各民族的共同利益，培养各民族相互亲近的交往情感，不断拉近各民族之间的心理距离，为民族交往交流交融的发展奠定情感基础，促进民族团结、社会稳定和经济发展。

4. 树立互融的民族交往意识

民族交往意识是指民族成员在交往过程中对交往对象、交往过程及交往状态的意识反映，它反映了民族交往的主体间性。民族意识是一种心理活动，它受到民族成员所处的生活环境、历史传统、民族文化、发展条件以及与其他民族的关系等一系列因素的影响，同时也是对这些因素的认识和心理反映。民族意识涉及民族的归属意识、认同意识、发展意识等丰富的内容。

民族意识的形成与民族交往有着密切的联系，因此需要以民族交往作为基础。在开展民族交往之前，人们处在单一的民族环境中，自身与周围的民族成员具有很高的同质性，此时的民族意识尚未被激活；而在民族交往过程中，主体意识到自身所处的民族与交往对象所处的民族之间存在差异后，民族意识逐渐产生。在民族意识中，民族归属意识可以成为提高民族凝聚力的源泉，同时也能够提高民族成员对本民族利益的体悟，因此容易产生边界意识。然而，过于强烈的边界意识容易导致民族意识走向狭隘、保守、排他的状态，从而妨碍正常的民族交往和民族关系的发展。相比之下，民族交往意识、民族发展意识等的存在则可以缓和或解决边界意识导致的负面效应。

藏族、汉族、回族等民族之间的交往交流交融，是形成高度团结、彼此包容的交往意识的重要结果。这种交往意识的存在促进了各民族之间的平等、包容、开放和团结，有助于消除前文所说的边界意识及其负面效应。在天祝县的调查中，我们发现当地各民族在交往互动过程中，对自身及交往对象的族属意识非常模糊，更多的是强调双方的共性和包容性。这反映出各民族彼此认同越来越强，心理距离越来越近，促进了民族关系的和谐发展。在合作、玛曲、临潭、卓尼等地，各民族在某些场合，如民族节日、重大活动、宗教场所等，会展示或强调自身的民族身份，但在日常交往中，更多的是基于经济往来、社会合作、地缘关系、朋友关系等开展密切的往来。在跨越民族边界的多维交往基础上，各民族开展文化交流，实现民族交融。

随着民族交往交流交融的逐渐深化，彼此尊重、互相包容的民族交往意识能够消除狭隘的民族分界意识，培育互亲互爱的交往态度，提高各民族族际交往过程的顺畅度，提升各民族在交往过程中正向的情感体验，形成更加密切的民族关系。

5. 实践互爱的民族交往方式

民族交往心理诸要素中的需要动机、交往认知、交往情感、交往意识等内在因素属于精神层面，民族交往的行为方式则是这些内在因素的外在体现，是民族交往心理诸要素在实践层面的表达。各民族的交往方式既有宏观上的政治、经济、文化、社会生活等各个领域的交往，也有在工作、邻里、交友、婚姻等生活场景中的往来。在不同的生活环境中，各民族以自己熟悉的方式，开展多种形式的交往和交流。

下面以经济交往和族际通婚为例展开论述。

经济交往已经成为现代社会民族交往中最常见的内容。通过经济上的往来,各民族得以满足自身的生产生活需要,同时伴随着经济交往而来的更深入的交往,进一步加强了各民族之间的经济文化交流,奠定了各民族相互了解与融合的基础。

族际通婚是一种可以在不同民族间建立姻亲关系,使双方在民族文化等领域得到更加深入交流的民族交往方式。同时,通婚也对各民族的血缘结构进行改造,通婚家庭的子女对父母双方所在的民族拥有共同的感情,从而对维系亲近的民族关系起到积极的推动作用。例如,在甘南、天祝等地的汉族、藏族、回族、土族之间,就存在着不同程度的族际通婚。这些通婚家庭从"家庭"这一社会的细胞开始实践着各民族血缘、文化与心理层面的交融。

在不同的社会领域中,各民族基于互补的民族交往需要,在民族交往心理的指导下,开展各种形式的民族交往实践。例如,从经济领域的互惠互利开始,各民族逐渐建立起错综复杂的社会网络关系,彼此在血缘、文化、社会结构等各个领域建立起密切的联系,不断突破民族的边界,建立起彼此间的认同与联系,推动当地民族关系的发展。

6. 以铸牢中华民族共同体意识引领民族交往交流交融

从历史中走来的中华民族,伴随着各民族之间交往交流交融的发展,"不断形成了'你中有我,我中有你,你离不开我,我离不开你'的中华民族多元一体格局"[①]。进入新时代,我国各民族在社会发展过

---

① 王延中:《铸牢中华民族共同体意识建设中华民族共同体》,《民族研究》2018年第1期。

程中"交流越来越频繁、交往越来越密切、交融越来越明显"①。这为我们在新时代进一步"铸牢中华民族共同体意识,加强各民族交往交流交融,促进各民族像石榴籽一样紧紧抱在一起,共同团结奋斗、共同繁荣发展"②打下了坚实的基础,更提出了更高的要求。

2014年的中央民族工作会议上,习近平总书记指出"多民族是我国发展的一大有利因素"这一"中国多民族优势论"。③ 在社会主义条件下,多元一体的各民族能够和谐共生、共同奋斗、共享繁荣,为新时代民族交往交流交融的深入发展提供了有利的资源。然而,在民族交往交流交融的主流趋势下,我国民族工作的发展也面临"五个并存"阶段性特征的挑战。因此,在新时代民族关系发展过程中,我们应该以铸牢中华民族共同体意识为根本目标,以习近平新时代中国特色社会主义思想指导实践,引领民族交往交流交融的深入发展。这对解决民族发展和民族关系发展过程中的矛盾,促进新时代中国特色社会主义和谐民族关系的前进,具有重要的意义。

以铸牢中华民族共同体意识为指导,引领民族交往交流交融的深入发展,需要继承和发扬各民族和谐发展的民族关系主线。新时代社会主义民族关系,是在我国各族人民长期交往交流交融的历史基础上形成和发展起来的。各民族共创的中华民族,"具有悠久历史,拥有深厚坚实的共同性基础,是有机结合的、稳定的多元一体共同体,具有强大的内聚力和生命力"④,这为我们在新时代发展和谐民族关系,促进民族交往交流交融打下了宝贵的历史和现实基础。在中国共产党的

---

① 史金波:《中国历史上民族关系刍议》,《中国史研究》2017年第1期。
② 习近平:《决胜全面建成小康社会夺取新时代中国特色社会主义伟大胜利》,《人民日报》2017年10月28日。
③ 高永久、赵志远:《论民族交往交流交融与铸牢中华民族共同体意识的思想基础》,《思想战线》2021年第1期。
④ 杨建新:《再论各民族共创中华民族》,《中央民族大学学报》(哲学社会科学版) 2020年第4期。

领导下,新时代民族交往交流交融取得了新的成就,这是对民族交往交流交融历史的继承与发展,更是中国共产党领导下新时代社会主义民族工作不断进步、民族团结不断深化的结果。

以铸牢中华民族共同体意识为引领,促进民族交往交流交融的发展,需要总结并发扬我国社会主义民族工作的成功经验。在中华民族实现伟大复兴的进程中,党和国家结合我国多元一体民族社会的发展特征,在民族工作领域适时地提出了"民族团结进步教育""各民族共有精神家园""民族交往交流交融""中华民族共同体意识"等一系列表述和工作方针。其中,"中华民族共同体意识"就经历了从"牢固树立"到"积极培养"再到"铸牢"的转变,这种转变过程本身体现的,是"铸牢中华民族共同体意识"在建设各民族共有精神家园、促进民族交往交流交融、民族团结等工作中的主线地位。因此,以铸牢中华民族共同体意识为引领,促进民族交往交流交融的发展,符合社会主义民族关系发展规律,也是社会主义民族工作的必然要求。

以铸牢中华民族共同体意识为引领,明确铸牢中华民族共同体意识在巩固和发展中华民族共同体中的作用,是推动民族交往交流交融的必然选择。铸牢中华民族共同体意识反映了我国多民族国家建设的现实需要,契合了当前中华民族多元一体格局发展与延续的基本需求。①多民族是我国的一大特色,也是我国发展的一大有利因素。中华各民族通过交往交流交融,实现族体上的相互吸纳,共同开发祖国的锦绣河山、广袤疆域;经济上的开发和相互促进,对中国政治历史文化传统的维系,共同创造了悠久的中国历史、灿烂的中华文化。在反对侵略、保卫中华的过程中,对中华民族革命做出巨大贡献,维护祖国统一,共铸中华民族精神。在这个过程中,各民族共同创造了"中

---

① 郝亚明:《中华民族共同体意识视角下的民族交往交流交融研究》,《西南民族大学学报》(人文社会科学版) 2019 年第 3 期。

华民族"这一实体。① 从民族心理层面来说，中华民族的形成与发展，是以中华民族共同体意识不断巩固和发展为基础的，是以各民族对中华民族的认同为基础的。在新时代，我们要继续以铸牢中华民族共同体意识为根本目标，促进民族交往交流交融对提升各民族中华民族认同的积极作用，不断增强中华民族的"实体性与整体性"②。

从民族心理学层面来看，中华民族共同体意识是一种特殊的群体意识，包括"国家认同、中华民族认同、中华文化认同以及民族凝聚力、自尊心、自豪感等一系列的认知、情感和行为要素，是一种复杂的社会心理现象"③。心理现象的形成发展离不开社会现实的影响。在中华大地上，各民族共同生活与开发、历史上一直延续的大一统政治、经济上的互补互惠互利、互嵌共生的生活空间以及对中华文化的共建共享等，都是影响中华民族共同体意识形成和发展的重要因素。在这些因素的影响下，各民族在不断的交往互动过程中，不断凝聚和形成共同体意识。物质决定意识，意识是对客观世界的主观映象，又能够反作用于客观事物。心理学的研究也早已证明，心理的形成与发展有赖于客观现实，心理在形成之后，又会通过人的内部心理过程影响人的行为实践。正确的意识或心理活动，能够对人的行为产生正确的指导作用。中华民族共同体意识基于民族交往交流交融的历史与现实而形成，是对客观存在的正确反映，以之引导民族交往交流交融的发展，能够起到积极的促进作用。

---

① 杨建新：《中国少数民族通论》，民族出版社 2009 年版，第 119—127 页。
② 王延中：《铸牢中华民族共同体意识建设中华民族共同体》，《民族研究》2018 年第 1 期。
③ 李静：《铸牢中华民族共同体意识的心理途径》，《西北民族研究》2020 年第 2 期。

结　语

从对甘肃藏族与周边各民族交往交流交融情况的调查分析中可以发现，当地各民族在共同的自然地理空间中，发展出各具特色的经济生产方式和社会文化。在此基础上，各民族在共同的居住空间中，基于各自的生计方式展开经济上的合作，形成互补、互利、互惠的经济交往模式。同时，各民族在文化上和心理上也实现了交融，呈现出总体良好的民族关系。学者苏发祥等人还发现，甘肃藏族生活的地区历来就是多民族共存共生的地区，在长期的交往交流交融之后，各民族的关系变得越来越团结和谐，并且呈现出"共享而非同化""区域差异化"的特点。[①] 族际通婚、语言文化的交融、宗教信仰领域和谐共生等因素，成为各民族间顺畅交往交流、实现心理交融的推动因素。

习近平总书记曾提出"深化民族团结进步教育，铸牢中华民族共同体意识，加强各民族交往交流交融，促进各民族像石榴籽一样紧紧抱在一起，共同团结奋斗、共同繁荣发展"[②] 的论述。这指明了新时代我国民族团结进步教育工作的前进方向，也说明了民族交往交流交融对促进我国民族关系发展的重要性，以及在铸牢中华民族共同体意识过程中的重要价值。简而言之，民族交往交流交融与中华民族共同体意识存在相互建构的关系：前者以铸牢中华民族共同体意识为目标，

[①] 苏发祥、王亚涛：《论甘肃藏区各民族间交往交流交融的现状及其特点》，《中国藏学》2020年第2期。

[②] 习近平：《决胜全面建成小康社会夺取新时代中国特色社会主义伟大胜利》，《人民日报》2017年10月28日。

同时以其历史和现实的资源优势为基础条件，奠定了铸牢中华民族共同体意识的基础；后者则通过对民族心理和行为实践的影响，作用于民族交往交流交融的全过程。这两者在动态的发展过程中相互促进。

一、历史上民族交往交流交融的机制

甘南及天祝等地的民族交往交流交融历史悠久，各民族通过多种方式实现了民族文化和民族心理的交融。这些地区的民族交往交流交融在不同历史时期表现出不同的特点。根据交往交流交融的程度差异，我们将其大致分为三个阶段：从文明孕育开始至隋唐的早期阶段，从元明开始至清朝前期的民族交往交流交融的扩大、深入阶段，以及清后期至民国的近代阶段。在这三个阶段中，民族交往交流交融普遍发生，不同之处在于前文提到的范围广度与深入程度。随着历史的发展和交往交流交融的不断拓展和加深，多元一体的民族格局逐步形成并稳定发展。

总结历史上青藏高原边缘地带及祁连山麓各民族交往交流交融的机制，国家权力的形塑、多元一体的地方社会文化秩序、移民活动及其文化交汇的影响是其中的主要内容。

（一）国家权力的决定性影响

历史上，不同政权掌控甘南等地区时，都会根据自身运作的需要对下属民族互动进行干预。自秦汉时期开始，今甘肃甘南、天祝等地区就被纳入中央王朝的管控范围，中央政权通过派兵驻防、移民实边和行政建制等方式维护边疆社会的稳定。但是因不同民族集团之间的争夺，中央政权对这些地区的有效治理时断时续。唐朝中后期开始，吐蕃及其后续地方政权长期控制藏族在甘肃生活的地区。尤其是吐蕃控制期间采取的强制同化措施，在政治力量的支持下，促使被统治的汉族、羌族、吐谷浑等民族被动融入吐蕃之中。

明朝实行一系列治边策略，进一步稳定了当地的民族社会格局。在移民屯边、土流参治、文化传播等一系列措施的作用下，甘南、天祝等地的政治治理结构、民族人口结构、社会文化结构等均发生了深刻的变革。尤其是社会趋于稳定，为各民族之间的交往交流交融提供了良好的社会环境。"明清以来，随着行政建置的完善，各民族之间的融合有了稳固的政治机制保障。"[1] 在此基础上，儒家文化随着大量移民的进入，在甘肃地区广泛传播，使得汉文化对少数民族的影响日益深入，少数民族改变身份认同与汉族交融的现象时有发生。

清后期至民国时期，政治昏暗，社会动荡，尤其是清末不平等的民族政策和民国时期军阀之间的混战，对本地域的民族交往交流交融造成了极大的负面影响。国家权力对民族交往交流交融的影响取决于国家政权的统治方式以及国家权力与地方社会的互动关系。强调平等、包容的民族政策往往能够促进二者关系的良性运行，也能够为民族交往交流交融提供更多的动力。

（二）作为内生动力的地方社会文化秩序

环境是整个社会生活的重要组成部分，包括居住环境在内的空间秩序，不仅是由基于社会准则的集体表征分类所产生的，也是社会准

---

[1] 胡静、李健胜：《河湟地区民族交融历史进程及其内在因素探微》，《青海民族研究》2018年第3期。

则再生产的依据之一。地域社会构成了人们赖以生存的生产生活空间,也为人们提供了日常社会互动的文化场域。地方社会文化秩序源于人们在上述空间和场域中的实践,源于将一定地域文化范围的人、事、物联系起来并进行整合,在文化交融中形成一定的社会文化空间和人们的地域文化认同。地方文化秩序的调适在社会生活与文化构建中起着重要作用。对于特定文化区域内的人们来说,社会文化秩序共同的景观、生产生活、文化秩序、社会互动、情感联系、地域认同等社会事项组成了集体社会叙事,将人们的利益、精神、情感与命运联系在一起,创造了地域共同体的社会与文化环境,共同构成了我们所说的社会文化秩序的整体。

甘南、天祝等多民族的地域社会为生活在这片土地上的各民族提供了地缘性的社会交往场域,将需求转化为彼此之间的互助与互惠,形成多元文化的互补。在交往实践中产生的社会情感、社会信任与地域认同,营造和加固了民族间的共同性基础和共同体意识。在这样的前提下,该地区的各民族逐渐形成民族文化交融的意识,促进着民族交往交流交融的发展。

因此,这一多民族地域社会更多的体现了多元文化的交互和共同性的社会结构凝聚,展现了"家园"的社会生活图景和共同体文化的社会构建。如果说地域社会是一个"小家园",那整个中国就是中华民族共同生存和栖息的"大家园"。中华民族并非一个想象的共同体,而是一个历经共同历史叙事、共同记忆和命运关联的历史命运共同体。①在历史和现实的基础上,中华民族以共同的历史叙事和历史记忆为核心,通过频繁的经济联系、密切的文化交流、共享的政治价值和制度

---

① 朱碧波:《论中华民族共同体的多维建构》,《青海民族大学学报》(社会科学版) 2016 年第 1 期。

基础，逐渐成为一个有机整体。① 中华民族所具有的共同体形态提供了更具包容性的共同性空间，各区域在共同性基础上进行着多元文化的交流与交融，超越地缘和地域文化，在更大范围的文化交流中构建了共有的社会生活和精神世界。

内生的社会文化秩序长期存在于民族本土社会之中，一定程度上作为民族边界的形式存在。因此，我们在看到其对民族交往交流交融整合作用的同时，也需要审慎地看待其在宗教信仰、风俗习惯、社会心理等方面所产生的边界效应。

（三）移民对民族交往交流交融的影响

相对于地方社会文化秩序而言，"移民"是社会发展动力中的外在力量。研究地区多元的民族文化格局下，各民族的文化均不足以占据支配地位，因此为移民文化的植入及其本土化发展提供了便利的条件。甘肃的移民是引起当地文化发展和民族交融的重要动力。从甘南、天祝各民族的族源上来看：汉族从东汉时期便持续进入当地，尤其是明朝的治边政策下，大量汉族移民进入当地；元朝时的回族先民、明朝西征士兵中的"回回兵"；随着吐蕃向北发展迁居而来的藏族先民；民国因避乱又有大量汉族、回族进入甘南等地。他们均奠定了今甘南、天祝等地区的民族分布，形塑着当地的社会文化格局。

随着移民的发展，各民族文化在该地区不断传播，当地人文生态景观更加丰富。汉族、回族移民带来的农业生产技术、商业经营等为当地社会经济的发展提供了基础；儒家文化以及相应价值观念的传播，则影响着人们的文化认同乃至民族身份的认同；随着吐蕃同时北上而

---

① 郝亚明、赵俊琪：《"中华民族共同体"：话语转变视角下的理论价值与内涵探析》，《北方民族大学学报》（哲学社会科学版）2018 年第 3 期。

来的藏传佛教文化，则奠定了今甘南、天祝重要的文化基础。

历史上频繁的移民活动弥补了当地因社会不稳定而造成的人口损失，尤其是规模较大的移民活动促进了该区域社会经济和文化等各项事业的发展。在近代化过程中的移民，尤其是汉族、回族移民的进入，为当地带来了新的文化观念。近代教育的发展，如西道堂创办的新式学校，吸引了各民族学生，为促进甘南地区的近代化起到了积极的作用。历史上甘南移民的进入，受国家权力与地方社会秩序互动的双重影响，也在一定程度上带来了不同生计方式、宗教信仰和文化背景下各民族之间的矛盾甚至冲突。在国家权力和地方社会秩序能够有效发挥作用的阶段，这些矛盾和冲突往往能够得到有效的解决；相反，则会激化相应的矛盾和冲突。

总之，我们研究地区的民族交往交流交融，是在国家权力影响下，借助国家行政力量的推动，以地方社会秩序为内生动力，在二者的互动过程中不断发展起来的。移民群体作为重要的人力和文化资本，总体上推动了本地区民族交往交流交融的发生。

二、新时代民族交往交流交融的机制

进入新时代，甘南及天祝的民族交往交流交融与历史上相比发生了质的飞跃。就其内在机制而言，其中的核心在于坚持了中国共产党的领导，确立了社会主义的制度优势，尤其是民族区域自治制度的不断坚持和完善，使得各民族能够在真正的民族平等前提下开展交往交流交融，真正实现平等、团结、互助、和谐。这是甘肃地区以及我国民族交往交流交融不断取得重大成果的根本保障，也是历史与现实中我国民族交往交流交融的本质区别。

此外，各民族在长期交往交流交融的历史中逐渐发展起来的对伟大祖国、对中华民族、对中华文化的认同，在近代民主革命以来的道路选择中形成的对中国共产党、对中国特色社会主义的认同，共同促进着当代民族交往交流交融的发展，不断加深着各民族的心理交融。新时代以来，伴随着当代国家建设的过程，我国各项事业不断发展，国家日渐富强，人民的幸福感和获得感不断增强，民族关系也更加和谐和紧密，"五个认同"在促进民族交往交流交融发展的同时，也在民族交往交流交融中不断深入发展。

（一）伟大祖国认同对民族交往交流交融的促进

从甘南及天祝两地的社会发展历程来看，历史和现实中的各民族共同参与、推动着中国多民族国家的发展，在缔造国家的过程中共创中华民族，共创中华文化。自秦汉时期大一统的中国建立开始，该地区的各民族就不断与大一统的中国进行互动，不断融入大一统的国家。历史上的羁縻政策、土司制度、土流参治、僧纲体系、改土归流等一系列制度建设，以及儒家文化的传播、科举制度的推广、学校教育的开展等一系列文化建设，对内密切了当地各民族之间的关系，对外密切了内地与边疆的联系，促进甘南、天祝等藏族人居住较多的地区融入大一统的中国。在近代化的过程中，各民族共同抵抗西方列强、抵御外侮，形成强烈的祖国意识，共同参与民主革命，在中国共产党的领导下团结一致，共同建立、建设社会主义新中国，不断形成和强化对伟大祖国的认同。基于历史上形成、现实中不断发展的对伟大祖国的认同，本地区各民族在共同的生活空间中逐渐拉近了彼此的心理距离，维护国家利益，开创民族交往交流交融的新局面。

(二)中华民族认同对民族交往交流交融的促进

甘南、天祝等地各民族对中华民族的认同,体现在各民族之间的相互认同上,也体现在各民族的中华民族共同体意识上。作为中华民族不可或缺的一部分,青藏高原边缘地带及祁连山麓各民族在历史和现实中经历了深入的民族交往交流交融。在中华民族的发展历程中,各民族在历史上不断与其他民族开展族际互动与交流,发展自身,同时又不断与其他民族发生交融。就甘南、天祝而言,在族体上既有各民族不断融入汉族,汉族也有相当多的人口在与周边民族的交往交流中融入少数民族,促进了少数民族的发展壮大,各少数民族之间也在交往交流中不断地发生着交融。不仅是族体上的相互吸收,各民族伴随着交往交流交融在社会各领域所展开的深度互动,也促使各民族在各个领域都形成了密切的联系,不断促进各民族的有机结合。

伴随着彼此在经济生产、社会生活等各个领域开展密切的交往交流,各民族在文化上相互尊重、相互学习,在和谐共生的民族关系网中实现族体上的相互吸收、文化上的相互融合、心理上的相互交融。一方面,甘南、天祝各民族以地区性的族际互动践行着民族交往交流交融;另一方面,各民族也在交往交流交融中铸牢中华民族共同体意识,为中华民族共同体的发展壮大提供营养。

(三)中华文化认同对民族交往交流交融的促进

甘肃藏族及周边各民族对中华文化的认同,表现在从物质生活到精神生活的各个层面,这也是促进各民族交往交流交融不断深入的文化保障。汉族、回族、藏族、土族等民族对彼此文化中的哲学思想、价值体系、文化习俗等的吸收，体现出各民族对彼此文化的认同，也体现出各民族共创中华文化的过程。通过民族交往中的接触，各民族在不同的场域中展开交往互动，实现信息的传播与资源的共享，更重要的是能够促进彼此间相互理解、相互尊重。民族交流是民族交往的深化，各民族在接触和互动的基础上，通过物质、精神领域的交换与选择，实现资源、信息、文化的交流。民族交流的深入，有利于各民族之间缩小差距，实现共同繁荣发展的目标。而民族交融，尤其是民族文化与心理的交融，使各民族之间有了文化的共享成分，并最终在心理层面相互吸引、吸收而产生心理相融的现象。

（四）中国共产党认同与中国特色社会主义认同对民族交往交流交融的促进

中国共产党成立后，"在众多党派中脱颖而出，表现了强劲生命力，在其不断发展、完善过程中，吸引'手工业者''农民'无产者，更能适时适当团结各少数民族"①。甘南及天祝各民族对中国共产党和中国特色社会主义的认同体现在诸多方面：无论是各民族的优秀成员早期加入中国共产党，还是红军长征期间对中国共产党的拥戴，或是在中国共产党的领导下建立新民主主义政权的艰苦奋斗，以及中华人民共和国成立以来尤其是改革开放以来该区域各民族积极拥护中国共产党，在中国共产党的领导下践行各项理论、政策和方针，积极参与国家建设，共同团结奋斗，共同发展各项事业，这些都构成了各民族认同中国共产党、认同中国特色社会主义，在中国共产党带领下实现民族社会发展、努力发展中国特色社会主义的叙事体系。

---

① 马英杰：《融入中华民族共同体：对回族"五个认同"的考察》，《回族研究》2021年第1期。

"对中国共产党和社会主义制度的认同,既是中华民族共同体对中国共产党将马克思主义和近代以来中国革命的具体实践相结合、为多民族国家中国指定发展方向的肯定,同时也是对中国共产党和社会主义制度的肯定,这是近代以来'亡国灭种'威胁下中华各民族的共同选择,也是中华民族共同体进一步得以凝聚壮大的有力保障。"① 以我国的民族政策为例,"对于社会主义的中国来说,民族政策的意义不仅在于可以延缓社会分化的极端现象、维持社会结构,更是为了实现各民族事实上的平等和民族大家庭的共同发展和繁荣"②。随着我国社会现实的不断发展,我国的民族政策也在坚持民族平等、团结、互助、和谐的基础上,在不断的创新当中完善和发展。针对甘南这样发展基础相对薄弱、发展速度相对较慢的现实,我国民族政策中对少数民族的优惠照顾政策长期存在。通过促进少数民族、民族地区的快速发展,逐渐消除各民族、各地区在发展速度、发展程度上的差异,对民族交往交流交融也起到了积极的促进作用。

总之,甘南及天祝等地各项事业的发展是在中国共产党的领导下,通过坚定不移地走中国特色社会主义道路而实现的。各民族共同团结奋斗,发展民族交往交流交融,也体现着各民族对中国共产党和中国特色社会主义的认同。正如习近平总书记所说:"中国特色社会主义是不是好,要看事实,要看中国人民的判断,而不是看那些戴着有色眼镜的人的主观臆断。"③ 尤其是十八大以来,甘南、天祝等地各民族群众逐渐实现脱贫致富,人们对党和国家制定的各项惠民政策赞不绝口,愿意在中国共产党的领导下继续为社会主义事业的发展而奋斗。

党和国家历来高度重视我国多民族国家政治认同建设。在长期实

---

① 孙懿:《"五个认同"与中华民族共同体意识》,《烟台大学学报》(哲学社会科学版)2020年第2期。
② 路宪民、杨建新:《正确认识民族优惠政策》,《贵州民族研究》2007年第3期。
③ 习近平:《在庆祝中国共产党成立95周年大会上的讲话》,《人民日报》2016年7月2日。

践中，将马克思主义民族理论与我国多民族国家的具体实际相结合，逐渐形成了相关政策、理论方针，以铸牢中华民族共同体意识为主线，以"中华民族一家亲，同心共筑中国梦"为核心理念，以"共同团结进步、共同繁荣发展"为主题，持续推进各族人民交往交流交融，贯彻"三个离不开"的重要思想，走出了一条中国特色多民族国家建设的道路。在文化层面，正如习近平总书记在2019年《在全国民族团结进步表彰大会上的讲话》中指出的："一部中国史，就是一部各民族交融汇聚成多元一体中华民族的历史，就是各民族共同缔造、发展、巩固统一的伟大祖国的历史。"[①] 经过各民族在数千年历史进程中的不断磨合，新时代我国的民族交往交流交融不断深入，各民族共同汇聚，有机结合成为中华民族这一多元一体的共同体。作为一个有机体，组成中华民族的各民族在交往交流交融中，"形成了共同的命运，共同的精神追求，共同的利益链条，并有大体相似的物质生活条件"[②]。这些共同因素的存在和发展，既是各民族在"五个认同"基础上共同团结奋斗的结果，也促进着"五个认同"在各民族中的发展，促进着新时代背景下铸牢中华民族共同体意识事业的发展，是中华民族发展的坚实基础。

（五）民族心理交融的深层意涵

在多民族国家中，民族关系是影响国家政治稳定和社会关系和谐发展的重要因素，而民族交往交流交融则是促进民族团结和铸牢中华民族共同体意识的关键。民族交往交流交融是不同群体接触的发生逻

[①] 习近平：《在全国民族团结进步表彰大会上的讲话》，《人民日报》2019年9月28日。

[②] 杨建新：《再论各民族共创中华民族》，《中央民族大学学报》（哲学社会科学版）2020年第4期。

辑，在接触范围内存在着递进关系，它反映了民族间接触与互动的不同层面，因此而产生了各民族共生场域与交融平台。民族在交往过程中，达到"共生互补、共融相依"的关系，是实现共同发展目标的重要保障。①

甘南、天祝各民族间的心理交融，体现着民族交往交流交融的根本特征，也是民族共生互补的深层保障。民族心理的交融主要体现在各民族交往认知的趋同性、积极向上的族际交往态度以及不断增强的民族团结心理，各民族表现出强烈的亲近感和高度的国家认同。随着原有的民族边界日趋模糊，各民族不断突破固有的血缘、地缘、业缘以及民族的界限，不断推动当地民族交往交流交融的发展。民族交往交流交融的发展，体现着民族关系的基本情况。受社会经济发展水平、民族互嵌居住格局、客观存在的民族文化多元性和民族心理差异等因素的影响，甘南、天祝等地民族关系的发展仍具有进一步优化的空间。通过构建合理的民族交往心理机制，推动民族交往交流交融的深入发展，是实现社会主义和谐民族关系深入发展的心理路径，也是铸牢中华民族共同体意识的重要保障。

三、在民族交往交流交融中铸牢中华民族共同体意识

"中华民族共同体意识是对历史上中华各民族在政治、经济、文化方面交往交流交融的认同，是对56个民族同呼吸、共患难，'你中有

---

① 许宪隆、沈再新：《构建共生互补型多民族和谐社会的思考》，《学习月刊》2008年第20期。

我，我中有你，谁也离不开谁'的命运共同体认同，这种共同的心理认同，铸就了中华民族共同体意识。"① "作为一种群体意识，中华民族共同体意识亦伴随着社会心理发展的始终，是一个动态过程，成为中华民族群体心理的重要组成部分。"② 从民族心理学的视角出发，结合我们调研区域民族交往交流交融中民族心理发展的主要过程，进一步分析如何在民族交往交流交融中铸牢中华民族共同体意识。

铸牢中华民族共同体意识，需要以各民族对中华民族和中华民族重要文化符号的认知作为心理开端。因此，在民族交往交流交融中铸牢中华民族共同体意识，需要以共同的心理认知作为基础。③ 各民族共同生活于从甘南到天祝的广阔地域，在青藏高原与黄土高原交互地带的自然环境中形成交错杂居、彼此互嵌的居住格局，产生了对相同居住环境的相同空间认知。藏族依靠高寒地区天然草场发展其畜牧业生产，汉族、回族以及部分藏族等则在海拔较低、地势相对平坦的地区发展起农业生产、商业、手工业等不同的经济类型。为了满足不同生计下的生产生活需要，各民族之间形成互补互利互惠的经济交往模式，建立起密切的经济往来，形成对不同经济的共性认知。基于长期互动的历史，汉族、藏族、回族、土族等各民族之间相互依存、相互交融，积累了大量有关族际互动的历史记忆，形成了共同的历史认知。各民族在文化系统领域的交融汇聚，建立起跨民族的思想文化体系，形成了对共同精神文化的共同追求和共同认知。在这些共同因素的作用下，个体在心理上形成了高相似度和高辨识度的共同认知要素，伴随着民族社会化的上升，在民族交往交流交融的作用下进一步成为各民族以及中华民族的共同认知。

---

① 王延中：《铸牢中华民族共同体意识建设中华民族共同体》，《民族研究》2018年第1期。
② 李静：《铸牢中华民族共同体意识的心理途径》，《西北民族研究》2020年第2期。
③ 李静：《共同认知：铸牢中华民族共同体意识的心理途径之一》，《中国民族教育》2020年第9期。

铸牢中华民族共同体意识，需要在交往交流交融中激发和培育共同的情感。① 共同的情感，即"共情"，是理解他人立场、感受他人情绪与情感的能力，也称为同理心。作为社会性的动物，人总是归属于一定的群体。当特定社会中的人们凝聚为共同体之后，便逐渐产生对集体的情感，关心共同体中其他成员的情绪体验，即与共同体产生共情。共情通过维系成员的情感对共同体意识产生作用，这也是铸牢中华民族共同体意识过程中需要重视"共情"的重要原因。甘南及天祝各民族的共同情感，体现于卓尼、舟曲等地泥石流灾害之后，各族人民共同抗灾、恢复生产生活之中；体现于新中国成立 70 周年，脱贫攻坚任务完成之后，各族人民欢欣鼓舞、共同砥砺奋进等历史时刻。通过民族交往交流交融，共情的情感纽带作用使得不同民族的成员之间建立了深层的情感联系。各民族在共创中华民族历史过程中形成的自尊感、自豪感、责任感和爱国主义情感，在建设中国特色社会主义过程中形成的对中国共产党、对中国、对中华民族、对中华民族文化等的高度认同和亲近感，均构成维系中华民族、铸牢中华民族共同体意识的重要纽带。

各民族在交往交流交融中形成的共同思维，也是铸牢中华民族共同体意识的重要心理途径。② 思维是高级的心理活动，和其他心理活动一样，思维的过程和结果也受客观现实的影响。甘南、天祝等地的各民族在生存环境、生活经历以及发展方向等方面的趋同性，均造成各民族在思维领域的趋同。共同的思维则在心理活动中整合、凝聚着共同体意识。各民族在不断的交往交流交融中共同团结奋斗、共同繁荣发展，这个过程本身就体现着各民族共性思维的发展。共性思维的发展，还有赖于各民族对共同文化的认同。中华民族文化是各民族共同

---

① 李静：《共同的情感：铸牢中华民族共同体意识的心理途径之二》，《中国民族教育》2020 年第 10 期。

② 李静：《共同的思维：铸牢中华民族共同体意识的心理途径之三》，《中国民族教育》2020 年第 11 期。

创造的，是各民族共有精神家园的根基，体现着各民族的共同思维，是铸牢中华民族共同体意识的重要途径。

各民族在交往交流交融中形成的共同记忆是铸牢中华民族共同体意识的重要纽带。[①] 中华民族作为一个走过漫长历史的民族，拥有共同的历史记忆和社会记忆是其显著特征之一。从共同记忆的形成和发展来看，它是共同体中人们共同享有、传承和建构的，以物质或精神的方式体现并延续。对于民族或国家而言，共同的记忆是维系内部成员凝聚力、向心力、自豪感的重要来源和纽带。甘南与天祝两地各民族之间有关民族交往交流交融的记忆，无论是民间传说中保护各民族的十八龙神、商业往来中各民族间结"主儿家"、社会交往中"干亲"交往的各种真实案例，还是红军长征途经甘南时受到的礼遇、各族人民与全国人民共同抗日的历史事件，都促使当地各民族之间的交流交融，强化着民族间的凝聚力和认同感，推动着中华民族共同体意识的铸牢。

各民族共有的精神家园和共享的文化是各民族在交往交流交融中逐渐凝聚、建构起来的，也是铸牢中华民族共同体意识的最高心理追求。[②] 共有精神家园是共同体的显著特征，是共同体的心理需求伴随交往交流交融发展到较高层次的体现。习近平总书记在2019年全国民族团结进步表彰大会上指出："中华民族精神是各族人民共同培育、继承、发展起来的，已深深融进了各族人民的血液和灵魂，成为推动中国发展进步的强大精神动力。"[③] 与各民族共创中华民族相适应，我国多元的民族文化在各民族不断的交往交流交融当中相互影响、相互吸收，最终形成了灿烂的"中华文化"，铸就中华民族精神，形成各民族共有

[①] 李静:《共同的记忆：铸牢中华民族共同体意识的心理途径之四》，《中国民族教育》2020年第12期。

[②] 李静:《共有精神家园：铸牢中华民族共同体意识的心理途径之五》，《中国民族教育》2021年第1期。

[③] 习近平:《在全国民族团结进步表彰大会上的讲话》，《人民日报》2019年9月28日。

的精神家园。习近平总书记在参加十三届全国人大四次会议内蒙古代表团审议时再次强调："文化认同是最深层次的认同，是民族团结之根，民族和睦之魂。"各民族在交往交流交融过程中共同创造、不断发展起来的中华文化，是全国各族人民共同智慧的结晶，也是各民族共有精神家园的现实基础。基于对中华文化、中国特色社会主义等方面的认同，各民族形成对中华民族的归属感，各民族共同的精神家园则构成了"安放这种归属感的空间"。

为了在民族交往交流交融过程中铸牢中华民族共同体意识，需要"以社会主义核心价值观为指导，构建各民族共有精神家园"。青藏高原边缘地带及祁连山麓丰富的历史文化资源，在国家的引导和市场经济的作用下，逐渐成为支撑当地旅游产业的重要文化资本。各民族的生活空间、重大节日、民俗展演等成为各民族文化共享的平台。通过在这一平台中的互动，各民族相互了解、相互认同，在心理上形成对中华文化的共鸣，有利于增强中华民族的自豪感和凝聚力。通过国家在场、地方实践、人民自觉的行动逻辑和实践路径，全国各族人民以交往交流交融中的自觉行动，以"五个认同"为核心，共同建设着各民族共有的精神家园，共同铸牢中华民族共同体意识。

从民族心理过程来看，中华民族共同体意识以各民族对中华文化、中华民族重要文化符号的共同认知为其开端，以共同的情感作为其心理纽带，并受到共同思维和共同历史记忆等心理过程的共同影响。培育各民族共有的精神家园是铸牢中华民族共同体意识的最高心理需求。在民族交往交流交融中发展起来的"共同认知""共同情感""共同思维""共同记忆"和"共育精神家园"，构成了铸牢中华民族共同体意识重要的心理过程。其中，"共育精神家园"是伴随其他心理过程的发展过程逐步进行的，又反作用于其他心理过程，促使中华民族共同体意识的不断聚合和铸牢。

参考文献

保罗·康纳顿:《社会如何记忆》,纳日碧力戈译,上海人民出版社2000年版。

彼得·布劳:《社会生活中的交换与权力》,李国武译,商务印书馆2012年版。

戴宁宁:《民族交往心理及其影响因素:对南疆维汉民族交往的民族学考察》,社会科学文献出版社2015年版。

杜赞奇:《文化、权力与国家:1900—1942年的华北农村》,王福明译,江苏人民出版社1996年版。

恩格斯:《反杜林论》,吴黎平译,人民出版社1970年版。

范长风:《从地方性知识到生态文明:青藏边缘文化与生态的人类学调查》,中国发展出版社2017年版。

范长江:《中国的西北角》,四川大学出版社2010年版。

凤凰出版社编选:《光绪洮州厅志》第1卷,凤凰出版社2008年版。

弗雷德里克·巴斯主编:《族群与边界:文化差异下的社会组织》,李丽琴译,商务印书馆2014年版。

甘南藏族自治州地方史志编纂委员会编:《甘南州志》上卷,民族出版社1999年版。

甘肃省银行经济研究室编:《甘肃省各县经济概览》第1集,甘肃省银行经济研究室1942年版。

甘肃省银行经济研究室编:《甘肃之工业》,甘肃省银行总行1944年版。

高士荣:《西北土司制度研究》,民族出版社1999年版。

高永久等编著:《民族社会学概论》,南开大学出版社2010年版。

葛兰言:《古代中国的节庆与歌谣》,赵丙祥、张宏明译,广西师范大学出版社2005年版。

龚景瀚编:《循化志》,李本源校,青海人民出版社1981年版。

顾颉刚：《西北考察日记》，甘肃人民出版社 2002 年版。
郭厚安、李清凌主编：《西北通史》第 3 卷，兰州大学出版社 2005 年版。
贾霄锋：《藏区土司制度研究》，青海人民出版社 2010 年版。
金炳镐：《民族理论通论（修订本）》，中央民族大学出版社 2007 年版。
克利福德·格尔兹：《文化的解释》，纳日碧力戈等译，上海人民出版社 1999 年版。
赖存理：《回族商业史》，中国商业出版社 1988 年版。
兰德尔·柯林斯：《互动仪式链》，林聚任、王鹏、宋丽君译，商务印书馆 2012 年版。
李静：《民族交往心理的跨文化研究》，中国社会科学出版社 2010 年版。
列宁：《关于民族问题的批评意见》，张企译，外国文书籍出版局 1954 年版。
临潭县志编纂委员会编：《临潭县志（1991—2006）》，甘肃人民出版社 2008 年版。
刘祖云主编：《发展社会学》，高等教育出版社 2006 年版。
罗伯特·埃克瓦尔、波塞尔德·劳费尔：《藏族与周边民族文化交流研究》，苏发祥、洛赛编译，中央民族大学出版社 2013 年版。
马丁·麦格：《族群社会学》第 6 版，祖力亚提·司马义译，华夏出版社 2007 年版。
马进虎：《两河之聚：文明激荡的河湟回民社会交往》，甘肃民族出版社 2006 年版。
《马克思恩格斯全集》第 3 卷，人民出版社 1960 年版。
《马克思恩格斯全集》第 9 卷，人民出版社 1961 年版。
《马克思恩格斯选集》第 1 卷，人民出版社 1995 年版。
马戎、周星主编：《中华民族凝聚力形成与发展》，北京大学出版社 1999 年版。
马戎：《民族社会学：社会学的族群关系研究》，北京大学出版社 2004 年版。
马戎：《民族与社会发展》，民族出版社 2001 年版。
马戎：《西藏的人口与社会》，同心出版社 1996 年版。
马戎编：《西方民族社会学的理论与方法》，天津人民出版社 1997 年版。
马宗保：《多元一体格局中的回汉民族关系》，宁夏人民出版社 2002 年版，第 78 页。
蒙世军：《城镇化与民族经济繁荣》，中央民族大学出版社 1998 年版。

莫里斯·哈布瓦赫：《论集体记忆》，毕然、郭金华译，上海人民出版社 2002 年版。

宁文焕：《洮州花儿散论》，甘肃民族出版社 1992 年版。

宁文忠、郝荣：《河洮岷民俗志》，中国文史出版社 2014 年版。

彭自强：《宗教学概论》，宗教文化出版社 2008 年版。

皮埃尔·布迪厄、华康德：《实践与反思：反思社会学导引》，李猛、李康译，中央编译出版社 1998 年版。

皮埃尔·布迪厄：《实践感》，蒋梓骅译，译林出版社 2012 年版。

乔纳森·特纳：《社会学理论的结构》（下），邱泽奇等译，华夏出版社 2001 年版。

切排：《河西走廊多民族和平杂居与发展态势研究》，民族出版社 2009 年版。

秦永章：《甘宁青地区多民族格局形成史研究》，民族出版社 2005 年版。

邱树森主编：《中国回族史》，宁夏人民出版社 2012 年版。

阙岳：《第二种秩序：明清以来的洮州青苗会研究》，中国社会科学出版社 2016 年版。

施坚雅：《中国农村的市场和社会结构》，史建云、徐秀丽译，中国社会科学出版社 1998 年版。

《斯大林选集》上卷，人民出版社 1979 年版。

宋书伟、孙立平、严立贤：《走向现代之路》，中国新闻出版社 1989 年版。

天祝藏族自治县教育局编：《天祝藏族自治县教育志》，甘肃人民出版社 2010 年版。

王明珂：《羌在汉藏之间：川西羌族的历史人类学研究》，中华书局 2008 年版。

王明珂：《游牧者的抉择：面对汉帝国的北亚游牧部族》，广西师范大学出版社 2008 年版。

王铭铭：《村落视野中的文化与权力：闽台三村五论》，上海古籍出版社 2018 年版。

王树民：《曙庵文史续录》，中华书局 2004 年版。

王希恩：《民族过程与国家》，甘肃人民出版社 1998 年版。

王志文：《甘肃省西南部边区考察记》，甘肃省银行经济研究室 1942 年版。

维克多·特纳：《仪式过程：结构与反结构》，黄建波、柳博赟译，中国人民大学出版社 2006 年版。

魏明孔：《西北民族贸易研究：以茶马互市为中心》，中国藏学出版社2003年版。

文忠祥：《神圣的文化构建：土族民间信仰源流》，人民出版社2012年版。

武沐、金燕红：《13—19世纪河湟多民族走廊历史文化研究》，中国社会科学出版社2017年版。

西敏司：《甜与权力：糖在近代历史上的地位》，王超、朱健刚译，商务印书馆2010年版。

杨建新：《中国少数民族通论》，民族出版社2009年版。

杨建新：《中国西北少数民族史》，民族出版社2009年版。

杨士宏：《卓尼土司历史文化》，甘肃民族出版社2007年版。

杨士宏：《卓尼杨土司传略》，四川民族出版社1990年版。

杨文：《北宋经略河湟吐蕃民族政策研究》，中国文史出版社2013年版。

杨文炯：《互动调适与重构：西北城市回族社区及其文化变迁研究》，民族出版社2009年版。

于式玉：《于式玉藏区考察文集》，中国藏学出版社1990年版。

约翰·希克斯：《经济史理论》，厉以平译，商务印书馆1987年版。

张俊立主编：《临潭金石文钞》，甘肃文化出版社2011年版。

张彦笃主修：《洮州厅志校注》，包永昌总纂，张俊立校注，中国文史出版社2013年版。

赵利生：《民族社会学》，民族出版社2009年版。

赵世瑜：《狂欢与日常：明清以来的庙会和民间社会》，生活·读书·新知三联书店2002年版。

郑文东：《文化符号域理论研究》，武汉大学出版社2007年版。

中共中央文献研究室综合研究组、国务院宗教事务局政策法规司编：《新时期宗教工作文献选编》，宗教文化出版社1995年版。

中国人民政治协商会议甘肃省委员会文史资料研究委员会编：《甘青闻见记》，甘肃人民出版社1988年版。

卓尼县志编纂委员会编：《卓尼县志》，甘肃民族出版社1994年版。

Gordon Allport, *The Nature of Prejudice*, Cambridge: Addison-Wesley, 1954.

Pierre Bourdieu, *Outline of A Theory of Practice*, New York: Cambridge University Press, 1977.

Stevan Harrell, *Ways of Being Ethnic in Southwest China*, Seattle: University of

Washington Press, 2001.

Ted Lewellen, *The Anthropology of Globalization: Cultural Anthropology Enters the 21st Century*, Westport: Greenwood Publishing Group, 2002.

Thomas Barfield, *The Dictionary of Anthropology*, Oxford: Blackwell Publishers Ltd., 1997.

后 记

在我承担国家社科基金重点项目成果的基础上，以兄弟民族视角为出发点，我们进行了一项主题为"高原兄弟民族交融史"的研究。民族交往交流交融一直是我和团队的研究主题。在2005年3月，我申请到了教育部人文社科重点研究基地重大项目"民族交往心理的跨文化研究"。2010年，我在中国社会科学出版社出版了专著《民族交往心理的跨文化研究》，自此开始了对民族交往交流交融的系统、深入研究。2016年，我获得了国家社科基金重点项目"甘肃涉藏地区民族交往交流交融研究"，这个项目历时六年，2022年结项。这六年间，我们走遍了甘南藏族自治州和天祝藏族自治县及其周边的许多地区，赢得了高原各民族的信任，并获取了大量的第一手材料。这六年间，我们取得了丰硕的成果，参与该研究的许多同学不断锤炼他们的调研精神和研究能力，从稚嫩、青涩的学生成长为有思想、有魄力的青年才俊，并带着对知识的热情与理解走向社会。我为他们的成长而感到欣慰和骄傲。

在这篇后记中，我想记录与该项目相关的重要研究成果。我们从民族交往交流交融的角度出发，关注了中华文化认同和中华民族认同的问题，形成了一系列的成果，包括"民族认同的维度与路径研究""社会记忆与社会认同关系研究"等主题；我们还关注了高原兄弟民族的文化自信和和合共生，形成了以"文化自觉与文化自信""变迁、认同与共生"等为主题的系列研究成果；同时，我们也关注了高原民族历史上形成的互嵌式格局，形成了以"明朝治边策略下的洮州地区民族互嵌格局"等为主题的系列研究成果；更为重要的是，我们对民族交往心理及民族交往交流交融进行了深度研究，形成了以"民族交往交流交融及其心理机制"为主题的重要系列成果。这些成果已相继在权威期刊上发表，并产生了一定的学术影响。

在这篇后记中，更重要的是要记录下为该成果默默奉献、辛勤调研的团队成员。首先是刘继杰老师，他为该项目的顺利完成以及成果的顺利出版做了大量的工作，从安排团队成员的分工协作到亲自前往田野调研，从汇集各个分散的研究成果到统合研究成果，他都倾注了大量的劳动和心血。崔弘扬同学负责了天祝的调研工作，李松恩同学负责了玛曲的调研工作，杨明逸同学负责了合作的调研工作，博士生耿宇瀚同学负责了临潭、卓尼的调研工作。他们都以相关选题完成了自己的硕士学位论文或博士学位论文，已走向社会并展现出极强的科研能力和活力。在最后的校订中，周宇程同学负责了全部的工作。多年来，我和同学们走过青藏高原的东北边缘和祁连山麓，踏着祖先的足迹，穿越茶马古道；我们跟随现代发展，穿行于高速公路；我们跋涉于高原，走村入户，用我们的心感知高原民族之魂。我们常常感叹于高原各民族之间的手足相望、浓浓情深，更被他们兄弟般的情谊所感动。

在此，我还要特别感谢商务印书馆的老师们。他们在从选题到出版的整个过程中给予了学术上的关照。没有你们细致入微的修改建议，没有你们的严谨认真和精益求精，就没有这部书的出版。感谢你们！

当成果即将付梓之时，我们享受到了收获的喜悦，同时也留下了遗憾。高原民族自古以来的休戚与共、和合共生已融入他们的日常生活。他们血浓于水的关系之厚之广、生活之交错之动人，他们兄弟情谊之深之浓、故事之丰富之动人，远非我们的笔墨所能记述与描述的。

他们厚重的交融史、生活的耦合态需要更多的人去关注；地域性研究与国家实践的关系也需要去探究……我们的学习与研究将继续，"路曼曼其修远兮，吾将上下而求索"！

李　静

2022 年 7 月 23 日于金城

图书在版编目（CIP）数据

多元一体：高原兄弟民族交融史 / 李静著 . — 北京：商务印书馆，2023
ISBN 978-7-100-23053-7

Ⅰ.①多⋯ Ⅱ.①李⋯ Ⅲ.①民族融合—民族历史—研究—中国 Ⅳ.① K280.05

中国国家版本馆 CIP 数据核字（2023）第 177877 号

权利保留，侵权必究。

多元一体
高原兄弟民族交融史
李静 著

商 务 印 书 馆 出 版
（北京王府井大街36号 邮政编码100710）
商 务 印 书 馆 发 行
江苏凤凰数码印务有限公司印刷
ISBN 978-7-100-23053-7

2023年12月第1版	开本	700×1000 1/16
2023年12月第1次印刷	印张	25

定价：128.00元